Physica-Schriften zur Betriebswirtschaft

Erich Keller

Entscheidungswirkungen von Bankbilanzen am Aktienmarkt

Eine empirische Untersuchung

Mit 35 Abbildungen

Physica-Verlag Heidelberg
Ein Unternehmen des Springer-Verlags

Dr. Erich Keller
Fachhochschule der
Deutschen Bundesbank
W-5238 Hachenburg

ISBN 978-3-7908-0604-5

CIP-Meldung der Deutschen Bibliothek
Keller, Erich:
Entscheidungswirkungen von Bankbilanzen am Aktienmarkt:
eine empirische Untersuchung / Erich Keller. - Heidelberg:
Physica-Verl., 1992
(Physica-Schriften zur Betriebswirtschaft; Bd. 38)
Zugl.: Frankfurt (Main), Univ., Diss., 1991
ISBN 978-3-7908-0604-5 ISBN 978-3-642-51558-3 (eBook)
DOI 10.1007/978-3-642-51558-3
NE: GT

7120/7130-543210 - Gedruckt auf säurefreiem Papier

Vorwort

Die vorliegende Arbeit ist im Mai 1991 vom Fachbereich Wirtschaftswissenschaften der Johann Wolfgang Goethe-Universität in Frankfurt am Main als Dissertation angenommen worden.

Herrn Prof. Dr. Hans Peter Möller, meinem sehr verehrten Doktorvater, danke ich herzlich für seine Hilfe und für sein persönliches Engagement. Durch seine zahlreichen Anregungen und konstruktiven Diskussionsbeiträge hat er die vorliegende Arbeit entscheidend geprägt. Herrn Prof. Dr. Bernd Rudolph danke ich sehr für die Übernahme des Zweitgutachtens.

Für zahlreiche fruchtbare Gespräche sowie für die vielen aufmunternden Worte in kritischen Phasen bin ich meinem Kollegen am Lehrstuhl für Unternehmensrechnung, Herrn Kristian Schneider, aufrichtig verbunden. Auch den anderen Mitarbeitern am Lehrstuhl, insbesondere Frau Irene Anhalt, Herrn Carlos Molinera, Herrn Christoph Rabbertz und Frau Marion Schnellrieder, danke ich für die vielfältige Unterstützung.

Dank schulde ich darüber hinaus der Interessengemeinschaft der Frankfurter Kreditinstitute für die großzügige finanzielle Förderung der Drucklegung sowie dem Physica-Verlag und den Herausgebern für die Aufnahme der Arbeit in diese Reihe.

Meine Frau Birgit hat auf so manche gemeinsame Stunde verzichtet, die dem Schreibtisch gehörte. Zudem ist sie dem Phänomen physischer Präsenz bei gleichzeitiger geistiger Abwesenheit stets mit Nachsicht begegnet. Ihr widme ich diese Arbeit.

Frankfurt am Main, Mai 1991

Erich Keller

ENTSCHEIDUNGSWIRKUNGEN VON BANKBILANZEN AM AKTIENMARKT

- EINE EMPIRISCHE UNTERSUCHUNG

Inhaltsverzeichnis

ENTSCHEIDUNGSWIRKUNGEN VON BANKBILANZEN AM AKTIENMARKT - EINE EMPIRISCHE UNTERSUCHUNG

A) Einleitung

I. Anlaß für die Untersuchung: Die Diskussion zur Berechtigung bankspezifischer Bewertungsprivilegien

Am 8. Dezember 1986 wurde die Bankbilanzrichtlinie durch den Rat der Europäischen Gemeinschaften verabschiedet. Ziel dieser Richtlinie war es, die Jahresabschlüsse[1)] von KI in den Mitgliedsstaaten der EG zu harmonisieren. Die deutsche Legislative setzte diese Richtlinie mit dem Bankbilanzrichtlinie-Gesetz in nationales Recht um. Die Bestimmungen dieses Gesetzes sind am 1.1.1991 in Kraft getreten, jedoch nicht sofort, sondern erst in Geschäftsjahren, die nach dem 31.12.92 beginnen, anzuwenden.

Im Zuge der Beratungen zu dieser EG-Richtlinie war neben den Fragen der Fristengliederung und der Währungsumrechnung vor allem die Möglichkeit zur Bildung stiller Reserven in Bankbilanzen heftig umstritten. Während die deutsche und die niederländische Delegation solche Reserven nach dem Vorbild des § 26 a KWG befürworteten, lehnten die britischen Verhandlungsführer derart weitreichende Bewertungswahlrechte als unvereinbar mit dem "true and fair view"-Prinzip ab.[2)]

Als stille Reserven werden die Beträge bezeichnet, um die das Eigenkapital in der Bilanz höher ausgewiesen werden könnte, wenn das Vermögen und die Schulden angemessen, i.d.R. also zum höheren Tageswert, bewertet wären. Stille Reserven entstehen demnach prinzipiell durch die Unterbewertung von Aktiva und / oder die Überbewertung von Passiva in Bezug auf den Tageswert und sind - im Gegensatz zum Grundkapital und den Rücklagen - nicht direkt aus der Bilanz ersichtlich.[3)] Im Rahmen der EG-Konsultationen lehnte die britische Delegation stille Reserven allerdings nicht generell ab. So wurden z.B. stille (Zwangs-) Reserven, die aus der Anwendung des Anschaffungswertprinzips trotz allgemeiner Preissteigerungen resultieren, überhaupt

---

1) Gemäß § 242 HGB bilden Bilanz und Gewinn- und Verlustrechung den Jahresabschluß.

2) Vgl. Bader, Bilanzrichtlinie, S. 37 f. und Schütz, Bilanzrichtlinie, S. 97 - 99.

3) Vgl. Hax, Wesen, S. 92 f., Schneider, Problematik, S. 4 f., S. 13 - 16.

nicht diskutiert; denn diese in allen Branchen vorkommenden Wertveränderungen - z.B. bei Grundstücken, Gebäuden oder Wertpapieren, deren Tageswert über dem Buchwert liegt - werden bereits durch die 4. EG-Richtlinie geregelt. Auch stille Reserven, die durch Ermessensspielräume und Wahlrechte des Bilanzierenden gebildet werden können, waren nicht Gegenstand der Auseinandersetzung. Gestritten wurde vielmehr nur über solche Reserven, die aufgrund gesetzlicher Ermächtigung bewußt und freiwillig durch das Unterschreiten der für Kapitalgesellschaften im HGB vorgeschriebenen Wertuntergrenzen gelegt werden können.[4)]

Seit der Wirksamkeit des AktG von 1965 bestehen für die nach Aktienrecht bilanzierenden deutschen Unternehmen prinzipiell keine Möglichkeiten mehr, solche stillen "Willkür"-Reserven[5)] zu bilden. Für KI[6)] gilt indessen seit 1966 mit § 26 a KWG eine Sonderregel: Nach dieser Vorschrift dürfen KI, die Kapitalgesellschaften sind,[7)] die Wertuntergrenzen für die Forderungen und Wertpapiere des Umlaufvermögens unterschreiten, "... soweit dies nach vernünftiger kaufmännischer Beurteilung zur Sicherung gegen die besonderen Risiken des Geschäftszweigs notwendig ist."[8)] § 26 a Abs. 1 KWG erlaubt KI noch in den Jahresabschlüssen bis zum 31.12.1992, von den genannten Positionen ihrer Bilanz Abschreibungen aufgrund des allgemeinen Branchenrisikos vorzunehmen. Solche Globalabschreibungen vermindern in der GVR den Jahresüberschuß, während die Auflösung früher getätigter Abschreibungen das Ergebnis entsprechend aufbessert. Da eine Bank den Gesamtbetrag der Globalabschreibungen jedes Jahr beliebig auf einzelne Positionen/Unterpositionen der Forderungen und Wertpapiere des Umlaufvermögens aufteilen kann, ist die

---

4) Vgl die §§ 253, 255 und 279 HGB, Moxter, Bilanzlehre II, S. 74 - 79 und Rixen, EG-Bilanzrecht, S. 76 - 78.

5) In der Literatur werden diese Reserven auch als Global- oder bilanzpolitische Reserven, die entsprechenden Abschreibungen als Globalabschreibungen bezeichnet. Zur Begriffsbildung vgl. Hax, Wesen, S. 95, Birck/Meyer, Bankbilanz, 3. Teillieferung, S. VII 48 - VII 50 und Schneider, Problematik, S. 13 - 16.

6) Die Begriffe KI und Bank werden in dieser Arbeit synonym verwendet.

7) § 26 a KWG nimmt KI in der Rechtsform der oHG und KG von dieser Regelung aus, da diesen Unternehmen gemäß § 253 Abs. 4 HGB ohnehin "Abschreibungen ... im Rahmen vernünftiger kaufmännischer Beurteilung" erlaubt sind. Auch eingetragenen Genossenschaften stehen über § 336 Abs. 2, Satz 1, 2. Halbsatz HGB solche Abschreibungen zu. Die Befreiung von diversen Berichtspflichten durch § 26 a Abs. 2 KWG und die Möglichkeit der Überkreuzkompensation nach § 26 a Abs. 3 KWG gilt indes für alle KI.

8) § 26 Abs. 1 KWG.

Struktur der Aktivseite in erheblichem Maße bilanzpolitisch manipulierbar.[9] Weil darüber hinaus für KI die Möglichkeit besteht, bestimmte Aufwendungen und Erträge in der GVR nur saldiert auszuweisen ("Überkreuzkompensation"[10]) ist die Neubildung oder Auflösung stiller Reserven ebenfalls still, d.h. für externe Bilanzadressaten nicht erkennbar.[11]

Die vom Rat der Europäischen Gemeinschaften letztlich verabschiedete Richtlinie kommt in der Frage der stillen Reserven sowohl der britischen als auch der deutschen Position entgegen: In Art. 37 wurde das Recht (nicht die Pflicht) an die nationalen Gesetzgeber delegiert, stille Reserven bis zur Höhe von 4 % der Kredit- und Wertpapierpositionen zuzulassen. Da Art. 48 der Bankbilanzrichtline aber vorsieht, daß fünf Jahre nach Anwendung des neuen Rechts alle nationalen Wahlrechte unter Berücksichtigung der bis dahin gewonnenen Erfahrungen erneut überprüft werden, ist der Streit um die Zulässigkeit von Bewertungssonderrechten für KI de facto lediglich auf das Jahr 1998 vertagt worden.[12]

Das für nach dem 31.12.1992 beginnende Geschäftsjahre erstmals anzuwendende Bankbilanzrichtlinie-Gesetz nutzt den Spielraum, den die EG-Richtlinie den nationalen Gesetzgebern einräumt, voll aus. Der umstrittene § 26 a KWG gilt dann zwar nicht mehr; durch Einfügung eines neuen vierten Abschnitts mit ergänzenden Vorschriften für KI in das HGB (§§ 340 - 340 o) bleiben dagegen die Möglichkeiten der KI zur Legung und Auflösung stiller Reserven weitgehend erhalten. Lediglich der Gesamtumfang dieser stillen Reserven wird zukünftig - wie von der EG-Richtlinie gefordert - gemäß § 340 f Abs. 1 HGB auf 4 % der Forderungen und Wertpapiere des Umlaufvermögens ohne Handelsbestände eingeschränkt.[13]

---

9) Durch diese Globalabschreibungen wird gegen den handelsrechtlichen Grundsatz der Einzelbewertung (§ 252 Abs. 1 Nr. 3 HGB) verstoßen. Indirekte Folge der Globalabschreibungen ist natürlich auch, daß sich die Struktur der Passivseite, insbesondere die Relation Fremdkapital zu Eigenkapital, verändert. Vgl. Birck/Meyer, Bankbilanz, 3. Teillieferung, S. VII 39 - 46 und VII 89 - 94.

10) Birck/Meyer, Bankbilanz, 2. Teillieferung, S. 43. Vgl. auch FN 288 auf S. 95 dieser Arbeit.

11) Ausführlich dazu in Abschnitt C.I.2 d.A.

12) Vgl. Bader, Bilanzrichtlinie, S. 38.

13) Vgl. Bankbilanzrichtlinie-Gesetz, Art. 1, Nr. 6. Ausführlich dazu in Abschnitt C.I.2 d.A.

1. Argumente für bankspezifische Bewertungsprivilegien

Der Verabschiedung der EG-Bankbilanzrichtlinie und des Bankbilanzrichtlinie-Gesetzes ging eine jahrelange lebhafte Diskussion[14] in der Literatur voraus: Während Bankpraktiker,[15] Wirtschaftsprüfer,[16] das BAKred[17] und die Deutsche Bundesbank[18] eine EG-weite Regelung nach dem Vorbild von § 26 a KWG forderten, plädierte die Wissenschaft nahezu einmütig[19] für eine Offenlegung der stillen Reserven von KI.

Die Notwendigkeit bankspezifischer Vorsorgemöglichkeiten wird in der Literatur vor allem mit der mangelnden Eigenkapitalausstattung der KI begründet.[20] Durch die geringe Eigenkapitalquote im Kreditgewerbe bekämen Risiken, die an sich nicht ungewöhnlich seien, eine besondere, institutsbedrohende Qualität. Zum Schutz der Bankgläubiger seien deshalb zusätzliche Vorsorgemöglichkeiten notwendig.[21] In diesem Zusammenhang ist indes

---

14) Die Problematik der stillen Reserven ist allerdings wesentlich älter. Schon zu Beginn des 15. Jahrhunderts wurden in Florenz stille Reserven gelegt, um Steuerzahlungen zu verkürzen. Befürworter und Gegner stiller Reserven haben bereits um die Jahrhundertwende nahezu alle Argumente vorweggenommen, die auch heute noch in der Diskussion angeführt werden. Vgl. Otto, Stille Reserven, S. 1, Dub, Reserven, S. 203 f., zitiert nach Krag, Grundsätze, S. 44 - 46 und Passow, Bilanzen, S. 70 - 76.

15) Vgl. z.B. Köllhofer, Stille Reserven, S. 553 f. und Schütz, Bilanzrichtlinie, S. 100 f.

16) Vgl. z.B. Scholz, Harmonisierung, S. 102 f. und Birck/Meyer, Bankbilanz, 3. Teillieferung, S. VII 50 - VII 79.

17) Vgl. Schneider, Bankenaufsicht, S. 1166 f.

18) Vgl. Deutsche Bundesbank, Ertragslage, S. 19 f.

19) Vgl. z.B. Kommission Bankbetriebslehre..., Stellungnahme, S. 441 f. Von den dort genannten 12 Hochschullehrern der Bankbetriebslehre haben sich lediglich Berger und Priewasser gegen eine Abschaffung von § 26 a KWG ausgesprochen. Vgl. dazu auch Süchting, Scheinargumente, S. 220, Bieg, Bankbilanzen, S. 216 - 257 und Berger, Standing-Risiko, S. 16.

20) Manche Autoren versuchen darüber hinaus, bankspezifische Vorsorgemöglichkeiten mit den **Schwankungen der Periodengewinne** (vgl. z.B. Köllhofer, Stille Reserven, S. 553, Faißt, Risikovorsorge, S. 670 f., Birck/Meyer, Bankbilanz, 3. Teillieferung, S. VII 52 - VII 58; a.A. Süchting, Scheinargumente, S. 212 - 215, Bieg, Bankbilanzen, S. 216, 223 f. und Erdland, Eigenkapital, S. 363 - 365), den **besonderen Risiken des Geschäftszweigs** (vgl. z.B. Faißt, Bankenbereich, S. 193, Birck/Meyer, Bankbilanz, 3. Teillieferung, S. VII 52 - VII 56, Schneider, Problematik, S. 113 - 126; a.A. Bieg, Vertrauensempfindlichkeit, S. 261, Süchting, Diskussion, S. 83, und ders., Scheinargumente, S. 213) oder der **Abhängigkeit der Bankgewinne von der Geldpolitik der Bundesbank** (vgl. z.B. Becker, Stille Reserven, S. 434, Süchting, Scheinargumente, S. 211 f.) zu begründen.

21) Vgl. z.B. Bieg, Vertrauensempfindlichkeit, S. 261 f., ders., Bankbilanzen, S. 217 - 219, Erdland, Eigenkapital, S. 367 - 369 und Schneider, Problematik, S. 127 - 140.

zu berücksichtigen, daß der Gesetzgeber durch die risikobegrenzenden Normen der §§ 10 - 20 KWG sowie die daran anknüpfenden Grundsätze des BAKred bereits besondere gläubigerschützende Vorschriften für das Kreditgewerbe erlassen hat. Angesichts der vielfältigen Mängel dieser Vorschriften[22] erscheint jedoch eine hinreichende Begrenzung der Geschäftsrisiken eines KI nicht gesichert. In der Literatur wird daher eine bankspezifische Reserveposition zur Verbreiterung der haftenden Mittel überwiegend befürwortet.[23]

Die geringe Eigenkapitalquote von KI stützt zwar die Forderung nach erweiterten Vorsorgemöglichkeiten für das Kreditgewerbe; dieses Argument vermag indessen nicht zu begründen, warum die Reserven **still**, d.h. für externe Jahresabschlußleser nicht erkennbar, gebildet werden sollen. Erst wenn nachgewiesen wird, daß ein bankenspezifischer Reservebedarf nur still, nicht aber - wie in allen anderen Branchen - durch Bildung offener Rücklagen befriedigt werden kann, sind Bewertungsprivilegien für KI gerechtfertigt.

Als Begründungen für eine stille Reservenbildung werden vor allem Annahmen über das Verhalten der Bankeinleger im Falle des Verlustausweises eines KI ("**Run-Hypothese**") angeführt: Die Mehrheit der wirtschaftlich wenig aufgeklärten Kleineinleger - so die Argumentation - reagiere bei einem Verlustausweis mit massiven Einlagenabzügen, auch wenn Zweifel an der Bonität eines KI objektiv nicht gerechtfertigt seien. Man könne zudem nicht ausschließen, daß eine Vertrauenskrise bei einem Institut rasch auf andere KI übergreife und letztlich ein allgemeiner Run der Einleger auf das Bankensystem die Kreditversorgung der gesamten Wirtschaft schwer schädige.[24] Durch stille Ergebnismanipulation sei ein Verlustausweis und dadurch provozierte Überreaktionen von Einlegern vermeidbar.[25]

---

22) Grundlegende Mängel sind vor allem die Vernachlässigung wesentlicher Risiken (z.B. des Zinsänderungsrisikos) sowie die isolierte Begrenzung einzelner Risikobereiche (Mehrfachausnutzung der Eigenmittel durch verschiedene Risikoarten). Vgl. Keine, Risikoposition, S. 39 f., S. 77 - 83 und Krümmel, Einige Probleme, S. 103 - 112.

23) Vgl. z.B. Bieg, Vertrauensempfindlichkeit, S. 263 und Kommissionen Bankbetriebslehre..., Stellungnahme, S. 442 f.

24) Vgl. z.B. Schütz, Bilanzrichtlinie, S. 97 f. und Köllhofer, Stille Reserven, S. 554 f. Zur "Anatomie" eines Runs vgl. Krümmel, Schutzzwecke, S. 478 - 484.

25) Kritiker dieser **Run-Hypothese** bezweifeln die Realitätsnähe solcher Szenarien und verweisen auf Rahmenbedingungen (Vorlaufsicherung durch KWG-Normen, Einlagensicherungsfonds), die das Vertrauen der Einleger

Neben dieser Run-Hypothese wird von Befürwortern der stillen Reservebildung mitunter auch die Sensibilität von Geldmarktteilnehmern und Großkunden angeführt. Bei schwankendem Ergebnisausweis eines KI reagiere der Geldmarkt mit steigenden Risikoprämien. Parallel dazu zögen Großkunden ihre Einlagen von diesem Institut ab, woraus dem KI Folgeschäden erwüchsen. Solche Folgeschäden eines vorübergehenden Verlustausweises könnten die für das negative Ergebnis ursächlichen Ausfälle weit übersteigen und u.U. sogar zur Liquidation des KI führen.[26] Um eine **schleichende Vertrauenskrise**[27] und daraus resultierende überproportionale Ertragseinbußen zu verhindern, müßten standing-beeinträchtigende Informationen, insbesondere der Ausweis eines Jahresfehlbetrages, durch stille Reserven verhindert werden.[28]

Zusammenfassend kann festgestellt werden, daß die Hypothesen über einen Einleger-Run bzw. eine schleichende Vertrauenskrise im Falle des Verlustausweises eines KI zwar grundsätzlich geeignet sind, die Notwendigkeit bankspezifischer stiller Reserven zu begründen; da beide Hypothesen Behauptungen über die Realität darstellen, müßte deren empirische Gültigkeit bewiesen werden, wenn sie als Begründung für eine Exklusivbehandlung des Kreditgewerbes hinsichtlich stiller Reserven dienen sollen.

---

bisher auch in schwierigen Situationen, z.B. der Herstatt-Krise, erhalten haben. Vgl. z.B. Hesberg, Mündigkeit, S. 993 - 995, Bieg, Vertrauensempfindlichkeit, S. 302 f., Becker, Stille Reserven, S. 432, Faißt, Bankenbereich, S. 193 und Schneider, Mindestnormen, S. 102.

26) Vgl. Berger, Standing-Risiko, S. 9 - 12, Becker, Stille Reserven, S. 432, Becker/Hasenkamp, Bewertungs- und Gliederungsfragen, S. 514 - 516.

27) Vgl. Becker, Stille Reserven, S. 432 und Hesberg, Mündigkeit, S. 994 f.

28) Kritiker dieser These weisen darauf hin, daß sich Großkunden und Geldmarktteilnehmer durchaus rational verhalten, wenn sie den Verlustausweis unter KWG-Bedingungen kritischer bewerten als den Fall ohne Bewertungsprivilegien. Vgl. Süchting, Diskussion, S. 84 f. und ders., Scheinargumente, S. 219 f. Zudem ist es aus Allokationssicht durchaus wünschenswert, wenn der Geldmarktzins eine Risikoprämie enthält, die der tatsächlichen Bonität des Schuldners entspricht. Vgl. a.a.O. sowie Müller, Bankenaufsicht, S. 106.

2. Argumente gegen bankspezifische Bewertungsprivilegien

Die Gegner stiller Reserven verweisen in erster Linie[29] auf die Informationsnachteile, die stille Willkür-Reserven bei einigen Adressaten des Jahresabschlusses verursachen. Die ablehnende Haltung fast aller Hochschullehrer, die sich mit bankbetrieblichen Fragen befassen, wird verständlich, wenn man berücksichtigt, wie schwer § 26 a KWG bzw. zukünftig § 340 f HGB die Entscheidungsgrundlagen vor allem der Publikumsaktionäre[30] beeinträchtigen. Anteilseigner benötigen, um über Kauf oder Verkauf von Unternehmensanteilen entscheiden zu können, Informationen über die wahrscheinlichen künftigen Dividendenzahlungen sowie über die Kursentwicklung einer Aktie. Obwohl der Jahresabschluß eines Unternehmens keine direkten Informationen über die Ausschüttungserwartungen gewährt, weil er primär vergangenheitsorientiert ist, finden sich in den Jahresabschlußdaten eine ganze Reihe von Indikatoren, die einen - wenn auch begrenzten - Einblick in die künftige Unternehmensentwicklung geben.[31] Durch die Bewertungsprivilegien der Banken gehe - so die Kritiker - selbst dieser begrenzte Einblick verloren; die **Darstellung der Vermögens-, Finanz- und insbesondere der Ertragslage** im Jahresabschluß könne **völlig verzerrt** werden. Im schlimmsten Fall bestehe die Möglichkeit, daß ein Jahresfehlbetrag vor Ergebnismanipulation durch "Stille-Reserve-Bewegungen" in einen Jahresgewinn umgewandelt wird.[32] Infolge von § 26 a KWG würden daher "... Bankeigentümer in bezug auf Gewinninformationen über ihre Gesellschaften ... diskriminiert."[33] Erschwerend komme hinzu, daß diese Unsicherheit über den tatsächlich erzielten Jahreserfolg nicht alle Aktionäre betreffe. Mitglieder des Aufsichtsrates, vor allem Großaktionäre, erhielten über den Bericht des Abschlußprüfers unverfälschte Gewinninformationen. Da Publikumsaktionäre - im Gegensatz zu anderen Adressaten der Rechnungslegung - nicht über unmanipulierte In-

---

29) Bezüglich weiterer Argumente, die gelegentlich vorgebracht werden vgl. Süchting, Scheinargumente, S. 209 f. und Köllhofer, Stille Reserven, S. 555 - 559.

30) Unter Publikumsaktionären werden hier Anteilseigner verstanden, die weder über einen nennenswerten Anteil der Stimmrechte (weniger als 10 %) noch über einen Sitz im Aufsichtsrat verfügen.

31) Vgl. z.B. Coenenberg, Jahresabschluß, S. 547 - 566 und S. 651 - 711 mit weiteren Literaturhinweisen.

32) So Hesberg, Mündigkeit, S. 990. Vgl. dazu auch Birck/Meyer, Bankbilanz, 3. Teillieferung, S. VII 89 - 94.

33) Süchting, Scheinargumente, S. 210.

formationsquellen verfügen,[34] sei die Gefahr, durch Insider geschädigt zu werden, im Vergleich zu anderen Branchen erhöht.[35]

Neben dem Hauptargument der verzerrten Darstellung der Vermögens-, Finanz- und Ertragslage im Jahresabschluß tragen die Gegner von bankspezifischen Bewertungsprivilegien zwei weitere Kritikpunkte vor, die gewissermaßen eine Folge der Informationsverzerrungen darstellen. Zum einen wird befürchtet, daß diese Bewertungssonderrechte eine **verminderte Effizienzkontrolle der Unternehmensleitung** verursachen. Stille Reserven stellen - so die Argumentation - ein "Verlustverschleierungspotential"[36] dar, mit dem das Management Fehldispositionen über längere Zeiträume vor der Hauptversammlung verbergen könne. § 26 a KWG verstärke insoweit die Informationsasymmetrie zwischen Unternehmensleitung und Publikumsaktionären und schränke die in allen anderen Branchen üblichen Rechenschaftspflichten des Vorstandes ein.[37] Letztlich übe § 26 a KWG demnach eine "Management-Schutz-Funktion"[38] aus. Zum anderen wird darauf hingewiesen, daß die bankspezifischen Bewertungssonderregeln imstande seien, die **Gewinnverwendungskompetenzen der Hauptversammlung auszuhöhlen.**[39] Die Hauptversammlung entscheidet gemäß §§ 58, 119 Abs. 1, 174 AktG über die Verwendung des Bilanzgewinns, während dem Vorstand einer AG im Rahmen der Aufstellung des Jahresabschlusses die Bewertungskompetenz obliegt. Um zu verhindern, daß die Unternehmensleitung durch bewußte Unterbewertung den Jahresüberschuß verkürzt und damit indirekt die Kompetenzen der Hauptversammlung beschneidet, hat der Gesetzgeber Bewertungsuntergrenzen vorgegeben, deren Einhaltung vom Jahresabschlußprüfer überwacht wird.[40] § 26 a und b KWG (bzw. zukünftig § 340 f und g HGB) nehmen KI, die dem Aktienrecht unterliegen,[41] von diesen Regelungen aus. Der Vorstand

---

34) Die Informationsinteressen der Einleger werden stellvertretend durch das BAKred gewahrt, die der Arbeitnehmer über deren Mitglieder im Aufsichtsrat. Die Deutsche Bundesbank erhält über die bilanzstatistischen Meldungen und der Fiskus über die Steuerbilanz unverfälschte Angaben.

35) Vgl. Bieg, Bankbilanzen, S. 249 f.

36) Stützel, Lob, S. 460.

37) Vgl. Süchting, Diskussion, S. 82, Stützel, Lob, S. 460 f. und Bieg, Bankbilanzen, S. 247 f.

38) Süchting, Scheinargumente, S. 210.

39) Vgl. Bieg, Bankbilanzen, S. 243.

40) Vgl. die §§ 258 ff. AktG zur Sonderprüfung wegen unzulässiger Unterbewertung.

41) Für KI in der Rechtsform der oHG, KG und eG stellt sich das Problem der Aushöhlung der Gewinnverwendungskompetenz nicht, da die Bewertungspri-

eines KI könnte demzufolge durch eine entsprechende Gestaltung des Jahresüberschusses die Aktionäre, u.U. sogar ohne deren Wissen, "aushungern".

Von den Befürwortern bankspezifischer Bewertungsprivilegien werden die verzerrenden Wirkungen, die diese Bewertungsprivilegien auf die beiden Hauptfunktionen des handelsrechtlichen Jahresabschlusses - Ausschüttungsbemessung und Informationsregelung - ausüben, mitunter zwar gesehen;[42] mit dem Hinweis auf weite Ermessensspielräume in anderen Bewertungsfragen (z.B. Länderrisiken), die die Aussagefähigkeit des Jahresabschlusses viel stärker beeinträchtige, wird diesen Argumenten aber allenfalls theoretische Bedeutung zugebilligt.[43] In die gleiche Richtung zielen Kritiker, die behaupten, dem Jahresabschluß käme neben der Zahlungsbemessungsfunktion nur eine unbedeutende Informationsfunktion für Aktionäre zu, so daß ein paar Manipulationsspielräume zusätzlich zu den legalen Instrumenten der Bilanzpolitik kaum stören könnten.[44] Dem ist entgegenzuhalten, daß eine ganze Reihe von empirischen Untersuchungen für die Bundesrepublik Deutschland deutlich zeigen, daß ein Zusammenhang zwischen den im Jahresabschluß von IHV-AG enthaltenen Informationen und den Kauf- und Verkaufsentscheidungen der Anteilseigner an der Aktienbörse besteht.[45]

Zusammenfassend läßt sich festhalten: Die Frage, ob der Jahresabschluß von KI infolge der Bewertungssonderrechte von den Adressaten tatsächlich als "degeneriert" eingeschätzt wird oder ob die externe Rechnungslegung von KI den Jahresabschlüssen von IHV-Unternehmen hinsichtlich des Informationsgehaltes gleichkommt, ist - wie die oben diskutierten Verhaltenshypothesen der Befürworter bankspezifischer Bewertungsprivilegien - umstritten. Um die Vor- und Nachteile von Bewertungs- und Publizitätssonderrechten für KI abwägen zu können, müßte einerseits der Realitätsgehalt der Hypothesen zum Einleger-Run bzw. zur schleichenden Vertrauenskrise durch verhaltenswissenschaftliche

---

vilegien des § 26 a KWG für solche Gesellschaften nicht gelten. Vgl. FN 7 d.A.

42) Vgl. z.B. Köllhofer, Stille Reserven, S. 555 f. und S. 557 f.

43) Vgl. a.a.O. und Becker, Stille Reserven, S. 430, Becker/Hasenkamp, Bewertungs- und Gliederungsfragen, S. 510 f.

44) Vgl. Köllhofer, Stille Reserven, S. 559. Vgl. auch S. 555 f. , Schneider, Kapitalmarkteffizienz, S. 14 - 32, insb. S. 27 f.

45) Vgl. z.B. Möller, Probleme, S. 297 - 301, Brandi, Informationswirkungen, S. 314 - 316, Coenenberg et al., Bilanzforschung, S. 499 - 501, ders., Aktienkursentwicklung, S. 314 - 316.

Untersuchungen überprüft werden;[46] andererseits wäre die Frage zu klären, ob - und falls ja, wie stark - diese Bewertungsprivilegien den Informationsgehalt von Bankabschlüssen beeinträchtigen. Diese Arbeit widmet sich dem zweiten Problemkreis: Hier soll - da entsprechende Arbeiten bislang nicht vorliegen - in einer vergleichenden empirischen Analyse untersucht werden, inwieweit sich der Informationsgehalt von Jahresabschlüssen der Kreditwirtschaft von Abschlüssen aus Industrie, Handel und Verkehr unterscheidet.[47]

II. Problemstellung und Lösungsansätze

1. Überblick über mögliche Untersuchungsansätze

Die Frage, ob § 26 a KWG (bzw. zukünftig § 340 f HGB) den Informationsgehalt von KI-Jahresabschlüssen für die Adressaten beeinträchtigt, zielt auf die Reaktionen dieser Personen nach Zugang eines "normalen" im Vergleich zu einem "§ 26 a-geprägten" Jahresabschluß ab. Rational handelnde Leser werden Jahresabschlußinformationen - falls diese für ihre Entscheidungen relevant sind - in ihren Kalkülen berücksichtigen und früher getroffene Entscheidungen im Lichte der neuen Informationen überdenken. Jahresabschlüsse von KI besitzen demnach mehr (weniger) Informationsgehalt als die Abschlüsse anderer Branchen, wenn sie tendenziell stärkeren (geringeren) Einfluß auf die Entscheidungen der Adressaten ausüben. Der so verstandene Informationsgehalt eines Jahresabschlusses kann anhand der Entscheidungsrelevanz dieses Abschlusses für einen Adressaten ermittelt werden.

Ob Jahresabschlüsse nach dem Urteil der Abschlußleser entscheidungsrelevant sind, kann man auf unterschiedliche Weise messen. Da ein "... Informationsempfänger ... die Qualität der Information dann hoch bewertet, wenn sie ihm zusätzliche Vorteile bezüglich der Zielerreichung erbringt ..."[48], läßt sich als Maß für den Informationsgehalt eines Jahresabschlusses der **Nutzen** interpretieren, den dieser Abschluß **insgesamt**, d.h. für alle Adressaten in allen relevanten Entscheidungssituationen, stiftet.

---

46) So auch Becker, Stille Reserven, S. 434.

47) Eine solche Untersuchung wird z.B. von Hesberg, Mündigkeit, S. 993 angeregt, um die Berechtigung von § 26 a KWG zu klären.

48) Macharzina, Verhaltenswissenschaft, Sp. 1640.

In einer Marktwirtschaft wie der Bundesrepublik Deutschland böte es sich an, auch die Bewertung von Jahresabschlußinformationen marktwirtschaftlich zu organisieren. Jahresabschlüsse würden insoweit als Güter angesehen, deren Preis sich anhand von Angebot und Nachfrage der einzelnen Wirtschaftssubjekte am "Informationsmarkt" bildet. Dieser Preis könnte dann als Indikator für den Nutzen angesehen werden, den die Information bei allen Adressaten stiftet. Leider existiert nirgendwo in der Welt ein solcher Informationsmarkt, an dem sich der Preis eines Jahresabschlusses ablesen ließe. Der Grund dafür liegt in den atypischen Eigenschaften des Gutes "Information": Da sich Jahresabschlußinformationen durch mehrmaligen Gebrauch nicht abnutzen (Nichtrivalität im Konsum), die Produktion dieser Information aber Ressourcen verzehrt, verhält sich ein Nachfrager rational, wenn er abwartet, bis andere die Information kaufen, falls er den Jahresabschluß dann kostenlos erhalten kann.[49]) Handeln alle Nachfrager nach dieser "Schwarzfahrerdevise", kommt es zum Marktversagen, zumindest aber zu Informationspreisen, die den wahren Gesamtnutzen eines Jahresabschlusses nicht widerspiegeln.[50]) Um solche "Schwarzfahrer" vom Informationsgebrauch auszuschließen, dürfte ein Jahresabschluß entweder nur an diejenigen bekanntgegeben werden, die für die Nutzung bezahlt haben; dies würde vermutlich zu einer sehr ungleichen Informationsverteilung zwischen den Wirtschaftssubjekten einer Volkswirtschaft führen (mit negativen Folgen vor allem für den Aktienmarkt).[51]) Oder die Bereitstellung von Jahresabschlußinformationen müßte durch diejenigen Vertragspartner der Unternehmung verlangt (und bezahlt) werden, die ohnehin als Gesellschafter oder Gläubiger in einer vertraglichen Beziehung zum Unternehmen stehen und den Hauptnutzen aus der Information "Jahresabschluß" ziehen.[52]) Dies hätte allerdings den Nachteil,

---

49) Dieses Verhaltensmuster wird in der Literatur als "free-rider-Problem" diskutiert. Vgl. z.B. Buchanan, Demand, S. 86 - 88. Vgl. auch Pohlmann, Wahl, S. 129 f., Schmidt, Rechnungslegung, S. 742, Schredelseker, Nutzen, S. 134 und Wagner, Ausschüttungsbemessungsfunktion, S. 763 f.

50) Zu den Gründen, wegen deren es zum Marktversagen kommen kann, ausführlich Hax, Rechnungslegungsvorschriften, S. 191 - 194.

51) Wenn Anleger "... befürchten müssen, daß ihre Geschäftspartner immer besser informiert sind als sie, werden sie sich tendenziell vom Markt zurückziehen. Eine ungleiche Informationsverteilung reduziert die Liquidität des Marktes, verringert die Kapitalaufbringung und schadet *allen* Marktteilnehmern." Schmidt, Rechnungslegung, S. 741. Zu den positiven externen Effekten vgl. Schredelseker, Nutzen, S. 132 f. und Wagner, Ausschüttungsbemessungsfunktion, S. 763 - 765.

52) Vgl. Hax, Rechnungslegungsvorschriften, S. 194.

daß ein mehr oder weniger kleiner Teil der Jahresabschlußnutzer die Erstellungskosten stellvertretend für alle Adressaten übernehmen würde. In beiden Fällen könnte der Preis, der für das Informationsprodukt "Jahresabschluß" entrichtet wird, wegen der "free-rider-Problematik" nicht als Indikator für den Gesamtnutzen dieses Abschlusses bei allen Adressaten herangezogen werden.

Statt einer marktwirtschaftlich organisierten Bewertung wäre auch denkbar, den Gesamtnutzen eines Jahresabschlusses durch Aggregation der individuellen Präferenzen aller Adressaten zu ermitteln. Um auf diese Weise den Gesamtnutzen zu messen, müßten indessen die einem Jahresabschluß zurechenbaren Nutzengewinne der einzelnen Adressaten und Adressatengruppen meß- und aggregierbar sein. Mangels intersubjektiv nachprüfbarer Nutzenfunktionen ist eine Aggregation der Nutzenempfindung verschiedener Individuen aber nicht möglich.[53] Auch dieser Ansatz zur Bestimmung des Gesamtnutzens eines Jahresabschlusses scheidet somit aus.

Da die bislang genannten makroökonomischen Ansätze zur Bestimmung der Nützlichkeit eines Jahresabschlusses offenbar nicht geeignet sind, könnte man zumindest versuchen, den Wert von Jahresabschlußinformationen für einzelne Adressatengruppen zu ermitteln. Ein möglicher (einzelwirtschaftlicher) Untersuchungsansatz dazu wäre, den Teil des Informationsnutzens zu bestimmen, den der Jahresabschluß bei einer privaten wirtschaftlichen Entscheidung eines Adressaten hervorruft[54] und zu unterstellen, daß alle Informationsempfänger die Nachricht in gleicher Weise bewerten. Eine solche Annahme erscheint aber nur für einen Personenkreis mit weitgehend übereinstimmenden Zielen gerechtfertigt. Wegen der verschiedenen Adressatengruppen des Jahresabschlusses müßte demnach der Nutzen zumindest für jede Interessengruppe einzeln bestimmt werden. Zwar bleiben dann die makroökonomischen Allokations- und Verteilungswirkungen[55] des Jahresabschlusses ebenso wie die Kosten der Informationsproduk-

---

53) Die Unmöglichkeit, individuelle Präferenzen unter Beachtung einiger weniger Grundanforderungen zu aggregieren, wird in der Literatur häufig als "Arrow-Paradoxon" bezeichnet. Vgl. Arrow, Choice, S. 59. Vgl. auch Kleine-Doepke, Analyse, S. 17 - 21, S. 68 - 80, Pohlmann, Wahl, S. 131.

54) Vgl. Coenenberg/Berndsen, Forschung, Sp. 569 f.

55) Vgl. Wagner, Ausschüttungsbemessungsfunktion, S. 763 - 765, Schmidt, Aktienkursprognose, S. 155 - 163 und Schredelseker, Nutzen, S. 132 f. bezüglich dieser Effekte.

tion (Aufstellung, Prüfung und Veröffentlichung des Abschlusses) unberücksichtigt; angesichts fehlender Alternativen ist die mikroökonomische, d.h. im Rahmen von Einzelentscheidungen ansetzende Nutzenmessung jedoch vertretbar.

Um mit Hilfe mikroökonomischer Untersuchungsansätze die Entscheidungsrelevanz eines Jahresabschlusses zu bestimmen, können unterschiedliche Ansatzpunkte gewählt werden. In Anlehnung an Gebhardt lassen sich in einem Modell, das die Bedeutung von Jahresabschlüssen im Kommunikationsprozeß zwischen AG und Adressat beschreibt, prinzipiell **vier Ebenen** unterscheiden, auf denen sich die Nützlichkeit von Abschlußinformationen beurteilen läßt: Zeichenebene, Bedeutungsebene, Zielebene und Handlungsebene.[56] **Abbildung 1** zeigt, in welchen Stadien des Kommunikationsprozesses diese Meßebenen angesiedelt sind.[57]

Die vier in Abbildung 1 genannten Anknüpfungspunkte für eine Untersuchung der Entscheidungsrelevanz von Jahresabschlüssen bilden sozusagen eine **Rangordnung**, weil das Beobachten von Wirkungen auf einer höheren Stufe eine notwendige, aber nicht hinreichende Voraussetzung für Auswirkungen auf einer tieferen Ebene darstellt.[58] Auf die daraus resultierenden **Aussagebeschränkungen** von Untersuchungsansätzen, die dem eigentlichen Entscheidungsvorgang vor- bzw. nachgelagert sind, ist im folgenden näher einzugehen.

2. Untersuchungsansätze auf der Zielebene[59]

Um den Informationsgehalt von IHV- und Bankabschlüssen zu vergleichen, wären Messungen auf der **Zielebene** prinzipiell am besten geeignet; denn dort lassen sich die Präferenzen des Adressaten direkt beobachten, ohne daß weitere Transformationsschritte und daraus resultierende Störeinflüsse notwendig wären. Auf der Zielebene ansetzende Untersuchungen würden fragen, wie stark sich bei der Entscheidung eines Adressaten dessen Zielerreichungsgrad ändert, wenn statt eines durch § 26 a KWG

---

56) Vgl. Gebhardt, Insolvenzprognosen, S. 24 und S. 40 sowie die dort angegebenen weiteren Quellennachweise. Ähnliche Ebenen unterscheiden Shwayder, Relevance, S. 87 - 94, Coenenberg et al., Bilanzforschung, S. 498.

57) Die Abbildung lehnt sich eng an Gebhardt, Insolvenzprognosen, S. 24 an.

58) Vgl. Gebhardt, Insolvenzprognosen, S. 40 f. und Coenenberg et al., Bilanzforschung, S. 498 f.

59) Eigentlich wäre hier von "Ziel**erreichungs**ebene" zu sprechen, da nicht die Ziele selbst, sondern nur das Ausmaß ihrer Erreichung Gegenstand der von Gebhardt genannten Untersuchungen sind. Vgl. a.a.O.

Abbildung 1: Modell der Kommunikationsbeziehungen zwischen Unternehmen und Adressat für Jahresabschlüsse

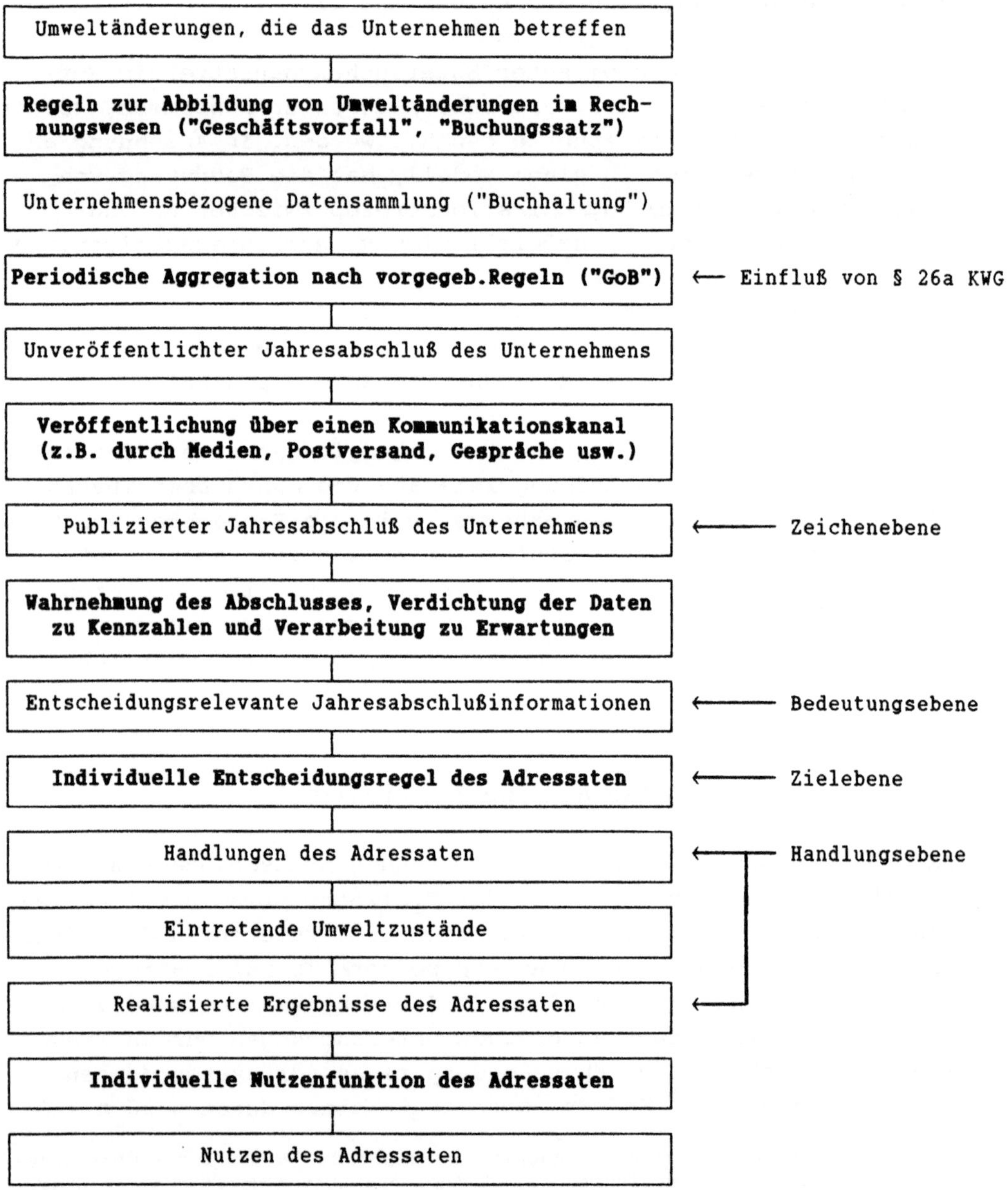

(bzw. zukünftig § 340 f HGB) geprägten Jahresabschlusses ein ohne Sonderrechte erstellter Abschluß als Informationsgrundlage herangezogen würde. Angesichts der Schwierigkeiten, die von den Jahresabschlußlesern verwendeten Zielvariablen zu erkennen und Richtung sowie Ausmaß einer Veränderung des Zielerreichungsgrades durch Bewertungssonderrechte zu messen, ist verständlich, warum Untersuchungen auf der Zielebene bislang nicht vorliegen.[60]

3. Untersuchungsansätze auf der Zeichenebene

Für einen Vergleich des Informationsgehaltes von Bank-Jahresabschlüssen mit Rechnungslegungsdaten anderer Branchen am wenigsten geeignet sind Arbeiten auf der **Zeichenebene**: Dort - noch vor der Wahrnehmung der Jahresabschlußdaten durch den Adressaten - kann lediglich analysiert werden, wie stark sich die in einem Abschluß mit Bewertungsprivilegien ausgewiesenen Positionen von einem Abschluß ohne stille Reserven unterscheiden.[61] Da auf dieser Ebene der Bezug zu einer Adressatengruppe (noch) fehlt, Untersuchungen zur formalen Struktur von Bilanz und Gewinn- und Verlustrechung aber vermutlich nur geringe Hinweise auf den Beitrag einer Abschlußinformation zum Entscheidungsproblem eines Adressaten geben,[62] kommt auch dieser Anknüpfungspunkt für die hier in Rede stehende Studie nicht in Betracht.[63]

4. Untersuchungsansätze auf der Bedeutungsebene

Nach der - je nach Vorbildung - unterschiedlichen Analyse des Jahresabschlusses durch den Adressaten, aber noch vor der konkreten Entscheidung setzen Forschungen auf der **Bedeutungsebene** an. Hier wird gefragt, "... wie sich die Einschätzung der Adressaten hinsichtlich der entscheidungsrelevanten künftigen Umweltzustände in Abhängigkeit von den zur Verfügung stehenden

---

60) Vgl. Coenenberg et al., Bilanzforschung, S. 498 und Gebhardt, Insolvenzprognosen, S. 96 f.

61) Beispiele für derartige Studien geben Gebhardt, Insolvenzprognosen, S. 50 - 53 und Löbler, Jahresabschlußforschung, S. 146 f. Untersuchungen auf der Zeichenebene wurden für deutsche Jahresabschlüsse z.B. von Mohnfeld, Analyse, S. 19 ff., Lohse, Aufstellung, S. 127 ff. und Pellens, Informationswert, S. 107 ff. durchgeführt.

62) So Lev, Aggregation Problem, S. 247 ff. bezüglich des statistischen Maßes Entropie.

63) Bezüglich weiterer Kritikpunkte vgl. Pellens, Informationswert, S. 88 - 91 und Löbler, Jahresabschlußforschung, S. 146.

[ggf. durch Bewertungssonderrechte geprägten] Jahresabschlüssen"[64] ändert. Da Veränderungen auf dieser Ebene notwendige, aber nicht hinreichende Voraussetzung dafür sind, daß auf der (eigentlich relevanten) Zielebene Wirkungen eintreten, überschätzen Untersuchungen auf der Bedeutungsebene die Entscheidungsrelevanz eines Jahresabschlusses tendenziell.

Untersuchungen auf dieser Ebene lassen sich einteilen in Ansätze, die auf Beobachtungen in der Realität basieren und in solche, die sich auf hypothetische Entscheidungssituationen beziehen. Zunächst zu den Arbeiten, die die Entscheidungsrelevanz eines Abschlusses für eine Adressatengruppe theoretisch, d.h. ohne konkreten Bezug zur Reaktion eines Individuums, angehen:

a) Ansätze ohne Bezug auf reale Entscheidungssituationen

Allgemeines Kennzeichen solcher Untersuchungen ist, daß zur Messung der Entscheidungsrelevanz eines Jahresabschlusses statt empirisch beobachtbarer Sachverhalte deduktiv abgeleitete Kriterien benutzt werden. Solche Ersatzkriterien sind vor allem die **Prognoseeignung** von Abschlußdaten und **Soll-Ist-Vergleiche** zwischen einem postulierten Informationsbedarf und dem tatsächlichen Informationsangebot des Jahresabschlusses.[65] Studien des ersten Typs unterstellen, daß die Entscheidungsrelevanz eines Jahresabschlusses für eine Adressatengruppe um so größer ist, je treffsicherer sich künftige Ereignisse mit Hilfe von Rechnungswesen-Daten vorhersagen lassen.[66] Das Ersatzkriterium "Prognoseeignung" liefert allerdings nur dann Anhaltspunkte für die Entscheidungsrelevanz eines Abschlusses, wenn die Informationsempfänger für die Lösung von realen Problemen mit vergleichbarer Struktur ähnliche Prognosemodelle heranziehen. Vor einem Prognoseeignungstest wäre daher zu untersuchen, welches Informationsverarbeitungsverhalten bei welchen Adressatengruppen unter bestimmten Bedingungen vorherrscht. Für gleiche Ent-

---

64) Gebhardt, Insolvenzprognosen, S. 40 [Anmerkung des Verfassers].

65) Vgl. Coenenberg, Aktienkursentwicklung, S. 309 und Coenenberg/Berndsen, Forschung, Sp. 572 f.

66) Bisher existieren vor allem Arbeiten zur Insolvenz-, Rentabilitäts- und Wachstumsprognose sowie zur Kreditwürdigkeitsprüfung. Literaturüberblicke geben März, Interdependenzen, S 84 - 91 und S. 100 - 120 und Coenenberg/Berndsen, Forschung, Sp. 572. Vgl. auch Schönbrodt, Erfolgsprognosen, S. 1 f., 11 f., 245 f., Matschke, Insolvenzprognose, S. 486 - 489, Gebhardt, Insolvenzprognosen, S. 27 - 29, 46 f. Niehaus, Früherkennung, S. 195 f., Beermann, Prognosemöglichkeiten, S. 124 - 126 und Unterharnscheidt, Bonitätsanalyse, S. 13 - 15.

scheidungsprobleme bei Adressaten mit unterschiedlichem Informationsverarbeitungsverhalten müßten anschließend jeweils eigene Prognoseeignungsuntersuchungen vorgenommen sowie die entsprechenden Einzelergebnisse zu einem Gesamturteil für eine Adressatengruppe aggregiert werden.[67)] Wegen dieser Einschränkungen erscheint die Prognoseeignung als Indiz für die Entscheidungsrelevanz im Rahmen dieser Untersuchung wenig geeignet.

Untersuchungen des zweiten Typs ermitteln theoretisch, inwieweit das Informationsangebot des Jahresabschlusses in der Lage ist, den Informationsbedarf der Adressaten bei bestimmten Entscheidungsproblemen zu decken. Dazu werden aus den Zielen der einzelnen Rechnungslegungsinteressenten zunächst typisierte Entscheidungssituationen für jede Gruppe abgeleitet. Um in diesen typisierten Situationen zwischen einzelnen Handlungsalternativen unterscheiden zu können, benötigt jede Adressatengruppe spezifische Informationen.[68)] Mit diesem (theoretisch ermittelten) Informationsbedarf wird das Informationsangebot - z.B. der durch Bewertungsprivilegien geprägte Abschluß eines KI - konfrontiert. Aus der Gegenüberstellung von Informations-Soll und -Ist läßt sich dann die Entscheidungsrelevanz der Rechnungslegungsinformationen im Einzelfall beurteilen.[69)] Nachteil dieser theoretischen Betrachtung ist indessen, daß einzelne Deduktionsschritte angreifbar sind und nicht immer zu eindeutigen Ergebnissen führen.[70)] Die bislang durchgeführten Untersuchungen, die sich als Soll-Ist-Vergleich charakterisieren lassen und die Entscheidungsrelevanz von Bankabschlüssen diskutieren, widersprechen sich hinsichtlich der Frage stiller Reserven: Während Bieg zu dem Ergebnis kommt, daß stille Reserven die Aussagekraft des Jahresabschlusses aus der Sicht von Aktionären[71)] und Einlegern[72)] reduzieren, verweisen Schneider und

---

67) Zu den Prämissen von Prognoseeignungsstudien ausführlich Pohlmann, Wahl, S. 146 - 150. Vgl. diesbezüglich auch die Kritik von Coenenberg et al., Bilanzforschung, S. 504 an der Arbeit Gebhardts.

68) Vgl. Busse von Colbe, Prognosepublizität, S. 93 - 96, Kleine-Doepke, Analyse, S. 29 - 31.

69) Vgl. z.B. Lange, Jahresabschlußinformationen, S. 76 - 79, Coenenberg et al., Bilanzforschung, S. 504 f., Bieg, Schwebende Geschäfte, S. 5 - 8, Oechsle, Forderung, S. 12 - 29 und Kremkow, Grundlagen, S. 84 - 104.

70) Vgl. Schneider, Problematik, S. 189 - 193 und Lange, Jahresabschlußinformationen, S. 77.

71) Vgl. Bieg, Bankbilanzen, S. 239 - 254 in Verbindung mit Bieg, Schwebende Geschäfte, S. 117 - 144.

72) Vgl. Bieg, Bankbilanzen, S. 50 - 58 und S. 258 - 264, Erdland, Eigenkapital, S. 369 - 383.

Kremkow auf die impliziten Annahmen solcher Arbeiten und bestreiten eine Beeinträchtigung der Zahlungsbemessungs- und Informationsinteressen der Adressaten.[73] Wesentlicher Streitpunkt ist auch hier, welches Informationsverarbeitungsmodell die Adressatengruppe im Regelfall verwendet. Um die Argumente beider Autoren zu überprüfen, sollte im Rahmen dieser Arbeit ein Ansatz gewählt werden, der das wesentliche methodische Problem des Soll-Ist-Vergleichs und der Prognoseeignungsstudien, die vollständige Vorgabe des Informationsverarbeitungsverhaltens für eine Adressatengruppe, vermeidet.[74]

b) Ansätze, die auf realen oder kontrollierten Entscheidungssituationen basieren

Solche Untersuchungen befragen Adressaten nach ihren Erwartungsänderungen bezüglich künftiger Umweltzustände, die sich durch das Studium eines Jahresabschlusses ergeben haben.[75] Im Unterschied zum Prognoseeignungs- und Soll-Ist-Vergleichs-Ansatz wird hier also kein bestimmtes Informationsverarbeitungsmodell bei den Adressaten unterstellt. Während in den USA eine ganze Reihe von Experimenten durchgeführt wurden, bei denen z.B. Versuchspersonen unter Einbeziehung von Jahresabschlußzahlen eigene Prognosen abgeben sollten, sind solche Forschungen in der Bundesrepublik nur vereinzelt betrieben worden.[76] Vergleichende Experimente zum Informationsgehalt von KI- und IHV-Abschlüssen sind bislang nicht vorgenommen worden. Wesentliche Aussagebeschränkungen ergeben sich bei diesem Ansatz vor allem aus der Beeinflussung der Testpersonen durch den Versuchsaufbau sowie aus der (aus Kostengründen) vergleichsweise geringen Per-

73) Schneider kritisiert vor allem die typisierende Betrachtungsweise sowie die Prämisse der Selbstinformation der Adressaten. Kremkow verweist auf die Mängel der Gewinnermittlungsvorschriften für Banken, deren gröbste Fehler § 26 a KWG mildere. Vgl. Schneider, Problematik, S. 189 - 193, Kremkow, Verbesserung, S. 4 - 9, S. 40 - 42 und ders., Grundlagen, S. 81 f. A.A. Hesberg, Mündigkeit, S. 991 - 995. Vgl. auch Abschnitt C.III.3.b.β d.A.

74) Wie in den Abschnitten A.II.6 und B.II.4.b.β_5 d.A. deutlich wird, kommen auch Kapitalmarktuntersuchungen nicht ohne Hypothesen bezüglich des Informationsverarbeitungsmodells der Anleger aus. Im Gegensatz zum Soll-Ist-Vergleich läßt sich dort allerdings überprüfen, ob ein Modell die Erwartungsbildung der Anleger gut oder weniger gut beschreibt.

75) Vgl. Gebhardt, Insolvenzprognosen, S. 70 - 73 und Pohlmann, Wahl, S. 165 - 171 bezüglich weiterer Details solcher Studien.

76) Übersichten zu den einzelnen Untersuchungen in Deutschland und den USA geben z.B. Lange, Jahresabschlußinformationen, S. 79 - 82, Gebhardt, Insolvenzprognosen, S. 70 - 76, Coenenberg/Berndsen, Forschung, S. 572.

sonenzahl bei diesen Experimenten.[77] Wegen "... der nur eingeschränkten Übertragbarkeit dieser 'potentiellen Entscheidungsrelevanz' in kontrollierten Situationen auf reale Entscheidungssituationen"[78], d.h. nur begrenzter Verallgemeinerbarkeit der so gewonnenen Aussagen erscheint die individuelle Nutzenmessung als Untersuchungsansatz für diese Arbeit ungeeignet.

5. Untersuchungsansätze auf der Handlungsebene

Im Rahmen von Studien auf der Handlungsebene wird eine Person nicht mehr gefragt, wie sich ihre Einschätzung künftiger Umweltzustände infolge der Veröffentlichung eines Jahresabschlusses ändert; im Mittelpunkt des Interesses steht hier, welche **Aktionen** Jahresabschlüsse bei den Adressaten **auslösen.**[79] Ein nicht heilbarer Nachteil von Nutzenmessungen auf der Handlungsebene ist, daß statt der (eigentlich interessierenden) Erwartungsänderungen bei Veröffentlichung eines Abschlusses nur gemessen wird, welche tatsächlichen Reaktionen der Adressaten sich ergeben. Falls Jahresabschlußinformationen zwar die Erwartungen einer Person modifizieren, aber keine Aktionen auslösen, z.B. weil die Nachricht eher bestätigenden Charakter hatte, bescheinigt eine Untersuchung auf der Handlungsebene dem Abschluß fehlende Entscheidungsrelevanz, obwohl ihm durchaus Informationsgehalt zukommt. Falls eine Reaktion des Entscheiders stattfindet, diese Reaktion aber nicht auf die Jahresabschlußinformationen, sondern auf zufällig zum gleichen Zeitpunkt zugehende Informationen anderer Art zurückzuführen ist, wird der Informationsgehalt des Jahresabschlusses dagegen überschätzt.

a) Ansätze, die auf einer unmittelbaren Beobachtung von Entscheidungen basieren

Auch auf der Handlungsebene sind wieder zwei Forschungsrichtungen unterscheidbar: Arbeiten, die die Handlungen von Adressaten direkt - in deren gewohnter Umgebung oder im Rahmen von Experimenten - beobachten und indirekte Untersuchungen, die die Reaktionen der Gesamtheit der Anleger aus Sekundärdaten (hier: Auf-

---

77) Zur Kritik an diesen Ansätzen vgl. Lange, Jahresabschlußinformationen, S. 82, Gebhardt, Insolvenzprognosen, S. 73 - 77, Busse von Colbe, Prognosepublizität, S. 92 f.
78) Coenenberg, Aktienkursentwicklung, S. 309.
79) Vgl. Gebhardt, Insolvenzprognosen, S. 40.

zeichnungen des Börsengeschehens) isolieren. Grundsätzlich könnte man sich zwar vorstellen, die Reaktionen aller Adressatengruppen auf die Veröffentlichung von KI-Jahresabschlüssen zu untersuchen. Die Reaktionen der Einleger, des BAKred, der Deutschen Bundesbank, der Kreditnehmer und der Arbeitnehmer können in der Realität aber kaum umfassend beobachtet werden.[80] Eine experimentelle Simulation der Entscheidungssituation dieser Adressaten mit Hilfe von Stellvertretern (z.B. BWL-Studenten) ist wenig erfolgversprechend, weil die Verhaltensweisen der Testpersonen vermutlich nur sehr begrenzte Rückschlüsse auf die Handlungen der eigentlichen Entscheidungsträger zulassen.[81] Da für experimentelle Untersuchungen auf der Handlungsebene mit wenigen Einschränkungen[82] offensichtlich ähnliche Vorbehalte, wie für Befragungen auf der Bedeutungsebene gelten, werden hier nur die Kapitalmarktuntersuchungen näher diskutiert.

b) Kapitalmarktorientierte Untersuchungsansätze[83]

Der **kapitalmarktorientierte Untersuchungsansatz** geht davon aus, daß der Jahresabschluß eine ganze Reihe unternehmensbezogener Informationen enthält, die für Aktionäre, insbesondere für Aktionäre ohne detailliertere Informationsquellen, von Bedeutung sein können. Rational handelnde Anleger werden diese Informationen in ihren Kalkül einfließen lassen und u.U. früher getroffene Entscheidungen im Lichte der neuen Informationen revidieren. Vor allem bei Veröffentlichung eines Jahresabschlusses ist daher zu erwarten, daß Handel und Preisbildung an der Börse neue Abschlußinformationen reflektieren.[84] Ändert der Jahresabschluß die Erwartungen der Anleger bezüglich der künftigen

---

80) Vgl. Löbler, Jahresabschlußforschung, S. 145.

81) Zur Kritik an individuellen Entscheidungsexerimente vgl. Lange, Jahresabschlußinformationen, S. 82 f. Pohlmann, Wahl, S. 166, S. 171.

82) Auf Untersuchungen des Adressatenverhaltens in deren gewohnter Umgebung trifft die bei Unterpunkt b) genannte Kritik nicht zu. Leider sind solche Beobachtungen nur selten durchführbar. Beispiele für solche Arbeiten finden sich bei Gebhardt, Insolvenzprognosen, S. 78 - 81.

83) Kapitalmarktorientierte Untersuchungen werden hier den mikroökonomischen Ansätzen zugeordnet, da der Wert einer Jahresabschlußinformation anhand fiktiver Entscheidungen eines **einzelnen** Anlegers ermittelt wird. Manche Autoren vertreten (wegen anderer Abgrenzungskriterien) dagegen die Auffassung, solche Untersuchungen seien eher als "gesamtwirtschaftliche" Ansätze zu bezeichnen. Vgl. Kleine-Doepke, Analyse, S. 14, Löbler, Jahresabschlußforschung, S. 144 f..

84) Jahresabschlußinformationen können dabei auf unterschiedlichen Kanälen zum Adressaten gelangen. Neben der eigentlichen Veröffentlichung des Abschlusses in Zeitungen sowie im Geschäftsbericht sind hier z.B. Zwischenberichte, Aktionärsbriefe und Artikel in Tageszeitungen zu nennen.

Vorteile aus dem Aktienbesitz tatsächlich, werden diese verstärkt Aktienkauf- (bei positiven Jahresabschlußdaten) bzw. -verkaufsentscheidungen (bei negativen Jahresabschlußdaten) treffen; da sich diese Handlungen in den Aktienkursen und -umsätzen für das betreffende Unternehmen niederschlagen, können anhand eines "Vorher-Nachher-Vergleichs" dieser Börsendaten Rückschlüsse auf den Informationsgehalt des Jahresabschluß für die Gesamtheit der Anleger gezogen werden. Weichen die Börsenkurse bzw. -umsätze nach dem Bekanntwerden von Bilanz und Erfolgsrechnung deutlich von den Ausprägungen vor Veröffentlichung ab, liegt der Schluß nahe, daß den Jahresabschlußinformationen aus der Sicht der Anteilseigner Entscheidungsrelevanz zukam.

Zwar ließe sich einwenden, daß die Reaktionen des Kapitalmarktes um den Veröffentlichungstermin eines Abschlusses herum auch durch andere Informationen ausgelöst werden können. Soweit solche Informationen nicht nur das untersuchte Unternehmen, sondern sämtliche Unternehmen der Branche bzw. des Gesamtmarktes betreffen, kann man diese Einflüsse aber weitgehend mit Hilfe statistischer Verfahren bereinigen. Verzerrungen, die sich z.B. durch Unterschiede in der Publizitätspolitik der betrachteten Gesellschaften ergeben, lassen sich ebenfalls isolieren, indem nur die Marktreaktionen bei ähnlich publizitätsfreudigen Unternehmen verglichen werden. Marktbewegungen ohne Bezug zur Abschlußveröffentlichung, die trotz solcher Bereinigungsbemühungen noch verbleiben, gleichen sich - falls diese Einflüsse nicht systematischer Natur sind - durch eine aggregierte Betrachtung über viele Jahresabschlußveröffentlichungen aus.

In der deutschsprachigen Literatur wurden bislang vor allem Börsenkurse und -umsätze verwendet, um festzustellen, ob zum Zeitpunkt einer Informationsveröffentlichung signifikante Aktionen der Anleger zu beobachten waren.[85)] Welche Börsenvariable und welche Meßmethode im Rahmen des hier geplanten Informationsgehaltsvergleich besonders geeignet erscheint, soll hier noch nicht näher diskutiert werden.[86)] Festzuhalten sind jedoch die Stärken dieses Untersuchungsansatzes: Ein wesentlicher Vorteil dieses Ansatzes ist erstens darin zu sehen, daß

---

85) Einen sehr ausführlichen Literaturüberblick über die kapitalmarktorientierten Untersuchungen im deutschen Sprachraum zu Fragen des Rechnungswesens bieten Coenenberg/Möller/Schmidt, Research, S. 63 - 74.

86) Vgl. Abschnitt B.II.4.b.β d.A.

sich in den untersuchten Größen grundsätzlich die Entscheidungen **aller** Aktionäre eines Unternehmens zu einem Zeitpunkt niederschlagen. Zweitens können die Daten eines **langen Zeitraums** (mehr als 10 Jahre) ausgewertet werden. Eine Befragung oder ein Laborexperiment vergleichbaren Umfangs ist nicht denkbar. Drittens ist das analysierte Datenmaterial von **hoher Qualität:** Weder droht eine Verzerrung infolge einer Simulation der Entscheidungssituation mit Testpersonen, noch verändert die Art der Fragestellung bzw. Auswertung die Ausprägungen der Primärdaten (Jahresabschlußdaten und Börsenvariable). Last not least hat dieser Untersuchungsansatz einen weiteren unschätzbaren Vorteil: Seine Ergebnisse sind **intersubjektiv nachvollziehbar** und **beliebig reproduzierbar**, wenn gleiche Methoden und gleiche Untersuchungsgesamtheiten verwendet werden.

6. Implikationen kapitalmarktorientierter Untersuchungsansätze

Ziel dieser Untersuchung ist es, den Informationsgehalt von Jahresabschlüssen der Kreditwirtschaft mit dem Informationsgehalt von Jahresabschlüssen von IHV-AG zu vergleichen. Da makroökonomische Bewertungsansätze - wie in Unterabschnitt 1 bereits ausgeführt - für diese Aufgabe nicht geeignet sind, wurden eine ganze Reihe einzelwirtschaftlicher Untersuchungsmöglichkeiten diskutiert. Dabei stellte sich heraus, daß der kapitalmarktorientierte Ansatz - u.a. auch deshalb, weil entsprechende Arbeiten bislang nicht existieren - für die hier gewählte Fragestellung wohl am besten geeignet ist. Gleichwohl weist auch dieser Ansatz einige Besonderheiten auf, die hier zu verdeutlichen sind, da sie den Charakter einer **methodischen Vorentscheidung** haben.

Die wohl wichtigste Einschränkung, die sich aus der Wahl des kapitalmarktorientierten Ansatzes ergibt, ist die Verengung des Untersuchungsblickwinkels auf den Nutzen, den der Jahresabschluß bei Anlageentscheidungen am Kapitalmarkt stiftet. Von allen Adressatengruppen, die Jahresabschlußinformationen im Rahmen ihrer Entscheidungen verwenden könnten, wird nur noch die Gruppe der **Aktionäre** betrachtet. Weil der Jahresabschluß - wie in Abschnitt C.I.1 noch deutlich werden wird - vor allem der Interessenregelung zwischen Anteilseignern und Unternehmung dient, ist die Entscheidungsrelevanz des Jahresabschlusses für Aktionäre sicherlich ein außerordentlich wichtiges Indiz für den gesamten Nutzen, den ein Jahresabschluß stiftet. Trotzdem darf nicht übersehen werden, daß diese Relevanz für Aktionäre wenig aussagt über die Nützlichkeit eines Jahresabschlusses für Entscheidungen anderer Adressatengruppen.[87)]

Eine weitere Einschränkung, die sich aus der Wahl des kapitalmarktorientierten Ansatzes ergibt, betrifft die **Aktionärsentscheidungen**, die mit diesem Ansatz untersucht werden können. Ein Aktionär hat neben der Entscheidung über die Anlage finanzieller Mittel in Aktien eine ganze Reihe weiterer nachgelagerter Entscheidungen zu treffen. Dies sind z.B. Entscheidungen anläßlich der Bestellung/Entlastung des Aufsichtsrates, der Entlastung des Vorstandes, Satzungsänderungen der Gesellschaft, Maßnahmen der Kapitalbeschaffung bzw. -herabsetzung usw.[88)] Während die Informationen des Jahresabschlusses bei Entscheidungen über den Aktienkauf bzw. -verkauf vor allem dazu dienen, einzelne Anlagemöglichkeiten auszuwählen (**planungsorientierte Nutzung**), werden die Abschlußdaten bei den übrigen Entscheidungen im wesentlichen zur Kontrolle der Unternehmensorgane gebraucht (**kontrollorientierte Nutzung**).[89)] Der kapitalmarktorientierte Ansatz ermittelt indessen lediglich den Nutzen, den ein Abschluß bei der Planung der Anlageentscheidung stiftet; der Informationsgehalt der Abschlußdaten im Hinblick auf nachgelagerte Kontrollentscheidungen bleibt unberücksichtigt. In Anbetracht der faktisch nur sehr geringen Kontrollmöglichkeiten, die einzelne Aktionäre - ausgenommen Großaktionäre und KI (Depotstimmrecht) - wahrnehmen können, ist die Vernachlässigung des Jahresabschlußnutzens in kontrollorientierten Verwendungen freilich hinnehmbar.[90)]

Die Wahl eines kapitalmarktorientierten Untersuchungsansatzes hat darüber hinaus noch eine weitere Konsequenz: Um aus den Kapitalmarktreaktionen bei Veröffentlichung eines Jahresabschlusses (Handlungsebene) Rückschlüsse auf die dadurch ausgelösten

87) Der Jahresabschluß ist als Informationsinstrument vor allem für die Personen von Bedeutung, die finanzielle Interesse an einem Unternehmen haben, jedoch **keinen** Zugriff auf - für ihre jeweiligen Entscheidungen - besser geeignete Informationsquellen. Dies sind neben den (Klein-) Aktionären vor allem Kreditgeber aus Lieferung und Leistung sowie Arbeitnehmer. Vgl. Pohlmann, Wahl, S. 133 f. Banken haben im Regelfall nicht nur die wirtschaftliche Macht, sondern auch die gesetzliche Verpflichtung gemäß § 18 KWG, sich bei Kreditgewährungen die wirtschaftlichen Verhältnisse des Kreditnehmers offenlegen zu lassen.

88) Einen Überblick über diese Entscheidungsmöglichkeiten des Aktionärs gibt z.B. Thümmel, Stichwort "Hauptversammlung", S. 483 f.

89) Vgl. Pohlmann, Wahl, S. 137.

90) So auch Pohlmann, Wahl, S. 147.

Abbildung 2:
Ansätze zur Messung der Nützlichkeit von Jahresabschlüssen

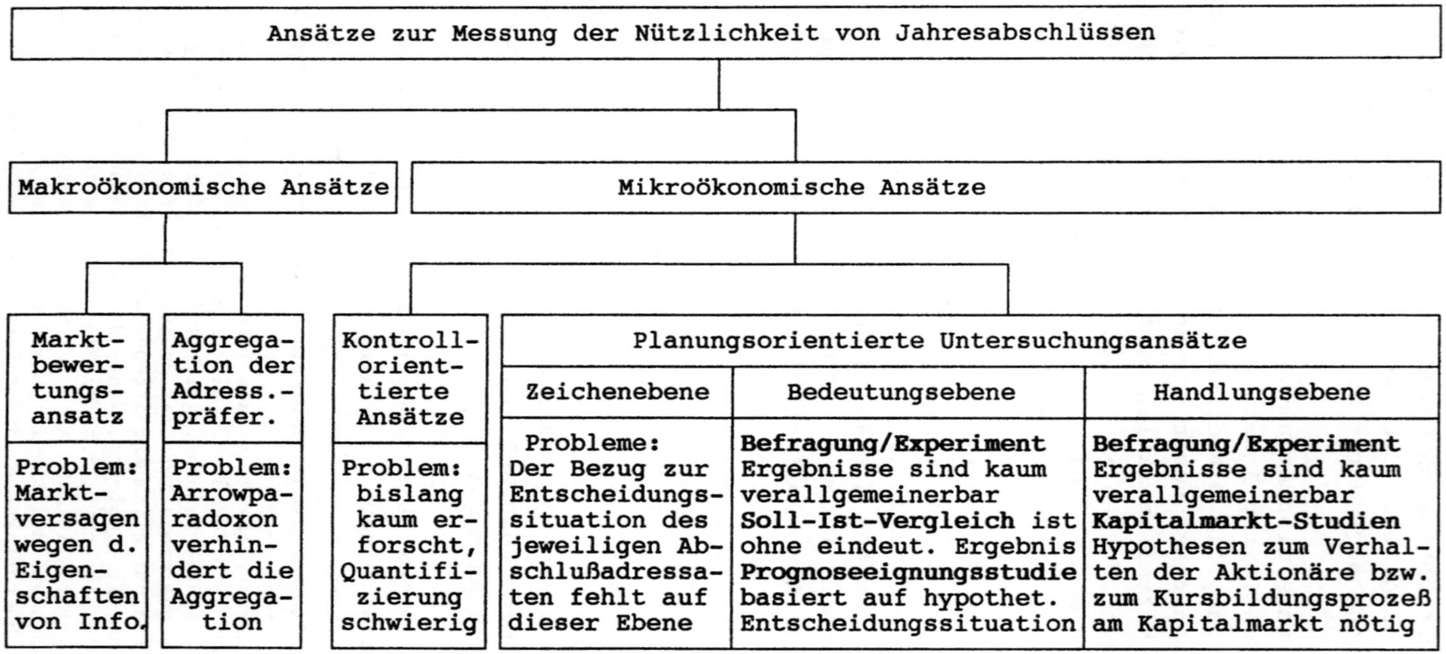

Veränderungen der Zielgrößen des Aktionärs (Zielebene) ziehen zu können, sind Hypothesen über das **Informations- und Entscheidungsverhalten des Aktionärs** sowie über den **Preisbildungsprozeß am Kapitalmarkt** notwendig.[91] Streng genommen ist es nur mit Hilfe dieser zusätzlichen Annahmen möglich, einen kausalen Zusammenhang zwischen den beobachteten Kursen und den Zielgrößenänderungen des Aktionärs herzustellen. Die Aussagen zum Informationsgehalt eines Jahresabschlusses, die im Rahmen des kapitalmarktorientierten Ansatzes hergeleitet werden, stehen und fallen somit mit der empirischen Gültigkeit der Basisannahmen zum Aktionärsverhalten bzw. zum Aktienkursbildungsprozeß.[92] Welche Aussagebeschränkungen sich aus dieser Abhängigkeit für die Ergebnisse der Untersuchung ergeben, ist in Abschnitt B.II.4.b und D.I.2 d.A. noch ausführlich zu diskutieren. Wie die Erörterungen in den Unterpunkten 1 bis 5 dieses II. Hauptabschnittes gezeigt haben und wie Abbildung 2[93] noch einmal zusammenfassend verdeutlicht, sind solche methodischen Probleme nicht auf den kapitalmarktorientierten Untersuchungsansatz beschränkt; auch die anderen denkbaren Untersuchungsansätze weisen gravierende Aussagebeschränkungen auf.

III. Gang der Untersuchung

Um Aufbau und Wirkungsweise der in späteren Abschnitten verwendeten Untersuchungsmethoden zu verstehen, ist es zunächst hilfreich, sich zu verdeutlichen, warum Informationen überhaupt für einen Anleger von Bedeutung sind. In **Gliederungspunkt B** sollen daher nach einer kurzen Einführung in die Entscheidungstheorie das Zielsystem, das Entscheidungsfeld und das Informationssystem eines Investors am Kapitalmarkt präzisiert und in die Problematik der Informationsbewertung bei unsicheren Erwartungen eingeführt werden. Ziel dieses Abschnittes ist primär, eine Bewertungsmethode zu finden, mit der sich der Wert von Jahresabschlußinformationen für einen Anleger am Aktienmarkt messen läßt; darüber hinaus dienen die Ausführungen auch dazu, die Schwächen des gewählten Informationsbewertungskalküls auf-

---

91) Vgl. Schneider, Investition, S. 462 - 465, insb. S. 465, Pellens, Informationswert, S. 66 - 69 und Pohlmann, Wahl, S. 173 - 175. Vgl. auch Abschnitt B.II.4.b.β_5 und D.I.2 d.A.

92) Dies gilt allerdings nur für diejenigen Untersuchungen des kapitalmarktorientierten Ansatzes, die auf Aktienkurse zurückgreifen. Vgl. dazu Abschnitt B.II.4.b.β_1 d.A.

93) Bezüglich ähnlicher Übersichten vgl. z.B. Löbler, Jahresabschlußforschung, S. 144 und Pellens, Informationswert, S. 60.

zuzeigen, um diese durch eine entsprechende Gestaltung des Designs der empirischen Untersuchung zu mildern.

In **Abschnitt** C wird aus theoretischer Sicht untersucht, welche Wirkungen die Veröffentlichung von KI- bzw. IHV-Jahresabschlüssen auf die Erwartungen der Anleger ausüben sollten. Hauptzweck dieses Abschnitts ist vor allem, Hypothesen darüber zu bilden, welche Jahresabschlußkennzahlen in KI- und IHV-Abschlüssen für einen Anleger von besonderem Interesse sein könnten. Daneben dienen die Ausführungen auch dazu, genauer zu präzisieren, welche (Stör-) Einflüsse im Rahmen der empirischen Untersuchung besonders zu kontrollieren sind. Einführend werden zunächst die gesetzlichen Grundlagen des Jahresabschlusses von Aktiengesellschaften, insbesondere die Unterschiede zwischen den Jahresabschlüssen von Aktienbanken und IHV-AG, vorgestellt. Anschließend wird der Frage nachgegangen, von welchen Umständen der Nutzen, den ein Jahresabschluß einem Anleger stiftet, abhängen könnte. Dazu wird zunächst ein allgemeiner Überblick über die Faktoren gegeben, die auf die Nutzenschätzung einer Information im Rahmen eines Entscheidungsproblems Einfluß ausüben können. Anschließend wird aufgezeigt, welche dieser (allgemeinen) Faktoren für das hier zu untersuchende Problem von Bedeutung sind und welche nicht. Die hier erarbeiteten Kriterien werden schließlich im letzten Kapitel von Abschnitt C dazu verwendet, Hypothesen bezüglich der Anlegerreaktionen bei der Veröffentlichung von KI- und IHV-Jahresabschlüssen zu formulieren.

In **Gliederungspunkt** D werden diese Überlegungen in quantitative Messungen umgesetzt: Da Aufbau und Ablauf kapitalmarktorientierter Informationsgehaltsmessungen bereits in Abschnitt B erläutert werden, können sich die Ausführungen hier auf die Details der Untersuchungsgestaltung konzentrieren: Zunächst werden aus den sich grundsätzlich bietenden Verfahren zur Bereinigung der Aktienrenditen diejenigen ausgewählt, die für die Verhältnisse am deutschen Kapitalmarkt besonders geeignet erscheinen. Anschließend werden der sachliche und zeitliche Umfang der Untersuchung sowie die einzelnen Parameter der verwendeten Methode festgelegt. Unterabschnitt III enthält die Ergebnisse des eigentlichen Informationsgehaltsvergleichs von KI- und IHV-Jahresabschlüssen, wobei die Messungen vielfältig variiert werden, um den Einfluß methodischer Vorentscheidungen auf die Stabilität der Ergebnisse aufzuzeigen. Im Anschluß daran wird aufgezeigt, inwieweit Daten- oder Berechnungsfehler die Ergebnisse verzerrt haben könnten. Abschließend werden die Untersuchungergebnisse zusammengefaßt und deren Bedeutung für verwandte Fragestellungen der empirischen Kapitalmarktforschung dargestellt.

Die Schlußbetrachtung in **Gliederungspunkt E** stellt Anlaß, Thema, Methode und wesentliche Ergebnisse der Arbeit noch einmal kurz dar.

B) Die Anlage am Kapitalmarkt als Entscheidungsproblem

Ziel dieser Arbeit ist es, den Informationsgehalt von KI- und IHV-Abschlüssen für Anleger am Kapitalmarkt zu vergleichen. Wie bereits deutlich wurde, leitet sich der Wert einer Jahresabschlußinformationen aus dem Nutzen ab, den sie in einer konkreten Entscheidungssituation stiftet. Die folgenden Ausführungen dienen dazu, das Entscheidungsproblem eines Anlegers zu kennzeichnen und den potentiellen Nutzen von Informationen aus normativer Sicht darzustellen.

I. Entscheidungstheoretische Grundlagen

Die Entscheidungslehre geht davon aus, daß sich jedes Entscheidungsproblem mit Hilfe eines allgemeinen Modells, bestehend aus dem **Zielsystem** des Entscheiders und dem **Entscheidungsfeld**, beschreiben läßt.[94] Die Strukturelemente dieses Modells sowie deren Erweiterung für den Fall einer zusätzlichen Informationsbeschaffungsmöglichkeit werden im folgenden vorgestellt und in Unterpunkt II dieses Abschnitts im Hinblick auf die Entscheidungssituation eines Investors bei der Anlage von Mitteln am Kapitalmarkt konkretisiert.

1. Das Entscheidungsfeld

Ein Entscheidungsproblem liegt grundsätzlich nur dann vor, wenn in einer Entscheidungssituation mindestens zwei verschiedene **Handlungsmöglichkeiten** existieren, von denen genau eine auszuwählen ist. Als Entscheidungsfeld bezeichnet man die Menge der vom Entscheider frei wählbaren Handlungsmöglichkeiten und die **Ergebnisse**, die mit einer Handlungsalternative verbunden sind.

---

94) Vgl. z.B. Laux, Entscheidungstheorie, S. 21 f..

Weil häufig nicht alle Folgen einer Handlungsmöglichkeit interessieren, beschränkt sich das Entscheidungsfeld auf die Beschreibung derjenigen Größen, die für den Entscheider bedeutsam sind: auf die Konsequenzen für dessen Zielgrößen.

Welche Konsequenzen mit einer Handlungsmöglichkeit verbunden sind, ist meist auch von Faktoren abhängig, auf die der Entscheider keinen Einfluß hat. Eine bestimmte Ausprägung dieser Faktoren nennt man einen **Umweltzustand**. Wenn infolge solcher Faktoren die Ergebnisse für eine Handlungsmöglichkeit unterschiedlich ausfallen, sind Umweltzustände zu definieren und es ist für jeden Umweltzustand zu beschreiben, welches Ergebnis sich als Folge der Aktion einstellen wird. In manchen Entscheidungssituationen lassen sich zudem **Wahrscheinlichkeiten** für das Eintreten der einzelnen Umweltzustände angeben.

Bei **sicheren Erwartungen** ist dem Entscheider genau bekannt, welcher Umweltzustand zukünftig eintreten wird. Er wird nur die Ergebnisse dieses Umweltzustandes in sein Modell einbeziehen und die Ergebnisse aller anderen möglichen Umweltzustände vernachlässigen. Bei **Unsicherheit** hält der Entscheidungsträger dagegen mindestens zwei Umweltzustände für möglich, von denen einer eintreten wird. In der Literatur[95] werden im allgemeinen zwei Grenzfälle der Unsicherheit unterschieden: Ungewißheit und Risiko. Mit **Ungewißheit** bezeichnet man die Situation, in der für das Eintreten künftiger Ereignisse keine Eintrittswahrscheinlichkeiten angegeben werden können.[96] In einer **Risikosituation** kann der Entscheidungsträger den möglichen Umweltzuständen dagegen entweder objektive, d.h. intersubjektiv nachprüfbare, oder aber subjektive Wahrscheinlichkeiten zuordnen. Wenn die berücksichtigten Umweltzustände alle möglichen umfassen und so definiert sind, daß sie sich gegenseitig ausschließen, müssen sich die Eintrittswahrscheinlichkeiten dieser Umweltzustände stets zu Eins addieren. Die Basiselemente des Entscheidungsfeldes lassen sich sehr anschaulich in Form der folgenden Matrix beschreiben:[97]

---

95) Vgl. z.B. Bitz, Entscheidungstheorie, S. 14 f. und Laux, Entscheidungstheorie, S. 24.

96) Der Entscheider ist also lediglich in der Lage anzugeben, daß bestimmte Umweltzustände überhaupt eintreten können, nicht aber, wie wahrscheinlich diese Ereignisse sind. Vgl. a.a.O.

97) Die Notation lehnt sich hier sowie in den drei folgenden Abschnitten an Reuter, Aktienmarkt, S. 17 f. an.

Wahrsch. $w(z_j)$	$w(z_1)$ $w(z_2)$..$w(z_j)$..$w(z_n)$
Umwelt- zust. z_j / Aktionen a_i	z_1 z_2 .. z_j .. z_n
Aktion a_1	e_{11} e_{12} .. e_{1j} .. e_{1n}
Aktion a_2	e_{21} e_{22} .. e_{2j} .. e_{2n}
......	... ...
Aktion a_i	e_{i1} e_{i2} .. e_{ij} .. e_{in}
......	... ...
Aktion a_m	e_{m1} e_{m2} .. e_{mj} .. e_{mn}

Darin steht a_i für die i-te von m Handlungsmöglichkeiten, z_j für den j-ten von n Umweltzuständen, $w(z_j)$ für dessen Eintrittswahrscheinlichkeit und e_{ij} für das Ergebnis der i-ten Handlungsmöglichkeit im Falle des Eintritts des j-ten Umweltzustandes. Ferner gilt $\sum_{j=1}^{n} w(z_j) = 1$

In Abhängigkeit davon, ob von einer heute zu treffenden Entscheidung auch zukünftige Entscheidungen abhängen oder nicht, unterscheidet die Entscheidungslehre mehrstufige von einstufigen Entscheidungsproblemen. **Mehrstufige** Entscheidungen sind dadurch gekennzeichnet, daß infolge von Interdependenzen zwischen jetzigen und künftigen Entscheidungen (z.B. wegen technischer Zwänge) mehrere Entscheidungsperioden gleichzeitig betrachtet werden müssen, um eine optimale Aktionsfolge zu ermitteln. **Einstufige** Probleme liegen dagegen immer dann vor, wenn entweder nur über die Handlungsmöglichkeiten zu einem Zeitpunkt zu entscheiden ist, oder wenn im Rahmen mehrperiodiger Entscheidungsprobleme keinerlei Abhängigkeiten zwischen den Einzelentscheidungen bestehen.[98] Das Entscheidungsproblem von Aktionären läßt sich meistens durch einstufige Betrachtungen lösen, da bei Entscheidungen am Kapitalmarkt im Regelfall - mit Ausnahme der Transaktionskosten - keine zwingenden Abhängigkeiten zwischen den einzelnen Entscheidungen bestehen. Die weiteren Ausführungen werden deswegen auf einstufige Entscheidungsprobleme beschränkt.

2. Das Zielsystem

Eine rationale Wahl zwischen den sich bietenden Handlungsmöglichkeiten ist grundsätzlich nur dann möglich, wenn der Entscheider **Zielvorstellungen** hat, mit deren Hilfe sich die Ergebnisse der einzelnen Alternativen miteinander vergleichen, d.h. bewerten lassen. Die Zielvorstellungen eines Entscheiders werden im Rahmen des oben skizzierten Grundmodells der Entschei-

98) Vgl. Laux, Entscheidungstheorie, S. 249 f., Bitz, Entscheidungstheorie, S. 289 f. und Bamberg/Coenenberg, Entscheidungslehre, S. 205.

dungslehre durch eine **Ziel- oder Präferenzfunktion θ** abgebildet. Diese Funktion hat - vergleichbar einer Rechenregel - die Aufgabe, jeder Handlungsmöglichkeit a_i einen **Präferenzwert** $\theta(a_i)$ zuzuordnen, der als Indikator für den Zielerreichungsgrad dieser Aktion fungiert.[99)]

Im Falle einer Entscheidungssituation, deren Ergebnisse mit Unsicherheit behaftet sind, sollte eine Präferenzfunktion bei der Ermittlung des Präferenzwertes θ einer Handlungsmöglichkeit a_i das Ergebnis e_{ij} jedes einzelnen Umweltzustandes einbeziehen. Wenn man das Ausmaß der Unsicherheit schätzen kann, bedeutet dies die Berücksichtigung der Ergebnisse entsprechend ihrer Wahrscheinlichkeitsverteilung. In Entscheidungssituationen, in denen sehr viele Umweltzustände und dementsprechend viele Ergebnisse pro Handlungsalternative möglich erscheinen, wird die Präferenzfunktion jedoch aus Wirtschaftlichkeitserwägungen im Regelfall nicht auf die Einzelergebnisse abstellen, sondern **Parameter** verwenden, um die Ergebnisverteilung zu beschreiben. Je nach Gestalt der Wahrscheinlichkeitsverteilung der Ergebnisse können unterschiedliche Parameter zu deren Kennzeichnung nötig sein;[100)] eine Normalverteilung läßt sich beispielsweise eindeutig durch den Erwartungswert und die Standardabweichung kennzeichnen.

In betriebswirtschaftlichen Modellen werden häufig die Parameter **Erwartungswert** μ_i und **Standardabweichung** σ_i (bzw. deren Quadrat, die Varianz σ_i^2) zur Charakterisierung der Handlungskonsequenzen einer Entscheidung verwendet.[101)] Dies ist angemessen, wenn die Wahrscheinlichkeitsverteilung der Ergebnisse tatsächlich einer Normalverteilung entspricht. Die Verwendung dieser beiden Momente erscheint auch gerechtfertigt, wenn man annehmen kann, daß der Entscheider nur diese Parameter bei seinen Überlegungen berücksichtigt. Die Annahme, der Entscheider

---

99) Vgl. <u>Bitz</u>, Entscheidungstheorie, S. 31 f. Vgl. auch <u>Engels</u>, Bewertungslehre, S. 47, S. 56 f. Die Präferenzfunktion läßt sich aus der Nutzenfunktion eines Individuums ableiten. Vgl. <u>Mag</u>, Entscheidung, S. 73 f. und <u>Bitz</u>, Entscheidungstheorie, S. 195 f.

100) Die statistische Methodenlehre unterscheidet z.B. Zentralmaße, Extremmaße, Streuungs- und Schiefekoeffizienten und Verteilungsmaße höherer Ordnung als mögliche Kennzahlen zur Charakterisierung von Ergebnisverteilungen. Vgl. <u>Bitz</u>, Entscheidungstheorie, S. 46 - 58.

101) Diese Maße sind wie folgt definiert:

$$\mu_i = \sum_{j=1}^{n} (e_{ij} * p_j); \quad \sigma_i = \left(\sum_{j=1}^{n} (e_{ij} - \mu_i)^2 \right)^{\frac{1}{2}}$$

verwende nur den Erwartungswert und die Standardabweichung der Ergebnisse, impliziert allerdings, daß die Nutzenschätzung des Entscheiders für ein Ergebnis durch eine quadratische Funktion approximiert werden kann, was ggf. unbefriedigend ist.[102)]

Durch den Vergleich des Präferenzwertes der Handlungsmöglichkeiten $\theta(a_1)$ und $\theta(a_2)$ kann man ermitteln, ob a_1 im Vergleich zu a_2 vom Entscheider besser, schlechter oder gleich eingeschätzt wird. Die optimale Handlungsmöglichkeit ist im Anschluß an diese Bewertung mit Hilfe eines Optimierungskriteriums zu bestimmen. Als Optimierungskriterien können prinzipiell die Extremierung, Satisfizierung oder Fixierung des Präferenzwertes einer Handlungsmöglichkeit herangezogen werden.[103)] Betriebswirtschaftliche Modelle streben in den meisten Fällen extreme Zielausprägungen an.

3. Das Informationssystem

Nach dem oben dargestellten Grundmodell der Entscheidungslehre spiegelt das Entscheidungsfeld stets den jeweiligen subjektiven Informationsstand des Entscheidungsträgers wider. Dieser jeweilige Kenntnisstand des Entscheiders läßt sich freilich in vielen Situationen durch die Einholung zusätzlicher Informationen verbessern. Zusätzliche Informationen können dazu führen, daß der Entscheider

(1) neue **Handlungsalternativen** oder neue **Umweltzustände** entdeckt,
(2) die **Ergebnisse** der Aktionen anders veranschlagt, oder
(3) die **Eintrittswahrscheinlichkeiten** der Umweltzustände revidiert.[104)]

Da vorab nicht bekannt ist, welche Informationen zugehen werden (denn dann wäre die Information ja bereits bekannt), können Informationsbeschaffungsaktivitäten aber auch dazu führen, daß der Status quo ante bestätigt wird.

Im Hinblick auf den Kalkül eines Entscheiders sind hinsichtlich neuer Informationen **zwei Fälle** zu unterscheiden: Die durch die Beschaffungsmaßnahmen zugehenden Informationen können erstens

---

102) Vgl. z.B. Laux, Entscheidungstheorie, S. 210 f., Bitz, Entscheidungstheorie, S. 198 f., Mag, Entscheidung, S. 73 f., Franke/Hax, Finanzwirtschaft, S. 247.
103) Vgl. Bitz, Entscheidungstheorie, S. 35 - 38.
104) Vgl. Laux, Entscheidungstheorie, S. 281, Rehberg, Wert, S. 158 - 178 und Bamberg/Coenenberg, Entscheidungslehre, S. 113, S. 132.

dazu führen, daß das Entscheidungsfeld zu revidieren ist. Diese Situation ist dann gegeben, wenn der Entscheider durch den Informationszugang neue Aktionen, neue Umweltzustände oder andere Ergebnisse prognostiziert. Der zweite Fall liegt dagegen vor, wenn die Aktionen, Zustände und Ergebnisse des Entscheidungsfelds unverändert bleiben und lediglich das Wahrscheinlichkeitsurteil des Entscheiders verbessert wird. Während sich der Entscheider in den Situationen (1) und (2) mit einer völlig neuen Sachlage konfrontiert sieht, die - je nach Veränderung - neu zu modellieren ist, kann die in Situation (3) vorliegende Revision des Wahrscheinlichkeitsurteils im Rahmen des ursprünglichen Kalküls berücksichtigt werden.[105] Die Situation (3) ist typisch für Entscheidungsprobleme, die weitgehend **vorstrukturiert** sind, bei der die Informationsbeschaffung selbst **keine Umweltänderung** auslöst und der **Beschaffungszeitraum** so **kurz** ist, daß währenddessen sich die Struktur der entscheidungsrelevanten Daten nicht verändert.[106] Da die Anlageentscheidungen von Aktionären im zeitlichen Umfeld von Jahresabschlußveröffentlichungen, die hier untersucht werden sollen, diesen Anforderungen im Regelfall entsprechen (hohe Strukturiertheit, kurzer Zeithorizont), soll hier nur das dritte denkbare Ergebnis einer Informationsbeschaffungsaktivität, die Revision des Wahrscheinlichkeitsurteils über die Umweltzustände, weiter diskutiert werden.[107]

Voraussetzung für eine mögliche Entscheidungsverbesserung durch Einholen zusätzlicher Informationen ist die Existenz eines **Informationssystems**.[108] Dieses bestehe aus einer Menge von Nachrichten $y = \{y_1; y_2; \ldots y_k; \ldots y_l\}$ von denen der Entscheider weiß, mit welcher Wahrscheinlichkeit $w(y_k|z_j\}$ die Nachricht eintreten wird, falls z_j der wahre Zustand der Welt ist. Aus diesen bedingten Wahrscheinlichkeiten läßt sich mit Hilfe des Bayesschen Theorems die für den Entscheider im Rahmen seines Entscheidungsproblems wertvolle Information herleiten, mit wel-

105) Vgl. Laux, Entscheidungstheorie, S. 281, FN 86 und Reuter, Aktienmarkt, S. 30 - 49, insb. S. 46.

106) Die Forderung, daß die Informationsbeschaffung keine Umweltänderungen auslöst, impliziert, daß keine rationalen Gegenspieler vorhanden sind, die auf Beschaffungsaktivitäten mit eigenen Maßnahmen reagieren. Vgl. Reuter, Aktienmarkt, S. 46 f.

107) Bezüglich der Bewertung entscheidungsfeldrevidierender Informationen vgl. Mag, Entscheidung, S. 193 - 291 sowie Niggemann, Informationsprozesse, S. 115 - 157.

108) Vgl. Reuter, Aktienmarkt, S. 31 - 34 und Bamberg/Coenenberg, Entscheidungslehre, S. 18 - 21.

cher Wahrscheinlichkeit $w(z_j|y_k)$ der Umweltzustandes z_j eintreten wird, falls er die Nachricht y_k erhält. Schließen die verschiedenen Einzelnachrichten y_k sich gegenseitig aus und können für jeden Umweltzustand Nachrichten empfangen werden, stellt sich das Informationssystem wie folgt dar:[109]

Umweltzustand z_j / Nachricht y_k	y_1	y_2	....	y_k	....	y_l
Zustand z_1	$w(y_1\|z_1)$	$w(y_2\|z_1)$	....	$w(y_k\|z_1)$	....	$w(y_l\|z_1)$
Zustand z_2	$w(y_1\|z_2)$	$w(y_2\|z_2)$	....	$w(y_k\|z_2)$	....	$w(y_l\|z_2)$
......	....	....	....	....	....	....
Zustand z_j	$w(y_1\|z_j)$	$w(y_2\|z_j)$	....	$w(y_k\|z_j)$	....	$w(y_l\|z_j)$
......	....	....	....	....	....	....
Zustand z_n	$w(y_1\|z_n)$	$w(y_2\|z_n)$	....	$w(y_k\|z_n)$	....	$w(y_l\|z_n)$

Vollkommene Informationssysteme sind dadurch gekennzeichnet, daß der Entscheider aus den Nachrichten eindeutig und genau den zukünftig eintreffenden Umweltzustand erkennen kann. Die in der Realität vorherrschenden **unvollkommenen Informationssysteme** erlauben dagegen keinen sicheren Schluß auf den wahren künftigen Zustand der Welt, weil z.B. Nachrichten für einzelne Umweltzustände fehlen und/oder weil die Wahrscheinlichkeit, mit der eine Nachricht den künftigen Umweltzustand anzeigt, zwar größer als 0 aber kleiner als 1 ist.[110] Wie in den folgenden Abschnitten noch deutlich werden wird, lassen sich die Daten eines Jahresabschlusses als Nachrichten im Sinne eines unvollkommenen Informationssystems interpretieren.

4. Die Bewertung von Informationen

Die Einholung zusätzlicher Informationen ist im Regelfall nicht kostenlos. Kosten können nicht nur durch die Zahlung eines Beschaffungspreises für die Informationen entstehen; zu berücksichtigen sind vielmehr auch die (Opportunitäts-) Kosten, die für eine Aufbereitung, Auswertung und Verdichtung der eingeholten Daten bis hin zum Wahrscheinlichkeitsurteil anfallen.[111] Letztlich stellt sich dem Entscheider die Frage, ob der Nutzen

109) Im Rahmen des Informationssystems soll die Normierung gelten, daß sich die subjektiven Wahrscheinlichkeiten $w(y_k|z_j)$ für das Eintreten eines Umweltzustandes z_j bei Summation über alle l Nachrichten y_k zu 1 addieren. Vgl. Reuter, Aktienmarkt, S. 31 f., Bamberg/Coenenberg, Entscheidungslehre, S. 18.

110) Vgl. Bamberg/Coenenberg, Entscheidungslehre, S. 18 - 21.

111) Vgl. Mag, Entscheidung, S. 154 - 160, insb. S. 156 f.

zusätzlicher Informationen in Form eines u.U. verbesserten Wahrscheinlichkeitsurteils die Kosten der Beschaffung und Auswertung dieser Informationen übersteigt. Da dem Entscheider zum Entscheidungszeitpunkt der Nutzen der eingeholten Informationen noch nicht bekannt ist, liegt hier ein - der eigentlichen Sachentscheidung vorgelagertes - Entscheidungsproblem unter Risiko vor.

Im Rahmen von Entscheidungssituationen, die den in den Vorabschnitten beschriebenen Strukturierungsanforderungen genügen, kann mit Hilfe des Bayessche Theorem bestimmt werden, ob die Einholung zusätzlicher Informationen aus Sicht des Entscheiders wünschenswert ist. Mit Hilfe dieses Theorems lassen sich aus den a priori-Wahrscheinlichkeiten $w(z_j)$, die der Entscheider den Umweltzuständen vor Informationsbeschaffung zuordnete und den bedingten Wahrscheinlichkeiten $w(y_k|z_j)$, die der Entscheider den zusätzlich eingeholten Informationen beimißt,[112] die a posteriori-Wahrscheinlichkeiten $w(z_j|y_k)$ berechnen. Diese bedingten Wahrscheinlichkeiten $w(z_j|y_k)$ geben unter der Voraussetzung, daß der Entscheider die Nachricht y_k erhält, an, mit welcher Wahrscheinlichkeit der Umweltzustand z_j eintreten wird. Da in Abhängigkeit von den zugehenden Informationen die Eintrittswahrscheinlichkeiten der Umweltzustände variieren, können sich dementsprechend auch Parameter der Wahrscheinlichkeitsverteilung der Ergebnisse ändern, die in der Präferenzfunktion des Entscheiders repräsentiert sind. Folge der Revision der Erwartungsstruktur nach Informationszugang ist dann gegebenenfalls, daß aus Sicht des Entscheiders andere Handlungsalternativen optimal werden, weil sie höhere Präferenzwerte aufweisen als die vormals optimalen. Der Nutzen von zusätzlichen Informationen für den Entscheider besteht demnach darin, daß über das veränderte Wahrscheinlichkeitsurteil möglicherweise Handlungsalternativen gewählt werden, denen der Entscheider im Vergleich zur Situation vor Information höhere Präferenzwerte zuordnet. Dieser Nutzen kann jedoch dadurch verringert werden, daß durch die Informationseinholung Kosten entstehen, die die Ergebnisse der Handlungsalternativen verschlechtern. Der Bruttowert einer Information ist letztlich gleich demjenigen (fiktiven) Betrag, um den im Falle der Informationseinholung die Informationskosten erhöht werden könnten, ohne daß per Saldo mit einem Präferenz-

---

112) Die Größe $w(y_k|z_j)$ gibt die bedingte Wahrscheinlichkeit für das Informationsergebnis y_k ($k = 1, 2, \ldots l$) an, unter der Hypothese, daß die Umweltlage z_j ($j = 1, 2, \ldots n$) eintreten wird.

erwartungswert zu rechnen ist, der unter dem Wert einer Entscheidung ohne Information liegt.[113)]

Im folgenden soll kurz anhand eines einfachen Beispiels demonstriert werden, welche Auswirkungen zusätzliche Informationen auf den Kalkül des Entscheiders ausüben können:[114)]

Ein Investor (Planungshorizont: 1 Periode, verfügbare Mittel: 100 GE) erwägt den Kauf von Aktien der U-AG. Er erwartet in Abhängigkeit von der weiteren Unternehmensentwicklung (sinkende, gleiche bzw. steigende Unternehmensgewinne) die in der Entscheidungsmatrix als Handlungsmöglichkeit a_1 aufgeführten Einzahlungen (Verkaufserlös + Dividende) zum Ende seines Planungshorizontes. Alternativ dazu steht ihm die Anlage in festverzinslichen Wertpapieren (Restlaufzeit: 1 Periode, 10 % Verzinsung) mit den als Handlungsmöglichkeit a_2 aufgeführten Einzahlungen offen:

Wahrsch. $w(z_j)$	0,2	0,5	0,3
Umwelt-zust. z_j / Aktionen a_t	z_1 (Gewinn sinkt)	z_2 (Gewinn gleich)	z_3 (Gewinn steigt)
a_1 (Aktienkauf)	88	110	132
a_2 (Rentenkauf)	110	110	110

Dem Investor ist außerdem bekannt, daß die U-AG in wenigen Tagen anläßlich der Bilanzpressekonferenz über die Auftragslage berichten wird. Diese Auftragsinformationen bewertet der Anleger als einen Indikator für die Gewinnsituation des kommenden Jahres.[115)] Den Nachrichten über den Auftragsbestand ordnet er die folgenden bedingten Wahrscheinlichkeiten zu, die angeben, wie wahrscheinlich eine bestimmte Auftragsnachricht ist, wenn eine bestimmte Gewinnsituation vorliegt:

---

113) Vgl. Laux, Entscheidungstheorie, S. 296, ders., Entscheidungstheorie II, S. 88.

114) Das Beispiel lehnt sich an Reuter, Aktienmarkt, S. 35 - 40 an. Zu den möglichen Lösungsvarianten dieses Informationsbewertungsproblems ausführlich Bitz, Modelle, S. 526 - 531, S. 541 - 546.

115) Mißt der Investor auch anderen Informationen, die im Rahmen der Bilanzpressekonferenz veröffentlicht werden, eine Indikatorfunktion hinsichtlich seiner Zielgrößen bei, dann hat er jeder möglichen **Indikatorenkonstellation** eine Wahrscheinlichkeitsverteilung der Ergebnisse zuzuordnen. Vgl. z.B. Coenenberg, Beurteilungskriterien, S. 739, Gebhardt, Insolvenzprognosen, S. 32 f.

Umw.-zustand z_j \ Nachricht y_k	y_1 (Aufträge niedriger)	y_2 (Aufträge gleich)	y_3 (Aufträge höher)
z_1 (G.sinkt)	0,5	0,3	0,2
z_2 (G.gleich)	0,1	0,7	0,2
z_3 (G.steigt)	0,1	0,3	0,6

Berichtet die Unternehmensleitung von einem sinkenden Auftragsbestand, so weiß der Aktionär, daß dies mit der Wahrscheinlichkeit von $w(y_1|z_1) = 0,5$ der Fall ist, wenn die Gewinne tatsächlich sinken. Die Nachricht y_2 (Auftragsbestand in etwa gleich) erfolgt nach Ansicht des Investors mit 70 % Wahrscheinlichkeit $w(y_2|z_2)$, wenn eine unveränderte Ertragslage vorliegt, während die Nachricht y_3 eher als Indikator für steigende Gewinne gilt.

Mit Hilfe des Bayesschen Theorems

$$w(z_j|y_k) = \frac{w(y_k|z_j) * w(z_j)}{\sum_{j=1}^{n} w(y_k|z_j) * w(z_j)}$$

können aus den subjektiven Wahrscheinlichkeiten $w(z_j)$ und den bedingten Wahrscheinlichkeiten $w(y_k|z_j)$ die folgenden a-posteriori-Wahrscheinlichkeiten $w(z_j|y_k)$ ermittelt werden:[116]

Umw.-zustand z_j \ Nachricht y_k	y_1 (Aufträge niedriger)	y_2 (Aufträge gleich)	y_3 (Aufträge höher)
z_1 (G.sinkt)	0,55	0,12	0,13
z_2 (G.gleich)	0,28	0,70	0,31
z_3 (G.steigt)	0,17	0,18	0,56

Diese a-posteriori-Wahrscheinlichkeiten sind wie folgt zu interpretieren: Wird auf der bevorstehenden Bilanzpressekonferenz z.B. die Nachricht y_1 ("gesunkener Auftragsbestand") verbreitet, kann der Investor erwarten, daß der Umweltzustand z_1 mit der Wahrscheinlichkeit $w(z_1|y_1) = 0,55$, die Umweltzustände z_2 bzw. z_3 mit einer Wahrscheinlichkeit von 28 % bzw. 17 % eintreten werden.

---

116) Die Einzelwahrscheinlichkeiten wurden gerundet, um der Bedingung Spaltensumme = 1 zu genügen.

Mit Informationsmöglichkeit ändern sich die Eintrittswahrscheinlichkeiten der Umweltzustände und damit ein verteilungsbeschreibender Parameter: Aus Sicht des Entscheiders beträgt der Erwartungswert der Einzahlungen aus der U-Aktie bei Eintreffen der Nachricht y_1 und Verwendung des oben beschriebenen Informationssystems 101,64 GE. Bei Zugang von y_2 ergibt sich ein Erwartungswert von 111,32 GE; im Falle des Empfangs von y_3 119,46 GE. **Ohne Einholung** von Informationen würde der Investor dagegen eine Einzahlung aus der Aktienanlage von
$EW(a_1) = 88\text{ GE} * 0{,}2 + 110\text{ GE} * 0{,}5 + 132\text{ GE} * 0{,}3 = 112{,}20\text{ GE}$
erwarten. Verwendet der Investor eine Präferenzfunktion zur Bewertung der Handlungsalternativen, in die der Erwartungswert der Zahlungen eingeht, variiert bei Revision des Wahrscheinlichkeitsurteils u.U. auch die Rangfolge der Präferenzwerte der Handlungsalternativen. Unterstellt man beispielsweise, daß sich der Investor bei seiner Entscheidung ausschließlich am Erwartungswert der Zahlungen orientiert, wird er ohne Information stets die Aktion a_1 ergreifen (da $EW(a_1) = 112{,}20\text{ GE} > EW(a_2) = 110\text{ GE}$), mit Informationsmöglichkeit aber im Falle der Nachricht y_1 die Handlungsalternative a_2; denn die Anlage in Rentenpapieren weist dann mit einem Erwartungswert von 110 GE einen höheren Präferenzwert auf als die Aktie mit 101,64 GE. Infolge der veränderten Wahrscheinlichkeitsstruktur bei Entscheidung mit Information steigt der Erwartungswert der Einzahlungen im Vergleich zur Entscheidung ohne zusätzliche Information von 112,20 GE auf 113,50 GE.[117] Der Wert der Information beträgt bei dieser Präferenzfunktion somit 113,50 GE - 112,20 GE = 1,30 GE. Verwendet der Investor eine Zielfunktion, in die neben den Erwartungswert auch andere Kennzahlen (z.B. Varianz) eingehen, kann die Informationsbeschaffung die Präferenzwerte der gewählten Handlungsalternative ebenfalls verbessern.[118]

---

117) $110 * 0{,}2 + 111{,}32 * 0{,}5 + 119{,}46 * 0{,}3 = 113{,}50$. Aus Vereinfachungsgründen bleiben Kosten der Informationsbeschaffung im Beispiel unberücksichtigt. Zur Einbeziehung solcher Kosten in den Entscheidungskalkül vgl. z.B. Laux, Entscheidungstheorie II, S. 85 - 90.

118) Z.B. wird ein Entscheider bei einer Präferenzfunktion des Typs $\theta(a_i) = 300\mu - \mu^2 - \sigma^2$ ohne Information die Aktion a_2 ($\theta(a_2) = 20900$) der Aktion a_1 ($\theta(a_1) = 20834$) vorziehen. Mit der geschilderten Informationsmöglichkeit weist Aktion a_1 dagegen bei Empfang von Nachricht y_3 mit $\theta(a_1) = 21322{,}8$ einen höheren Präferenzwert auf als Handlungsalternative a_2 (($\theta(a_2) = 20900$). Der Präferenzerwartungswert der Handlungsalternativen steigt von 20900 (ohne Information) auf 21007 (mit Information). Der Wert der Information beträgt 1,83 GE, d.h. bei Informationsbeschaffungskosten in dieser Höhe sind die Präferenzerwartungswerte von a_1 und a_2 gleich.

II. Die Entscheidungssituation

Die von der Entscheidungslehre zur Beschreibung einer Entscheidungssituation bereitgestellten Elemente Entscheidungsfeld, Zielsystem und Informationssystem sind im folgenden im Hinblick auf die spezielle Entscheidungssituation eines Anlegers am Kapitalmarkt zu konkretisieren.

1. Konkretisierung des Zielsystems

In der herrschenden Theorie der Unternehmung wird das Unternehmen nicht als Institution an sich, sondern als Instrument zur Erreichung individueller Ziele interpretiert.[119] Die Zielsetzungen, die Personen mit der Investition finanzieller Mittel in Unternehmensanteilen verfolgen, können vielfältiger Natur sein. Grundsätzlich lassen sich **finanzielle** und **nichtfinanzielle Motive** unterscheiden:

a) Finanzielle Zielelemente

Im Rahmen des behavioristischen Ansatzes der Unternehmenstheorie wird in der neueren Literatur meist unterstellt, daß Personen mit ihrem Beitrag zur Unternehmung in erster Linie **finanzielle** Zielelemente verfolgen.[120] Auch hier soll davon ausgegangen werden, daß der Erwerb von Aktien - neben noch zu diskutierenden anderen Zielen - vor allem dazu dient, **Einkommen**, das **zur Deckung von Konsumausgaben** verwendet werden kann, zu erzielen.[121] Ein solcher Konsumeinkommensstrom aus der Anlage finanzieller Mittel in Aktien ergibt sich während des Anlagezeitraums aus den ausgeschütteten Unternehmensgewinnen (Dividenden und Bonuszahlungen), den sonstigen Erträgen (z.B. dem Verkauf von Bezugsrechten), aus dem Verkaufserlös, soweit er den Anschaffungspreis zuzüglich Anschaffungsnebenkosten übersteigt, sowie - in seltenen Fällen - aus dem Liquidationserlös bei Auflösung der Gesellschaft. Je nachdem, welche der genannten Einkommenskomponenten aus der Sicht des Investors im Mittelpunkt

---

119) Vgl. Cyert/March, Theory, S. 26 ff. Vgl. auch Coenenberg, Jahresabschluß, S. 739 - 743 sowie die dort angegebenen weiterführenden Quellen.

120) Vgl. z.B. Coenenberg, Jahresabschluß, S. 739 f., Lange, Jahresabschlußinformationen, S. 75 f. und Heinen, Grundlagen, S. 34 - 44. Vgl. auch Schneider, Betriebswirtschaftslehre, S. 17 f.

121) Vgl. z.B. Moxter, Präferenzstruktur, S. 11 f., Moxter, Unternehmensbewertung, S. 75 - 77, Bieg, Schwebende Geschäfte, S. 142 f. und Egner, Bilanzen, S. 28 f.

des Interesses stehen, werden bei idealtypischer Betrachtung Anleger mit **kurzfristigem Planungshorizont** (sie zielen auf kurzfristige Verkaufsgewinne mittels ständigem Anteilshandel ab) und solche mit **langfristigem Planungshorizont** (sie streben primär Dividendenerlöse über lange Zeiträume an) unterschieden.[122] Akzeptiert man das Motiv "Erzielung eines Konsumeinkommensstroms" zunächst - vorbehaltlich des nächsten Abschnittes - als relevante Zielsetzung für den Erwerb und das Halten von Anteilsrechten, ist zu klären, welcher Einkommensstrom von einem Anleger im einzelnen angestrebt wird und wie diese Größe zu messen ist.

Einkommensströme können prinzipiell hinsichtlich **Breite, zeitlicher Struktur** und **Risikodimension** differieren.[123] Die zeitliche Struktur eines Konsumeinkommensstroms läßt sich relativ leicht an die persönlichen Präferenzen eines Anleger anpassen.[124] Wenn man - wie bereits im Vorabschnitt ausgeführt wurde - die Entscheidungssituation eines Aktionärs als ein **einstufiges** und **einperiodiges** Entscheidungsproblem ansieht, kann auf die Wertdeterminante "zeitliche Struktur" verzichtet werden, weil bei einperiodigen Problemen statt Zahlungsströmen lediglich unsichere Zahlungen zum Periodenende zu bewerten sind. Als entscheidungsrelevante Zielgrößen eines Anleger verbleiben demnach die erwartete Höhe und der Sicherheitsgrad (das Risiko) künftiger Aktienerträge.

Die Wertdeterminanten Erwartungswert und Risiko einer künftigen Zahlung gehen je nach Einstellung zum Risiko unterschiedlich in

---

122) In der Literatur werden Anleger mit kurzem Planungshorizont auch als Spekulationsaktionäre bzw. als Investoren mit aktiver Anlagestrategie, solche mit langfristigem Planungshorizont auch als Dauer-, Renten- oder passive Anteileigner bezeichnet. Vgl. z.B. Beaver, Financial Reporting, S. 10 f, Lange, Jahresabschlußinformationen, S. 167 f. und Bieg, Schwebende Geschäfte, S. 142 - 144. Hub, Unternehmensberichterstattung, S. 39 unterscheidet außerdem Daueraktionäre mit geringer und hoher Risikobereitschaft.

123) Vgl. Moxter, Stand der Bilanztheorie, S. 38 f., ders., Betriebswirtschaftliche Gewinnermittlung, S. 5 - 7 und Drukarczyk, Investitionstheorie, S. 17 f.

124) Die zeitliche Struktur eines Einkommensstroms ist z.B. dadurch veränderbar, daß Beträge, die noch nicht (bereits früher) zum Konsum benötigt werden, wieder angelegt (durch Kredit bzw. Aktienverkauf vorfinanziert) werden. Eine zu einem bestimmten Termin anfallende Zahlung kann so auf einen anderen Zeitpunkt verschoben werden. Durch die Auf- bzw. Abzinsung kann sich freilich die Breite des Stroms ändern. Vgl. Bitz, Entscheidungstheorie, S. 289 f. und Drukarczyk, Investitionstheorie, S. 18, Fn. 32.

den Entscheidungskalkül des Anlegers ein: Wenn hier - wie in fast allen empirischen Arbeiten - **Risikoscheu** unterstellt wird, bedeutet dies, daß ein Anleger bei gegebener Höhe der Aktienertragserwartung deren Risiko zu minimieren trachtet.[125] Die Annahme, daß bei menschlichen Entscheidungen Risikoscheu dominiert, gilt zwar nicht für alle Bereiche und in allen Situationen des Lebens;[126] für Investitions- und Desinvestitionsentscheidungen jenseits von Bagatellbeträgen ist jedoch die Annahme risikoscheuen Verhaltens durchaus realitätsnah.[127]

Empirische Arbeiten zur Kapitalmarkttheorie messen die Zielgrößen erwartete Höhe und erwartetes Risiko künftiger Aktienerträge meist durch die Parameter μ und σ der Verteilung der Aktienerträge.[128] Der Erwartungswert μ repräsentiert dabei die voraussichtliche Höhe der künftigen Aktienerträge, während die Standardabweichung σ das Ausmaß, um das diese Erträge um den Erwartungwert streuen, abbildet. Anlageentscheidungen gemäß den Zielgrößen μ und σ können nicht unbesehen als rational gelten, denn Entscheidungsregeln auf der Basis dieser Parameter erfüllen nicht immer die entscheidungstheoretische Forderung nach Maximierung des Risikonutzens.[129] Falls die Ertragserwartungen der Anleger einer Normalverteilung entsprechen oder wenn - bei beliebiger Wahrscheinlichkeitsverteilung der Aktienerträge - die Risikonutzenfunktion der Anleger durch eine quadratische Funktion approximiert werden kann, kollidieren bestimmte Typen von (μ-σ)-Zielfunktionen[130] indessen nicht mit den Rationalitätskriterien des Bernoulli-Prinzips.[131]

---

125) Vgl. Pfohl/Braun, Entscheidungstheorie, S. 164 - 167.

126) Vgl. z.B. Kahnemann/Tversky, Risiko, S. 89 - 98 bezüglich der Faktoren, die die Risikoneigung eines Entscheiders beeinflußen können.

127) Vgl. Kupsch, Risiko, S. 50 - 55 und S. 149 - 214. Die Existenz von Versicherungen und das bereits 1732 von Daniel Bernoulli entworfene "Petersburger Spiel" zeigen, daß Risikoscheu bei Entscheidungen in der Realität durchaus verbreitet ist. Vgl. Laux, Entscheidungstheorie, S. 156 - 158. Ausführlich dazu die empirische Untersuchung von Böcker, Risikoaversion, S. 987 - 993.

128) Bezüglich der Verwendbarkeit anderer Risikomaße vgl. z.B. Markowitz, Portfolio Selection, S. 287 - 294, Bitz, Entscheidungstheorie, S. 200 - 212, Franke/Hax, Finanzwirtschaft, S. 205 - 216, Pfohl/Braun, Entscheidungstheorie, S. 167 - 169 und Möller, Bilanzkennzahlen, S. 21.

129) Ausführlich dazu Laux, Entscheidungstheorie, S. 160 - 166, der zeigt, daß Entscheidungen nach dem μ-σ-Prinzip gegen das Dominanzprinzip verstoßen können.

130) Voraussetzung ist, daß die der Präferenzfunktion zugrundeliegende Nutzenfunktion einen konkaven Verlauf aufweist - d.h. graphisch gesehen eine nach unten geöffnete Parabel darstellt - und nur der aufsteigende Ast dieser Parabel zur Bewertung der Ergebnisse e_{ij} herangezogen wird. Vgl. z.B. Laux, Entscheidungstheorie, S. 210 f., Bitz, Entschei-

Durch den Vergleich der gemäß der Präferenzfunktion aus den Parametern μ und σ errechneten Präferenzwerte der Anlagemöglichkeiten wird ermittelt, ob der Investor die Anlagemöglichkeit a_1 im Vergleich zu a_2 besser, schlechter oder gleich einschätzt. Die optimale Handlungsmöglichkeit ist im Anschluß an diese Bewertung mit Hilfe eines Optimierungskriteriums zu bestimmen. Als Optimierungskriterium wird im Rahmen dieser Arbeit die Maximierung des Präferenzwertes unterstellt. In einer Welt, in der die Suche nach besseren Handlungsmöglichkeiten Zeit, Mühe und Geld kostet, werden Entscheider zwar häufig bereits mit dem Auffinden einer zufriedenstellenden Lösung ihre Entscheidung treffen;[132] falls der Entscheider dagegen sein Entscheidungsproblem bereits so weit vorstrukturiert hat, daß die Ermittlung der Anlagemöglichkeit mit maximalem Präferenzwert voraussichtlich nur noch geringe zusätzlichen Aufwendungen verursacht, ist nicht einzusehen, warum er sich mit einer weniger guten Lösung zufrieden geben soll.[133]

b) Andere Zielelemente

Eine Präferenzfunktion, die nur die Größen μ und σ enthält (sowie Funktionen dieser Kennzahlen, wie etwa die Varianz σ^2), unterstellt, daß die an der Börse gehandelten Aktien Vorteilsströme darstellen, die sich durch die genannten Momente der Wahrscheinlichkeitsverteilung der Ergebnisse vollständig beschreiben lassen. Im folgenden ist zu untersuchen, inwieweit sich die bislang getroffenen Aussagen ändern, wenn - wie in der Realität - auch andere Zielelemente (d.h. nicht durch Verteilungsparameter darstellbare Motive) in den Zielfunktionen der Anleger existieren können.

Grundsätzlich ist es durchaus wahrscheinlich, daß mit der Anlage finanzieller Mittel in Aktien neben Einkommenserzielungs- auch andere Bedürfnisse befriedigt werden: So insbesondere Macht, Prestige, ethische oder religiöse Ziele, Freude am Engagement an der Aktienbörse sowie unternehmerische Sachziele (z.B. Sicherung von Beschaffungs- und Absatzwegen, Verminderung

dungstheorie, S. 198 f., Mag, Entscheidung, S. 73 f., Franke/Hax, Finanzwirtschaft, S. 247.

131) Vgl. auch Abschnitt B.I.2 d.A.

132) Bezüglich Kritik und Rechtfertigung extremierender Zielsetzungen vgl. insb. Moxter, Präferenzstruktur, S. 27 f.

133) Vgl. Hax, Entscheidungsmodelle, S. 27.

der Konkurrenz usw.).[134] Soweit diese Motive nach dem Motto "je mehr Einkommen, desto mehr Macht und Prestige" in die gleiche Richtung wie die finanziellen Ziele weisen, repräsentiert die im vorigen Abschnitt erarbeitete Zielfunktion auch die anderen Intentionen eines Anlegers.[135] Neben dem Macht- und Prestigestreben kann wohl auch für die Freude am Aktiensparen angenommen werden, daß Zielkonflikte nach der Art "je besser die Gewinnsituation der Gesellschaft, desto geringer die persönliche Befriedigung" kaum auftreten werden. Selbst im Hinblick auf ethische oder religiöse Beweggründe läßt sich argumentieren, daß das Hauptziel möglichst hoher und sicherer Konsumeinkommenszahlungen aufrechterhalten werden kann, wenn man ethisch-religiöse Motive als ein dem eigentlichen Entscheidungskalkül des Anlegers nachgeschaltetes Problem der Einkommens**verwendung** auffaßt.[136]

Modifikationen der Präferenzfunktion sind allerdings dann notwendig, wenn die ethisch-religiösen Motive mit dem der Einkommenserzielung konkurrieren. Auch für andere Fälle von **Zielkonflikten**, z.B. wenn ein (Groß-) Aktionär einer Gesellschaft eigene unternehmerische Sachziele verfolgt, die den ausschüttbaren Unternehmensgewinn schmälern, kann die für das Bedürfnis "Konsumeinkommenserzielung" konzipierte Präferenzfunktion nicht mehr unverändert übernommen werden.[137] Damit im Modell auch die Intentionen solcher Anleger hinreichend abgebildet werden, wäre eigentlich die Zielfunktion um die entsprechenden nichtfinanziellen Zielelemente zu erweitern. Da jedoch die Bewertung des Zielerreichungsgrades bei den nichtfinanziellen Zielelementen nahezu unlösbare Probleme aufwirft, zudem das Börsengeschehen in erheblichem Maße von professionellen Investoren (z.B. KI, Versicherungen, Pensionsfonds usw.) bestimmt wird, deren finanzielle Motive außer Frage stehen,[138] wird hier ein anderer Weg beschritten: In die Untersuchungen über die Anleger-

---

134) Zur empirischen Bedeutung solcher Nebenziele vgl. Waschkowski, Prognose, S. 19 - 21. Vgl. auch Egner, Bilanzen, S. 28 - 30, Bieg, Bankbilanzen, S. 158 f., S. 240, Moxter, Präferenzstruktur, S. 16 - 18 und ders., Unternehmensbewertung, S. 75 - 77 bezüglich weiterer - hier teilweise nicht genannter - Motive.

135) Vgl. Egner, Bilanzen, S. 29 f., Waschkowski, Prognose, S. 15 f. und Engels, Bewertungslehre, S. 56, S. 47.

136) Vgl. Egner, Bilanzen, S. 29 f.

137) Zu den möglichen Beziehungen verschiedener Zielfunktionen und den denkbaren Lösungen bei Zielkonflikten vgl. Engels, Bewertungslehre, S. 47 - 50, S. 56 f. und Pfohl/Braun, Entscheidungstheorie, S. 192 - 221.

138) Vgl. Waschkowski, Prognose, S. 21.

reaktionen bei Bekanntwerden eines Jahresabschlusses sollten nur solche Gesellschaften einbezogen werden, bei denen davon ausgegangen werden kann, daß die an der Börse zustande gekommenen Geschäfte im wesentlichen durch die Absicht der Konsumeinkommenserzielung geprägt sind. Als Indiz dafür, daß nicht nur (durch die Parameter μ und σ abbildbare) finanzielle Zielelemente die Börsendaten beeinflußt haben, könnte z.B. die Erhöhung oder Verminderung des Aktienbestandes in der Hand eines Großaktionärs während des relevanten Untersuchungszeitraumes gelten. Auch vor Ereignissen, die für den weiteren Bestand einer AG von gravierender Bedeutung sind, wie etwa Fusionen, Übernahmen, Eröffnung von Konkurs bzw. Vergleich, kann nicht ausgeschlossen werden, daß andere als durch Ertragserwartung und Ertragsstreuung abbildbare Zielsetzungen dominieren; dem ist im Rahmen des Untersuchungsdesigns durch den Ausschluß entsprechender Fälle von der Analyse Rechnung zu tragen. Im folgenden wird davon ausgegangen, daß Anleger als Ziel die Maximierung des Präferenzwertes der Anlagemöglichkeiten im Rahmen einer Präferenzfunktion anstreben, die nur die Parameter μ und σ (bzw. Funktionen dieser Momente) enthält.

2. Konkretisierung des Entscheidungsfeldes

Hinsichtlich des Entscheidungsproblems eines Anlegers sind die einzelnen Elemente des Entscheidungsfeldes wie folgt zu interpretieren:

a) Handlungsalternativen

Die Menge der sich gegenseitig ausschließenden **Aktionsmöglichkeiten** $A = \{a_1; a_2; \ldots\ a_i;\ \ldots\ a_m\}$ besteht für einen Anleger darin, verbriefte Rechte zu erwerben, die ihm einen Strom künftiger Einzahlungen versprechen. Im Rahmen der hier zu untersuchenden Fragen kann der Aktionenraum eingeschränkt werden auf Aktien börsennotierter AG.[139] Darüber hinaus soll auch eine risikofreie Mittelanlage und -aufnahme (z.B. in Form einer Festgeldanlage bzw. eines Kontokorrentkredits)[140] sowie eine Anlage in einem "marktkonformen" Papier, dessen Wertentwicklung

---

139) Diese Einschränkung ist deshalb zulässig, weil im Rahmen der kapitalmarktorientierten Untersuchungsansätze nur die Entscheidungswirkungen von Jahresabschlüssen auf **Aktionäre**, analysiert werden können. Vgl. Abschnitt A.II.6 d.A.

140) Zur Kritik an dieser Annahme vgl. Schneider, Investition, S. 446 - 456, insb. S. 456.

der Rendite der Aktien des gesamten Marktes für den betreffenden Zeitraum entspricht,[141] möglich sein.[142] Einzelne Handlungsmöglichkeiten können somit z.B. daraus bestehen, die börsennotierten Anteile einzelner, mehrerer oder aller Unternehmen sowie Mischungen aus Aktien und einer risikofreien Anlage entweder zu kaufen, zu verkaufen oder zu halten.[143]

Da sich die Streuung der Erträge von Einzelprojekten dann, wenn mehrere Projekte gleichzeitig realisiert werden, auf Portefeuilleebene ausgleichen kann (**Diversifikationseffekt**), ist ein Investor durch geschickte Portefeuillebildung in der Lage, die Streuung der Portefeuilleerträge zu verringern, ohne daß seine andere Zielgröße, der Erwartungswert der Portefeuilleerträge, sich verschlechtert.[144] Rationale risikoscheue Entscheider werden Aktien daher im Regelfall als Teile eines Portefeuilles halten, um diesen Effekt zu nutzen. Sie werden über den Kauf oder Verkauf einer Aktie nicht isoliert entscheiden, sondern den Portefeuilleaspekt, d.h. die Veränderung ihrer Zielgrößen Erwartungwert μ und Standardabweichung σ der Portefeuilleerträge infolge eines Aktienkaufs bzw. -verkaufs immer berücksichtigen.

Anleger werden daher - falls sie ein Portefeuille anstreben, das bei vorgegebenem Erwartungswert der Erträge eine minimale Standardabweichung aufweist - eine Aktie nicht anhand der

---

141) Am deutschen Aktienmarkt könnte dies z.B. durch die Anlage in DAX-Terminkontrakten approximiert werden. Diese Terminkontrakte sind seit Januar 1991 an der Deutschen Terminbörse mit Laufzeiten von 2, 4 und 8 Monaten verfügbar. Die Kontraktpreise werden täglich festgestellt und z.B. im Wirtschaftsteil der Frankfurter Allgemeine Zeitung (Abteilung Devisen-, Termin- und Rohstoffmärkte) veröffentlicht. Bezüglich Sinn und Zweck dieser Annahme vgl. Abschnitt B.II.4.b.β d.A.

142) In welchem Verhältnis der Investor seine finanziellen Mittel auf risikobehaftete und risikofreie Anlagemöglichkeiten aufteilt, ist nicht Gegenstand dieser Untersuchung, sondern wurde - wie in Abschnitt A.II.6 ausgeführt - mit der Wahl des kapitalmarktorientierten Untersuchungsansatzes (und der damit verbundenen Hypothesen zum Preisbildungsprozeß am Kapitalmarkt) als vorgegeben akzeptiert.

143) Die Anlegerentscheidung soll hier - wie bereits ausgeführt - als einperiodiges Entscheidungsproblem aufgefaßt werden, so daß nur die möglichen Aktionen zum Entscheidungszeitpunkt relevant sind. Bei mehrstufigen Entscheidungsproblemen müßten - um eine optimale Folge von Aktionen zu bestimmen - auch die Handlungsalternativen zukünftiger Entscheidungsperioden berücksichtigt werden. Vgl. Laux, Entscheidungstheorie, S. 235 f. und S. 249 f.

144) Vgl. Markowitz, Portfolio Selection, S. 288 - 292, Sharpe, Theory, S. 425 ff. Ausführlich dazu auch Standop, Grundlagen, S. 409, Bitz, Entscheidungstheorie, S. 110 - 123.

Streuung ihrer Erträge beurteilen, sondern anhand ihres Beitrags zur Streuung des (Optimal-) Portefeuilles. Die Standardabweichung σ der Erträge einer **einzelnen** Aktie stellt dann kein geeignetes Beurteilungskriterium dar, da ihr der Bezug zur Streuung des Gesamtportefeuilles fehlt. Anstelle der Größe σ kann in diesem Fall die Kovarianz cov_{ip}[145)] verwendet werden, um den systematischen[146)] Beitrag der Aktie i zur Ertragsstreuung des Portefeuilles p zu charakterisieren. Häufig wird anstatt der reinen Kovarianz cov_{ip} eine durch Division mit der Portefeuillevarianz σ_p^2 standardisierte Kovarianz, der sogenannte β-Faktor, zur Beschreibung des unternehmensbezogenen Teils des (Gesamt-) Ertragsrisikos gebraucht.[147)] Dieses Risikomaß kennzeichnet die Menge des Risikos einer Anlage, die auch aus Portefeuillesicht bestehen bleibt (systematisches Risiko). In einem Diagramm, in dem die Ordinate die Renditen R_i der Einzelprojekte a_i und die Abszisse die Rendite R_p des Portefeuilles p aufzeigt, stellt das Risikomaß β_{ip} den Steigungsparameter einer den Renditebeitrag einzelner Projekte zur Gesamtrendite erklärenden Regressionsgeraden dar.[148)]

b) Umweltzustände und Erwartungsstruktur

Die Menge der sich gegenseitig ausschließenden **Umweltzustände** $Z = \{z_1; z_2; \ldots z_j; \ldots z_n\}$ gibt aus der Sicht eines Anlegers an, welche voneinander verschiedenen, unbeeinflußbaren Konsequenzen mit den einzelnen (Des-) Investitionsaktionen voraussichtlich verbunden sein können. Beschränkt man - wie für Anleger, die keine unternehmerischen Sachziele verfolgen, plausibel - das Zielsystem des Entscheiders auf finanzielle Entscheidungskonsequenzen, so bilden die einzelnen Umweltzustände sämtliche Ak-

145) Dieses Maß ist wie folgt definiert:

$$cov_{ip} = \sum_{j=1}^{n} (e_{ij} - \mu_i) * (e_{pj} - \mu_p)$$

Bezüglich der verwendeten Symbole vgl. FN 101 auf S. 30 d.A.

146) Aus Portefeuillesicht läßt sich das Ertragsrisiko σ einer Aktie in einen unsystematischen (d.h. bei Diversifikation verschwindenden) und in einen systematischen (d.h. nicht diversifizierbaren) Teil einteilen. Das "systematische" Risiko einer Aktie wird i.d.R. in Bezug auf das **Markt**portefeuille gemessen. Vgl. z.B. Möller, Capital-Asset-Pricing-Modell, S. 708 und 711.

147) Das systematische Risikomaß β_{ip} ist wie folgt definiert:

$$\beta_{ip} = \frac{cov_{ip}}{\sigma_p^2}$$

148) Vgl. Franke/Hax, Finanzwirtschaft, S. 212 f. und Möller, Capital-Asset-Pricing-Modell, S. 711.

tienerträge ab, die der Anleger für eine Aktion als möglich erachtet.

Bei fast allen Anlageentscheidungen hat der Investor außerdem subjektive Vorstellungen darüber, mit welcher Wahrscheinlichkeit $w(z_j)$ ein Umweltzustand z_j, hier also eine erwartete Aktienrendite, voraussichtlich eintreten wird. Mithin liegt der Entscheidung eines Anlegers im Regelfall eine **Risikosituation** zugrunde. In den (seltenen) Situationen, in denen der Anleger zwar Vorstellungen über die möglichen Umweltzustände hat, indessen nicht in der Lage ist anzugeben, mit welcher Wahrscheinlichkeit eine Renditeentwicklung voraussichtlich eintreten wird, ist es zudem nach dem "Prinzip des unzureichenden Grundes" in manchen Fällen ratsam, sich so zu verhalten, als hätten - analog einer Risikosituation - alle Umweltzustände gleiche Eintrittswahrscheinlichkeiten.[149)]

c) Ergebnisse

Damit der Entscheidungsträger die Konsequenzen seiner Wahl beurteilen kann, muß das Entscheidungsfeld die **Ergebnisse** e_{ij} abbilden, die mit einer Aktion a_i in allen Umweltzuständen z_j verbunden sind. Im Rahmen einer Anlageentscheidung eines Anlegers stellen - wie bereits ausgeführt - die künftigen Erträge, die verschiedene Aktien oder Aktienportefeuilles voraussichtlich erbringen, sowie die Wahrscheinlichkeitsverteilung dieser Erträge die entscheidungsrelevanten Größen dar. Als Aktienerträge können sowohl die absoluten künftigen Einzahlungsbeträge aus Kursgewinnen und Dividenden als auch die auf den Kapitaleinsatz bezogenen relativen Erträge verstanden werden. Im letztgenannten Fall nimmt man im Prinzip eine Standardisierung der Ergebnisgrößen in Bezug auf unterschiedliche Anlagebeträge vor. Der relative Aktienertrag, auch **Rendite** genannt, gibt die Wertentwicklung des eingesetzten Kapitals an und bietet dadurch den Vorteil, daß sich die Erträge von Aktien mit unterschiedlich hohem Kursniveau problemlos vergleichen lassen. In dieser Arbeit werden daher zur Messung der Ertragsentwicklung ausschließlich Renditegrößen verwendet. Ex post ermittelt sich die

---

149) Vgl. Laux, Entscheidungstheorie, S. 124 - 127 und Schneider, Investition, S. 349 f.

Rendite R einer Aktie i für die Zeit von t-1 bis t nach folgender Formel:[150])

$$\text{Rendite } r_{i,t} = \frac{\text{Kurs}_{i,t} - \text{Kurs}_{i,t-1}}{\text{Kurs}_{i,t-1}}$$

3. Konkretisierung des Informationssystems

Die bislang geschilderten Elemente zur Beschreibung der Entscheidungssituation eines Anlegers, Entscheidungsfeld und Zielsystem, gehen von einem vorgegebenen Informationsstand des Anlegers aus. Dieser Kenntnisstand kann jedoch in vielen Fällen durch die Einholung zusätzlicher Informationen verbessert werden. Bevor mögliche Informationsquellen für Anleger diskutiert werden können, sind zunächst in Abschnitt a) einige Vorbemerkungen zur Terminologie erforderlich. In Abschnitt b) wird beschrieben, welche Informationen im Rahmen der Anlageentscheidung eines Investors am Kapitalmarkt entscheidungsrelevant sein können. Abschnitt c) zeigt auf, welche Kanäle grundsätzlich geeignet erscheinen, einen Anleger mit solchen Informationen zu versorgen.

a) Vorbemerkungen zur Terminologie

α) Die Unterscheidung zwischen Nachrichten und Informationen

Informationen in "wenn-dann-Form", aus denen sich direkt die bedingten Wahrscheinlichkeiten für den Eintritt von Umweltzuständen, wie sie in Abschnitt B.I.3 beschrieben wurden, entnehmen lassen, kommen in der Realität eines Anlegers kaum vor. Es überwiegen meist "Informationen" anderer Art, wie etwa "Dividendenerhöhung um 10 % angekündigt", "Großauftrag von x DM eingegangen", "Dollarkurs auf 1,60 DM/$ gesunken" usw. Solche Informationen sollen hier als **Nachrichten** bezeichnet werden. Nachrichten, d.h. Sammlungen von Zeichen in Sprach-, Text- oder Bildform, müssen nicht zwangsläufig in den Entscheidungskalkül eines Anlegers eingehen; sie sind vielmehr nur dann entscheidungsrelevant, wenn sie bei ihrem Zugang in der Lage sind, die bis dato gehegten Erwartungen des Anlegers bezüglich der Entscheidungskonsequenzen, letztlich die Entscheidungsmatrix bzw.

150) Vgl. z.B. Hielscher/Heintzelmann, Beta-Faktoren, S. 7, Winkelmann, Aktienbewertung, S. 9, Hockmann, Prognose, S. 89 - 95 und Möller, Bilanzkennzahlen, S. 6. Zur Renditeermittlung (und den damit verbundenen Problemen) ausführlich in Abschnitt D.I.1 d.A.

die daraus extrahierten Kennzahlen seiner Präferenzfunktion, zu verändern.[151] Nur solche **erwartungsrevidierenden Nachrichten** werden hier als **Informationen** bezeichnet.

β) Zum Begriff der Informationseffizienz

Effiziente Märkte[152] zeichnen sich dadurch aus, daß gleiche Güter gleiche Preise haben. Begreift man die an der Börse gehandelten Anteilspapiere als verbriefte Form künftiger Vorteile, wäre von einem effizienten Kapitalmarkt zu fordern, daß Aktien mit gleichen Ausprägungen dieser Vorteilskomponenten gleiche Kurse aufweisen.[153] Ändert sich bei Bekanntwerden neuer Nachrichten die Einschätzung der Marktteilnehmer hinsichtlich dieser künftigen Vorteile, sollten sich die Kurse im Idealfall ohne zeitliche Verzögerung an den neuen Informationsstand, d.h. an die neue Einschätzung der wertbestimmenden Größen durch das Publikum, anpassen. Dieser Idealfall liegt dann auf einem Markt vor, wenn

(1) alle vorhandenen Informationen, die den Marktpreis beeinflussen können, jedem Marktteilnehmer kostenlos zur Verfügung stehen,
(2) hinsichtlich Verfügbarkeit und Verarbeitung dieser Informationen vollkommene Transparenz besteht,
(3) die Marktteilnehmer rational handeln,
(4) keine Transaktionskosten anfallen und
(5) alle Akteure Preisnehmer sind.[154]

Sind die Voraussetzungen (1), (2) und (3) erfüllt, verfügen sämtliche Marktteilnehmer zu jedem Zeitpunkt über die gleichen Informationen; darüber hinaus resultiert aus dem jeweiligen Informationsstand infolge von Bedingung (2) und (3) stets die gleiche Erwartungsbildung bei den Marktteilnehmern.[155] Nimmt man zusätzlich an, daß sich Investoren im Rahmen ihrer Anlageentscheidung nur an den Größen Ertragserwartungswert und Er-

---

151) Vgl. Schildbach, Jahresabschluß, S. 6 f. Ähnlich auch Reuter, Aktienmarkt, S. 40 f., S. 48 f.
152) In der Literatur zur Kapitalmarkttheorie wird der Begriff des "effizienten Marktes" in unterschiedlichen Zusammenhängen verwendet. Vgl. Schmidt, Aktienkursprognose, S. 375, insb. FN 311, Schneider, Investition, S. 427, S. 459. Unter (Informations-) Effizienz ist hier ein ganz bestimmter Sachverhalt, nämlich die verzögerungslose Anpassung des Marktpreises einer Anlagemöglichkeit an geänderte Erwartungen hinsichtlich deren Ertragserwartung und Risiko gemeint.
153) Vgl. Schmidt, Aktienkursprognose, S. 375, insb. FN 311.
154) Vgl. Neumann/Klein, Probleme, S. 168 f.
155) Vgl. May/Schweder-Weber, Informationsverarbeitung, S. 4 f.

tragsrisiko orientieren, dann wäre an einem informationseffizienten Kapitalmarkt sichergestellt, daß sich im Kurs einer Aktie zu jedem Zeitpunkt alle verfügbaren Informationen über diese Parameter der Ergebnisverteilung vollständig niedergeschlagen haben.[156] Auch auf einem nur hinsichtlich bestimmter Informationen effizienten Kapitalmarkt wäre es infolge der verzögerungslosen Anpassung der Kurse an den neuen Kenntnisstand unmöglich, durch Auswertung dieser bestimmten Informationen eine Verzinsung des eingesetzten Kapitals zu erzielen, die über die marktüblichen Rendite hinausgeht.[157]

τ) Formen der Informationseffizienz

Das theoretische Konstrukt Informationseffizienz, das an einem Markt dann vorläge, wenn die im vorigen Abschnitt genannten Voraussetzungen in der Realität gegeben wären, läßt sich gedanklich weiter unterteilen; je nachdem, auf welchem Informationsstand die Ertrags- und Risikoerwartungen des Marktes fußen, werden in der Theorie folgende Stufen der Informationseffizienz identifiziert:[158]

(1) Liegt Informationseffizienz in der **schwachen Form** vor, dann lassen Anlagestrategien, die auf Informationen über das **Börsengeschehen der Vergangenheit** (z.B. Aktienkursverläufe, Umsätze usw.) beruhen, nicht mehr als eine risikoangepaßte Normalverzinsung des eingesetzten Kapitals erwarten. Verhalten sich die Preise am Kapitalmarkt der Realität so, wie es das - auf wirklichkeitsfremden Prämissen beruhende - Denkmodell der schwachen Informationseffizienz beschreibt, dürften sich "technische Analysen", die zukünftige Aktienkurse anhand von Kursverlaufsmustern der Vergangenheit prognostizieren wollen, nach Transaktionskosten nicht lohnen. Jahresabschlüsse könnten an einem schwach informationseffizienten Kapitalmarkt dagegen durchaus zu Kursprognosen eingesetzt werden.[159] Für den deutschen Kapitalmarkt zeigt die Mehrzahl der bislang durchgeführten Studien,

---

156) Vgl. Franke/Hax, Finanzwirtschaft, S. 315 f., Schneider, Investition, S. 459.

157) Vgl. Schmidt, Aktienkursprognose, S. 401 - 411, insb. S. 402 f. bezüglich verschiedener Interpretationen der Effizienzthese und deren gegenseitiger Kompatibilität.

158) Vgl. Fama, Efficient Capital Markets, S. 383, Franke/Hax, Finanzwirtschaft, S. 315 - 319, Schmidt, Aktienkursprognose, S. 377-379; alternative Abgrenzungen schlagen Neumann/Klein, Probleme, S. 171 f. vor.

159) Vgl. Franke/Hax, Finanzwirtschaft, S. 316 - 318, Schildbach, Jahresabschluß, S. 10 f.

daß eine ganze Reihe von Anlagestrategien, die auf Börseninformationen der Vergangenheit aufbauen, nach Transaktionskosten einer diversifizierten Daueranlage nicht überlegen sind.[160] Die Ergebnisse dieser Untersuchungen deuten somit darauf hin, daß die Aktienpreise am organisierten deutschen Kapitalmarkt sich weitgehend so verhalten, als ob die Voraussetzungen der schwachen Informationseffizienz vorlägen. Bezüglich des Aussagegehalts der durchgeführten Tests ist anzumerken, daß sich die Unabhängigkeit der Aktienkurse von Kursverläufen der Vergangenheit beweisen läßt, ohne die Gültigkeit eines Kapitalmarktmodells voraussetzen zu müssen.[161]

(2) Bei **strenger** Definition der **Informationseffizienz** müßten sich in den Börsenkursen **alle überhaupt verfügbaren Informationen** widerspiegeln. Da die Aktienpreise bei dieser Abgrenzung des Denkmodells Informationseffizienz dem besten Informationsstand entsprächen, der bei irgendeinem Marktteilnehmer vorhanden ist, würde sogar die Ausnutzung von monopolisierten Informationen (Insiderwissen) keine "Überrenditen" erwarten lassen. Wie die erst im Juni 1988 verschärften Insider-Regeln der Frankfurter Wertpapierbörse zeigen, ist für den deutschen Kapitalmarkt indessen davon auszugehen, daß sich die systematische Ausnutzung monopolisierten Wissens durchaus lohnen kann.[162] Das theoretische Konstrukt der strengen Informationseffizienz scheint daher nicht geeignet, die Preisanpassungsprozesse am deutschen Kapitalmarkt abzubilden; es wird hier daher nicht weiter diskutiert.

---

160) Während die Untersuchungen für Wochen- und Monatsintervalle durchweg die These der schwachen Informationseffizienz bestätigen, zeigen Untersuchungen auf Basis von Tagesrenditen teilweise deutliche Abweichungen. Vgl. die Testüberblicke bei Hawawini, European Equity Markets, S. 33 - 60, Möller, Informationseffizienz, S. 506 - 508, Reuter, Aktienmarkt, S. 80 - 93 und Hockmann, Prognose, S. 161 - 163. Für den US-amerikanischen Markt gilt die schwache Informationseffizienz (bis auf wenige Anomalien) als gut bestätigt. Vgl. z.B. Foster, Financial Statement Analysis, S. 305 - 308, Schmidt, Aktienkursprognose, S. 249 - 326 und Fama/Fisher/Jensen/Roll, Adjustment, S. 12, 16 f.

161) Vgl. Schneider, Investition, S. 463, Franke/Hax, Finanzwirtschaft, S. 319.

162) Vgl. Frankfurter Wertpapierbörse, Insider-Regeln, S. 7 (§ 1 der Insiderhandels-Richtlinien). Vgl. auch § 4 dieser Regeln (S. 13), der die Abführung von Vermögensvorteilen, die infolge von Verstöße gegen die Insider-Regeln erzielt wurden, regelt, sowie Foster, Financial Statement Analysis, S. 316 f., Schmidt, Aktienkursprognose, S. 392 f. und Lerbinger, Leistungsfähigkeit, S. 60 - 64, S. 70 f.

(3) Informationseffizienz im **mittelstrengen Sinne** ist - so die Kapitalmarkttheorie - dann gegeben, wenn zu jedem Zeitpunkt sämtliche **öffentlich verfügbaren Informationen** in den Börsenkursen voll zum Ausdruck kommen; die Auswertung solcher Informationen, z.B. von bereits veröffentlichten Jahresabschlüssen, wäre - falls diese These für den organisierten Kapitalmarkt zuträfe - dann nutzlos, weil keinen zusätzlichen Anlageerfolg versprechend.[163)] Empirische Untersuchungen zur Frage, ob die Aktienpreise am deutschen Kapitalmarkt sich im Einklang mit den Aussagen der mittelstrengen Effizienzthese bewegen, kamen bislang nicht zu eindeutigen Ergebnissen. Während die Mehrzahl der Untersuchungen signifikante antizipatorische Kursreaktionen bei bestimmten Informationsarten nachweisen, so daß eine Verwendung dieser Informationen keine oder nur eine geringe Überrendite nach Transaktionskosten gebracht hätte, reagiert der Aktienmarkt bei anderen Informationen erst nach deren Veröffentlichung mit relativ geringer Anpassungsgeschwindigkeit.[164)] Ein Teil der widersprüchlichen Untersuchungsergebnisse läßt sich dabei vermutlich auf die Unzulänglichkeit der verwendeten Testverfahren zurückführen.[165)] Gleichwohl scheint die These von der mittelstrengen Informationseffizienz mittlerweile besser fundiert als die Gegenthese. Überspitzt formuliert bedeutet dies: "... wer heute die lange Zeit für selbstverständlich gehaltene Möglichkeit des Erkennens fehlbewerteter Aktien durch Auswerten öffentlich zugänglicher Informationen behauptet, ist für diese Behauptung begründungspflichtig, nicht der, der unter Verweis auf die Marktgesetzlichkeiten eben diese Möglichkeit leugnet."[166)] Aus diesem Grund wird im Unterpunkt b) der Informationsbedarf eines Anlegers bei mittelstrenger Informationseffizienz im Mittelpunkt der Diskussion stehen.

---

163) Das bedeutet indessen nicht, daß Jahresabschlüsse nicht in der Lage wären, die Erwartungen der Anleger zu verändern, sondern lediglich, daß sich aus den geänderten Erwartungen bei halbstrenger Informationseffizienz keine Überrenditen erzielen lassen. Vgl. Schildbach, Jahresabschluß, S. 47.

164) Vgl. z.B. Hawawini, European Equity Markets, S. 33 - 60, Möller, Informationseffizienz, S. 515 und Sahling, Reaktion, S. 233 - 235.

165) Vgl. Schneider, Investition, S. 464 f., Schildbach, Jahresabschluß, S. 35 - 43 und Möller, Informationseffizienz, S. 504. In den USA gilt die mittelstrenge Effizienzthese trotz aller methodischen Einwände als gut bestätigt. Vgl. z.B. Schmidt, Rechnungslegung, S. 729, Keane, Stock Market Efficiency, S. 36 - 49 und Foster, Financial Statement Analysis, S. 303 f. mit weiteren Literaturquellen.

166) Schredelseker, Nutzen, S. 134; vgl. auch Kromschröder, Dummheit, S. 738 f.

b) Der Informationsbedarf eines Anlegers an Kapitalmärkten mit unterschiedlicher Informationseffizienz

α) Überblick

Im folgenden wird analysiert, welche Nachrichten im Rahmen der Anlageentscheidung eines Investors geeignet erscheinen, dessen subjektive Wahrscheinlichkeitsvorstellungen hinsichtlich des Eintritts der Umweltzustände zu verändern. Dieser **Informationsbedarf** eines Anlegers wird nachfolgend aus Vereinfachungsgründen zunächst aus der Sicht eines Individualkalküls (d.h. ohne Berücksichtigung des Einflusses eines informationseffizienten Marktes) beschrieben. Modifikationen dieses Kalküls, die deshalb vorzunehmen sind, weil ein Anleger nicht der einzige Nachfrager von Anlageinformationen ist, sondern mit einer Vielzahl weiterer Investoren um möglichst hohe Erträge bei gegebenem Risiko und damit auch um Informationen konkurriert, sollen erst im Unterabschnitt τ) eingeführt werden.

β) Informationsineffizienter Kapitalmarkt

Wie bereits deutlich wurde, wird der Anlageerfolg eines Investors durch die möglichen Ausprägungen der Elemente des Entscheidungsfelds bestimmt. Daher sind prinzipiell alle Nachrichten, die Anhaltspunkte über das Entscheidungsfeld - im Rahmen der hier unterstellten Zielfunktion demnach insbesondere von Ertragserwartungswert und Ertragsrisiko einer Aktie - geben können, für den Investor von potentieller Entscheidungsrelevanz. Je nachdem, ob der (idealtypische) Investor eher eine kurzfristig oder eine langfristig orientierte Anlagestrategie verfolgt, stehen unterschiedliche Informationen im Mittelpunkt seines Interesses.

β_1) Langfristiger Planungshorizont

Der erwartete Ertrag einer Aktie ermittelt sich - wie bereits in Abschnitt B.II.1 ausgeführt - aus den Komponenten Dividenden- und sonstige Erlöse (z.B. aus dem Verkauf von Bezugsrechten) sowie der Differenz aus Verkaufs- und Ankaufskurs. Für Anleger, die eine Daueranlage beabsichtigen und für die daher ein kurzfristiger Verkauf der gehaltenen Anteile nicht in Betracht kommt, gewinnen bei gegebenem Ankaufskurs die künftigen Zahlungen der Gesellschaft an die Anteilseigner, vor allem Dividendenzahlungen, überragende Bedeutung. Der Verkaufskurs des erworbenen Anteilsrechts ist für Daueranleger zwar nicht irrelevant; durch den Diskontierungseffekt bei weit in der Zukunft liegenden Zahlungen geht die Differenz zwischen An- und Verkaufskurs im Vergleich zu den Dividendenzahlungen jedoch nur noch mit vergleichsweise geringem Gewicht in den Entscheidungskalkül ein. Die Höhe des erwarteten Dividendenstroms wird - eine konstante Ausschüttungsquote der erzielten Gewinne unterstellt - durch die Ertragserwartungen der Gesellschaft determiniert. Sämtliche Informationen, die Anhaltspunkte über den **Erwartungswert** oder die **Bandbreite der zukünftigen Unternehmenserträge** sowie die voraussichtliche Ausschüttungsquote der erzielten Gewinne gewähren, sind daher für den Entscheidungskalkül eines Daueranlegers von besonderem Gewicht.[167)]

Abgesehen von Informationen über den Erwartungswert der Erträge besteht für den Daueranleger auch ein Informationsbedarf hinsichtlich möglicher **Schwankungen der erwarteten Einzahlungen** aus einer Aktie. Informationen über das Ertragsrisiko einzelner Aktien können zur risikoentsprechenden Ausgestaltung von Portefeuilles genutzt werden. Ein risikoscheuer Investor kann z.B. solche Informationen dazu verwenden, das gesamte Ertragsrisiko seines Portefeuilles zu vermindern. Diese Risikoverminderung läßt sich immer dann erzielen, wenn die zu investierenden Mittel auf Anlagemöglichkeiten verteilt werden, deren Erträge nicht vollständig positiv miteinander korrelieren.[168)] Den Effekt der Risikoverminderung kann der Investor zwar auch ohne Information über die Kovarianzen der Erträge verschiedener Aktien durch die zufällige Streuung der Anlagemittel nutzen;[169)] bei dieser "naiven" Diversifikation wird aber nicht die maximal mögliche Risikoreduktion erreicht. Effiziente oder gar optimale

---

167) Vgl. Lange, Jahresabschlußinformationen, S. 169 f. Damit der Investor den Gegenwartswert künftiger Zahlungen aus verschiedenen Anlagealternativen vergleichen kann, können zudem auch Informationen über den künftigen risikofreien Zins (bzw. die vom Aktienkauf verdrängte Alternativanlage) bedeutsam sein. Vgl. Moxter, Unternehmensbewertung, S. 146 - 148, S. 150 f. und Franke/Hax, Finanzwirtschaft, S. 284.

168) Vgl. z.B. Markowitz, Portfolio Selection, S. 287, Bitz, Entscheidungstheorie, S. 114 f.

169) Durch das gleichgewichtige Aufsplitten einer Gesamtanlage auf Aktien von 10 zufällig ausgewählte Unternehmen läßt sich im Normalfall bereits ein beträchtlicher Teil (ca. 40 %) der Ertragsschwankungen eines Portefeuilles eliminieren. Vgl. Uhlir/Steiner, Wertpapieranalyse, S. 140 - 142 und S. 130 - 135 und Foster, Analysis, S. 241 f.

Portefeuilles[170] für risikoscheue Anleger lassen sich mittels "naiver Diversifikation" allenfalls zufällig erzielen. Informationen über die möglichen Schwankungen der künftigen Aktienerträge können für den Daueranleger darüber hinaus bedeutsam sein, um der Gefahr einer Entwertung seines Anteilsbestandes durch den Konkurs des Unternehmens zu entgehen.[171]

β_2) Kurzfristiger Planungshorizont

Während bei einer buy-and-hold-Strategie der Informationsbedarf hinsichtlich der künftigen Ausschüttungen vorherrscht, steht bei einer Anlagestrategie mit kurzfristigem Planungshorizont die **Prognose des Verkaufskurses** im Mittelpunkt des Investoreninteresses. Der künftige Kurs einer Aktie bestimmt sich nach den Erwartungen der Marktteilnehmer. Für einen auf kurzfristige Verkaufsgewinne abzielenden Anleger stellt sich somit das bereits von Keynes beschriebene Problem, daß er vor dem Kauf eines Papiers antizipieren muß, ob und wie konkurrierende Investoren ihre Kurserwartungen bezüglich dieses Anteils ändern werden.[172] Da allerdings andere spekulative Investoren ebenfalls versuchen, das Verhalten der Marktteilnehmer zu prognostizieren, müßte der Anleger die Antizipationsversuche der Konkurrenten vorwegnehmen und "eine Stufe weiterdenken". Dieses Verhalten könnte wiederum von den Konkurrenten antizipiert werden ... usw. Konsequent weiterverfolgt ergäbe sich also ein endloser Prozeß der Erwartungsbildung über die Erwartungen der anderen Marktteilnehmer.[173]

Auch wenn dieser unendliche Regress theoretisch zu stabilen Kurserwartungen führen kann, wenn sich die gegenseitigen Erwartungsrevisionen ausgleichen, ist nicht davon auszugehen, daß dieser Prozeß in der Realität tatsächlich über viele Antizipationsstufen abläuft.[174] Statt die tatsächliche Erwartungsbildung der anderen Marktteilnehmer zu antizipieren werden sich

---

170) Effiziente Portefeuilles sind diejenigen, die (risikoscheue Entscheider unterstellt) bei gegebenem Erwartungwert der Portefeuilleerträge eine minimale Streuung σ aufweisen. Vgl. Bitz, Entscheidungstheorie, S. 129 f., S. 135 - 146.

171) Vgl. Lange, Jahresabschlußinformationen, S. 170 f.

172) Vgl. Keynes, General Theory, S. 155 f. Zur Kritik an dem von Keynes verwendeten Vergleich zwischen "professional investment" und einer Prognose zu einem Schönheitswettbewerb vgl. Franke/Hax, Finanzwirtschaft, S. 322.

173) Vgl. Waschkowski, Prognose, S. 28 f.

174) Vgl. Schmidt, Aktienkursprognose, S. 414 f., insb. Fn. 390.

die Anleger angesichts der Prognoseschwierigkeiten vielmehr an Daten orientieren, die außerhalb des Regresszyklus liegen.[175] Solche Orientierungsdaten könnten z.B. die von den Daueranlegern mittels eines Ertragsbewertungskalküls ermittelten Anteilswerte darstellen.[176] Natürlich ist durchaus auch denkbar, daß andere Bewertungsmethoden allgemein oder situationsgebunden die Funktion einer am Markt herrschenden Wertkonvention ausüben.[177] Festzuhalten bleibt, daß für einen spekulativen Anleger aufgrund der kurzfristigen Ausrichtung des Engagements weniger bedeutsam ist, wie er eine Aktie bewertet, als vielmehr, wie die anderen Marktteilnehmer das Papier bewerten. Künftige Kursänderungen wird er nur dann systematisch nutzen können, wenn er Nachrichten über Sachverhalte besitzt, die in die Bewertung der anderen Marktteilnehmer nicht oder nicht vollständig eingegangen sind, und die anderen Anleger ihre (Fehl-) Bewertung später korrigieren.[178]

τ) Kapitalmarkt mit mittelstrenger Informationseffizienz

Bislang wurde geschildert, welche Informationen die Bewertung einer Aktie an einem informationsineffizienten Markt beeinflussen können. Im folgenden ist zu überprüfen, inwieweit sich der in den beiden letzten Unterabschnitten festgestellte Informationsbedarf eines Anlegers mit lang- bzw. kurzfristigem Planungshorizont verändert, wenn der Investor an einem mittelstreng informationseffizienten Kapitalmarkt agiert.

τ_1) Langfristiger Planungshorizont

Wenn der Anleger darauf vertrauen kann, daß sämtliche öffentlich verfügbaren Informationen[179] im Kurs einer Aktie berücksichtigt sind, reduziert sich - vorausgesetzt, er legt seiner Investitionsentscheidung dieselbe Präferenzfunktion zugrunde wie alle anderen Marktteilnehmer[180] - sein Informationsbedarf

---

175) Vgl. Waschkowski, Prognose, S. 30.
176) Zur der Technik der Ertragsbewertung vgl. Moxter, Unternehmensbewertung, S. 9 - 11. Vgl. auch Schmidt, Aktienkursprognose, S. 79 - 88 und Perridon/Steiner, Finanzwirtschaft, S. 139.
177) Vgl. Schmidt, Aktienkursprognose, S. 414 f.
178) Vgl. Schmidt, Aktienkursprognose, S. 119 f.
179) Auf die Frage, was "öffentlich verfügbare Informationen" sind, soll erst im kommenden Abschnitt näher eingegangen werden.
180) "Wer Kurse prognostizieren will, muß wissen, wie die anderen bewerten. Wer Aktien kaufen will, muß wissen, wie er bewertet. Das ist nur dann

beträchtlich: Zunächst stellt sich die Frage, ob eine kurz- oder langfristig orientierte Anlagestrategie nutzbringender erscheint, für den Anleger nur noch, wenn er über nicht-öffentliche Informationen verfügt. Falls ein Anleger solche Informationen nicht besitzt, läßt die langfristig orientierte Daueranlage im Vergleich zu einem spekulativen Engagement mit kurzem Planungshorizont eine um Informations- und Transaktionskosten höhere Rendite erwarten. Ein solcher Anleger kann sich somit darauf konzentrieren, ein Portefeuille zu bilden, das eine gemäß seiner Risikoneigung optimale Ertrags-Risiko-Kombination bietet. Für den Fall, daß bestimmte weitere Bedingungen, insbesondere die Möglichkeit unbeschränkter, risikofreier Geldanlage und Kreditaufnahme, erfüllt sind,[181] reduziert sich sein Informationsbedarf auf Null, da risikoscheue Anleger gemäß dem Separationstheorem der Theorie der Portefeuilleauswahl dann nur noch Anteile am risikoeffizienten Marktportefeuille[182] halten und die Anlagemittel entsprechend ihrer persönlichen Risikoneigung auf das Marktportefeuille und die risikolose Geldanlage aufteilen.[183]

Da mehrere dieser Bedingungen, die für die Aufrechterhaltung der Separationsaussagen unabdingbar sind,[184] am Kapitalmarkt der Realität nicht erfüllt sind, muß dort weder ein einheitlicher Marktpreis für die Risikoübernahme noch ein risikoeffizientes, von allen Anlegern gehaltenes Marktportefeuille existieren. Ob sich eine Informationsauswertung lohnt, ist in diesem (Normal-) Fall von Art und Grad der Marktunvollkommenheit sowie von den Kosten der Informationsbeschaffung und -auswertung abhängig. Je unvollkommener der Kapitalmarkt der Realität ist, desto eher werden die Informationskosten eines Anlegers durch den Nutzen verbesserter Anlageentscheidungen überkompensiert.[185] Anlagestrategien, die Informationskosten von Null

---

'fully reflected', wenn er genauso bewertet, wie die anderen." Schmidt, Aktienkursprognose, S. 416.

181) Einen Überblick über die Separationsbedingungen geben z.B. Möller, Capital-Asset-Pricing-Modell, S. 709, Schneider, Investition, S. 424 und Perridon/Steiner, Finanzwirtschaft, S. 454 f., S. 466 - 469.

182) "In einem Marktportefeuille zu einem Zeitpunkt sind die risikotragenden Wertpapiere jeder Unternehmung entsprechend ihrem Anteil am Gesamtwert aller Wertpapiere enthalten." Schneider, Investition, S. 426. Bezüglich weiterer Eigenschaften des Marktportefeuilles vgl. a.a.O., S. 426 f. und Möller, Capital-Asset-Pricing-Modell, S. 710 f.

183) Vgl. Schneider, Investition, S. 424 - 431, insb. S. 426 f.

184) Zu den unabdingbaren Voraussetzungen ("Modellkern") des CAPM ausführlich Schneider, Investition, S. 440 - 456.

185) Vgl. Schmidt, Aktienkursprognose, S. 151 f.

aufweisen, sind insofern nicht automatisch vorteilhafter als Anlageentscheidungen, die auf der (kostenträchtigen) Einholung von Informationen basieren. Drei Beispiele für Anlageentscheidungen ohne Informationskosten sollen dies verdeutlichen:

- Eine Möglichkeit, Informationskosten zu sparen, ist das **Halten des Marktportefeuilles**. In der Realität verbietet sich dies indessen wegen des Teilbarkeitsproblems sowie diversifikationsfeindlicher Transaktionskostenregelungen[186]; denn bei steigender Anzahl der in einem Portefeuille enthaltenen Wertpapiere wird der Diversifikationsvorteil einer weiteren Aktiengattung schnell von den daraus resultierenden höheren Transaktions- und Verwahrungskosten ausgeglichen.[187]

- Eine andere Möglichkeit, den Wertpapierbesitz ohne Informationskosten zu streuen, besteht darin, Sekundäreffekten (**Investmentanteile**) zu erwerben. Wegen der dann doppelt (für Primär- und Sekundäreffekten) anfallenden Transaktionskosten ist diese Möglichkeit in Deutschland aber vermutlich weniger attraktiv als das direkte Halten eines approximierten Marktportefeuille.[188]

- Auch die **Zufallsauswahl von Wertpapieren** (naive Diversifikation), z.B. durch das Werfen von Dart-Pfeilen auf einen an die Wand gehefteten Kurszettel, ist bei groben Marktunvollkommenheiten, wie etwa einer ungleichen Besteuerung der Wertpapiererträge, ungleichen Transaktionskosten oder Anlegerpräferenzen keine sinnvolle Anlagestrategie für einen Daueranleger; denn möglicherweise mißt er in seiner speziellen Ent-

---

186) So sind z.B. die Stückprovisionen für Orders, die auf einen "Schluß" von 50 Aktien bzw. ein Vielfaches lauten, niedriger als die Stückprovisionen für kleinere Aufträge. Auch die Depotgebühren pro Stück ermäßigen sich bei zunehmendem Verwahrvolumen einer Aktiengattung.

187) Uhlir/Steiner schätzen, daß bei "... Ausdehnung des Portefeuilleumfanges auf über ca. 20 Titel ... der Effekt der zusätzlichen Risikominderung bereits so gering [ist], daß er durch die Halte-, Überwachungs- und Revisionskosten des Portefeuilles überkompensiert werden dürfte." Dies., Wertpapieranalyse, S. 135 [Anmerkung des Verfassers]. Zu Fehlern des Rechenbeispiels, a.a.O., S. 134 f. vgl. Schmidt, Rezension, S. 711. Ähnlich auch Schildbach, Jahresabschluß, S. 31 - 33 und Foster, Analysis, S. 389 - 392, insb. S. 391.

188) Vgl. Lerbinger, Leistungsfähigkeit, S. 70 f. Für die in den USA gebräulichen Index-Fonds mit etwas geringeren Transaktionskosten existieren für den deutschen Markt bislang noch kein Renditevergleiche. Vgl. Foster, Analysis, S. 391, Franke, Kapitalmarkt, S. 257 f.

scheidungssituation anderen Wertdeterminanten einer Aktie Bedeutung bei als die Masse der Marktteilnehmer.[189)]

Die Beschaffung von Informationen zur **individuellen Approximation des risiko-effizienten Portefeuilles** kann sich am Kapitalmarkt der Realität für einen Anleger mit langfristigem Planungshorizont demnach selbst dann lohnen, wenn man unterstellt, die These der mittelstrengen Informationseffizienz würde die Aktienpreisbildung an deutschen Börsen angemessen beschreiben.[190)]

τ_2) Kurzfristiger Planungshorizont

Eine Anlagestrategie mit kurzfristigem Planungshorizont läßt an einem mittelstreng informationseffizienten Kapitalmarkt dann eine höhere als die marktübliche Verzinsung erwarten, wenn der Anleger über nicht-öffentliche Informationen verfügt. Der Terminus "nicht-öffentliche Informationen" umfaßt dabei sowohl bislang unbekannte **Primärinformationen**, die die Bewertung des Marktes für eine, mehrere oder alle Aktien beeinflussen, als auch nicht allgemein zugängliche **Informationsauswertungskenntnisse**. Mit nicht öffentlich verfügbaren Informationsauswertungskenntnissen ist die Fähigkeit gemeint, treffsicherer als andere Anleger und deren Berater aus Nachrichten der realen Welt künftige Kurse und Dividendenzahlungen - letztlich Ertragserwartungswert und Ertragsrisiko einer Aktie - zu schätzen. Auch für den Fall, daß der Kapitalmarkt im mittelstrengen Sinne effizient ist, kann sich also - in Abhängigkeit von den Kosten des Anlegers zur Beschaffung bzw. Produktion nicht-öffentlicher Informationen[191)] - die Einholung und Auswertung von Nachrichten lohnen.

---

189) Vgl. Foster, Financial Statement Analysis, S. 312 bezüglich der Punkte, die ein Daueranleger an einem Markt mit Steuern und Transaktionskosten zu beachten hat und für die es sich durchaus lohnen kann, Informationen einzuholen. Vgl. auch die FN 169 und 180 d.A.

190) Ausführlich dazu Schmidt, Rechnungslegung, S. 739 f., ders., Kapitalmarktforschung, S. 675 f., ders., Aktienkursprognose, S. 152, Uhlir/Steiner, Wertpapieranalyse, S. 134.

191) Vgl. Foster, Financial Statement Analysis, S. 310 und Reuter, Aktienmarkt, S. 110 - 112.

c) Das Informationsangebot

α) Überblick

In jeder Sekunde können auf der Welt Ereignisse stattfinden, die die Einschätzung der Anleger bezüglich der künftigen Vorteile einer Aktie verändern. Nachrichten über diese Ereignisse lassen sich einteilen in solche, die

- lediglich Ertragserwartungswert und Ertragsrisiko einer Aktie betreffen (z.B. Nachricht über Auftragseingang),
- die künftige Renditeverteilung mehrerer Unternehmen berühren (z.B. Nachricht über Engpässe am Beschaffungsmarkt einer Branche)
- Auswirkungen auf sämtliche inländischen Unternehmen entfalten können (z.B. Nachricht über Zins- oder Wechselkursänderung).

Aus den zugehenden Nachrichten filtert der Anleger diejenigen heraus, die in der Lage sind, seine Vorteilserwartungen bezüglich einzelner, mehrerer oder aller Anteilswerte zu revidieren und faßt - wie in einem Mosaik[192] - die aus unterschiedlichen Quellen zusammengetragenen Einzelinformationen zu einem konsistenten Gesamtbild zusammen.

β) Beispiele für einzelne Nachrichtenquellen

Prinzipiell stehen für einen Anleger nahezu unendlich viele Nachrichtenquellen zur Auswertung offen.[193] Die nachstehend aufgeführten Beispiele sollen - ohne Anspruch auf Vollständigkeit - diese Vielfalt illustrieren:

- **Massenmedien und Fachpublikationen**, wie Rundfunk, Fernsehen, Tages-, insbesondere Wirtschaftszeitungen, Fachzeitschriften, Veröffentlichungen von Verbänden und Forschungseinrichtungen (z.B. Konjunkturgutachten, Branchenmitteilungen), amtliche Statistiken, Informationsdienste (z.B. Reuters), Datenbanken mit Unternehmensdaten (z.B. Jahresabschlüsse, Zwischenberichte) u.ä.

---

192) Vgl. Reuter, Aktienmarkt, S. 119.

193) Eine ausführliche Beurteilung von einigen der aufgeführten Nachrichtenquellen findet sich bei Reuter, Aktienmarkt, S. 120 - 171.

- **Nachrichten von Teilnehmern und Beobachtern des Kapitalmarktes**, z.B. aus Börsenbriefen, der Anlageberatung bei KI oder freien Vermögensverwaltern, von anderen Anlegern, freien Börsenmaklern, Börsenhändlern oder anderen Personen des Börsenpublikums.

- **Kapitalmarktdaten** wie Aktienkurse, Börsenumsätze, die Anzahl der pro Tag/Monat gehandelten Aktien, die Anzahl der abgeschlossenen Geschäfte, Kurszusätze, Terminkurse und Kombinationen dieser Daten.

- **Nachrichten vom notierten Unternehmen selbst**, vor allem Jahresabschlüsse, Bilanzen zu besonderen Anlässen (z.B. Fusions-Liquidationseröffnungsbilanz), Quartals- bzw. Zwischenberichte, Analysten- und Pressemitteilungen.

Ob der Anleger eine der genannten Quellen zur Erwartungsbildung heranzieht - und falls ja, welche -, ist abhängig davon, welche Kosten und welchen Nutzen die Auswertung einer Nachrichtenquelle erwarten läßt. Inwieweit dazu der in Gliederungspunkt I.4 dieses Kapitels vorgestellte Informationswertkalkül verwendet werden kann, ist im folgenden Abschnitt zu prüfen.

4. Konkretisierung des Informationsbewertungskalküls für Jahresabschlußinformationen

Informationsbewertungskalküle lassen sich einteilen in prospektive und retrospektive Ansätze. Prospektive Modelle bewerten zugehende Informationen, bevor das eigentliche Informationsergebnis dem Entscheider bekannt ist. Ihnen liegt die Frage zugrunde, ob eine zusätzliche Information eingeholt oder auf Basis des gegebenen Informationsstandes entschieden werden soll.[194] Retrospektive Bewertungsansätze dagegen betrachten ex post, was eine Information für den Entscheider tatsächlich wert gewesen wäre. Ziel dieses Abschnittes ist es, aus der Menge der denkbaren Informationsbewertungskalküle eine Modellvariante auszuwählen, die für den hier beabsichtigten Informationswertvergleich von KI- und IHV-Jahresabschlüssen zweckmäßig erscheint. Unterpunkt a) beschäftigt sich mit der Brauchbarkeit prospektiver, Unterpunkt b) mit der Eignung retrospektiver Bewertungsansätze.

---

194) Wäre das Ergebnis der Informationseinholung bereits bekannt, würde sich diese Frage nicht mehr stellen.

a) Prospektive Informationsbewertungskalküle

Hier ist zu untersuchen, ob prospektive Bewertungsansätze für den hier angestrebten Informationswertvergleich von KI- und IHV-Jahresabschlüssen geeignet sind. Dazu wird in Unterpunkt α) zunächst die Grundstruktur des in Abschnitt B.I.4 vorgestellten Bewertungsansatzes herausgearbeitet. Die Probleme, die sich mit einer Anwendung dieses Ansatzes im Rahmen der hier beabsichtigten empirischen Untersuchung ergäben, werden in Unterpunkt β) vorgestellt und diskutiert.

α) Grundgedanke

Aktivitäten zur Verbesserung einer Anlageentscheidung verbrauchen knappe Ressourcen und sind, wie jede andere Tätigkeit, die der Einkommenserzielung dient, am ökonomischen Prinzip[195] zu orientieren. Um entscheiden zu können, ob sich die Beschaffung und Auswertung einer bestimmten Nachricht - bzw. einer Menge von Nachrichten, gesendet von einer bestimmten Nachrichtenquelle - lohnt, muß ein Anleger die erwarteten Kosten und den erwarteten Nutzen einer Informationsaktivität[196] gegeneinander abwägen. Falls die Entscheidung mit Information - unter Berücksichtigung der erwarteten Kosten für die Nachrichtenbeschaffung und -auswertung - einen höheren Nutzen verspricht als die Entscheidung ohne Information, wird der Anleger zusätzliche Nachrichten einholen.

In Abschnitt B.I.4 d.A. wurde bereits anhand eines einfachen Beispiels gezeigt, wie ein solcher Kalkül zur ex-ante-Bewertung von Informationen formal aufgebaut sein kann. Der dort vorgestellte prospektive Informationsbewertungskalkül zeichnete sich durch folgende Grundstruktur aus:

- Der Wert einer Information wird im Rahmen eines **Individualkalküls** (d.h. für jeden Entscheider einzeln) bestimmt.

---

195) Zu den möglichen Formulierungen des ökonomischen Prinzips vgl. z.B. Schierenbeck, Grundzüge, S. 3 f.

196) Unter "Informationsaktivität" werden hier sämtliche Maßnahmen eines Anlegers zur Nachrichtenbeschaffung, -auswertung und Erwartungsbildung bezeichnet.

- Der Informationswert wird ermittelt, bevor dem Entscheider das eigentliche Informationsergebnis bekannt ist (**prospektiver Ansatz**, ex-ante-Bewertung).
- Das Entscheidungsproblem ist **vollständig formuliert:** Anlagemöglichkeiten, Umweltzustände und Ergebnisse, kurzum: das Entscheidungsfeld, des weiteren die Zielfunktion des Entscheiders sowie das Informationssystem sind bekannt und stabil.
- Der **Nutzen zusätzlicher Informationen** für den Investor besteht darin, daß über das veränderte Wahrscheinlichkeitsurteil nach Informationszugang möglicherweise Anlagealternativen gewählt werden, denen der Entscheider im Vergleich zur Situation vor Informationszugang höhere Präferenzwerte zuordnet.
- Ausschlaggebend für die **Veränderung des Wahrscheinlichkeitsurteils** sind die im Informationssystem festgelegten Übergangswahrscheinlichkeiten $w(y_k|z_j)$, die zusammen mit den a-priori-Erwartungen $w(z_j)$ des Anlegers anhand des Bayesschen Theorems zu den a-posteriori-Wahrscheinlichkeiten $w(z_j|y_k)$ transformiert werden.

β) Versuch einer Konkretisierung

Die Verwendung eines prospektiven Bewertungsansatzes im Rahmen eines Informationswertvergleichs von KI- und IHV-Jahresabschlüssen für Anlageentscheidungen am Kapitalmarkt wirft die im folgenden erörterten Probleme auf.

β_1) Vielzahl von Anlegern als Problem

Es existiert eine Vielzahl von Anlegern am Kapitalmarkt. Der Wert einer Jahresabschlußinformation muß grundsätzlich zwar nicht für alle, aber doch für viele unterschiedliche Individuen bestimmt werden, um mit hinreichender Sicherheit Aussagen über den Wert treffen zu können, den **unterschiedliche** Personen (mit unterschiedlichen Präferenzfunktionen, Vorkenntnissen und Informationsverarbeitungsfähigkeiten) einer bestimmten Information beimessen. Nur dann, wenn alle Anleger mit gleichen Präferenzen und gleichen Informationsverarbeitungsfähigkeiten ausgestattet sind und das Marktportefeuille halten, könnte davon ausgegangen werden, daß eine Jahresabschlußinformation für alle Anleger den gleichen Nutzen stiftet.

β2) Vielzahl von Entscheidungssituationen als Problem

Informationen, die einem Entscheider zugehen, können sich grundsätzlich in unterschiedlichen Phasen eines Entscheidungsprozesses auswirken.[197] Eine Information kann helfen, ein Entscheidungsproblem überhaupt zu erkennen und es als solches zu formulieren. Informationen können bei der Präzisierung des Zielsystems, bei der Erforschung der Handlungsalternativen, beim Erkennen von Umweltzuständen oder beim Abschätzen von deren Eintrittswahrscheinlichkeiten dienlich sein.[198] Informationen können darüber hinaus dazu beitragen, den Erfolg einer bereits getroffenen Entscheidung zu kontrollieren.[199] Um den gesamten Wert eines Jahresabschlusses für eine Anlageentscheidung festzustellen, wäre es grundsätzlich angezeigt, den Anlegernutzen in jeder **Phase des Entscheidungsprozesses** zu erfassen. Wegen der eingeschränkten Meßmöglichkeiten wurde in der Einleitung zu dieser Arbeit[200] die Untersuchung auf den Wert von Jahresabschlüssen für Anleger in der eigentlichen Auswahlphase (planungsorientierte Informationsverwendung) begrenzt.

Selbst unter dieser einschränkenden Bedingung, die die Vielfalt der möglichen Jahresabschlußverwendungen stark beschneidet, können situative Einflußfaktoren bewirken, daß gleiche Jahresabschlußinformationen einem Anleger in unterschiedlichen Anlagesituationen unterschiedlich nützlich erscheinen. Als Beispiel für solche situativen **Besonderheiten der jeweiligen Entscheidungssituation** sind insbesondere die zum Entscheidungszeitpunkt gegebenen Rahmenbedingungen (z.B. Zeitdruck, technische Hilfsmittel, Berater) zu nennen.[201] Solange sich wegen einer gleichzeitigen Betrachtung vieler Anlageentscheidungen situative Einflüsse auf den Informationswert eines Jahresabschlusses

---

197) Eine ausführliche Beschreibung der potentiellen Informationswirkungen findet sich bei Wild, Problematik, S. 324 - 327. Vgl. auch unten, Abschnitt A.4.b.α.

198) Loitlsberger unterscheidet in diesem Zusammenhang Spaltenzahlinformationen (Informationen über die Anzahl der Umweltzustände), Suchinformationen (Informationen über die Anzahl der Handlungsalternativen), Primärinformationen (Informationen über die Ergebnisse der Aktionen in einzelnen Umweltzuständen) und Sekundärinformationen. Vgl. ders., Informationsbegriff, S. 118 - 120.

199) Vgl. z.B. Laux, Wert, S. 434 - 437.

200) Vgl. Abschnitt A.II.6.

201) Einen Überblick über mögliche situative Einflußfaktoren geben Hauschildt/Gemünden/Grotz-Martin/Haidle, Entscheidungen, S. 104 - 119, Lee/Tweedie, Investor, S. 20 - 25 und Wild, Problematik, S. 323.

vermutlich kompensieren, können sie im Rahmen einer empirischen Untersuchung außer Acht bleiben; dies gilt allerdings dann nicht, wenn extreme Besonderheiten (z.B. "Börsencrash", politische Umwälzungen) auf die Entscheidungssituationen vieler Anleger einwirken. Entsprechende Fälle sind demnach von der empirischen Untersuchung des Informationsnutzens von Jahresabschlüssen auszuschließen.

β_3) Vielzahl von Jahresabschlußinterpretationen als Problem

Nachrichten in "wenn-dann-Form", aus denen unmittelbar ersichtlich ist, wie sich die Wahrscheinlichkeitsverteilung der künftigen Aktienrenditen ändern werden, die somit - in der Sprache des Grundmodells der Informationsbewertung - direkt in Form bedingter Wahrscheinlichkeiten in das Informationssystem übernommen werden könnten, kommen in der Realität nicht vor. Vielmehr geht mit der Nachricht "Jahresabschluß" eine Vielzahl von Einzelangaben zu, die mit den künftigen Erträgen des Anlegers aus der betreffenden Aktie nur in loser Weise verknüpft sind. Bereits die Prüfung, ob eine Jahresabschlußteilinformation ausgesondert werden kann, weil sie für die Anlageentscheidung nicht relevant ist, wird bei Investoren mit unterschiedlicher ökonomischer Vorbildung zu divergierenden Einschätzungen führen. Aus den Jahresabschlußteildaten, denen der Anleger eine Indikatorfunktion hinsichtlich der künftigen Aktienerträge beimißt, hat er sich ein **Gesamturteil** zu bilden. Verschiedene Personen können auch hier - je nach Vorbildung und Entscheidungssituation - zu völlig abweichenden Einschätzungen über die **Prognosekraft** einer Jahresabschluß(teil-)information kommen, da es keine klar fixierten Gesetzmäßigkeiten gibt, wie bestimmte Abschlußangaben die Anlegererwartungen ändern sollten.[202] Unterschiedliche subjektive Bewertungen hinsichtlich der Prognosekraft $w(y_k|z_j)$ einer Jahresabschlußinformation verursachen wiederum unterschiedliche subjektive Informationswerte, die die jeweiligen Anleger einem Gesamtabschluß zuschreiben. Im Rahmen einer empirischen Untersuchung sollten daher für unterschiedliche Teilinformationen des Jahresabschlusses Informationswertmessungen vorgenommen werden, um festzustellen, welchen Angaben die Anleger tendenziell besondere Bedeutung beimessen.

---

202) Vgl. Schildbach, Jahresabschluß, S. 8. Ausführlich dazu Abschnitt B.II.2 d.A.

β_4) Vielzahl weiterer Einflußfaktoren als Problem

Es existiert eine große Vielfalt von Einflußfaktoren auf den Wert einer gegebenen Jahresabschlußinformation, die im Grundmodell der Informationsbewertung infolge restriktiver Modellannahmen nicht berücksichtigt werden. Das Beispiel in Abschnitt B.I.4 sah nur eine einzige Nachricht in drei möglichen Ausprägungen vor und diese Nachricht revidierte lediglich die Eintrittswahrscheinlichkeiten der Umweltzustände; sowohl Zielsystem als auch Entscheidungsfeld des Anlegers wurden dagegen als bekannt und stabil unterstellt.[203] In diesem Beispiel ist der Wert der zugehenden Information abhängig von:

- der Höhe der **Ergebnisse** e_{ij}, die die beiden Anlagemöglichkeiten in den einzelnen Umweltzuständen abwerfen;
- der **Präferenzfunktion** des Investors;
- dem Ausgangsinformationsstand des Investors, der sich in dessen Vorstellungen von den **Eintrittswahrscheinlichkeiten der Umweltzustände** äußert;
- der Prognosekraft für die künftigen Aktienerträge, die der Investor der Information über die Auftragslage beimißt.[204]

Darüber hinaus könnten für den Wert der eingeholten Information weitere Faktoren von Bedeutung sein, die in diesem Beispiel nicht explizit genannt wurden. So wäre z.B. in einer realitätsnäheren Entscheidungssituation zu prüfen,

- ob **Konkurrenten** am Aktienmarkt auf die zugehende Information ebenfalls reagieren und dadurch ausgelöste Kursbewegungen den Nutzen dieser Nachricht für den Investor reduzieren.
- ob **andere Nachrichten**, die gleichzeitig mit der Information über die Auftragslage zugehen, das Wahrscheinlichkeitsurteil des Anlegers beeinflussen.
- ob sich bei Zugang von Informationen **Zielsystem und Entscheidungsfeld** des Investors **ändern** (Entdecken neuer Handlungsmöglichkeiten und/oder Umweltzustände).

Das Problem eines Investors am Kapitalmarkt, den Wert zusätzlich einzuholender Anlageinformationen abzuschätzen, ist in der Realität weitaus komplexer als das Beispiel in Abschnitt B.I.4

---

203) Vgl. S. 32 d.A.

204) In der Sprache des Grundmodells der Informationsbewertung: den **bedingten Wahrscheinlichkeiten** $w(y_k|z_j)$.

ahnen läßt. Genau besehen hat ein Anleger zwei Teilprobleme zu lösen: Zunächst muß er in einer **Informationsgewinnungsprognose** die voraussichtlichen Ergebnisse der Informationssuchaktivitäten vorhersagen; bezogen auf die Informationsart Jahresabschluß bedeutet das, daß der Anleger voraussagen muß, wie ein künftiger Jahresabschluß ausfallen könnte. In einem zweiten Schritt, der **Informationsverwendungsprognose**, hat er dann zu beurteilen, welchen Nutzen diese zusätzlich eingeholten Informationen im Rahmen seines eigentlichen Entscheidungsproblems, der Anlage am Kapitalmarkt, stiften werden.[205)]

Im Beispiel in Abschnitt B.I.4 wird durch die Modellvorgaben unterstellt, daß der erste Teil des Problems, die Informationsgewinnungsprognose, schon gelöst ist; lediglich die Verwendungsprognose (die eigentliche Informationsbewertung) steht noch aus. Diese Verwendungsprognose kann dank der vollständigen Formulierung des Entscheidungsproblems mit einem Bewertungsalgorithmus, dessen wesentlicher Bestandteil das Bayessche Theorem bildet, abgewickelt werden. Gegen die Verwendung dieses Bewertungsalgorithmus in komplexen Entscheidungssituationen spricht nicht nur der beträchtliche **Rechenaufwand**, der zur Ermittlung der a-posteriori-Wahrscheinlichkeiten und zur Bewertung der Entscheidungsfelder mit und ohne Informationsmöglichkeit notwendig ist;[206)] zu bedenken ist vor allem, daß dieser Algorithmus für den (Normal-) Fall der **unvollständigen und weniger restriktiven Formulierung** des Entscheidungsproblems nicht eingesetzt werden kann.[207)]

τ) Konsequenzen für diese Untersuchung

Die Anwendung dieses Ansatzes auf Anlageentscheidungen ist - wie die vorstehenden Ausführungen zeigen - problematisch, da der Wert von Jahresabschlußinformationen von einer ganzen Reihe subjektiver und situativer Einflußfaktoren abhängt. Falls der Nutzen eines **früher** publizierten Jahresabschlusses untersucht

---

205) Vgl. Wild, Problematik, S. 323.

206) Bezüglich weiterer Kritikpunkte vgl. Reuter, Aktienmarkt, S. 114 f. Gleichwohl hat sich das Bayessche Theorem in einer Reihe von psychologischen Experimenten als durchweg brauchbares Modell zur Beschreibung menschlichen Entscheidungsverhaltens (allerdings in weniger komplexen Situationen) erwiesen. Ausführlich dazu Slovic/Lichtenstein, Comparison, S. 698 - 706, S. 724 - 729.

207) Algorithmen für weniger restriktiv formulierte Entscheidungssituationen existieren bislang nur für einige Spezialfälle. Vgl. Gebhardt, Insolvenzprognosen, S. 43 - 45, Ferschl, Grundlagen, S. 69 - 72.

werden soll, müßten sämtliche Ausprägungen dieser Faktoren rekonstruiert werden; für länger zurückliegende Entscheidungen ist dies wegen des eingeschränkten menschlichen Erinnerungsvermögens kaum möglich. Hinzu kommt, daß der Mensch, **nachdem** ein unsicheres Ereignis eingetreten ist, im Regelfall nicht mehr in der Lage ist, ein korrektes Bild seines Wahrscheinlichkeitsurteils **vor** Ereigniseintritt zu geben; denn die a-posteriori-Einschätzung seiner a-priori-Meinung ist häufig systematisch hin zum richtigen, inzwischen eingetretenen Ereignis verzerrt.[208] Falls der Nutzen **zukünftig** publizierter Jahresabschlüsse untersucht werden soll, wäre wegen der Vielzahl der möglichen Einflüsse auf die Höhe des Informationswerts mit einem extrem hohen Erhebungsaufwand zu rechnen. Eine zufriedenstellende Kontrolle der subjektiven und situativen Einflüsse auf den Wert einer Jahresabschlußinformation erscheint zudem nur bei einer sehr großen Anzahl von Beobachtungen möglich. Aus diesen Gründen bietet es sich hier nicht an, einen prospektiven Ansatz als Bewertungsgrundlage für Jahresabschlußinformationen heranzuziehen. Da das Ziel dieser Arbeit nicht darin besteht, einem Anleger Entscheidungshilfen hinsichtlich der Vorteilhaftigkeit von Informationsbeschaffungsmaßnahmen zu geben, sondern lediglich vergleichende Aussagen darüber getroffen werden sollen, ob vergangene Jahresabschlußinformationen von KI- bzw. IHV-AG für Anleger wertvoll gewesen wären, ist hier neben dem prospektiven grundsätzlich auch der retrospektive Bewertungsansatz anwendbar. Inwieweit dieser Ansatz für das hier zu untersuchende Problem geeignet erscheint, ist im folgenden Abschnitt zu prüfen.

b) Retrospektive kapitalmarktorientierte Informationsbewertungskalküle

Wie oben dargestellt wurde, wirft die Anwendung des prospektiven Bewertungsansatzes für eine Informationsgehaltsmessung von Jahresabschlüssen eine Reihe von Problemen auf. In diesem Abschnitt soll die Eignung des retrospektiven Kalküls für die hier zu untersuchende Fragestellung untersucht werden. Da bereits in der Einleitung in Abschnitt A.II dargestellt wurde, daß Untersuchungen auf der Handlungsebene - genauer: Untersuchungen anhand der Ergebnisse von Anlageentscheidungen am Kapitalmarkt - für die hier zu bearbeitende Fragestellung besonders

---

208) Diese weit verbreitete Überschätzung des eigenen Urteilsvermögens wird in der Literatur als "Fluch des Wissens" (curse of knowledge) bezeichnet. Ausführlich dazu Weber, Risikoentscheidungskalküle, S. 190 - 250.

aussichtsreich erscheinen, wird die Diskussion auf retrospektive **kapitalmarktorientierte** Bewertungsansätze beschränkt. In Unterpunkt α) soll der Grundgedanke solcher Bewertungsansätze herausgearbeitet werden; Abschnitt β) befaßt sich mit den Problemen, die sich mit einer Anwendung dieses Ansatzes im Rahmen der hier beabsichtigten empirischen Untersuchung ergeben.

α) Grundgedanke

Kapitalmarktorientierte Informationsgehaltsmessungen gehen davon aus, daß der Jahresabschluß eine ganze Reihe von Informationen enthält, die für die Entscheidungen von Anlegern, insbesondere solchen, denen keine detaillierteren Informationsquellen[209] zur Verfügung stehen, von Bedeutung sein können. Rational handelnde Anleger werden diese Informationen berücksichtigen und früher getroffene Entscheidungen im Lichte der neuen Informationen u.U. revidieren. Vor allem bei Veröffentlichung eines Jahresabschlusses ist daher zu erwarten, daß Handel und Preisbildung an der Börse neue Abschlußinformationen reflektieren. Der retrospektive Meßansatz basiert darauf, diese Börsendaten über Handel und Preisbildung für die betreffenden Unternehmen im Zeitraum um eine Jahresabschlußveröffentlichung auszuwerten.

Die Grundstruktur des retrospektiven Informationsbewertungskalküls ähnelt dem in Abschnitt B.I.4 vorgestellten Bewertungsmodell; er beruht nämlich ebenfalls auf einem Vergleich der Entscheidungen, die **ohne** und **mit** Kenntnis einer bestimmten Information getroffen würden. Anstatt vor Informationszugang die individuell bewerteten Entscheidungsfelder mit bzw. ohne Informationsmöglichkeit zu vergleichen, werden hier allerdings **nachträglich** die Ausprägungen der **Börsenvariablen** (z.B. Kurse, Umsätze) einer Aktie gegenübergestellt, die sich mit bzw. ohne Jahresabschlußinformationen ergeben haben. Da die Börsenvariablen "mit" bzw. "ohne" Jahresabschlußkenntnis am Kapitalmarkt nicht beobachtet werden können, wird der Informationsgehalt einer Jahresabschlußkennzahl aus einem Vergleich der Ausprägungen der Börsenvariablen für die Aktien, bei denen eine entsprechende Jahresabschlußkennzahl veröffentlicht wurde, mit den Börsenvariablen derjenigen Aktien, bei denen solche Kenn-

209) Detaillierte Informationsquellen könnten z.B. die Gutachten eines Wirtschaftsprüfers im Rahmen der Jahresabschlußprüfung darstellen, die dem Aufsichtsrat einer AG (und damit etwaigen Großaktionären) zugehen.

zahlen nicht veröffentlicht wurden, abgeleitet. Ändert der Jahresabschluß die Erwartungen der Anleger bezüglich der künftigen Renditeverteilung einer Aktie tatsächlich, werden diese verstärkt Aktienkauf- (bei positiven Jahresabschlußdaten) bzw. -verkaufsentscheidungen (bei negativen Jahresabschlußdaten) treffen; da sich diese Handlungen in den Kursen, Umsätzen bzw. sonstigen Börsendaten für das betreffende Unternehmen niederschlagen, gibt der beschriebene "mit-ohne-Vergleich" der Börsenvariablen Hinweise auf die durch den Jahresabschluß ausgelöste Erwartungsrevision der Anleger.

β) Konkretisierung

Im Rahmen dieses Abschnittes ist der im Vorabschnitt geschilderte Ansatz zu präzisieren. Zunächst soll dazu diskutiert werden, ob die in der Bundesrepublik Deutschland beobachtbaren Börsenvariablen für den hier beabsichtigten Informationswertvergleich geeignet sind. Danach werden die Techniken skizziert, die im Rahmen kapitalmarktorientierter Untersuchungen verwendet werden können, um unerwünschte Verzerrungen des ermittelten Informationswerts zu verhindern. Anschließend sind - nach einer Darstellung des charakteristischen Aufbauschemas solcher Kapitalmarktuntersuchungen - die hier verwendeten retrospektiven Informationsmaße zu definieren. Eine Betrachtung der Annahmen, die diesen Informationsmaßen zugrunde liegen, schließt diesen Abschnitt ab.

β_1) Beobachtbare Börsenvariable

Um die Aktionen aller Anleger vollständig beobachten zu können, wäre es ideal, wenn alle Käufe und Verkäufe für Anteile an einer AG weltweit ausschließlich an einer Börse abgewickelt würden. Ein Pakethandel zwischen Großanlegern ohne Einschaltung der Börse dürfte ebensowenig existieren wie eine Zersplitterung des Marktes auf mehrere Handelsplätze. Darüber hinaus sollten an diesem "Punktmarkt" im Idealfall alle Preise und Mengen sowohl für die abgewickelten Geschäfte als auch für die nicht zum Zuge gekommenen Orders beobachtbar sein.

Die (bundesdeutsche) Realität genügt diesen Anforderungen leider nicht: Nur ein - wenn auch bedeutender - Teil der Aktionen potentieller Anleger schlägt sich an den inländischen Börsen nieder. Für eine Reihe namhafter deutscher Aktien werden im

Ausland, insbesondere in London, Zürich und Paris, beachtliche Umsätze getätigt. Der inländische Kapitalmarkt ist zudem auf acht regionale Teilbörsen zersplittert, so daß die vollständige Erfassung aller Anlegeraktionen erhebliche Schwierigkeiten bereitet. Real beobachtbar sind überdies nicht die gesamten Angebots- und Nachfragestrukturen, sondern lediglich die folgenden Variablen, die Rückschlüsse auf das Entscheidungsverhalten der Anleger zulassen könnten:[210]

- **Aktienkurs**

  Zur Kursbildung eines Papiers tragen sämtliche über die Börse ausgeführten Kauf- und Verkaufsaufträge eines Börsentages bei.[211] Eine Kursänderung ergibt sich jedoch nur dann, wenn sich die Erwartungen der Gesamtheit bzw. der Mehrzahl der Investoren gleichgerichtet verändern. Falls Jahresabschlußdaten die Erwartungen der Anleger zwar beeinflussen, die Anleger den Jahresabschluß z.B. wegen unterschiedlicher Vorbildung, Auswertungsmethode usw. aber uneinheitlich interpretieren, zeigt eine Analyse des Börsenkurses nur einen geringen Informationswert an, obwohl durchaus Erwartungsrevisionen stattfanden.[212] Bei bestimmten Fragestellungen, insbesondere dann, wenn - wie in dieser Arbeit - die möglichen Erwartungsrevisionen aus der Sicht der Gesamtheit der Anleger analysiert werden, kann dieser kompensatorische Effekt durchaus erwünscht sein. Ein weiterer Vorteil des Börsenkurses ist darin zu sehen, daß sich aus dem Vorzeichen der Kursveränderungen schließen läßt, ob die Anteilseigner die Nachrichten eines Abschlusses mehrheitlich positiv oder negativ interpretiert haben.

- **Börsenumsatz**

  In den Umsatz einer Aktie gehen sämtliche an einem Handelstag ausgeführten Geschäfte des jeweiligen Börsenplatzes nach der Formel Anzahl gehandelter Aktien * jeweiliger Kurswert * 2 ein.[213] Der Börsenumsatz ist zwar grundsätzlich besser als

---

210) Einen guten Überblick über die Börsenberichterstattung geben Oppermann/Degner, Börsen- und Wertpapiergeschäfte, S. 100 - 114, Frankfurter Wertpapierbörse, Handbuch, Tz. 810. Terminkurse bleiben hier aus Vereinfachungsgründen unberücksichtigt.

211) Vgl. z.B. Oppermann/Degner, Börsen- und Wertpapiergeschäfte, S. 84.

212) Vgl. Coenenberg, Kapitalmarkt, S. 654.

213) Vgl. Frankfurter Wertpapierbörse, Handbuch, Tz. 810, S. 27 - 37. Die Multiplikation des Börsenumsatzes mit dem Faktor 2 wird vor allem aus Gründen der internationalen Vergleichbarkeit von Umsatzangaben vorgenommen. Gelegentlich wird auch argumentiert, der Faktor 2 weise darauf

der Kurs geeignet, alle durch die Veröffentlichung eines Jahresabschlusses ausgelösten Aktionen der Anleger wiederzugeben, da er die Volumina der **ausgeführten** Geschäfte linear, d.h. ohne Kompensationen, abbildet; er läßt indessen nicht erkennen, ob die Anleger einen Abschluß insgesamt eher als gute oder eher als schlechte Nachricht bewerten.[214)]

- **Anzahl der gehandelten Aktien**
  Der Stückumsatz gibt an, wieviele Papiere der kleinsten Stückelung (meist 50,-- DM) börsentäglich gehandelt wurden. Im Vergleich zum Börsenumsatz wird der Stückumsatz durch das unterschiedlich hohe Kursniveau verschiedener Aktien bzw. verschiedener Zeiträume nicht beeinflußt. Der Stückumsatz könnte dann von Interesse sein, wenn ein (Groß-) Anleger sich weniger an Geldeinheiten als an (Stimm-) Anteilen am Grundkapital orientiert. Allerdings ist zu berücksichtigen, daß die Vergleichbarkeit dieses Wertes im Zeitablauf für eine bzw. verschiedene Aktien infolge der sich ändernden Kurswerte leiden kann. Zudem wird die Anzahl der gehandelten Aktien nicht von allen deutschen Teilbörsen veröffentlicht.

- **Anzahl der abgeschlossenen Geschäfte**
  Dieser Wert gibt an, wieviele Einzelgeschäfte an einem Börsentag pro Aktie - ohne Rücksicht auf deren Volumina - abgewickelt wurden.[215)] Ein möglicher Vorteil dieses Werts ist darin zu sehen, daß seine Größe durch umfangreiche Aufträge institutioneller Anleger nicht verfälscht wird. Die Anzahl der abgeschlossenen Geschäfte wird ebenfalls nicht von allen deutschen Börsen veröffentlicht.

- **Kurszusatz**
  Der Notierungszusatz schildert verschlüsselt die Bedingungen, unter denen der Kurs ermittelt wurde. Die meisten Zusätze beschreiben, ob zum genannten Kurs noch unbefriedigte Kauf- bzw. Verkaufsorders vorlagen.[216)] Im Gegensatz zu den übrigen genannten Börsendaten, die sich sämtlich auf zustande gekommene Geschäfte beziehen, gibt der Kurszusatz Auskunft über einen (wenn auch sehr kleinen) Teil der nicht zum Zuge gekom-

---

hin, daß zwei Beteiligte (Käufer und Verkäufer) an der Entstehung des Umsatzes beteiligt seien.

214) Soll nur die Frage beantwortet werden, ob der Jahresabschluß überhaupt die Reaktionen der Anleger beeinflußt, ist dies kein Nachteil.

215) Vgl. Frankfurter Wertpapierbörse, Handbuch, Tz. 810, S. 29.

216) Vgl. z.B. Oppermann/Degner, Börsen- und Wertpapiergeschäfte, S. 89 f.

menen Orders. Weitere Informationen über die potentiellen Angebots- und Nachfragestrukturen geben lediglich die (nichtöffentlichen) Bücher der KI und Makler. Für Untersuchungen der Anlegerreaktionen stehen diese Daten jedoch nicht zur Verfügung.

Von den genannten Börsenvariablen erscheint für einen (retrospektiven) Informationswertvergleich von KI- und IHV-Abschlüssen der **Börsenkurs** aus mehreren Gründen am besten geeignet:

Zunächst ist festzuhalten, daß die **Zersplitterung des Aktienhandels** für deutsche Werte auf mehrere (nationale und internationale) Teilbörsen die Analyse des Börsenkurses nicht stört, solange - wie in der Realität wegen des Arbitragehandels gegeben - die an den jeweiligen Teilbörsen notierten Kurse kaum voneinander abweichen. Bei einer Untersuchung des Informationsgehalts bestimmter Ereignisse anhand des Börsenumsatzes, des Stückumsatzes oder der Anzahl der Geschäfte stört die Zersplitterung der Umsätze auf einzelne Teilbörsen dagegen sehr, solange nicht sichergestellt ist, daß die Daten aller oder zumindest wesentlicher Teilbörsen im Rahmen der empirischen Untersuchung mit berücksichtigt werden;[217)] denn bislang ist kein - dem Arbitragehandel vergleichbarer - Mechanismus bekannt, der sicherstellt, daß sich die Umsätze, Stückumsätze bzw. abgeschlossenen Geschäfte an allen Teilbörsen nur unerheblich voneinander unterscheiden.

Als weiterer gewichtiger Grund ist hervorzuheben, daß nur der Aktienkurs erlaubt, Rückschlüsse auf die **Richtung der Erwartungsrevision** vorzunehmen. Alle anderen genannten Börsenvariablen erlauben keine klassifizierenden Aussagen zur Frage, ob ein Jahresabschluß aus Sicht der Anleger der Gruppe "gute", "schlechte" oder "indifferente" Nachricht zuzuordnen ist.[218)] Außerdem läßt sich die Veränderung des Aktienkurses in einem Zeitraum um die Jahresabschlußbekanntgabe (oder eine normierte Form dieser Veränderung, die Aktienrendite) als einzige der ge-

---

217) Die Daten deutscher Teilbörsen stehen nach dem Kenntnisstand des Verfassers (mit Ausnahme des Frankfurter Platzes) für wissenschaftliche Auswertungen bislang leider nicht zur Verfügung.

218) Aus Sicht des Untersuchungsziels dieser Arbeit (Informationsgehaltsvergleich zwischen Bank- und IHV-Jahresabschlüssen) wäre eine solche Differenzierung nicht zwingend erforderlich.

nannten Börsenvariablen unter bestimmten Bedingungen[219] als (retrospektives) **Maß für den Nutzen** interpretieren, die die Jahresabschlußinformation dem Anleger stiftete. Aus diesen Gründen bietet es sich an, den hier geplanten kapitalmarktorientierten Informationswertvergleich von KI- und IHV-Jahresabschlüssen anhand der Börsenvariable Aktienkurs vorzunehmen. Die weiteren Ausführungen beziehen sich daher nur noch auf Kapitalmarktuntersuchungen, die auf der Analyse von Börsenkursen basieren. Bevor für diese Arbeit geeignete Informationsmaße definiert und deren Annahmen diskutiert werden, bietet es sich an, sich zunächst mit den Bereinigungstechniken (in Abschnitt β_2) und dem Ablaufschema (in Abschnitt β_3) kapitalmarktorientierter Arbeiten vertraut zu machen.

β_2) Kontrolle unerwünschter Einflüsse

Wie oben in Abschnitt B.II.4.a.β bereits dargestellt wurde, hängt der Wert einer Information für eine Anlageentscheidung am Kapitalmarkt u.a. von einer ganzen Reihe subjektiver und situativer Einflußfaktoren ab. Um zu verhindern, daß diese Besonderheiten die Bewertung einer Jahresabschlußinformation verzerren, können unterschiedliche Wege eingeschlagen werden.

Ein Weg besteht darin, die Informationswertmessungen in einer kontrollierten (Labor-) Umgebung durchzuführen, die es erlaubt, störende Einflüsse durch die Gestaltung der Befragungen bzw. Experimente zu vermeiden. Übertragen auf das hier zu untersuchende Problem würde im Rahmen dieses Ansatzes versucht, durch Befragungen oder Beobachtungen die Änderungen im Entscheidungsverhalten von Testpersonen herauszufinden, die sich dadurch ergeben, daß statt eines "normalen" Jahresabschlusses ein durch Bewertungssonderrechte geprägter Jahresabschluß als Nachricht zugeht. Aus einer ganzen Reihe von Gründen, insbesondere weil die Aussagen und Verhaltensweisen von Testpersonen in simulierten Entscheidungssituationen häufig nur sehr begrenzte Rückschlüsse auf die Präferenzen von Anlegern in realen Entscheidungssituationen zulassen, wurde dieser Weg in der Einleitung dieser Arbeit verworfen.[220]

219) Als wichtigste Bedingung ist zu nennen, daß diese Rendite um sämtliche Einflüsse bereinigt sein muß, die nicht aus der Abschlußveröffentlichung resultieren. Ausführlich dazu unten, Abschnitt β_5 des Kapitels.
220) Siehe Abschnitt A.II.4 und 5 d.A.

Die zweite Möglichkeit zu verhindern, daß unerwünschte Einflußfaktoren die Informationswertmessungen verzerren, besteht darin, eine ausreichend große Anzahl von Messungen mit vielen verschiedenen Personen zu unterschiedlichen Zeitpunkten vorzunehmen und gleichzeitig durch eine entsprechende Auswahl der in die Untersuchung einbezogenen Fälle sicherzustellen, daß - mit Ausnahme des zu untersuchenden Zusammenhangs - keine anderen systematischen Einflüsse auf den Informationswert eines Jahresabschlusses existieren. Persönliche und situative Verzerrungen der Informationswertmessungen sind dann vernachlässigbar, weil sie sich ausgleichen.

Die dritte Möglichkeit, unerwünschte Einflüsse auf die Informationswertmessungen zu eliminieren, besteht darin, die Meßdaten mit Hilfe mathematisch-statistischer Verfahren um die Verzerrungen zu bereinigen. Im Rahmen kapitalmarktorientierter Informationsgehaltsmessungen wird zur Kontrolle unerwünschter Einflüsse auf diese dritte Möglichkeit zurückgegriffen. Aufgabe eines Kapitalmarktmodells ist es, die Aktienrenditen um diejenigen Renditebestandteile zu berichtigen, die nicht auf die Veröffentlichung des Jahresabschlusses zurückzuführen sind, sondern durch gleichzeitig bekannt gewordene Informationen mit branchen- oder marktweiter Wirkung verursacht wurden. Ein sehr häufig verwendetes Bereinigungsverfahren, um jahresabschlußinduzierte Renditeänderungen zu isolieren, besteht darin, die Aktienrenditen des Beobachtungszeitraums in diejenigen Bestandteile zu zerlegen, die bei allen Aktien des Marktes beobachtet werden können und in solche, die typisch für das betrachtete Unternehmen sind. Renditeänderungen, die alle Aktien betroffen haben, können nämlich nicht durch eine unternehmensbezogene Nachricht wie den Jahresabschluß verursacht sein - es sei denn, alle Unternehmen hätten ihren Jahresabschluß exakt zur gleichen Zeit veröffentlicht.

Kapitalmarktorientierte Informationsgehaltsmessungen machen sich darüber hinaus auch die zweite der beschriebenen Möglichkeiten zunutze. Weil im Gegensatz zu prospektiven Informationswertmessungen eine große Anzahl von Beobachtungsdaten zur Verfügung stehen, bietet es sich an, eine ganze Reihe von Jahresabschlußveröffentlichungen gleichzeitig zu untersuchen. Bei einer genügend großen Anzahl von Beobachtungsfällen gleichen sich Störeinflüsse, die trotz Bereinigung mit Hilfe eines Kapitalmarktmodells verblieben sind, aus, soweit sie keinen systematischen Ursprung haben. Wie diese beiden Techniken zur Kontrolle verzerrender Einflüsse auf den Informationswert von Jahresabschlüssen im Rahmen einer empirischen Untersuchungen eingesetzt werden, ist im nächsten Abschnitt zu skizzieren.

β_3) Charakteristischer Aufbau retrospektiver Informationsgehaltsmessungen auf der Basis von Aktienkursuntersuchungen

Kapitalmarktorientierte Informationswertmessungen auf der Basis von Aktienkursuntersuchungen ähneln sich in ihrem Aufbau durchwegs; sie lassen sich grundsätzlich durch folgendes Ablaufschema charakterisieren.[221]

(1) **Auswahl des zu analysierenden Ereignisses**
In diesem ersten Schritt wird festgelegt, für welches Ereignis und für welchen Zeitraum Informationswertmessungen vorgenommen werden sollen. Für den US-amerikanischen Kapitalmarkt, neuerdings auch für den deutschen Markt, wurden eine ganze Reihe von Untersuchungen vorgenommen, die sowohl die Börsenwirkungen unternehmensspezifischer (z.B. Jahresabschlußinformationen, Gewinnprognosen, Kapitalerhöhungen, Produktrückrufe, Managementwechsel usw.) als auch unternehmensübergreifender Ereignisse (z.B. Veröffentlichungen zu Zinssätzen, Preisniveau, Geldmenge, Arbeitslosenquote, Gesetzesänderungen usw.) analysieren.[222] Im Regelfall wird der Untersuchungszeitraum so gewählt, daß er die Aktienrenditen ab einem Zeitpunkt kurz vor bis hin zu einem Zeitpunkt kurz nach dem Stichtag umfaßt, an dem das zu untersuchende Ereignis den Anlegern bekannt wurde.

(2) **Schätzung der ereignisinduzierten abnormalen Renditen**
Im zweiten Schritt werden die Aktienrenditen des Untersuchungszeitraums um alle Einflüsse bereinigt, die nicht auf das betrachtete Ereignis zurückzuführen sind. Wenn der Kapitalmarkt - wie anzunehmen ist - öffentlich verfügbare Informationen effizient verarbeitet, reagieren die Aktienkurse nicht nur auf das zu untersuchende Ereignis, sondern gleichzeitig auch auf andere, das Unternehmen, die Branche

---

221) Vgl. May/Schweder-Weber, Informationsverarbeitung, S. 21, Kleine-Doepke, Analyse, S. 167 f. Dieses Ablaufschema läßt sich - in modifizierter Form - auch auf die Analyse von Börsenumsätzen anwenden.

222) Ausführliche Literaturüberblicke bieten May/Schweder-Weber, Informationsverarbeitung, S. 22 - 32, Möller, Bilanzkennzahlen, S. 209.

oder den Gesamtmarkt betreffende Informationen. Das am häufigsten verwendete Bereinigungsverfahren, um die Renditeänderungen unternehmensspezifischer Ereignisse zu isolieren, besteht darin, die Aktienrenditen des Beobachtungszeitraums mit Hilfe eines Kapitalmarktmodells, das die Preisbildung am Aktienmarkt simuliert, in systematische und unsystematische Renditebestandteile aufzuspalten.[223] Falls das verwendete Kapitalmarktmodell die Realität zutreffend beschreibt, können die systematischen, d.h. die durch das verwendete Kapitalmarktmodell postulierten Renditen, nicht durch das untersuchte Ereignis verursacht sein. Die Aktienrenditen des Beobachtungszeitraums werden daher um diejenigen Renditebestandteile gekürzt, die gemäß des verwendeten Bereinigungsmodells systematischer Natur sind.

(3) **Gruppierung und Darstellung der abnormalen Renditen**
In dieser Phase werden die nach der Bereinigung verbliebenen Renditeresiduen zunächst für jedes einzelne Ereignis über den Beobachtungszeitraums kumuliert; anschließend werden die so ermittelten Renditereihen über alle oder einen Teil der untersuchten Ereignisse aggregiert.[224] Arbeiten zum Informationsgehalt des externen Rechnungswesens fassen die Aktienrenditen von Unternehmen, deren Veröffentlichung eine als positiv eingestufte Kennzahlenkombination ausweist, häufig getrennt von den Renditen der Unternehmen zusammen, deren Publikation negative Kennzahlenwerte zeigen. Ziel einer solchen Portefeuillebildung von Unternehmensanteilen mit "guten" bzw. "schlechten" Nachrichten ist es, die Rendite zu ermitteln, die ein Investor mit einer fiktiven Anlageentscheidung auf der Basis der veröffentlichten Rechnungswesendaten hätte erzielen können. Als fiktive Entscheidungsalternativen werden dabei der Kauf (Verkauf) von Aktien mit einer als positiv (negativ) eingeschätzten Kennzahlenkombination unterstellt. Je nachdem, auf welcher Informationsauswertungsbeziehung die fiktive Anlage- bzw. Verkaufsentscheidung beruht, kann so anhand der sich je-

---

223) Eine detaillierte Übersicht über die in US-amerikanischen und deutschen Arbeiten verwendeten Kapitalmarktmodelle und die daraus resultierenden Bereinigungsverfahren geben <u>May/Schweder-Weber</u>, Informationsverarbeitung, S. 47 - 63. Vgl. auch Abschnitt D.I.2 d.A.

224) In der Literatur werden unterschiedliche Indizes diskutiert. Vgl. <u>May/Schweder-Weber</u>, Informationsverarbeitung, S. 64 - 67, <u>Kleine-Doepke</u>, Analyse, S. 170 - 174. Vgl. auch Abschnitt B.II.4.b.β_4 d.A.

weils ergebenden Indizes verfolgt werden, welchen Wert[225] die Kenntnis der gewählten Kennzahlenkombination für einen Anleger gehabt hätte.[226] Abbildung 3 zeigt auf, wie eine graphische Darstellung der Wertentwicklung eines Portefeuilles von Aktien mit guten (API^{+}) bzw. schlechten (API^{-}) Nachrichten in einem kurzen Zeitraum um den Veröffentlichungstermin dieser Nachrichten aussehen könnte.

Abbildung 3
Schematische Darstellung der Wertentwicklung zweier Portefeuilles im Zeitablauf

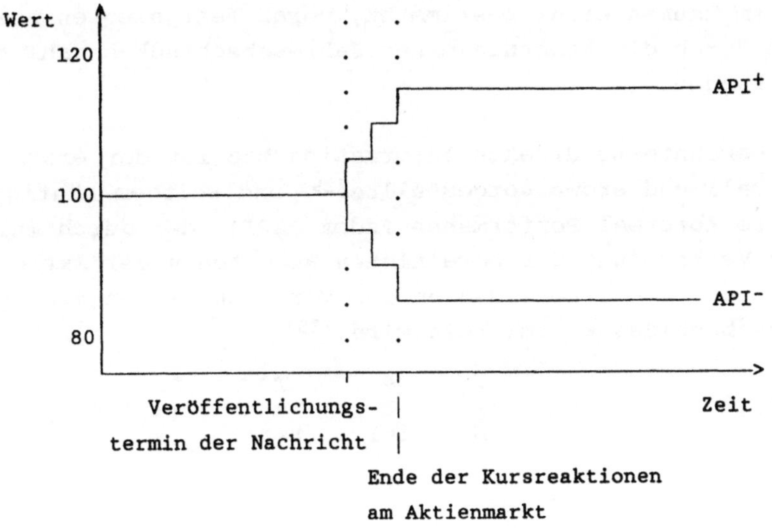

(4) Analyse der Ergebnisse
Neben der Feststellung, ob dem betrachteten Ereignis aus Sicht der Aktionäre überhaupt Informationsgehalt zukommt - und falls ja, in welcher Höhe - wird in diesem letzten Abschnitt häufig analysiert, inwieweit sich Veränderungen der errechneten Informationswerte ergeben, wenn einzelne Parameter der Untersuchungsanordnung variiert werden.[227]

---

225) Genauer: welchen Wert, bezogen auf das eingesetzte Kapital.
226) Dieser Ansatz geht zurück auf Ball/Brown, Evaluation, S. 159 f.
227) So kann z.B. analysiert werden, welchen Einfluß die Wahl der Jahresabschlußkennzahl, des Erwartungsrevisionsmodells, des verwendeten Bereinigungsverfahrens usw. auf die Stabilität der ermittelten Informationswerte hat. Vgl. Abschnitt D.III d.A.

β4) Ausgestaltung und Eigenschaften der in dieser Arbeit verwendeten retrospektiven Informationsmaße

Grundsätzlich können anhand der bereinigten Aktienrenditen um den Veröffentlichungszeitpunkt eines Jahresabschlusses unterschiedliche retrospektive Maße für den Informationsnutzen konstruiert werden. In der Literatur werden direkte, d.h. die Richtung der Erwartungsrevision der Anleger einbeziehende Maße, von indirekten Größen unterschieden, die das Vorzeichen der Erwartungsrevision nicht berücksichtigen.[228] In dieser Arbeit soll ein direktes retrospektives Informationsmaß verwendet werden, da andere Maße nicht erkennen lassen, welchen Erfolg ein Investor im Rahmen einer bestimmten, vorab festgelegten Anlagestrategie durch die Kenntnis einer Jahresabschlußkennzahl hätte erzielen können.

Das wohl bekannteste direkte Informationsmaß ist der erstmals 1968 von Ball und Brown vorgestellte[229] und seitdem häufig diskutierte **Abnormal Performance Index** (API), der durch multiplikative Verknüpfung der bereinigten Renditen u der Aktie i in einem Zeitraum von T Perioden um den Veröffentlichungszeitpunkt des Jahresabschlusses ermittelt wird.[230]

$$API_{T^\wedge}\ (\cap|f)^k \quad = \quad \frac{1}{N} \sum_{i=1}^{N} \prod_{t=t^\wedge}^{T^\wedge} (1 + u_{it})$$

<u>mit:</u>

∩ = Informationssystem, das dem API zugrunde liegt; in dieser Arbeit wird der Informationsgehalt zweier unterschiedlicher Informationssysteme untersucht: Bankabschlüsse (∩ = B) und IHV-Jahresabschlüsse (∩ = I).
f = Erwartungsrevisionsmodell (Informationsauswertungsbeziehung), das dem jeweiligen API zugrunde liegt; dieses (jeweils gesondert spezifizierte) Modell gibt an, unter welchen Bedingungen die Anleger die untersuchte Jahresabschlußkennzahl als gute ("+"), schlechte ("-") oder indifferente ("0") Nachricht interpretieren. Das Ergebnis dieser Klassifikation zeigt die Variable k an.
k = Klassifikationsvariable, die angibt, ob der API aus der Wertentwicklung des Portefeuilles der Aktien mit guten, schlechten oder indifferenten Jahresabschlußnachrichten ermittelt wurde; k kann demnach die Ausprägungen "0", "+" und "-" annehmen.
N = Anzahl der in den API einbezogenen Jahresabschlüsse.
i = Laufindex über die einbezogenen Jahresabschlüsse.
t = Laufindex über die Untersuchungsperioden; dieser Laufindex wird - da der Beobachtungszeitraum stets um den Veröffentlichungstermin des Jah-

---

228) Vgl. <u>Coenenberg/Möller</u>, Entscheidungswirkungen, S. 440.
229) Vgl. <u>Ball/Brown</u>, Evaluation, S. 159 f.
230) Die Indizierung lehnt sich an die Darstellung von <u>Kleine-Doepke</u>, Analyse, S. 133 - 140 und S. 171 f. an.

resabschlusses liegt - relativ zur Periode t^*, in der der Jahresabschluß veröffentlicht wurde, angegeben. Weil der Veröffentlichungsperiode t^* hier bei normierter Betrachtung t = 0 zugeordnet wird, läuft t z.B. bei einer Untersuchung mit insgesamt T = 100 Beobachtungsperioden und Jahresabschlußveröffentlichung in der 60. Periode ($t^* = 60$) von Periode t^ = -60 bis Periode T^ = 40.

t^ = Lage der ersten im API berücksichtigten Periode t, bezogen auf den Veröffentlichungstermin t^*. t^ wird nach der Beziehung t^ = $-t^*$ ermittelt und nimmt daher einen negativen Wert an.

T = Anzahl der Untersuchungsperioden.

T^ = letzte in den API einbezogene Untersuchungsperiode; T^ wird nach der Formel T^ = T - t^* ermittelt.

u_{it} = bereinigte Aktienrendite in der Periode t für diejenige Unternehmung, die den Jahresabschluß i veröffentlicht hat; das Renditebereinigungsverfahren ist jeweils gesondert zu spezifizieren.

Der $API_{T^\wedge}(\cap|f)^+$ gibt an, welchen Vermögensendwert ein Investor zum Endzeitpunkt hätte erhalten können, wenn er zu Beginn von Periode t^ insgesamt 1,-- DM zum Kauf eines bestimmten Portefeuilles mit N Aktien angelegt hätte.[231] Welches "bestimmte" Portefeuille der Investor erwirbt, ist abhängig davon, welches Informationssystem $\cap$ und welche Informationsauswertungsbeziehung f er der Kaufentscheidung zugrunde gelegt hat. Wenn dieser fiktive Anlageerfolg auf eine Anlageentscheidung zurückzuführen ist, die der Anleger in t^ anhand eines IHV- bzw. KI-Jahresabschlusses (Informationssystem $\cap$ = I bzw. $\cap$ = B) mit der Informationsauswertungsbeziehung f traf, läßt sich der API - unter bestimmten weiteren Annahmen - als Maß für den Nutzen interpretieren, den die ausgewertete Bank- oder IHV-Jahresabschlußinformation dem Investor stiftete. Die weiteren Annahmen, die notwendig sind, um den API als Informationswert einer Jahresabschlußkennzahl auffassen zu können, lassen sich gedanklich in drei Bereiche einteilen: in Annahmen zur **Kursbildung** am Kapitalmarkt, solche zur **Informationsauswertung** sowie zur **Anlagestrategie** der Investoren. Da auch andere direkte Maße für den Informationsnutzen einer Jahresabschlußkennzahl denkbar sind, die sich lediglich hinsichtlich der Anlagestrategie der Investoren vom API nach Ball/Brown unterscheiden, wird im folgenden zunächst erläutert, welche Anlagestrategie der API unterstellt; anschließend wird diskutiert, inwieweit das Informationsmaß API für die hier beabsichtigte Untersuchung geeignet erscheint.[232]

---

231) Hierbei wird unterstellt, daß der Investor für jede der N Aktien einen Betrag von 1/N DM aufgewendet. Dieses Vorgehen wird im folgenden abkürzend mit "gleichmäßigem" bzw. "gleichgewichtetem" Aufteilen des Anlagebetrages umschrieben.

232) Eine zusammenfassende Darstellung der (weiteren) Annahmen folgt im nächsten Abschnitt d.A.

Das retrospektive Informationsmaß API geht (aus Normierungsgründen) davon aus, daß dem Investor ein fester Betrag B von 1 Geldeinheit zur Verfügung steht, der zum gleichgewichteten[233] Kauf bzw. Verkauf von N Aktien sowie einem ebenfalls existierenden marktkonformen Papier[234] verwendet werden kann. Darüber hinaus wird unterstellt, daß der Anleger in Periode t^ (d.h. vor Veröffentlichung) kostenlosen Zugang zum Jahresabschluß von KI- und IHV-AG besitzt.[235] Erwartet der hypothetische Investor in t^ aufgrund einer bestimmten, in der Informationsauswertungsbeziehung *f* spezifizierten Jahresabschlußkennzahl eine im Vergleich zum Gesamtmarkt positive (negative) Renditeentwicklung u_i, veräußert (kauft) der Anleger das hypothetische marktkonforme Papier und kauft (verkauft) anteilig Aktien des Unternehmens mit positiver (negativer) Jahresabschlußkennzahl.[236] Diese zu Beginn der Periode t^ getroffenen Kauf- bzw. Verkaufsentscheidungen werden bis zum Ende des Untersuchungszeitraums (der Periode T^) durchgehalten. Konsequenz dieser "buy-and-hold"-Annahme ist es, daß der wertmäßige Anteil einer Aktie am Portefeuille wächst (fällt), falls deren um die Marktentwicklung bereinigter Kurs steigt (fällt). "Dem API liegt damit die Zielvorstellung zugrunde, mit 1 DM Einsatz, die sich zu Beginn gleichmäßig auf ein ausgewähltes Portefeuille aufteilt, einen möglichst hohen Endwert zu erzielen."[237]

---

233) Vgl. FN 231 d.A. Natürlich ist auch eine Erweiterung des API denkbar, der unterschiedliche Gewichtungen für die das Beobachtungsportefeuille umfassenden Aktien zuläßt. Vgl. Möller, Bilanzkennzahlen, S. 204.

234) Unter marktkonformem Papier wird ein Wertpapier verstanden, dessen Wertentwicklung der Rendite des Gesamtmarktes für den betreffenden Zeitraum gleicht. Sinn dieser Annahme ist es, über die Rendite zu informieren, die die betreffende Aktie ohne Veröffentlichung der Jahresabschlußinformation gebracht hätte. Vgl. oben, Unterabschnitt α) dieser Kapitels.

235) Transaktionskosten bzw. Steuern fallen - so eine weitere Annahme - ebenso wie Informationsverarbeitungskosten nicht an; darüber hinaus seien sämtliche Anlagemöglichkeiten beliebig teilbar. Vgl. Kleine-Doepke, Analyse, S. 163 f.

236) Vgl. Kleine-Doepke, Analyse, S. 149 - 151.

237) Kleine-Doepke, Analyse, S. 172; Hervorhebung des Verfassers.

Zusammenfassend läßt sich demnach die dem API zugrundeliegende Anlagestrategie wie folgt charakterisieren:

(1) Gleichgewichtige Aufteilung des Anfangsvermögens auf alle N Aktien des Beobachtungsportefeuilles; allerdings ist auch eine Erweiterung des API denkbar, die unterschiedliche Gewichtungen für die das Beobachtungsportefeuille umfassenden Aktien zuläßt.[238]

(2) Die zu Beginn von Periode t^ getroffenen Kauf- bzw. Verkaufsentscheidungen werden bis zum Ende des Untersuchungszeitraums durchgehalten ("Buy-and-hold"-Strategie).[239]

(3) Der wertmäßige Anteil einer Aktie am Gesamtportefeuille kann sich im Verlauf der Perioden durch das Reinvestitionsprocedere verändern; der "mengenmäßige" Anteil einer Aktie bleibt dagegen stets gleich.

Ist die mit der Verwendung des retrospektiven Informationsmaßes API unterstellte Anlagestrategie, insbesondere hinsichtlich deren Charakteristika (2) und (3), im Hinblick auf das hier gewählte Untersuchungsziel angemessen?

Zunächst ist festzuhalten, daß die Annahme des "buy-and-hold" im Vergleich zu einer Strategie, die anfallende Kursgewinne entnimmt bzw. auflaufende Verluste durch zusätzlichen Kapitaleinsatz ausgleicht, wesentlich realitätsnäher erscheint; denn kein Anleger würde angesichts der Transaktionskosten börsentäglich Gewinne entnehmen bzw. Verluste durch Nachschüsse ausgleichen[240], oder Gewinne bzw. Verluste anteilig (d.h. im Verhältnis der Anfangsaufteilung des Portefeuillevermögens) in alle Aktien re- bzw. desinvestieren.[241] Als weiterer Vorteil ist zu vermerken, daß die Anlagestrategie der Maximierung des Vermögens am Ende des Planungshorizontes aus Sicht der Entscheidungstheorie eine durchaus sinnvolle Zielsetzung für Investitionsentscheidungen darstellt.[242] Besonders bedeutsam ist

---

238) Vgl. Möller, Bilanzkennzahlen, S. 204.

239) Dieses Vorgehen ist (von den Transaktionskosten abgesehen) einer Strategie äquivalent, bei der jede Periode t der ursprüngliche Einsatz sowie auflaufende Kursgewinne bzw. -verluste u_t für jede Aktie i realisiert und gleichzeitig in derselben Aktie wieder neu angelegt werden.

240) Diese entnehmende bzw. nachschießende Anlagestrategie wird durch das Informationsmaß "Cumulative Average Residual" unterstellt. Vgl. Kleine-Doepke, Analyse, S. 173.

241) Diese Reinvestitionsstrategie wird durch das Informationsmaß Pettit Performance Index unterstellt. Vgl. Kleine-Doepke, Analyse, S. 174 f.

242) Vgl. Schneider, Investition, S. 70.

hier, daß die Maxime der Endvermögensmaximierung in Einklang mit dem in Abschnitt B.II.1 definierten Zielsystem eines Anlegers steht. Im Vergleich zu den Anlagestrategien, die alternative Informationsmaße, wie etwa der "Cumulative Average Residual" oder der "Pettit Performance Index"243) unterstellen, erscheint die dem API zugrundeliegende Anlagestrategie dem Untersuchungsziel dieser Arbeit am ehesten angemessen.

Wie oben ausgeführt, gibt der $API_{T^\wedge}(\cap|f)^+$ an, welchen Vermögensendwert ein Investor zum fiktiven Endzeitpunkt hätte erhalten können, wenn er in Periode t^ insgesamt 1,-- DM zum Kauf eines bestimmten, anhand $\cap$ und f ausgewählten Portefeuilles mit N Aktien angelegt hätte. Um einen Überblick darüber zu gewinnen, welchen Wert die gemäß der Informationsauswertungsbeziehung f aus dem Jahresabschluß $\cap$ extrahierte Information im Vergleich zu anderen kursbeeinflussenden Informationen hatte, bietet es sich an, die in den API-Kurven zusammengefaßten Aktienrenditen zueinander in Beziehung zu setzen. Unterstellt man, daß jede Abweichung der bereinigten Aktienrendite vom Wert 0 während des Beobachtungszeitraums durch einen allwissenden Investor, der jede Periode t seine Anlageentscheidungen trifft, genutzt werden könnte, ergibt sich als Informationsmaß für den Wert der gesamten die Aktienkurse während des Beobachtungszeitraums beeinflussenden Informationen (GI)244):

$$GI^{T^\wedge} = \frac{1}{N} \sum_{i=1}^{N} \prod_{t=t^\wedge}^{T^\wedge} [\ (1 + |u_{it}|)\ ] - 1$$

Der Wert $GI^{T^\wedge}$ kennzeichnet somit den Betrag, den ein "allwissender" Anleger zum Ende von Periode T^ durch optimale Anlageentscheidungen für die betrachteten Aktien in jeder Periode des Beobachtungszeitraums hätte erzielen können.245) Unter-

---

243) Dieses Maß geht zurück auf Pettit, Announcements, S. 999. Das Maß Cumulative Average Residual ist gebräuchlicher als der Pettit Performance Index. Eine Übersicht über wesentliche Literaturbeiträge, die diese Maße verwenden, gibt Kleine-Doepke, Analyse, S. 173 f.

244) Vgl. Ball/Brown, Evaluation, S. 174 f. Ausführlich dazu auch Coenenberg/Möller, Entscheidungswirkungen, S. 442 f. Ein Informationssystem $\cap$ sowie eine Informationsauswertungsbeziehung f braucht für dieses Informationsmaß GI nicht spezifiziert zu werden, da unterstellt wird, daß der Investor in jeder Periode des Beobachtungszeitraums optimale Anlageentscheidungen trifft.

245) Die Annahme, daß jemand besser informiert ist als andere Investoren, ja (im Grenzfall) sogar stets optimale Anlegeentscheidungen trifft, steht aus zweierlei Gründen nicht im Widerspruch zur hier angenommenen mittelstrengen Informationseffizienz des Kapitalmarktes. Zum einen hat

stellt man dagegen, daß ein umfassend informierter Investor nicht jede Periode eine neue Anlageentscheidung treffen könnte, sondern nur zu Beginn des Beobachtungszeitraums, würde sich tendenziell ein niedrigerer Informationswert ergeben, denn die Kurswirkungen einiger Informationen werden im Verlauf des Anlagezeitraums durch Informationen mit gegenläufiger Tendenz wieder aufgehoben. Der Investor kann dann nicht mehr zu jedem Zeitpunkt innerhalb des Beobachtungszeitraums von einer Abweichung der bereinigten Aktienrenditen vom Wert 0 profitieren, sondern nur noch von der Gesamtabweichung, die sich für jede Aktie vom Beginn bis zum Ende des Untersuchungszeitraums ergibt. Dieses Informationsmaß wird in der Literatur als Wert der Nettoinformation (NI) bezeichnet.[246)]

$$NI^{T^\wedge} = \frac{1}{N} \sum_{i=1}^{N} \left| \prod_{t=t^\wedge}^{T^\wedge} [(1 + u_{it})] - 1 \right|$$

Der Wert $NI^{T^\wedge}$ kennzeichnet also den Betrag, den ein "allwissender" Anleger zum Ende von Periode T^ hätte erzielen können, wenn er zu Beginn des Beobachtungszeitraums optimale Anlageentscheidungen (Kauf bzw. Verkauf) über die betrachteten Aktien getroffen hätte.

Die zu Beginn dieses Abschnitts definierten Informationsmaße $API(\cap|f)_{T^\wedge}^{+}$ und $API(\cap|f)_{T^\wedge}^{-}$ geben an, welchen Vermögenswert ein Investor zum Ende von Periode T^ hätte erhalten können, wenn er zu Beginn von Periode t^ insgesamt 1,-- DM zum Kauf eines bestimmten, anhand $\cap$ und f ausgewählten Portefeuilles mit N Aktien angelegt hätte. Der Gesamtwert der in der Informationsauswertungsbeziehung f spezifizierten **Jahresabschlußinformation** ergibt sich aus der Differenz zwischen den bereinigten Renditen des Portfolios der gemäß f als positiv klassifizierten Aktien (API^+) und den Renditen des Portfolios mit den als negativ eingestuften Aktien (API^-). Dieser Gesamtwert der Jahresab-

---

diese Annahme nur meßtechnische Bedeutung; sie dient zur Formulierung eines Vergleichsmaßstabes, dessen Bedeutung vor allem darin zu sehen ist, die Höhe anderer Informationsmaße (insbesondere die Höhe des noch zu definierenden Maßes JI) zu relativieren. Zum anderen schließt die mittelstrenge Informationseffizienz nicht aus, daß man mit Hilfe nicht-öffentlicher Informationen (die hier ex post erzeugt werden) Renditen erwarten kann, die über der marktüblichen Höhe liegen.

246) Vgl. a.a.O.

schlußinformation berechnet sich bei gleich hohem Kapitaleinsatz für jede Aktie des Untersuchungsportfolios wie folgt:[247)]

$$JI_{T^\wedge}(\cap|f) = \frac{n^+ \; (API_{T^\wedge}(\cap|f)^+ - 1) \; - \; n^- \; (API_{T^\wedge}(\cap|f)^- - 1)}{n^+ \; + \; n^-}$$

Setzt man die Informationsmaße GI bzw. NI mit dem Maß JI in Beziehung, kann der Wert der im Beobachtungszeitraum bekanntgewordenen Jahresabschlußinformation mit anderen Informationen als den gemäß der Informationsauswertungsbeziehung f aus dem Informationssystem $\cap$ extrahierten verglichen werden.

β_5) Prämissen retrospektiver Informationsgehaltsmessungen auf der Basis von Aktienkursbeobachtungen

Kapitalmarktorientierte Untersuchungen zum Informationsgehalt bestimmter Ereignisse basieren im Regelfall[248)] - wie in Unterabschnitt α) dieses Kapitels ausgeführt - auf einer Analyse der bereinigten Aktienrenditen für den Zeitraum kurz vor bzw. nach einer Jahresabschlußveröffentlichung. Ziel dieses Abschnittes ist es, die Annahmen herauszustellen, die mit solchen kapitalmarktorientierten Informationsgehaltsmessungen verbunden sind.

(1) Grundlegende Voraussetzung für einen Vergleich der Kurse, die sich "mit" bzw. "ohne Jahresabschluß" am Markt einstellen, ist die genaue Kenntnis des **Veröffentlichungstermins**. Kann - wie in der Realität häufig gegeben - nicht exakt festgestellt werden, wann ein Jahresabschluß dem Gros der Anleger bekannt wurde, muß der mutmaßliche Veröffentlichungstermin durch plausible Annahmen möglichst gut eingegrenzt werden. Wird dieser Termin fälschlicherweise zu spät (früh) angesetzt, besteht die Gefahr, daß die Börsenkurse vor (nach) dem vermeintlichen Stichtag in Wirklichkeit bereits (noch) die Erwartungen der Anleger mit (ohne) Jahresabschlußdaten wiedergeben.

---

247) Vgl. a.a.O.; n^+ bzw. n^- bezeichnen die relativen Besetzungszahlen der Portfolios mit positiv bzw. negativ klassifizierten Aktien.

248) Untersuchungen der Börsenumsätze bei Veröffentlichung eines Ereignisses werden - wie in Unterabschnitt β_1) dieses Kapitels festgelegt wurde - hier nicht weiter diskutiert.

(2) Weitere Voraussetzung solcher Untersuchungen ist ein Mindestmaß an **Informationseffizienz** für das untersuchte Marktsegment.[249] Passen sich die Marktpreise nur mit großer Verzögerung an veränderte Konstellationen der entscheidungsrelevanten Anlegerparameter an (z.B. weil nur selten Umsätze für die betreffende Aktie zustande kommen), reflektieren die Kurse vor bzw. nach Jahresabschlußpublikation möglicherweise nicht den aktuellen Informationsstand der Anleger.[250] In Abhängigkeit vom Grad der Informationseffizienz des Marktes ist zu bestimmen, zu welchem Zeitpunkt nach Bekanntwerden des Jahresabschlusses davon ausgegangen werden kann, daß der Kurs die neuen Informationen widerspiegelt. Je höher die Reaktionsgeschwindigkeit des Marktes, desto kürzer ist der Zeitraum für die Informationswertmessungen zu wählen.

(3) Um einen Vergleich der Aktienkurse "mit" bzw. "ohne Jahresabschluß" vornehmen zu können, sind - da nur Aktienkurse mit Jahresabschlußinformationen unmittelbar beobachtbar sind - **Annahmen darüber zu treffen, wie sich der Kurs einer Aktie entwickelt hätte, falls der Abschluß nicht veröffentlicht worden wäre.** Wenn der Kapitalmarkt öffentlich verfügbare Informationen (nahezu) effizient verarbeitet, reagiert der Kurs einer Aktie nämlich nicht nur auf das Bekanntwerden unternehmensspezifischer, sondern auch auf die Publikation gesamtmarkt- und branchenbezogener Informationen. Daher sind die (fiktiven) Aktienkurse "ohne Jahresabschlußinformationen" zu ermitteln, oder - was gleichbedeutend ist - die tatsächlichen Aktienkurse sind um alle Einflüsse zu bereinigen, die nicht auf die Abschlußveröffentlichung zurückzuführen sind.[251] Häufig wird dabei unterstellt, der Kurs einer Aktie hätte sich so entwickelt,[252] daß die Rendite dieser Aktie ohne Jahresabschlußveröffentlichung der

---

249) Vgl. Möller, Probleme, S. 289 f.

250) Zudem besteht in engen Märkten die Gefahr, daß subjektive bzw. situative Einflußfaktoren oder nichtfinanzielle Zielelemente bei wenigen Anlageentscheidungen die zustande gekommenen Kurse stark verzerren.

251) Nur für den Fall, daß das Bekanntwerden des Jahresabschlusses exakt datierbar ist und der Untersuchungszeitraum auf wenige Stunden oder Tage beschränkt ist, kann unterstellt werden, daß neben dem Jahresabschluß keine weiteren Informationen auf die Kursbildung der betreffenden Unternehmensanteile einwirkten; dann erübrigt sich eine Kursbereinigung.

252) In der hier durchgeführten empirischen Untersuchung wird aus Vereinfachungsgründen nicht mit absoluten Kursänderungen, sondern mit standardisierten Kursänderungen - Renditen - gearbeitet.

Gesamtmarktrendite, der Branchenrendite oder der Aktienrendite ausgewählter Vergleichsunternehmen des gleichen Zeitraums folgt.[253] Die Kurs- bzw. Renditebereinigung erfolgt dann mit einem entsprechenden (Kapitalmarkt-) Modell.

(4) Weitere Voraussetzung für die Bestimmung des Informationsgehalts von Jahresabschlußdaten sind **Annahmen** dazu, **wie die Anleger die Fülle der quantitativen und qualitativen Jahresabschlußdaten auswerten**. Mit anderern Worten: Es ist genau festzulegen, unter welchen Bedingungen (bei welcher Konstellation einzelner oder mehrerer Kennzahlen) die Anleger einen Jahresabschluß als "gute" bzw. "schlechte" Nachricht auffassen, ihre bis dato gehegten Erwartungen über die Verteilung der künftigen Aktienrenditen revidieren und in der Folge Kauf- bzw. Verkaufsaufträge für die Anteile des betreffenden Unternehmens geben. Die im Rahmen dieser Informationsauswertungsbeziehung zu treffenden Annahmen werden in der Literatur zusammenfassend auch als **Erwartungsrevisionsmodell** bezeichnet. Die Annahme eines für alle Anleger gültigen Erwartungsrevisionsmodells stellt eine homogene Informationsauswertung (gleiche Kennzahlen, gleiche Entscheidungsregel) durch die Anleger sicher.[254]

(5) Um die über den Beobachtungszeitraum kumulierten Renditedifferenzen eines Portefeuilles mit guten Jahresabschlußinformationen zu einem Portefeuille mit schlechten Jahresabschlußinformationen (oder zu einem Markt- bzw. Branchenportefeuille) als Maß für den individuellen Nutzen eines Anlegers interpretieren zu können, sind darüber hinaus Annahmen[255]

- zum Anlageverhalten (genauer: zum Re- bzw. Desinvestitionsverhalten bei auflaufenden Kursgewinnen/-verlusten),
- zum Zeitpunkt, zu dem dem Anleger der Jahresabschluß zur Verfügung steht (denn erst danach sind darauf aufbauende Anlageentscheidungen möglich),

---

253) Diese Bereinigung ist plausibel, wenn man berücksichtigt, daß der ein einziges Unternehmen betreffende Jahresabschluß im Normalfall keine Wirkungen auf die Kurse von vielen anderen Aktien entfalten sollte.

254) Vgl. Brandi, Informationswirkungen, S. 166. Kleine-Doepke bezeichnet diese Informationsauswertungsbeziehung in API-technischer Sichtweise als Indikatorfunktion. Vgl. ders., Analyse, S. 133 - 140, S. 162.

255) Ausführlich dazu oben, Abschnitt β_3) dieses Kapitels.

- zu den Informationsbeschaffungs- und verarbeitungskosten, der Teilbarkeit der Anlagen, Steuern und Transaktionskosten (denn Kosten der Entscheidungsvorbereitung, Portefeuillebildung bzw. -revision und Steuern auf Kursgewinne schmälern den Anlegernutzen),
- sowie zur Risikoeinstellung des Anlegers notwendig.[256)]

Sinn und Zweck dieser Festlegungen ist es, die Vielfalt von Anlageentscheidungen, die auf Jahresabschlüssen aufbauen, so einzugrenzen, daß letztlich nur eine genau definierte Anlagestrategie für einen Investor mit bekannten Eigenschaften betrachtet wird; die aus dieser Anlagestrategie erzielte Rendite ist dann unmittelbar als Informationsnutzen der betreffenden Jahresabschlußkennzahlen interpretierbar.[257)] Die zuletzt genannten Punkte sollen hier deshalb zusammenfassend als **Annahmen zur Anlagestrategie** der Investoren bezeichnet werden.

Die genannten Annahmen, die mit einer kapitalmarktorientierten Informationsgehaltsmessung verbunden sind, werden in empirischen Untersuchungen - insbesondere US-amerikanischer Herkunft - teilweise verkürzt mit der Bemerkung zusammengefaßt, die Gültigkeit eines bestimmten Kapitalmarktmodells (als Zusammenfassung aller Annahmen zur Preisbildung am Kapitalmarkt[258)]), eines Erwartungsrevisionsmodells (als Zusammenfassung aller Annahmen zur Informationsauswertung durch die Anleger[259)]) sowie einer Anlagestrategie (siehe Punkt (5)) werde vorausgesetzt.

Sind die o.a. Anforderungen (1) bis (4) nicht gewährleistet, ist das Ergebnis eines Renditevergleichs vor bzw. bei Jahresabschlußveröffentlichung einer Messung ohne bzw. mit Jahresabschlußinformationen nicht äquivalent. Eine vergleichende Gegenüberstellung des (aus Börsenkursen abgeleiteten) Informationsgehalts von KI- und IHV-Jahresabschlüssen beinhaltet somit

---

256) Falls bei Errechnung der Renditeindices während des Beobachtungszeitraums positive und negative Renditen in gleicher Höhe eingehen - dies ist der Regelfall - wird implizit unterstellt, daß der Anleger risikoneutral ist. Dies ist kein Verstoß gegen das in Abschnitt B.II.1 definierte Zielsystem eines Anlegers, wenn die Risikoeinstellung des Investors bereits durch eine Risikobereinigung der Aktienrenditen berücksichtigt wird. Vgl. Möller, Bilanzkennzahlen, S. 208, Kleine-Doepke, Analyse, S. 163 und Abschnitt D.I.2.a.τ d.A.

257) Vgl. Kleine-Doepke, Analyse, S. 160 - 164, insb. S. 163.

258) Vgl. die Punkte (1) bis (3) des dargestellten Annahmenkatalogs.

259) Siehe Punkt (4) des dargestellten Annahmenkatalogs.

gleichzeitig den Glauben an die empirische Gültigkeit des den Messungen zugrundeliegenden Kapitalmarkt- und Erwartungsrevisionsmodells.[260]

Man könnte aus diesem Sachverhalt den Schluß ziehen, auf kapitalmarktorientierte Informationsgehaltsmessungen gänzlich zu verzichten.[261] Dabei würde allerdings übersehen, daß kapitalmarktorientierte Informationswertmessungen zumindest Auskunft darüber geben können, welchen Informationsgehalt Jahresabschlußdaten hätten, wenn die der Messung zugrundeliegenden Modelle empirische Gültigkeit besäßen. Überspitzt formuliert: Besser die Ergebnisse einer "probeweise-so-tun-als-ob"[262]-Untersuchung als überhaupt keine empirischen Ergebnisse zum Informationswert von Jahresabschlüssen. Letztlich ist das Kernproblem der empirischen Jahresabschlußforschung darin zu sehen, daß die bislang verfügbaren Modelle die Preisbildung am Kapitalmarkt, speziell die Wirkung von Informationen auf die Preisbildung von Unternehmensanteilen, nur unzureichend erklären. Nicht selten werden die Preiswirkungen von Informationsstandsänderungen sogar gänzlich vernachlässigt.[263] Um trotzdem aus den Preisänderungen am Kapitalmarkt Rückschlüsse auf den Informationsgehalt eines Ereignisses ziehen zu können, bleibt nur die Möglichkeit, dieses bislang nicht vorhandene Wissen zu fingieren, indem die Gültigkeit - zugegebenermaßen grober - Kapitalmarkt- und Erwartungsrevisionsmodelle unterstellt wird.

τ) Anmerkungen zum weiteren Aufbau dieser Arbeit

Wie die Ausführungen zur Struktur des kapitalmarktorientierten Bewertungskalküls gezeigt haben, sind bei einer empirischen Untersuchung zum Informationsgehalt von Jahresabschlüssen für Anlageentscheidungen - abgesehen von der Auswahl eines Informationsmaßes - zwei Hauptprobleme zu lösen: Zum einen ist die Frage der **Erwartungsbildung der Anleger** in Abhängigkeit vom

260) Vgl. Roll, Critique, S. 129 - 131, Ross, Current Status, S. 892 f. Schneider spricht diesbezüglich von verbundenen Hypothesen. Vgl. ders., Investition, S. 461 - 465, insb. S. 465. Ausführlich dazu auch Möller, Informationseffizienz, S. 504 f., S. 513.

261) Vgl. Schneider, Betriebswirtschaftslehre, S. 413 f., ders., Investition, S. 461 f., S. 464 f.

262) Schneider, Investition, S. 460.

263) Hinzu kommt, daß gerade für den deutschen Kapitalmarkt bislang nur wenige Untersuchungen zu den Preiswirkungen von Informationsstandsänderungen durchgeführt wurden. Vgl. diesbezüglich die Literaturübersicht bei Möller, Informationseffizienz, S. 513 - 515.

veröffentlichten Jahresabschluß, zum zweiten der Komplex der **Bereinigung der Aktienrenditen** um den Veröffentlichungsstichtag zu spezifizieren. Beiden Problemkreisen wird im weiteren Verlauf der Arbeit ein Hauptabschnitt gewidmet. Gliederungspunkt C beschäftigt sich mit der Ausarbeitung von Hypothesen zu den Entscheidungswirkungen von KI- und IHV-Abschlüssen am Aktienmarkt, Abschnitt D mit der Quantifizierung dieser Entscheidungswirkungen.

C) Zur Entscheidungswirkung von Jahresabschlüssen am Aktienmarkt

In Hauptabschnitt B) dieser Arbeit wurde die spezifische Entscheidungssituation eines Anlegers am Aktienmarkt präzisiert und verdeutlicht, warum Informationen überhaupt für einen Anleger von Bedeutung sind. In Abschnitt C wird nun aus theoretischer Sicht untersucht, welche Wirkungen die Veröffentlichung von KI- bzw. IHV-Jahresabschlüssen auf die Erwartungen der Anleger ausüben sollten. Hauptzweck dieser Überlegungen ist vor allem, Hypothesen darüber zu bilden, welche Jahresabschlußkennzahlen in KI- und IHV-Abschlüssen für einen Anleger von besonderem Interesse sein könnten. Daneben dienen die Ausführungen auch dazu, die Frage zu beantworten, welche Einflüsse im Rahmen der empirischen Untersuchung besonders zu kontrollieren sind.

Einführend werden in Abschnitt I zunächst die Aufgaben des handelsrechtlichen Jahresabschlusses für Kapitalgesellschaften skizziert. Da sich die Jahresabschlüsse von KI in einer ganzen Reihe von Punkten von den Abschlüssen anderer Branchen unterscheiden, sind diese Branchenbesonderheiten kurz zu erörtern. Abschnitt II geht der Frage nach, von welchen Umständen der Nutzen, den ein Jahresabschluß einem Anleger stiftet, abhängen könnte. Dazu wird zunächst ein allgemeiner Überblick über die Faktoren gegeben, die auf die Nutzenschätzung einer Information im Rahmen eines Entscheidungsproblems Einfluß ausüben können. Anschließend wird aufgezeigt, welche dieser (allgemeinen) Faktoren für das hier zu untersuchende Problem von Bedeutung sind und welche nicht. Die hier erarbeiteten Kriterien werden schließlich in Abschnitt III dazu verwendet, Hypothesen bezüglich der Anlegerreaktionen bei der Veröffentlichung von KI- und IHV-Jahresabschlüssen zu formulieren.

I. Gesetzliche Grundlagen des Jahresabschlusses von Kapitalgesellschaften

Im Rahmen dieses Abschnitts wird zunächst kurz skizziert, welche Aufgaben dem handelsrechtlichen Jahresabschluß bei Kapitalgesellschaften gemäß den gesetzlichen Bestimmungen zukommen. Anschließend werden die Besonderheiten der Jahresabschlüsse von KI in der Rechtsform der AG dargestellt.

1. Aufgaben des handelsrechtlichen Jahresabschlusses für Kapitalgesellschaften

Das Bilanzrichtlinien-Gesetz vom 19.12.1985, mit dem die 4., 7. und 8. EG-Richtlinie in deutsches Recht transformiert wurde, erweiterte den Jahresabschluß von Kapitalgesellschaften[264] um den Anhang.[265] Dieser erweiterte Jahresabschluß von Kapitalgesellschaften, d.h. Bilanz, GVR und Anhang, hat vor allem zwei Aufgaben zu erfüllen:

a) Ausschüttungsbemessungsfunktion

Die rechtsformunabhängige **Hauptaufgabe** des Jahresabschlusses ist die Gewinnermittlung.[266] Der im Rahmen des Jahresabschlusses ermittelte Gewinn dient gemäß § 58 AktG bzw. § 29 Abs. 1 GmbHG als Richtgröße für die Ausschüttungen an die Anteilseigner einer Kapitalgesellschaft. Ablauf und Ausgestaltung der Gewinnermittlung durch den Jahresabschluß werden durch das System der Grundsätze ordnungsmäßiger Buchführung (GoB) bestimmt.[267] Dieses System besteht aus den drei Fundamentalgrundsätzen Realisationsprinzip, Imparitätsprinzip und Objektivierungs- bzw. Vereinfachungsprinzip mit jeweils einer Reihe von Unterprinzipien.[268] "Das Realisationsprinzip bindet die bilanz-

---

264) Das HGB bezeichnet AG, Kommanditgesellschaften auf Aktien und Gesellschaften mit beschränkter Haftung als Kapitalgesellschaften. Vgl. dazu die Überschriften des zweiten Abschnittes im dritten Buch des HGB.

265) Vgl. § 264 Abs. 1 HGB

266) Bezüglich weiterer möglicher Aufgaben des Jahresabschlusses und deren Rangordnung vgl. Moxter, Bilanzlehre I, S. 156 - 159.

267) Vgl. § 243 Abs. 1, § 264 Abs. II HGB. Vgl. auch Beisse, Verhältnis, S. 4 f., Döllerer, Handelsbilanz, S. 162 f., Moxter, System, S. 21 - 26, Coenenberg, Jahresabschluß, S. 742, Pellens, Jahresabschluß, S. 244.

268) Vgl. Moxter, System, S. 21 - 24, Euler, Grundsätze, S. 60 - 65. Ein Teil der GoB hat sich sich im dritten Buch des HGB niedergeschlagen. Einen kurzen Überblick über die Ansatz- und Bewertungsvorschriften des neuen Bilanzrechts gibt Baetge, Ansatz- und Bewertungsvorschriften, S. 207 f., S. 213.

rechtliche Gewinnentstehung grundsätzlich an den Umsatz im Rechtssinne, während das Imparitätsprinzip vorhersehbare Verluste ('negative' Erfolgsbeiträge) bereits vor ihrer Realisierung berücksichtigt; daneben sind eine Reihe von Objektivierungs- und Vereinfachungsprinzipien, wie z. B. das Einzelbewertungsprinzip, zu beachten. Die Ermittlung eines vorsichtig bemessenen (umsatzbezogenen und verlustantizipierenden), objektivierten Gewinns steht im Vordergrund;"[269] dieser vorsichtig bemessene Gewinn "... dient als Ausschüttungsrichtgröße, d. h. als verteilbarer Betrag."[270]

Da die für Ansatz und Bewertung der Aktiven und Passiven maßgeblichen GoB grundsätzlich nur den vorsichtig bemessenen Reinvermögenszuwachs des Geschäftsjahres zur Ausschüttung freigeben (nominelle Kapitalerhaltung), regelt der Jahresabschluß im Sinne einer Kompetenzabgrenzungsregel indirekt auch, inwieweit einzelne Unternehmensbeteiligte ihre finanziellen Interessen (Anteilseigner: hohe Ausschüttungen, Gläubiger: geringe Ausschüttungen) durchsetzen können.[271] Die Ausschüttungsbemessungsfunktion ist nicht erst seit dem Inkrafttreten des Bilanzrichtlinien-Gesetzes, sondern infolge entsprechender gerichtlicher Entscheidungen bereits seit einiger Zeit als Hauptaufgabe des Jahresabschlusses anerkannt.[272]

b) Informationsfunktion

Diese Funktion richtet sich sowohl an die Unternehmensleitung selbst als auch an unternehmensexterne Personen (Anteilseigner, Gläubiger, Arbeitnehmer, Kunden, Fiskus usw.). § 242 HGB sorgt mit dem Zwang zur jährlichen Aufstellung eines Jahresabschlusses dafür, daß sich die Unternehmensleitung in periodischen Abständen einen Überblick über die wirtschaftliche Lage der Kapitalgesellschaft verschafft (Selbstinformation). Darüber hinaus soll der erweiterte Jahresabschluß gemäß § 264 Abs. 2 HGB auch Unternehmensexternen "... ein den tatsächlichen Ver-

---

269) Böcking, Grundsatz, S. 932.

270) Moxter, System, S. 24. Vgl. auch ders., Bilanzlehre II, S. 17 f., 67, ders., Bilanzlehre I, S. 156 - 165 und ders., Bilanzrechtsprechung, S. 20 f., Euler, Grundsätze, S. 63 - 65.

271) Ausführlich dazu Schildbach, Der handelsrechtliche Jahresabschluß, S. 26 - 39, Schildbach, Analyse, S. 29 - 31, 164 - 237 und Coenenberg, Jahresabschluß, S. 739 - 743.

272) Vgl. Beisse, Verhältnis, S. 8, Döllerer, Handelsbilanz, S. 162 f., Moxter, Bilanzrechtsprechtung, S. 20 f., ders., System, S. 25 - 27 und Euler, Grundsätze, S. 7 - 57, insb. S. 42 - 54.

hältnissen entsprechendes Bild der Vermögens-, Finanz- und Ertragslage der Kapitalgesellschaft ... vermitteln."[273] Zweck dieser Regelung ist es, allen Personen, deren Entscheidungen von der wirtschaftlichen Situation der Kapitalgesellschaft beeinflußt werden, ein Mindestmaß an Informationen bereitzustellen. Die Informationsfunktion des externen Rechnungswesens von Kapitalgesellschaften kann insoweit dazu beitragen, die Informationsasymmetrien zwischen Unternehmensleitung und Dritten zu reduzieren.[274]

Da der Jahresabschluß wegen der Primäraufgabe "Ausschüttungsbemessung" durch das Vorsichtsprinzip beherrscht wird, sind in manchen Situationen Konflikte zwischen Informations- und Ausschüttungsbemessungsfunktion denkbar.[275] So kann es z.B. aufgrund von Abschreibungsvorwegnahmen in der Handelsbilanz einer AG gegen Ende der Nutzungsdauer einer Anlage zu einem Anstieg des Gewinns kommen, obwohl die wirtschaftliche Situation des Unternehmens sich im Vergleich zum Vorjahr nicht geändert hat.[276] § 264 Abs. 2 HGB schreibt für solche Fälle vor, daß Fehlinformationen, die durch das am Vorsichtsprinzip orientierte Zahlenwerk von Bilanz und GVR drohen, durch zusätzliche Angaben im **Anhang** zu korrigieren sind.[277] Insoweit liegt der Schluß nahe, daß nach dem Willen des Gesetzgebers der Anhang primär auf die Informationsregelung abzielt, während Handelsbilanz und GVR von Kapitalgesellschaften - wie ausgeführt - in erster Linie der Zahlungsbemessung dienen.[278] So gesehen ist die Informationsfunktion des (erweiterten) Jahresabschlusses durch das Inkrafttreten des Bilanzrichtlinien-Gesetzes zumindest hinsichtlich wesentlicher Teilaspekte neu definiert worden.[279]

---

273) § 264 Abs. 2 Satz 1 HGB. Vgl. dazu auch Moxter, Bilanzlehre II, S. 63 - 68, Coenenberg, Jahresabschluß, S. 8 - 15, Schildbach, Der handelsrechtliche Jahresabschluß, S. 46-57, Heinhold, Jahresabschluß, S. 6-9.

274) Ausführlich dazu Lev, Theory, S. 9 - 16. Vgl. auch Schneider, Gewinnermittlung, S. 1060 - 1064, Coenenberg, Jahresabschluß, S. 10 - 13, 730 - 732, 739 - 742, Euler, Grundsätze, S. 33 - 35, Moxter, Anlegerschutz, S. 263 - 269..

275) Zu den grundsätzlichen Möglichkeiten zur Lösung von Bilanzzweckkollisionen vgl. Euler, Grundsätze, S. 55 - 57.4

276) Vgl. Moxter, Bilanzlehre II, S. 67 f. Ausführlich dazu z.B. Budde/Clemm/Pankow/Sarx, Bilanz-Kommentar, S. 738 - 740.

277) Einen guten Überblick über die Angabepflichten im Anhang gibt Schülen, Aufstellung, S. 249 - 259.

278) Vgl. Moxter, Bilanzlehre II, S. 67 f., Euler, Grundsätze, S. 55 (mit weiteren Literaturnachweisen).

279) Budde/Clemm/Pankow/Sarx, Bilanz-Kommentar, S. 729 - 735.

Das durch den Jahresabschluß gemäß § 264 Abs. 2 HGB zu gewährende Bild der Vermögens-, Finanz- und Ertragslage der Gesellschaft wird unterstützt durch den **Lagebericht**.[280] Während im Jahresabschluß (einschließlich Anhang) dieser Einblick vor allem anhand der einzelnen Aktiv-, Passiv-, Aufwands- und Ertragspositionen vermittelt werden soll, gibt der Lagebericht (bzw. der früher für AG vorgeschriebene Geschäftsbericht) eher eine übergreifende Gesamtbeurteilung der Unternehmenssituation.[281] Gemäß § 289 Abs. 2 HGB soll der Lagebericht dabei auch auf die voraussichtliche künftige Entwicklung der Kapitalgesellschaft eingehen.

2. Besonderheiten der Jahresabschlüsse von Kreditinstituten

a) Überblick

Die Primäraufgabe des Jahresabschlusses besteht - wie dargelegt - darin, den vorsichtig bemessenen, unbedenklich ausschüttbaren Unternehmensgewinn des Geschäftsjahres zu bestimmen. Dieser Aufgabe kommt der Jahresabschluß nach, indem er den aus der Geschäftstätigkeit resultierenden Überschuß des Gesellschaftsreinvermögens (Differenz zwischen Vermögen und Schulden) zum jeweiligen Bilanzstichtag über das Reinvermögen des vorangegangenen Abschlußzeitpunktes ermittelt. Der Jahresabschluß trennt insoweit Reinvermögensstamm und Reinvermögensänderungen der Gesellschaft und gibt prinzipiell nur den Reinvermögenszuwachs des Geschäftsjahres, den Gewinn, zur Ausschüttung an die Anteilseigner frei.[282] Um den Jahresabschluß aufzustellen und die Reinvermögensänderung (Gewinn bzw. Verlust) des Geschäftsjahres ermitteln zu können, müssen vorab eine ganze Reihe von Vereinbarungen zu den folgenden Fragen getroffen werden:[283]

- Wann ist ein Jahresabschluß aufzustellen (Periodenlänge)?
- Was geht als Vermögen, was als Fremdkapital in die Bilanz ein?

280) Der Lagebericht gehört aus rechtlicher Sicht nicht unmittelbar zum Jahresabschluß. Gemäß § 242 HGB bilden lediglich Bilanz und Gewinn- und Verlustrechung den Jahresabschluß.

281) Vgl. Moxter, Bilanzlehre II, S. 107 f.

282) Vgl. Moxter, Bilanzlehre II, S. 17. Zur formalen Technik der bilanziellen Gewinnermittlung vgl. auch Chmielewicz, Rechnungswesen, S. 138 - 154 und Weber, Rechnungswesen, S. 77 - 134.

283) Vgl. Weber, Rechnungswesen, S. 72, S. 231.

- Wie sind die Vermögensgegenstände und Schulden zu bewerten?
- Wie werden Wertänderungen von Bilanzpositionen bestimmt?
- Wie sind Vermögen und Schulden in der Bilanz zu gliedern?
- Was sind Reinvermögensmehrungen bzw. -minderungen?
- Wie sind diese Reinvermögensänderungen zu bemessen, wie in der GVR aufzugliedern?
- Unter welchen Bedingungen dürfen Vermögensgegenstände und Schulden, Reinvermögensmehrungen und -minderungen saldiert werden?

Jahresabschlüsse basieren demnach auf einer ganzen Reihe von Konventionen. Die Festlegung der Hauptaufgabe gibt dabei - bildlich gesprochen - nur die "grobe Richtung", sozusagen die Leitidee, vor. Die Ausgestaltung wird letztlich durch eine Fülle von Detailregelungen bestimmt, die in einigen Fällen kodifiziert, teilweise durch die Rechtsprechung präzisiert, teils aber auch ungeschrieben sind.[284)] Der Jahresabschluß von KI weicht nicht in allen Vereinbarungspunkten, sondern nur in wenigen, allerdings wesentlichen Regelungen von IHV-Abschlüssen ab. Nur diese wenigen branchenspezifischen Sonderbestimmungen für KI sollen hier dargestellt werden.

Im Mittelpunkt des Interesses dieser Arbeit stehen die Auswirkungen von § 26 a KWG auf den Informationsgehalt von Bank-Jahresabschlüssen. Daher beschäftigt sich die empirische Untersuchung in Abschnitt D.III vorrangig mit den Jahresabschlüssen, die **nach** Einführung dieses bankspezifischen Bewertungssonderrechts veröffentlicht wurden. Die **formelle** Ausgestaltung von § 26 a KWG hat sich seit Einführung dieser Vorschrift im Zuge der Aktienrechtsreform von 1965 mehrfach geändert, zuletzt durch das Inkrafttreten des Bankbilanzrichtlinie-Gesetzes, davor durch Inkrafttreten des Bilanzrichtlinien-Gesetzes. **Materiell** blieben die bankspezifischen Bewertungssonderrechte indessen unangetastet. Um den Rahmen dieser Arbeit nicht zu sprengen, wird hier darauf verzichtet, sämtliche Ausgestaltungsvarianten dieses Bewertungsprivilegs seit dem Jahr 1968 in chronologischer Form darzustellen. Vielmehr wird hier lediglich (in den Unterabschnitten b) und c)) die aktuelle Rechtslage beschrieben, wie sie sich nach Inkrafttreten des Bilanzrichtli-

---

284) Aufgrund objektivierungsbedingter Restriktionen ist sogar denkbar, daß unterschiedliche Jahresabschlußaufgaben zu ähnlichen Einzelvorschriften führen. Vgl. Mellwig, Bilanzrechtsprechung, S. 1616 f.

nien-Gesetzes[285]), aber vor Anwendung der Vorschriften des Bankbilanzrichtlinie-Gesetzes darstellt. Diese Rechtslage ist in fast allen Punkten identisch mit den Bestimmungen seit Inkrafttreten[286]) des Aktiengesetzes von 1965. Auf die Vorschriften des am 1.1.1991 in Kraft getretenen Bankbilanzrichtlinie-Gesetzes wird hier nur am Rande - in Unterpunkt d) - eingegangen, denn diese Bestimmungen sind erst für die Aufstellung des Jahresabschlusses in Geschäftsjahren maßgeblich, die nach dem 31.12.1992 beginnen.

Ein wesentlicher Unterschied zwischen KI- und IHV-Jahresabschlüssen fällt sofort auf, wenn man Abschlüsse beider Unternehmensgruppen nebeneinander legt: das Fehlen[287]) eines Anlagespiegels in der Bilanz von KI sowie die **branchenangepaßte Gliederung** von Bilanz und Erfolgsrechnung. Abgesehen von diesen formalen Unterschieden, auf die erst in Abschnitt II dieses Hauptpunktes näher eingegangen wird, sind vor allem die **Bewertungssonderrechte** für bestimmte Aktiva gemäß § 26 a Abs. 1 KWG und die Möglichkeit der "**Überkreuzkompensation**"[288]) bestimmter Aufwendungen und Erträge nach § 26 a Abs. 3 KWG zu nennen. Beide Punkte werden in den folgenden Unterabschnitten b) und c) ausführlich erläutert.

---

285) Mit der Änderung des HGB und des KWG durch das Bilanzrichtlinien-Gesetz vom 19.12.1985 wurde die 4., 7. und 8. EG-Richtlinie in deutsches Recht transformiert. Zu den Details der Änderungen ausführlich Bieg, Auswirkungen, S. 4.

286) Die Änderungen des Aktiengesetzes von 1965 wurden am 19.5. und 25.5.1965 vom Deutschen Bundestag in zweiter und dritter Lesung verabschiedet und traten am 1.1.1966 in Kraft. Vgl. Gessler, Aktienrecht, S. 677. Der neugeschaffene § 26 a KWG war erstmals auf die (Bank-) Jahresabschlüsse der Geschäftsjahre 1968 bzw. 1969 (bei bestimmten Real-KI) anzuwenden.

287) Allerdings haben KI im Geschäftbericht für die Sachanlagen, immateriellen Anlagewerte und Beteiligungen die Zugänge, Zuschreibungen, Abgänge, Abschreibungen und Umbuchungen anzugeben. Vgl. § 3 der Verordnung über Formblätter für die Gliederung des Jahresabschlusses von KI, zitiert nach: Birck/Meyer, Bankbilanz, 4. Teillieferung, S. VIII 22.

288) Der Ausdruck "Überkreuzkompensation" hat sich als Fachausdruck für dieses Sonderrecht der Banken eingebürgert, weil nicht nur die Verrechnung artgleicher Aufwendungen und Erträge erlaubt ist, sondern die größenmäßig weitaus bedeutendere Modifikation des Bruttoausweisprinzips von § 246 Abs. 2 HGB darin besteht, daß auch Aufwendungen und Erträge verschiedener Bereiche (Kredit- und Wertpapierbereich) "über Kreuz" saldiert werden dürfen. Bezüglich Details der Regelung vgl. Birck/Meyer, Bankbilanz, 2. Teillieferung, S. IV 43 und unten, Unterabschnitt c dieses Kapitels.

b) Bewertungssonderrechte für Aktiva

Gemäß § 26 a Abs. 1 KWG dürfen "Kreditinstitute, die Kapitalgesellschaften sind, ... Forderungen und Wertpapiere des Umlaufvermögens mit einem niedrigeren als dem nach § 253 Abs. 1 und 3, § 279 Abs. 1 Satz 1 des Handelsgesetzbuchs vorgeschriebenen oder zugelassenen Wert ansetzen, soweit dies nach vernünftiger kaufmännischer Beurteilung zur Sicherung gegen die besonderen Risiken des Geschäftszweigs der Kreditinstitute notwendig ist." Nach dieser Vorschrift haben KI im Vergleich zu Kapitalgesellschaften anderer Branchen weitreichende Möglichkeiten, **stille Reserven** im Jahresabschluß zu legen und aufzulösen.

Als stille Reserven werden die Beträge bezeichnet, um die das Eigenkapital in der Bilanz höher ausgewiesen werden könnte, wenn das Vermögen und die Schulden angemessen, i.d.R. also zum höheren Tageswert, bewertet wären. Stille Reserven entstehen demnach durch die Unterbewertung von Aktiva und/oder die Überbewertung von Passiva in Bezug auf den Tageswert und sind - im Gegensatz zum Grundkapital und den Rücklagen - nicht direkt aus der Bilanz ersichtlich.[289] Stille Reserven stellen grundsätzlich keine bankspezifische Besonderheit dar, denn sie sind (z.B. in Form von Zwangsreserven, die aus der Anwendung des Anschaffungswertprinzips resultieren) in anderen Branchen - beispielsweise bei Beteiligungen oder Wertpapieren, deren Tageswert über dem Buchwert liegt - ebenfalls anzutreffen. Auch stille Reserven, die durch Ermessensspielräume und Wahlrechte des Bilanzierenden gebildet werden können, finden sich gleichermaßen in den Abschlüssen von KI und Nichtbanken. § 26 a Abs. 1 KWG erlaubt den KI, die Kapitalgesellschaften[290] sind, allerdings über die genannten Zwangs- und Ermessensreserven hinaus die im HGB für Kapitalgesellschaften vorgeschriebenen Wertuntergrenzen für Forderungen und Wertpapiere des Umlaufvermögens zu unterschreiten. Um dieses weitgehende Privileg - wegen der Bedeutung der Forderungs- und Wertpapierpositionen für

---

289) Vgl. Hax, Wesen, S. 92 f., Schneider, Problematik, S. 4 f.,S. 13 - 16.

290) § 26 a KWG nimmt KI in der Rechtsform der oHG und KG von dieser Regelung aus, da diesen Unternehmen gemäß § 253 Abs. 4 HGB ohnehin "Abschreibungen ... im Rahmen vernünftiger kaufmännischer Beurteilung" erlaubt sind. Auch eingetragenen Genossenschaften stehen über § 336 Abs. 2, Satz 1, 2. Halbsatz HGB solche Abschreibungen zu. Vor Inkrafttreten des Bilanzrichtlinien-Gesetzes bezog sich § 26 a Abs. 1 KWG nur auf die Rechtsform der AG und KGaA. Die Befreiung von diversen Berichtspflichten durch § 26 a Abs. 2 KWG und die Möglichkeit der Überkreuzkompensation nach § 26 a Abs. 3 KWG gilt dagegen für alle KI.

KI betrifft es den weitaus überwiegenden Teil der Bankaktiva - von den anderen Formen stiller Reserven abzugrenzen, werden in der Literatur zu ihrer Kennzeichnung die Bezeichnungen Globalreserven, Willkürreserven bzw. bilanzpolitische Reserven verwendet.[291)]

Die bilanzrechtliche Besonderheit im Vergleich zu den Regelungen für IHV-Kapitalgesellschaften ist darin zu sehen, daß § 26 a Abs. 1 KWG Banken dazu berechtigt, Forderungen und Wertpapiere des Umlaufvermögens mit einem geringeren als dem gemäß HGB vorgeschriebenen Wert anzusetzen, ohne daß dies - wie sonst bei Abwertungen - durch die den jeweiligen Positionen innewohnenden Risiken begründet wäre. Solche Abschreibungen sind nach dem Wortlaut von § 26 a Abs. 1 KWG vielmehr stets zulässig, um das allgemeine Branchenrisiko von KI zu berücksichtigen. Da ein KI den Gesamtbetrag der Globalabschreibungen jedes Jahr beliebig auf einzelne Positionen/Unterpositionen der Forderungen und Wertpapiere des Umlaufvermögens aufteilen kann, ist die Struktur der Aktivseite in erheblichem Maße bilanzpolitisch manipulierbar.[292)] Der Grundsatz der Einzelbewertung (§ 252 Abs. 1 Nr. 3 HGB) wird durch diese Globalabschreibungen teilweise aufgehoben; einzelne Bilanzpositionen übernehmen die Funktion eines Risikopuffers für Gefahren, die in ganz anderen Bilanzpositionen enthalten sein können.[293)] § 26 a Abs. 2 KWG sichert diese Bewertungsfreiheiten für das Umlaufvermögens ab, indem KI von den Angabepflichten zu bestimmten Bewertungsabweichungen freigestellt werden.

c) Überkreuzkompensation von Aufwendungen und Erträgen

§ 26 a Abs. 1 KWG entfaltet jedoch nicht nur Auswirkungen auf die Bilanz eines KI. Darüber hinaus vermindern solche Globalabschreibungen in der GVR den Jahresüberschuß der betreffenden Rechnungsperiode, während die Auflösung früher getätigter Abschreibungen das Ergebnis entsprechend aufbessert. Auf diese Weise ist es KI möglich, die Höhe ihres ausgewiesenen Gewinns in erheblichem Maße zu verändern, wobei Gewinneinbrüche aller-

---

291) Zur Begriffsbildung vgl. <u>Hax</u>, Wesen, S. 95, <u>Birck/Meyer</u>, Bankbilanz, 3. Teillieferung, S. VII 48 - VII 50 und <u>Schneider</u>, Problematik, S. 13 - 16. Eine ähnliche Möglichkeit zur Legung und Auflösung stiller Reserven besitzen Versicherungen mit der Dotierung bzw. Auflösung von Schwankungsrückstellungen. Vgl. <u>Farny</u>, Buchführung, S. 125.
292) Vgl. <u>Birck/Meyer</u>, Bankbilanz, 3. Teillieferung, S. VII 39-46, 89-94.
293) Vgl. <u>Bieg</u>, Vertrauensempfindlichkeit, S. 257.

dings nur solange korrigierbar sind, wie ausreichende stille Reserven aus früheren Jahren zur Verfügung stehen.[294)]

Um zu verhindern, daß die Bilanzadressaten anhand der Höhe der Abschreibungsbeträge in der GVR die tatsächliche Höhe des Jahresüberschusses vor Legung bzw. Auflösung von Globalreserven zurückrechnen können, erlaubt § 26 a Abs. 3 Satz 1 KWG, "... daß die Verrechnung von Beträgen aus Zuschreibungen bei Forderungen oder deren Eingang nach teilweiser oder vollständiger Abschreibung oder aus Zuschreibungen bei Wertpapieren oder deren Abgang mit Abschreibungen und Wertberichtigungen auf Forderungen und Wertpapiere zugelassen werden darf." Für dieses Sonderrecht der Banken hat sich die Bezeichnung "Überkreuzkompensation" als Fachausdruck eingebürgert, weil nicht nur die Verrechnung **artgleicher** Aufwendungen und Erträge erlaubt ist, sondern die größenmäßig weitaus bedeutendere Modifikation des Bruttoausweisprinzips von § 246 Abs. 2 HGB darin besteht, daß auch Aufwendungen und Erträge verschiedener Bereiche (Kredit- und Wertpapierbereich) "über Kreuz" saldiert werden dürfen.[295)]

Die teilweise oder vollständige Saldierung der genannten Beträge, die sich letztlich in den GVR-Positionen "Abschreibungen und Wertberichtigungen auf Forderungen und Wertpapiere sowie Zuführungen zu Rückstellungen im Kreditgeschäft" bzw. "Andere Erträge einschließlich der Erträge aus der Auflösung von Rückstellungen im Kreditgeschäft"[296)] niederschlagen, vereitelt, - zumindest solange bestimmte Größenordnungen im Zeitvergleich nicht überschritten werden - daß die Höhe der Gewinnmanipulation mittels Reservenpolitik für Unternehmensexterne erkennbar wird. Durch § 26 a Abs. 3 Satz 2 KWG ist zudem sichergestellt, daß der "... Vorstand einer Aktiengesellschaft, die solche Verrechnungen vorgenommen hat, ... darüber Auskunft nicht zu erteilen" braucht.[297)]

---

294) Zu den Möglichkeiten der Ergebnisregulierung bei KI ausführlich Birck/Meyer, Bankbilanz, 3. Teillieferung, S. VII 89 f. und S. VII 92 - 100.

295) Eine graphische Darstellung der Möglichkeiten der Überkreuzkompensation von Aufwendungen und Erträgen in der GVR von KI findet sich in Abbildung 4 im nächsten Unterabschnitt.

296) Die Positionsangaben beziehen sich auf die GVR eines KI der Rechtsform AG, KGaA oder GmbH. Vgl. Formblatt für den Jahresabschluß der AG, KGaA, GmbH, in: Reischauer/Kleinhans, Kreditwesengesetz, Tz.426, S. 6.

297) Zu den Tarnmöglichkeiten für Bewegungen in den stillen Reserven ausführlich Birck/Meyer, Bankbilanz, 3. Teillieferung, S. VII 90 - 92.

d) Bankspezifische Bewertungssonderrechte bei Anwendung der Vorschriften des Bankbilanzrichtlinie-Gesetzes

Am 1.1.1991 trat das Bankbilanzrichtlinie-Gesetz in Kraft. Dieses Gesetz transformiert die Vorgaben der EG-Bankbilanzrichtlinie in deutsches Recht. Die Bestimmungen des Bankbilanzrichtlinie-Gesetzes sind erstmals bei der Aufstellung von Jahresabschlüssen für die Geschäftsjahre anzuwenden, die nach dem 31.12.1992 beginnen. Gegenüber dem bisherigen Recht - das in wesentlichen Teilen unverändert seit dem 1.1.1967 gilt[298)] - wurden nicht nur die Vorschriften zur Bewertung, sondern eine ganze Reihe weiterer Regelungen (insbesondere zur Fristengliederung und Währungsumrechnung) geändert.[299)] Um den Rahmen dieser Arbeit nicht zu sprengen, soll hier indessen nur kurz auf diejenigen Rechtsänderungen eingegangen werden, die die Bewertungssonderrechte der KI betreffen.

Das Bankbilanzrichtlinie-Gesetz nutzt den Spielraum, den die EG-Richtlinie den nationalen Gesetzgebern einräumt, voll aus. § 26 a KWG gilt für Jahresabschlüsse ab 1993 zwar nicht mehr; durch Einfügung eines neuen vierten Abschnitts mit ergänzenden Vorschriften für KI in das HGB (§§ 340 - 340 o) bleiben jedoch sowohl die Möglichkeiten der KI zur Legung und Auflösung stiller Reserven als auch die Bestimmungen zur Überkreuzkompensation weitgehend erhalten.

Zunächst zur gravierendsten Änderung gegenüber dem "alten" (gleichwohl aber noch für längere Zeit geltenden) Recht: Der Gesamtumfang der stillen Globalreserven eines KI darf zukünftig - wie von der EG-Richtlinie gefordert - gemäß § 340 f Abs. 1 Satz 2 HGB 4 % der Forderungen und Wertpapiere des Umlaufvermögens ohne Handelsbestände nicht übersteigen. Außerdem wurden die Möglichkeiten der "Überkreuzkompensation" durch § 340 f Abs. 3 HGB dahingehend eingeschränkt, daß mit den Aufwendungen aus der Forderungsbewertung nur noch Erträge aus dem Abgang von Wertpapieren der Liquiditätsreserve[300)] verrechnet werden dür-

---

298) Genauer: Die Formblattverordnung sowie die Bilanzierungsrichtlinien des BAKred mit den durch die Aktienrechtsreform geänderten Bestimmungen waren erstmals auf die Geschäftsjahre anzuwenden, die nach dem 31.12.1967 begannen. Vgl. Hammer, Jahresbilanz, S. 1382.

299) Eine ausführliche Darstellung der geänderten Bestimmungen findet sich bei Rixen, Bankbilanzrichtlinie, S. 638 - 642.

300) Das sind Wertpapiere, die weder wie Anlagevermögen bewertet wurden noch zum Handelsbestand gehörten.

fen. Eine weitere Einschränkung der "Überkreuzkompensation" ist zum einen darin zu sehen, daß zukünftig nach § 340 c Abs. 1 HGB für bestimmte Aufwendungen und Erträge eine **vollständige Verrechnung** zwangsweise vorgeschrieben ist; zum anderen bestimmen § 340 f Abs. 3 bzw. § 340 c Abs. 2 HGB, daß für alle anderen saldierbaren Aufwendungen und Erträge die bislang vorhandene Möglichkeit der **nur teilweisen Verrechnung** nicht mehr besteht. Abbildung 4 zeigt im Überblick auf, welche Aufwendungen und Erträge in der GVR nach geltendem bzw. zukünftigem Recht saldiert werden können.[301)]

Da gemäß § 340 f Abs. 3 HGB "Angaben über die Bildung und Auflösung von Vorsorgereserven ... sowie über vorgenommene Verrechnungen ... im Jahresabschluß, Lagebericht, Konzernabschluß und Konzernlagebericht nicht gemacht ..."[302)] werden müssen, ist auch nach neuem Recht sichergestellt, daß - wenn die Geschäftsleitung einer Bank dies wünscht - die Legung und Auflösung stiller Reserven für Dritte nicht erkennbar ist. Darüber hinaus eröffnet das neue Recht den Banken durch den offenen passivischen Ausweis einer Position "Fonds für allgemeine Bankrisiken" die Möglichkeit, **zusätzlich** zur stillen Reservebildung, jedoch außerhalb der offenen Rücklagen, weitere Vorsorge zu treffen.

Zusammenfassend kann festgehalten werden: Die Bestimmungen des Bankbilanzrichtlinie-Gesetzes ähneln den Regelungen von § 26 a KWG sehr. Eine Beschränkung der Ergebnismanipulationsmöglichkeiten wird durch die neuen Regelungen allenfalls dann erreicht, wenn ein KI seine stillen Reserven bereits bis zur maximalen Höhe von 4 % der Forderungen und Wertpapiere des Umlaufvermögens ohne Handelsbestände ausgeschöpft hat. Da ein Anleger, dem nur Jahresabschlußinformationen zur Verfügung stehen, nicht beurteilen kann, ob - und falls ja, in welcher Höhe - ein KI stille Reserven besitzt, ist dessen Entscheidungssituation bei der Rechtslage "§ 26 a KWG" und der Rechtslage "§ 340 f HGB" nahezu deckungsgleich.

---

301) Die Abbildung lehnt sich sehr eng an die graphische Darstellung von Rixen, Bankbilanzrichtlinie, S. 642 an.

302) § 340 f Abs. 4 HGB.

Abbildung 4
Die Möglichkeiten der "Überkreuzkompensation" von Aufwendungen und Erträgen in der GVR von KI nach geltendem und künftigem Recht

Geltendes Recht:

Abschreib. u. Wertbericht. auf Forderungen Zuführungen zu Rückstell. im Kreditgeschäft Abschreibungen auf Wertpapiere Verluste aus dem Abgang von Wertpapieren	Vollständige oder teilweise Verrechnung ---------> <--------- ist zulässig gemäß § 26 a Abs. 3 KWG	Erträge aus höherer Bewertung oder dem Eingang ganz/teilabgeschriebener Forderungen Erträge aus der Auflösung von Rückstellungen im Kreditgeschäft Erträge aus höherer Bewertung oder dem Abgang von Wertpapieren

Künftiges Recht:

Abschreibungen auf Forderungen Zuführungen zu Rückstellungen für Eventualverbindlichkeiten und Kreditrisiken Abschreib.auf Wertpapiere der Liqui.reserve Verluste aus dem Abgang von Wertpapieren der Liquiditätsreserve	Vollständige Verrechnung ---------> <--------- ist zulässig gemäß § 340 f Abs. 3 HGB	Erträge aus höherer Bewertung oder dem Eingang ganz/teilabgeschriebener Forderungen Erträge aus der Auflösung von Rückstell. für Eventualverbindlichk. u. Kreditrisiken Erträge aus höherer Bewertung oder dem Abgang von Wertpapieren d.Liquiditätsreserve
Abschreib. auf Wertpapiere des Handelsbestands, Devisen und Edelmetalle Zuführungen zu Rückstell. für drohende Verluste aus schweb.Geschäften mit o.a.Aktiva Verluste aus dem Abgang dieser Aktiva	Vollständige Verrechnung vorgeschrieben ---------> <--------- gemäß § 340 c Abs. 1 HGB	Erträge aus höherer Bewertung oder dem Abgang von Wertpapieren des Handelsbestands, Devisen und Edelmetallen Erträge aus der Auflösung von Rückstell. für drohende Verluste aus schwebenden Geschäften mit den o.a. Vermögensgegenständen
Abschreibungen auf Beteiligungen, Anteile an verbundenen Unternehmen und wie Anlagevermögen behandelte Wertpapiere Verluste aus dem Abgang dieser Aktiva	Vollständige Verrechnung ---------> <--------- ist zulässig gemäß § 340 c Abs. 2 HGB	Erträge aus höherer Bewertung von Beteiligungen, Anteilen an verbundenen Unternehm. und wie Anlagevermögen bewerteten Wertpap. Erträge aus dem Abgang der o.a. Aktiva

II. Herleitung von Kriterien für den Informationswertvergleich von Bank-Jahresabschlüssen mit Jahresabschlüssen aus anderen Branchen

Wie oben in Abschnitt B.II.4 bereits dargestellt wurde, hängt der Wert einer Information für eine Anlageentscheidung am Kapitalmarkt u.a. von einer ganzen Reihe subjektiver und situativer Einflußfaktoren ab. Um zu verhindern, daß diese Besonderheiten die Bewertung einer Jahresabschlußinformation verzerren, setzen kapitalmarktorientierte Untersuchungen zwei Techniken ein: Die erste besteht darin, die Aktienrenditen des Beobachtungszeitraums mit Hilfe eines Kapitalmarktmodells um systematische Einflüsse zu bereinigen, die nicht auf die Jahresabschlußveröffentlichung zurückzuführen sind. Die zweite Möglichkeit, um zu verhindern, daß unerwünschte Einflußfaktoren die Informationswertmessungen verzerren, besteht darin, eine ausreichend große Anzahl von Messungen zu unterschiedlichen Zeitpunkten vorzunehmen und gleichzeitig durch eine entsprechende Auswahl der in die Untersuchung einbezogenen Fälle sicherzustellen, daß - mit Ausnahme des zu untersuchenden Zusammenhangs - keine anderen systematischen Einflüsse auf den Informationswert eines Jahresabschlusses existieren. Hierzu ist es allerdings notwendig, solche systematischen Einflüsse auf den Informationswert eines Jahresabschlusses zu kennen.

Die folgenden Abschnitte dieses II. Kapitels gehen daher aus theoretischer Sicht der Frage nach, wovon der Informationswert von Jahresabschlüssen abhängen könnte, um das Design der empirischen Untersuchung entsprechend ausrichten zu können. Dazu wird zunächst ein allgemeiner Überblick über die Faktoren gegeben, die auf die Nutzenschätzung einer Information im Rahmen eines Entscheidungsproblems Einfluß ausüben können. Anschließend wird aufgezeigt, welche dieser (allgemeinen) Faktoren für das hier zu untersuchende Problem von Bedeutung sind und welche nicht.

1. Überblick über informationswertbestimmende Faktoren

Wie im Rahmen der Ausführungen zum Informationsbewertungskalkül in Abschnitt B.II.4.a verdeutlicht wurde, kann der Wert einer Information im Rahmen eines realen Entscheidungsproblems von einer Vielzahl von Faktoren abhängen. Wild hat diese informationswertbeeinflussenden Faktoren systematisiert, d.h. vier

Abbildung 5
Komponentenschema für die Wirkungsanalyse von Informationen[303)]

Information (Eigenschaften)	**Verwender** (Person/Maschine)	**Situation**	**Prozess** (Phasen)
Informationsinhalt (-gegenstand) Informationsgehalt - Allgemeinheit - Präzision - Bedingtheit Informationsart - faktisch - prognostisch - explanatorisch - konjunktiv - normativ - logisch - explikativ - instrumental Wahrheit Wahrscheinlichkeit Bestätigungsgrad Prüfbarkeit Objektivität Operationalität Informationsalter Darbietungsform	Ziele, Motive Problemerkenntnis informationelle Disposition Verarbeitungsfähigkeiten Vorwissen	Zeitpunkt Verarbeitungsmöglichkeiten (Stress) Problemstellung Informationsbedarf sonstige Umwelteinflüsse	Zielbildung Problemerkenntnis Alternativensuche Prognose Bewertung Entscheidung Durchsetzung Realisation Kontrolle Abweichungsanalyse

Hauptgruppen zugeordnet.[304)] Wesentlichen Einfluß auf den Wert einer Information üben - wie der vorstehenden Abbildung 5 zu entnehmen ist - vor allem die **Person** des Entscheiders, die Bedingungen der jeweiligen **Entscheidungssituation**[305)], die **Eigenschaften** der zugegangenen Information sowie die **Phase** des Entscheidungsprozesses, in der sich der Anleger gerade befindet, aus. Die Beschreibung dieser einzelnen Faktoren erfolgt in den folgenden Abschnitten zugleich mit der Wertung dieser Faktoren hinsichtlich des Ausmaßes ihrer Informationswertbeeinflussung.

2. Faktoren von untergeordneter Bedeutung

Wie die Abbildung 5 zeigt, kann der Wert einer Information grundsätzlich von einer ganzen Reihe von Faktoren abhängen. Um den Einfluß der bankspezifischen Bewertungssonderrechte auf den Informationswert eines Jahresabschlusses für Anlageentscheidungen zu isolieren, müßte im Idealfall gewährleistet sein, daß bei den Informationswertmessungen jeder dieser Einflußfaktoren - mit Ausnahme der Bewertungsregeln - unverändert bleibt. Dieser Idealfall zweier Jahresabschlußveröffentlichungen, die sich nur hinsichtlich der Gültigkeit von § 26 a KWG (bzw. zukünftig § 340 f HGB) unterscheiden, ist in der Realität allerdings

303) Die Übersicht lehnt sich eng an Wild, Problematik, S. 327 an.
304) Vgl. Wild, Problematik, S. 327.
305) In Abschnitt B.II.4.a wurden diese beiden Einflüsse zusammenfassend als subjektive und situative Faktoren bezeichnet.

nicht gegeben; KI- und IHV-Abschlüsse unterscheiden sich nicht nur durch die Bewertungsregelungen, sondern hinsichtlich einer Vielzahl weiterer Punkte. Wenn Informationswertunterschiede zwischen KI- und IHV-Jahresabschlüssen nicht nur durch abweichende Bewertungsregeln verursacht sein können, sondern auch durch andere Ursachen, dürfen im Rahmen der Informationswertmessungen immer nur **vergleichbare** KI-und IHV-Abschlüsse gegenübergestellt werden. Hier muß daher analysiert werden, welche Einflußfaktoren bei beiden Jahresabschlußgesamtheiten vermutlich gleiche Ausprägungen aufweisen und welche nicht. Im ersten Fall wird der Informationswertvergleich zwischen KI- und IHV-Abschlüssen nicht gestört, Einflußfaktoren des zweiten Typs sind - soweit sie nicht eine Folge von § 26 a KWG darstellen - dagegen durch eine entsprechende Auswahl der in die Untersuchung einbezogenen Jahresabschlußveröffentlichungen **konstant zu halten**, soweit die Datenbasis dies zuläßt.

Im folgenden werden zunächst diejenigen Einflußfaktoren auf den Wert einer Jahresabschlußinformation erörtert, hinsichtlich derer man annehmen kann, daß KI- und IHV-Jahresabschlüsse in jedem Fall vergleichbar sind. Die Diskussion der einzelnen informationswertbestimmenden Faktoren erfolgt dabei im Kontext der Gruppenzuordnungen (hier als "Elementgruppen" bezeichnet), die von Wild - vgl. Abbildung 5 - vorgeschlagen wurden.

a) Elementgruppen Prozeß, Situation und Person

Zunächst zur Elementgruppe **Prozeß:** Wie bereits in den Abschnitten A.II.6 und B.II.4.b.β ausgeführt wurde, ermitteln kapitalmarktorientierte Informationswertmessungen lediglich den Nutzen, den ein Abschluß bei der Planung einer Anlageentscheidung (d.h. der eigentliche Entscheidungsphase) stiftet; der Informationsgehalt der Abschlußdaten im Hinblick auf nachgelagerte Kontrollentscheidungen bleibt unberücksichtigt. Da dies sowohl für IHV- als auch für KI-Jahresabschlüsse gleichermaßen gilt, ergeben sich durch die Elementgruppe Prozeß keine informationswertverzerrenden Einflüsse.

Für die Elementgruppen **Verwender** und **Situation** gilt zwar, daß diese den Informationswert eines Jahresabschlusses nicht bei jeder einzelnen Anlageentscheidung in gleicher Weise beeinflussen; wenn aber - wie bei einer auf Marktpreisen basierenden Informationswertermittlung - Tausende von Einzelentscheidungen gemeinsam betrachtet werden, kann wohl für die meisten Aktienkurse bzw. -renditen im zeitlichen Umfeld einer Jahresabschlußveröffentlichung davon ausgegangen werden, daß sich abweichende personelle bzw. situative Besonderheiten der einzelnen Anlageentscheidung auf Marktebene kaum auswirken. Soweit diese Vermutung - z.B. wegen extremer Besonderheiten, die auf die Entscheidungssituation vieler Anleger gleichzeitig einwirken oder wegen des besonderen Gewichtes, das ein Großaktionär auf die Kursbildung eines Unternehmensanteils ausübt - nicht gegeben ist, wird die entsprechende Jahresabschlußveröffentlichung nicht in die Informationswertuntersuchung mit einbezogen.[306]

b) Elementgruppe Informationseigenschaften

Von den in Abbildung 5 genannten Faktoren der Elementgruppe "Information (Eigenschaften)", sind einige für die weitere Untersuchung ebenfalls nicht relevant:

Der **Informationsinhalt** - d.h. der Gegenstand, über den die Nachricht "Jahresabschluß" berichtet: den Erfolg der Geschäftstätigkeit eines Unternehmens in einem Geschäftsjahr[307] - weicht bei KI- und IHV-Jahresabschlüssen (abgesehen von § 26 a KWG) nur hinsichtlich des Schwerpunktes der Geschäftstätigkeit voneinander ab. Da nicht zu erwarten ist, daß bereits ein unterschiedlicher Branchenschwerpunkt generelle Abweichungen des Informationswerts von Jahresabschlüssen verschiedener Unternehmen begründet, wird das Merkmal Informationsgegenstand als Gütekriterium für die Anlageinformation "Jahresabschluß" nicht weiter diskutiert.

Die **Informationsart**, bei Jahresabschlüssen also faktische Informationen, aus denen der Anleger prognostische Informationen ableitet, unterscheidet sich bei KI- und IHV-Abschlüssen nicht. Auch dieses Kriterium wird hier daher nicht weiter untersucht.

Die formale **Informationsdarbietungsform** differiert zwar wegen der unterschiedlichen Gliederungsschemata von KI- und IHV-Jahresabschlüssen für die Rechtsform der AG; über die Hälfte der Abschlußpositionen sind jedoch durchaus vergleichbar, ca. 20 -

---

306) Vgl. Abschnitte B.II.1.b und B.II.4.a.β d.A.

307) Hauptaufgabe des Jahresabschlusses ist die Ausschüttungsbemessung. Dieser Primärzweck des Jahresabschlusses gilt für Unternehmen aller Branchen. Ausführlich dazu Abschnitt C.I.1 d.A.

30 % der Positionen sogar exakt deckungsgleich. Auch der Grad der Detailliertheit, d.h. die Zahl der in Bilanz und GVR veröffentlichten Positionen, ist bei Jahresabschlüssen von AG der Kreditwirtschaft und anderen Branchen annähernd gleich. Abbildung 6 zeigt die Unterschiede in der Informationsdarstellungsform zwischen KI- und IHV-Abschlüssen anhand der Abweichungen der Positionsanzahl (ermittelt nach den jeweiligen Mindestgliederungsschemata ohne Anlagespiegel[308]) und ohne Positionen unter dem Bilanzstrich) auf.

Abbildung 6

Überblick über die Anzahl der Bilanz- und GVR-Positionen in KI- und IHV-Jahresabschlüssen nach altem und neuem Recht[309])

Branche	IHV		Kreditwirtschaft		Vergleich	
Art der Position \ Rechtsgrundlage	AktG 1965	HGB 1985	Formbl.-VO 1969	Formbl.-VO 1987	Deckungsgleiche Positionen 65/69	85/87
Aktivseite	48	47	53	53	12	6
davon Einzelpos.	41	39	44	44		
davon Summenpos.	7	8	9	9		
Passivseite	31	53	39	44	11	13
davon Einzelpos.	26	49	29	34		
davon Summenpos.	5	4	10	10		
GVR:	29	28 (34)	27	27	14	6
davon Ertragsp.	14	12 (15)	11	11		
davon Aufwandsp.	15	16 (19)	16	16		
Insgesamt	108	128 (134)	119	124	37	25

Da das Informationsangebot der verschiedenen Gliederungsschemata formal gesehen annähernd gleich detailliert ist und sich die weiteren Untersuchungen vor allem auf die vergleichbaren (Summen-) Positionen in KI- und IHV-Abschlüssen beziehen, soll angenommen werden, daß die formalen Gliederungsunterschiede nicht entscheidend für mögliche Informationswertdifferenzen von

---

308) Vgl. FN 287 d.A.

309) Die Auszählung bei IHV-AG beruht auf den Gliederungsschemata bei Coenenberg, Grundlagen, S. 56 f. (Bilanz) und S. 295 - 299 (GVR), bei KI in der Rechtsform der AG, KGaA bzw. GmbH auf denen bei Birck/Meyer, Bankbilanz, 4. Teillieferung, S. VIII 50 - 53 (Formblatt-Verordnung vom 27.05.1969) sowie Reischauer/Kleinhans, Kreditwesengesetz, Tz. 15.01, S. 2 - 8 (2. Verordnung zur Änderung der Formblatt-Verordnung vom 13.09.1987, Bekanntmachung der Neufassung vom 14.09.1987). Die Zahlen in Klammer beziehen sich auf die Positionszahlen bei Verwendung des Gesamtkostenverfahrens in der Erfolgsrechnung.

KI- und IHV-Abschlüssen sind.[310] Aus diesem Grund wird auch das Gütekriterium "Darstellungsform" der Anlageinformation "Jahresabschluß" hier nicht weiter diskutiert.[311]

Die **Operationalität**, d.h. die formale Verwendbarkeit von Jahresabschlüssen für Anlageentscheidungen am Kapitalmarkt, ist bei Jahresabschlüssen aller Branchen gleich ungünstig. Sowohl KI- als auch IHV-Abschlüsse können nicht unmittelbar zur Prognose von Anlegerzielgrößen eingesetzt werden, sondern sind zunächst vom Investor in einem Verarbeitungsprozeß zu entscheidungsrelevanten Informationen zu transformieren. Das Gütekriterium (formale) Operationalität[312] soll daher ebenfalls als Ursache für mögliche Informationswertdifferenzen von KI- und IHV-Abschlüssen vernachlässigt werden.

Die **Prüfbarkeit** eines Jahresabschlusses für externe Unternehmensbeteiligte beschränkt sich auf die Kontrolle der rechnerischen Richtigkeit sowie einige Plausibilitätsprüfungen zum Verhältnis von GVR-Positionen und Bilanzpositionen. Zwar sind die Prüfmöglichkeiten für Externe bei Jahresabschlüssen von IHV-AG wegen der Vorschriften zum Anlagespiegel (§ 268 Abs. 2 HGB, § 25 a Abs. 2 KWG), zum Saldierungsverbot für Aufwendungen und Erträge (§ 246 Abs. 2 HGB, § 26 a Abs. 3 KWG) und zu einzelnen Auskunftspflichten (§ 26 a Abs. 2 und Abs. 3 Satz 2 KWG) geringfügig besser als bei Bankabschlüssen; diese Prüfbarkeitsunterschiede stellen aber allenfalls Nuancen dar. Eine "echte" Prüfung daraufhin, ob Buchführung und Jahresabschluß die Geschäftstätigkeit der Gesellschaft gemäß den gesetzlichen Vorschriften und den GoB abbilden, ist unternehmensexternen Anlegern weder bei KI- noch bei IHV-Abschlüssen möglich. Daher werden sich die Anleger auf das Jahresabschlußtestat des Wirtschaftsprüfers verlassen. Ob dieses Vertrauen berechtigt ist, soll hier nicht diskutiert werden. Anhaltspunkte dafür, daß das Testat bei einem Bankabschluß weniger vertrauenswürdig ist als bei einem IHV-Abschluß oder umgekehrt, existieren nach Kenntnis des Verfassers jedenfalls nicht. Als mögliche Ursache für In-

---

310) Es existiert sogar ein Unternehmen (Degussa AG, Frankfurt/M.), das seine Jahresabschlüsse in einigen Jahren in beiden Gliederungsvarianten (IHV- und Bankschema) veröffentlicht hat.

311) Ausführlich dazu Hülbert, Vergleichbarkeit, S. 96 - 110. Vgl. auch Abschnitt A.II.2 d.A.

312) Die Verwendbarkeit der Rechnungslegungsinformationen für Prognosezwecke ("inhaltliche" Operationalität) ist dagegen ein wesentliches Gütekriterium der Anlageinformation "Jahresabschluß". Vgl. Abschnitt B.II.4.c.β d.A.

formationswertdifferenzen scheiden Prüfbarkeitsunterschiede somit ebenfalls aus.

c) Kosten der Informationsbeschaffung und -verarbeitung

Um festzustellen, ob sich die Einholung zusätzlicher Nachrichten lohnt, muß der Anleger einen Vergleich anstellen: Er hat den erwarteten Nutzen einer Entscheidung mit Information - unter Berücksichtigung der erwarteten Kosten für die Nachrichtenbeschaffung und -auswertung - zu vergleichen mit dem erwarteten Nutzen einer Entscheidung ohne Information. Der hier geplante Vergleich des Informationswertes von KI- und IHV-Abschlüssen wird von den erwarteten Kosten der Jahresabschlußbeschaffung und -auswertung dann beeinflußt, wenn diese Kosten bei IHV- und Bankabschlüssen differieren. Für eine solche Annahme besteht allerdings kein Anlaß: Die Einholung von Jahresabschlüssen beider Unternehmensgruppen ist nahezu kostenlos (Übersendung des Jahresabschlusses, Einsicht in den Bundesanzeiger bzw. überregionale Tageszeitungen), bei der manuellen bzw. EDV-gestützten Auswertung sind annähernd gleich viele Jahresabschlußpositionen zu berücksichtigen[313] und die Auswertung der Daten für die Renditeprognose unterscheidet sich vermutlich ebenfalls nicht grundlegend. Da Informationswertdifferenzen zwischen KI- und IHV-Jahresabschlüssen vermutlich nicht durch unterschiedliche Kosten der Jahresabschlußbeschaffung und -auswertung begründet sind, kann auf eine Differenzierung der empirischen Untersuchung hinsichtlich dieses Kriteriums verzichtet werden.

3. Wesentliche Faktoren

Um den Einfluß der bankspezifischen Bewertungssonderrechte auf den Informationswert eines Jahresabschlusses für Anlageentscheidungen zu isolieren, müßte im Idealfall gewährleistet sein, daß sich die Jahresabschlußveröffentlichungen von KI- und IHV-AG nur hinsichtlich dieser Bewertungssonderregeln unterscheiden. Da dieser Idealfall in der Realität nicht gegeben ist, wurden im vorigen Abschnitt informationswertbeeinflussende Faktoren diskutiert, hinsichtlich derer sich KI- und IHV-Jahresabschluß nicht oder nur unwesentlich unterscheiden. Im folgenden werden diejenigen Einflußfaktoren präzisiert, hinsichtlich derer man annehmen muß, daß KI- und IHV-Jahresabschlüsse

---

313) Vgl. Abschnitt B.II.4.b.β d.A.

nicht oder nicht in jedem Fall vergleichbar sind. Um die Ausführungen nicht zu überfrachten, beschränkt sich der folgende Abschnitt auf eine Beschreibung dieser Kriterien; eine Diskussion, inwieweit sich KI- und IHV-Jahresabschlüsse hinsichtlich der einzelnen Kriterien unterscheiden könnten, erfolgt erst in Gliederungspunkt C.III.

a) Vorbemerkungen zur Terminologie

Nachdem die informationswertbeeinflussenden Elementgruppen Prozeß, Situation und Person sowie die Faktoren Inhalt, Art, Darbietungsform, Operationalität und Prüfbarkeit der Elementgruppe Informationseigenschaft bereits diskutiert wurden, verbleiben die Merkmale Informationsgehalt, Wahrheit bzw. Wahrscheinlichkeit, Objektivität, Bestätigungsgrad und Informationsalter; sie sollen in diesem Abschnitt präzisiert werden. Statt der allgemeinen, zur Charakterisierung jedweder Information verwendbaren Wildschen Begriffe, sollen hier allerdings entsprechend der Terminologie in der empirischen Bilanzforschung treffendere Bezeichnungen eingeführt werden.[314] Die Kriterien Wahrheit und Objektivität werden zum Oberkriterium "**Meßgenauigkeit**" zusammengefaßt. Da die Information Jahresabschluß im Rahmen des Entscheidungsproblems eines Anlegers primär der Prognose der künftigen Aktienrendite dient,[315] werden die Kriterien "Informationsgehalt" und "Wahrscheinlichkeit" im folgenden mit der sprechenderen Bezeichnung "**Prognoseeignung**" umschrieben. Das Merkmal "Bestätigungsgrad" soll hier als "**Intensität**", "Informationsalter" als "**Aktualität**" bezeichnet werden.

b) Aktualität

Damit eine Nachricht die Erwartungen eines Anlegers hinsichtlich seiner Entscheidungskonsequenzen verändert, ist grundsätzlich erforderlich, daß sie für ihn "neu" ist.[316] Neu ist eine Nachricht für einen Anleger dann, wenn er bislang keine anderen, so oder ähnlich lautenden Nachrichten zu demselben Ereignis erhalten hat, die seine Erwartungen bereits revidiert ha-

---

314) Zu den einzelnen Kriterien vgl. z.B. Coenenberg, Beurteilungskriterien, S. 75 - 753, McDonald, Criteria, S. 666 - 677, McDonald, Application, S. 39 f., Fertig, Values, S. 137 - 143.

315) Andere Informationswirkungen werden im Rahmen d.A. nicht untersucht. Vgl. Abschnitt A.II.6 d.A.

316) McDonald spricht von "timeliness" statt Aktualität, Wild von "Informationsalter". Vgl. McDonald, Criteria, S.676, Wild, Problematik, S.327.

ben. Eine Nachricht, die deshalb nicht entscheidungsrelevant ist, weil sie dem Entscheider bereits zu einem früheren Zeitpunkt zuging, soll als redundante Nachricht bzw. **Echo** bezeichnet werden.[317)]

Die Wahrscheinlichkeit dafür, daß eine Nachricht ein "Echo" darstellt, ist um so größer, je häufiger gleiche oder ähnliche Nachrichten voraussichtlich gesendet werden, d.h. je höher das **Publizitätsniveau** für die jeweilige Aktie ist. Als Indikatoren für das Publizitätsniveau sind vor allem Art und Umfang der Unternehmensberichterstattung außerhalb des Jahresabschlusses (z.B. Zwischen- bzw. Quartalsberichte, Pressemitteilungen, sonstige Verlautbarungen), aber auch Art und Umfang ähnlicher Nachrichten von Unternehmensexternen (z.B. Unternehmens- bzw. Branchenanalysen von KI, Großaktionären, Rating-Gesellschaften, Informations- und Börsendiensten usw.) zu nennen.[318)] Bezogen auf die Informationsart "Jahresabschluß" bedeutet dies: Je höher das Publizitätsniveau für eine Gesellschaft ist, desto eher werden Einzeldaten (z.B. der Jahresumsatz), die aus Sicht der Anleger einen Teil des Informationswertes des Jahresabschluß ausmachen, durch frühere Veröffentlichungen bekannt, desto geringer ist demnach der Informationswert des eigentlichen Jahresabschlusses zu veranschlagen.[319)] Aus diesem Grund muß im Rahmen der empirischen Untersuchung sichergestellt werden, daß nur Börsenreaktionen auf Jahresabschlußveröffentlichungen für KI und IHV-AG mit gleichem Publizitätsniveau verglichen werden.

Selbst wenn eine kursrelevante Nachricht neu ist - d.h. noch nicht durch andere, ähnliche Nachrichten vorweggenommen wurde -, muß dies nicht heißen, daß diese Nachricht für einen Anleger wertvoll ist. Ob ein Anleger durch Reaktion auf eine Nachricht Vorteile erwarten kann, die über die marktübliche Rendite hinausgehen, ist nämlich auch abhängig davon, inwieweit sich der Kapitalmarkt der Realität der theoretischen Idealvorstellung der **Informationseffizienz** nähert. Je schneller sich die Aktienkurse an Informationsstandsänderungen anpassen, desto eher ist gewährleistet, daß sich durch schnelle Reaktion bei Bekanntwerden einer kursrelevanten Information keine Renditen

---

317) Reuter nennt bei den nicht entscheidungsrelevanten Nachrichten neben redundanten auch bestätigende Nachrichten. Vgl. Reuter, Aktienmarkt, S. 48 f., insb. FN 1.

318) Einen Überblick über mögliche Kriterien zur Messung der Publikationsgüte gibt Berndsen, Unternehmenspublizität, S. 194-237, insb. S. 215.

319) Vgl. Pohlmann, Wahl, S. 160 f.

erzielen lassen, die über die marktübliche Rendite hinausgehen. Da nicht ausgeschlossen werden kann, daß die Kurse auf bestimmte Nachrichten (z.B. auf Jahresabschlußdaten) sehr schnell, auf andere dagegen nur mit erheblicher Verzögerung reagieren, ist die Anpassungsgeschwindigkeit der Kurse (als Maß für die Informationseffizienz des Marktes) immer im Hinblick auf eine spezielle Informationsart (hier den Jahresabschluß) zu definieren.

Ziel dieser Untersuchung ist indessen nicht, Aussagen darüber zu liefern, ob ein Anleger durch schnelle Reaktion auf Jahresabschlußveröffentlichungen eine höhere als die marktübliche Rendite erzielen kann; hier sollen lediglich Aussagen über den Informationsgehalt von KI- und IHV-Jahresabschlüssen in einer **hypothetischen** Entscheidungssituation getroffen werden.[320] Dieser Informationswertvergleich wird dann gestört, wenn Börsenreaktionen auf Jahresabschlußveröffentlichungen gegenübergestellt werden, die sich nicht nur hinsichtlich der hier interessierenden Bewertungssonderregeln unterscheiden, sondern zusätzlich hinsichtlich anderer informationswertbeeinflussender Dimensionen. Oben wurde bereits festgestellt, daß im Rahmen der empirischen Untersuchung eine Abschichtung nach dem Publizitätsniveau notwendig ist. Eine zusätzliche Differenzierung der empirischen Untersuchung nach dem Grad der Informationseffizienz[321] ist deshalb nur dann nötig, wenn die Möglichkeit besteht, daß sich die Anpassungsgeschwindigkeit der Wertpapierkurse bei Veröffentlichung von Jahresabschlüssen zwischen KI und IHV-AG **gleichen** Publizitätsniveaus systematisch unterscheiden. Da entsprechende Hinweise für den deutschen Aktienmarkt bislang nicht vorliegen, wird hier angenommen, daß der organisierte Kapitalmarkt hinsichtlich der Informationsart "Jahresabschluß" für AG gleichen Publizitätsniveaus den gleichen Grad an Informationseffizienz aufweist.

---

320) Ausführlich dazu in Abschnitt B.II.4.a.τ d.A.

321) Im Gegensatz zum Großteil der amerikanischen Literatur, die die "Informationseffizienz" eines Marktes als gegeben bzw. nicht gegeben ansieht (Informationseffizienz als "0/1-Variable"), wird hier davon ausgegangen, daß diese Eigenschaft eines Marktes je nach Marktbreite, -tiefe, Handelsformen, Technik der Kursfeststellung usw. unterschiedliche Grade aufweisen kann (Informationseffizienz als kontinuierliche Variable).

c) Intensität

Als weitere grundlegende Voraussetzung dafür, daß einer Nachricht Informationsgehalt zukommt, ist zu nennen, daß das der Nachricht zugrundeliegende Ereignis nicht nur in der Vergangenheit gebildete Ertragserwartungen bestätigt, sondern fühlbar nach oben (gute Nachricht) oder unten (schlechte Nachricht) davon abweicht.[322] Die Intensitätsdimension einer Nachricht ist um so größer, je stärker das der Nachricht zugrundeliegende Ereignis von den bisherigen Erwartungen des Anlegers abweicht. Dies läßt sich leicht an dem bereits in Abschnitt I.4 dieses Kapitels vorgestellten Informationswertkalkül verdeutlichen: Der Nutzenzuwachs des Anlegers durch den Zugang einer Information ist um so größer, je stärker die Nachricht "unerwartete" Umweltzustände begünstigt. Erhält der Investor im vorgestellten Beispiel die Nachricht y_1 (Aufträge niedriger, schlechte Nachricht), ändert sich seine Erwartungsstruktur kraß. Er erwirbt infolgedessen statt der Aktien die Rentenpapiere, der Erwartungswert seiner zukünftigen Einzahlungen steigt von 101,64 (Aktien) auf 110 GE (Renten). Würde dagegen auf der Bilanzpressekonferenz die Nachricht verbreitet, die der Investor vorab als wahrscheinlichste einschätzte, nämlich y_2 (Aufträge gleich), trifft der Investor im Vergleich zur Situation ohne Information keine andere Entscheidung; er kauft weiterhin Aktien der U-AG, auch wenn sich der Erwartungswert der Einzahlungen aus Verkaufserlös und Dividende im Lichte der geringfügig veränderten Wahrscheinlichkeitsverteilung von 111,32 GE auf 112,20 GE reduziert hat.[323] Die Intensitätsdimension der Nachricht y_1 ist im Vergleich zu y_2 offensichtlich höher.

Da zu vermuten ist, daß auch in der Realität einem Jahresabschluß, dessen Werte von den Erwartungen der Investoren stark abweichen, ein größerer Informationswert zukommt als einem Abschluß, dessen "Bestätigungsgrad"[324] hoch ist, ist die empirische Untersuchung auch hinsichtlich dieses Kriteriums zu differenzieren. Mit anderen Worten: Börsenreaktionen auf Jahresabschlußveröffentlichungen von KI- und IHV-AG sollten immer nur für eine "Intensitätsklasse" verglichen werden. Probleme wirft allerdings die Messung der Intensitätsdimension auf. Wie be-

---

322) In der Wildschen Systematik wurde dieses Kriterium mit "Bestätigungsgrad" bezeichnet. Vgl. oben, Abschnitt C.II.1.

323) Vgl. diesbezüglich S. 37 d.A.

324) Wild, Problematik, S. 327.

reits in Abschnitt B.II.4.a dargestellt wurde, ist der Erwartungsrevisionsprozeß eines Anlegers nur unzureichend erforscht. Im Rahmen dieser Arbeit bleibt daher nur die Möglichkeit, bei der empirischen Untersuchung verschiedene mögliche Erwartungsrevisionsmodelle zu unterstellen. Die Intensitätsdimension ist dann in Abhängigkeit von den jeweiligen Erwartungsrevisionsmodellen zu definieren.

d) Meßgenauigkeit

Eine weitere Voraussetzung dafür, daß einer Nachricht aus Sicht eines Anlegers Informationsgehalt zukommt, ist - neben den bereits genannten Punkten -, daß er sie als wahr, als verläßlich einstuft. Nachrichten, die verzerrt über vergangene Ereignisse berichten, werden sachkundige Investoren erkennen und nicht beachten, falls sie die Verzerrung nicht beheben können. Inwieweit das Rechnungslegungsinstrument Jahresabschluß als verläßlich eingestuft wird, ist abhängig vom

(1) **"Urbildspielraum"**[325], d.h. den Gestaltungsmöglichkeiten der Realität, über die ein Rechnungslegender verfügt;
(2) **"Abbildungsspielraum"**[326], d.h. den Wahlrechten, die der Jahresabschluß dem Rechnungslegenden für die Abbildung gegebener Sachverhalte einräumt;
(3) **Verfahrensspielraum**, d.h. der Eignung des Meßinstrumentes Jahresabschluß zur Ermittlung und Darstellung eines bestimmten vorgegebenen Sachverhaltes.[327]

Vor allem, wenn - wie bei der Nachricht "Jahresabschluß" - über vergangene Ereignisse berichtet wird, die sich nicht unmittelbar in der Realität beobachten lassen, übt die Abbildungsqualität des Modells, dem die Begriffe zur Beschreibung von Sachverhalten der Realität entlehnt sind, beträchtlichen Einfluß auf

325) Schildbach, Der handelsrechtliche Jahresabschluß, S. 28. Einen kurzen Überblick über die wichtigsten Urbildspielräume des Jahresabschlusses gibt z.B. Hilke, Bilanzpolitik, S. 35 - 40. Vgl. auch Abschnitt C.III.3.b dieser Arbeit.
326) Schildbach, Der handelsrechtliche Jahresabschluß, S. 28. Coenenberg spricht bei den Abbildungsspielräumen auch von subjektbedingten Meßfehlern. Vgl. ders., Beurteilungskriterien, S. 748 - 750. Einen Überblick über die Ansatz- und Bewertungswahlrechte im Jahresabschluß von Kapitalgesellschaften gibt Abbildung 7 d.A.
327) Vgl. Coenenberg, Beurteilungskriterien, S. 748 - 750. Zur Hauptaufgabe des Jahresabschlusses vgl. Abschnitt C.I.1.a d.A.

den "Zuverlässigkeitsgrad" einer Nachricht aus.[328] Folglich läßt sich eine Jahresabschlußinformation, z.B. der Jahresüberschuß, nur dann (sinnvoll) beurteilen, wenn man den Spielraum kennt, den die Meßvorschriften bei der Ermittlung dieser Größe gewähren und Anhaltspunkte dafür hat, wie der Rechnungslegende diesen Spielraum genutzt hat. Erst nach dieser Prüfung wird ein Entscheider aus den Meßdaten Rückschlüsse (Prognosen) auf die ihn eigentlich interessierenden zukünftigen Größen ziehen. Mit Dieter Schneiders Worten: Nur dann, wenn sich bei einer Nachricht, die aus einer Mischung von Dichtung und Wahrheit besteht, der wahre Teil extrahieren läßt, wird ein rationaler Anleger die Nachricht (sofern die nachfolgend genannten weiteren Voraussetzungen erfüllt sind) beachten.[329] Die Zuverlässigkeit einer Nachricht ist demzufolge um so größer, je leichter und eindeutiger diese Trennung möglich ist, je höher die Wahrscheinlichkeit ist, daß das Ereignis-Urbild durch die übermittelte Nachricht unverzerrt, d.h. strukturgleich abgebildet wird.

In der Literatur wurden bislang unterschiedliche Maße vorgeschlagen, um die so verstandene "Zuverlässigkeit" eines Jahresabschlusses zur Abbildung vergangener Ereignisse zu quantifizieren.[330] **Abbildungsspielräume** (Ansatz- und Bewertungswahlrechte) des Jahresabschlusses haben "... zur Folge, daß unabhängig voneinander durchgeführte Messungen desselben Gegenstandes durch verschiedene Meßsubjekte nicht alle zu demselben Resultat, sondern zu wenigstens teilweise abweichenden Ergebnissen führen. Es gibt dann also zu dem Objekt keinen eindeutig bestimmten Maßzahlenwert, sondern lediglich einen statistisch bestimmbaren mittleren Maßzahlenwert."[331] Je stärker einzelne Messungen von dem mittleren Maßzahlenwert abweichen können, desto geringer ist die **Wiederholungsgenauigkeit** des Meßsystems Jahresabschluß.[332] Die Forderung nach einem möglichst hohen

---

328) Vgl. Schneider, Betriebswirtschaftslehre, S. 408 f., S. 412.

329) Vgl. Schneider, Kapitalmarkteffizienz, S. 27 f. Vgl. auch Schneider, Betriebswirtschaftslehre, S. 406.

330) Vgl. McDonald, Criteria, S. 670 - 677, Coenenberg, Beurteilungskriterien, S. 746 - 748. Da hier die Meßgenauigkeit des Jahresabschlusses beurteilt werden soll, kann darauf verzichtet werden, Kriterien für die Höhe der Urbildspielräume des Rechnungslegenden zu diskutieren.

331) Coenenberg, Beurteilungskriterien, S. 746.

332) Als Maßgröße für die Wiederholungsgenauigkeit einer Messung können z.B. die durchschnittliche quadrierte Abweichung der Meßresultate vom Maßzahlenmittelwert (d.h. die Varianz) oder andere Streuungsmaße dienen. Vgl. McDonald, Criteria, S. 671 f., Coenenberg, Beurteilungskri-

Grad der Wiederholungsgenauigkeit der Jahresabschlußdaten - d.h. geringer Varianz der Meßergebnisse - wird in der Literatur als **Prinzip der Objektivität** bezeichnet.[333)]

Verfahrensspielräume äußern sich dadurch, daß das Abbild eines bestimmten Sachverhaltes infolge der mangelnden Eignung der Meßvorschriften von dem Ergebnis abweicht, das ein zielkonsistentes Meßverfahren liefern würde.[334)] Je geringer diese Abweichung ist, desto **treffgenauer** ist ceteris paribus die Jahresabschlußinformation.[335)] Da sowohl Abbildungs- als auch Verfahrensspielräume den Informationsgehalt des Jahresabschlusses beeinträchtigen, läßt sich zusammenfassend festhalten, daß die Meßgenauigkeit einer Jahresabschlußinformation abhängig davon ist, inwieweit die Prinzipien der Wiederholungs- und Treffgenauigkeit erfüllt sind.[336)] Da - wie in Abschnitt C.I.2 ausgeführt wurde - für den Jahresabschluß von KI infolge von § 26 a Abs. 1 KWG bzw. zukünftig § 340 f HGB andere Bewertungsregeln gelten als für IHV-Abschlüsse, ist zu vermuten, daß sich Abschlüsse beider Unternehmensgruppen generell hinsichtlich der Dimension Meßgenauigkeit unterscheiden; eine vergleichende Untersuchung dieses Kriteriums soll allerdings erst in Abschnitt C.III.3 erfolgen.

e) Prognoseeignung

Wie sich aus dem Informationswertkalkül in Abschnitt B.I.4 d.A. erkennen läßt, ist eine weitere Voraussetzung für eine Erwartungsrevision des Anlegers, daß dem Ereignis, über das eine Nachricht berichtet, Prognosekraft hinsichtlich Ertrag und Risiko (mindestens) einer Aktie zukommt. Die Prognoseeigung von Nachrichten für das Entscheidungsproblem eines Anlegers setzt

---

terien, S. 746 f. Bezüglich anderer Streuungsmaße vgl. z.B. Bitz, Entscheidungstheorie, S. 52 f.

333) Vgl. Coenenberg, Beurteilungskriterien, S. 747 f. Ausführlich dazu Fertig, Values, S. 137 - 143 und McDonald, Criteria, S. 670 - 673 mit weiteren Literaturnachweisen.

334) Als Beispiel für eine mit dem Informationsziel des Jahresabschlusses nicht vereinbare Meßvorschrift nennt Coenenberg den Grundsatz der Vorsicht. Vgl. ders., Beurteilungskriterien, S. 746.

335) Als Maß für die Treffgenauigkeit wird in der Literatur der quadrierte Abstand von tatsächlichem Meßergebnis und dem Meßergebnis eines zielkonsistenten Meßverfahrens vorgeschlagen. Vgl. Coenenberg, Beurteilungskriterien, S. 747, McDonald, Criteria, S. 673 f.

336) Coenenberg schlägt daher vor, das Oberkriterium "Meßgenauigkeit" additiv aus den Unterkriterien "Objektivität" und "Treffgenauigkeit" zu ermitteln. Vgl. ders., Beurteilungskriterien, S. 747.

voraus, daß eine Beziehung zwischen dem Inhalt der Nachricht und den Zielgrößen des Investors besteht. Grundsätzlich sind drei unterschiedlich strenge Beziehungen zwischen dem Inhalt einer Nachricht und den Zielgrößen eines Anlegers denkbar:[337)]

(1) Die Nachricht enthält unmittelbar Informationen über die Wahrscheinlichkeitsverteilung der Aktienerträge oder über die entscheidungsrelevanten Parameter dieser Verteilung.
(2) Die Nachricht liefert Informationen über Ereignisse, die die Zielgrößen des Anlegers unmittelbar beeinflussen.
(3) Die Nachricht bildet lediglich Ereignisse ab, "... deren Kenntnis dem Entscheidenden Rückschlüsse auf die für ihn relevanten künftigen Umweltbedingungen ermöglicht."[338)]

Fall (3) beschreibt die schwächste Beziehung, die zwischen dem Inhalt einer Nachricht und den Zielgrößen eines Anlegers bestehen kann, weil zusätzliche Transformationen ("Rückschlüsse") des Anlegers notwendig sind, damit dieser überhaupt erkennt, daß sich seine Zielgrößen ändern können. Je nachdem, welche Fähigkeiten zur Informationsproduktion der Entscheider besitzt, kann eine Nachricht somit unterschiedliche Erwartungsrevisionen auslösen. Die Prognosekraft einer Nachricht ist daher ceteris paribus um so höher, je straffer die Beziehung zwischen dem der Nachricht zugrunde liegenden Ereignis und den Anlegerzielgrößen ist, d.h. je weniger **Transformationen** der Anleger noch vornehmen muß, um die Auswirkungen der Nachricht auf seine Zielgrößen beurteilen zu können.[339)]

Der Jahresabschluß stellt eine Nachricht der Kategorie (3) dar, denn er enthält nur indirekte Hinweise auf die künftige Aktienrendite einer Gesellschaft.[340)] Die Primäraufgabe des Jahresabschlusses liegt nämlich - wie in Abschnitt C.I.1 deutlich wurde - nicht in der Vermittlung von Informationen über Erwartungswert und Streuung der künftigen Aktienrendite, sondern in der Bestimmung des unbedenklich ausschüttbaren Gewinns der **vergangenen** Rechnungsperiode. Im Mittelpunkt des Anlegerinteresses

---

337) Vgl. Coenenberg, Beurteilungskriterien, S. 738 f. und Beaver, Financial Reporting, S. 103 - 108, insb. S. 103.

338) Coenenberg, Beurteilungskriterien, S. 739.

339) Vgl. Pohlmann, Wahl, S. 148, S. 157 - 160. Im Rahmen d.A. wird der Begriff "Prognoseeignung" stets im Hinblick auf die Eignung, künftige Aktienrenditen zu schätzen, verwendet. Die Möglichkeit, Jahresabschlußdaten z.B. zur Insolvenzprognose zu verwenden, ist nicht Gegenstand d.A. Vgl. Abschnitt A.II.6.

340) Vgl. diesbezüglich auch Abschnitt B.II.4.a.β_3 d.A.

stehen zwar Informationen über die **künftigen** Unternehmenserträge; Informationen über den Geschäftserfolg in der Vergangenheit sind für Investoren aber insoweit bedeutsam, als die Möglichkeit besteht, daß in der Vergangenheit vorhandene Ertragsdeterminanten auch in Zukunft wirksam sind. Je genauer und umfassender ein Anleger den überschußerzeugenden Unternehmensprozeß in der Vergangenheit kennt, desto besser wird er - vorausgesetzt, die Verhältnisse ändern sich nicht grundlegend - auch den Unternehmenserfolg in der Zukunft beurteilen können. Dieser Sachverhalt ist gemeint, wenn von Transformationen gesprochen wird, mit denen sich aus dem Jahresabschluß Indikatoren für die zukünftigen Unternehmenserträge (bzw. Bestandteile davon wie etwa Dividendenzahlungen) gewinnen lassen.

Um die Qualität von Informationen über die Vergangenheit bewerten zu können, sind indessen andere Kriterien notwendig als bei der Beurteilung zukunftsbezogener Informationen. Dem im vorigen Abschnitt definierten Kriterium der **Meßgenauigkeit** obliegt es, die Abbildungsqualität (Realitätstreue) des Jahresabschlusses hinsichtlich bestimmter vergangenheitsbezogener Sachverhalte - genauer: dessen Fähigkeit zur Ermittlung des unbedenklich ausschüttbaren Reinvermögenszuwachs der vergangenen Periode - zu messen, während sich das Kriterium **Prognoseeignung** auf die Brauchbarkeit der Jahresabschlußdaten für die Vorhersage künftiger Ereignisse - Aktienerträge bzw. Teile davon, wie etwa Dividendenzahlungen - bezieht. Bezogen auf das Beispiel in Abschnitt B.I.4 beurteilt das Kriterium "Prognoseeignung" die Straffheit des Zusammenhangs zwischen der Nachricht über die Auftragslage und den künftigen Gewinnen der U-AG, während das Kriterium "Meßgenauigkeit" bewertet, inwieweit die Nachricht über die Auftragslage der Realität entspricht.

Die Prognosekraft der Nachricht "Jahresabschluß" hinsichtlich eines bestimmten künftigen Ereignisses läßt sich grundsätzlich anhand der Eignung der übermittelten Daten quantifizieren, die Ausprägung dieses künftigen Ereignisses zu schätzen. So schlägt z.B. Coenenberg vor, die Prognoseeignung des Jahresabschlusses für ein Entscheidungsproblem anhand der **Prognosefehler erster und zweiter Art** zu messen.[341] Daneben wurden vor allem in der US-amerikanischen Literatur eine ganze Reihe weiterer Maße vor-

---

341) Vgl. Coenenberg, Beurteilungskriterien, S. 748 - 750.

geschlagen, mit der sich die Eignung von Jahresabschlußdaten zur Prognose künftiger Ereignisse quantifizieren läßt.[342)]

Sollten sich die Anleger ausschließlich an der Höhe des unbedenklich ausschüttbaren Periodengewinnes orientieren, wäre mit einer hohen Meßgenauigkeit des Jahresabschlusses stets auch eine hohe Eignung für die Prognose zukünftiger Aktienrenditen verbunden. Da zu erwarten ist, daß in eine Aktienrenditeprognose neben dem letzten Periodengewinn noch eine ganze Reihe anderer Jahresabschlußkennzahlen und darüber hinaus weitere z.B. gesamtmarktbezogene Variable einbezogen werden, muß sich eine Verbesserung (Verschlechterung) der Meßgenauigkeit nicht zwangsläufig in einer erhöhten (verminderten) Prognoseeignung des Jahresabschlusses niederschlagen. Im Hinblick auf die empirische Untersuchung bleibt festzuhalten, daß bei einer unterschiedlichen Meßgenauigkeit von KI- und IHV-Jahresabschlüssen auch damit zu rechnen ist, daß sich die Prognoseeignung einzelner KI- und IHV-Abschlüsse signifikant unterscheidet. Dies gilt jedoch nur für den Fall, daß sich die Anleger bei der Prognose der künftigen Aktienerträge an Positionen orientieren, deren Höhe infolge von § 26 a KWG möglicherweise manipuliert ist.

4. Zusammenfassender Überblick

In Anbetracht der Fülle der diskutierten Einflußfaktoren auf den Informationswert eines Jahresabschlusses sollen hier noch einmal die Ausführungen des Abschnitts C.II kurz anhand einer Graphik zusammengefaßt werden.

---

342) Vgl. Foster, Financial Statement Analysis, S. 266 - 270 und Watts/Zimmerman, Positive Accounting, S. 130 - 155 mit jeweils weiteren Literaturhinweisen. In der Literatur wird diesbezüglich auch von einem Prinzip der "Treffgenauigkeit" gesprochen. Vgl. Coenenberg, Beurteilungskriterien, S. 746 f., McDonald, Criteria, S. 673 f.

Abbildung 7a
Überblick über wesentliche Einflußfaktoren auf den Informationswert eines Jahresabschlusses

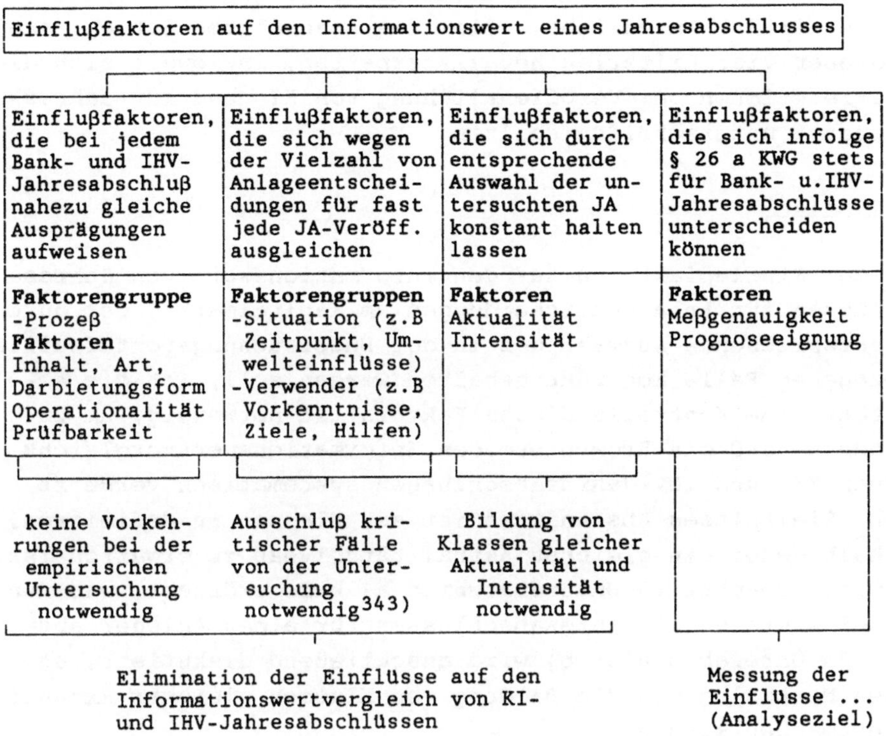

III. Herleitung von Hypothesen über die unterschiedlichen Entscheidungswirkungen von Bank-Jahresabschlüssen und Jahresabschlüssen anderer Branchen am Aktienmarkt

Im Vorabschnitt wurden mögliche Einflußfaktoren auf den Informationswert eines Jahresabschlusses grob in zwei Gruppen eingeteilt: In solche, die für KI- und IHV-Abschlüsse stets oder aufgrund des Untersuchungsdesigns gleiche Ausprägungen aufweisen und in solche, die infolge der Bewertungssonderrechte vermutlich unterschiedlich ausfallen. Im Rahmen dieses Hauptpunktes ist ein kleiner Teil dieser Kriterien weiter zu präzisieren: diejenigen, von denen anzunehmen ist, daß sie für KI- und IHV-Abschlüsse infolge von § 26 a KWG stets unterschiedlich

343) Dies betrifft vor allem Fälle, bei denen die Börsenreaktionen auf Jahresabschlußveröffentlichungen möglicherweise durch nichtfinanzielle Motive geprägt sind (vor Fusionen, Konkursen usw.) bzw. die Entscheidungssituation vieler Anleger durch außergewöhnliche Umstände beeinflußt wird (z.B. Börsencrash). Vgl. die Abschnitte B.II.1.b und B.II.4.a.β d.A.

ausfallen können (Meßgenauigkeit, Prognoseeignung) sowie diejenigen, für die im Rahmen des Untersuchungsdesigns Vorkehrungen getroffen werden müssen, um gleiche Ausprägungen sicherzustellen (Aktualität, Intensität). Ziel des Abschnittes ist es, anhand dieser vier Kriterien herauszuarbeiten, inwieweit sich die Anlegerreaktionen bei Veröffentlichung von KI- und IHV-Jahresabschlüssen unterscheiden sollten.

1. Aktualität

Einer der Einflußfaktoren auf den Informationswert von Jahresabschlüssen für Anlageentscheidungen am Kapitalmarkt, der durch eine entsprechende Auswahl der in das Untersuchungsportefeuille einbezogenen Fälle konstant gehalten werden soll, ist die Aktualität. Eine Kontrolle dieses Faktors ist notwendig, um zu verhindern, daß die Ergebnisse des Informationswertvergleichs zwischen KI- und IHV-Jahresabschlüssen systematisch verzerrt werden. Ziel dieses Abschnittes ist es, Klassen zu definieren, innerhalb derer ein gleiches Aktualitätsniveau zu erwarten ist. Dazu wird zunächst in Unterabschnitt a) kurz erörtert, was den Neuigkeitswert eines Jahresabschlusses für einen Anleger ausmacht; in Unterabschnitt b) wird anschließend diskutiert, an welchen Merkmalen man die Bildung von Klassen gleicher Aktualität festmachen könnte.

a) Möglichkeiten und Grenzen der Aktualität von Jahresabschlüssen

Damit ein Jahresabschluß die Erwartungen eines Anlegers hinsichtlich seiner Entscheidungskonsequenzen verändert, ist grundsätzlich erforderlich, daß wesentliche Jahresabschlußdaten für ihn "neu" sind. Neu sind Jahresabschlußkennzahlen für ihn dann, wenn er bislang aus anderen Quellen keine anderen, so oder ähnlich lautenden Daten erhalten hat, die seine Erwartungen bereits revidiert haben. Die Wahrscheinlichkeit dafür, daß Abschlußdaten bereits durch andere Nachrichten vorweggenommen wurden, ist um so größer, je publizitätsfreudiger eine Gesellschaft ist und je größer der zeitliche Abstand zwischen dem Ablauf des Geschäftsjahres und der eigentlichen Jahresabschlußveröffentlichung ist. Falls ein Unternehmen häufig und detailliert außerhalb des Jahresabschlusses über Lage und/oder Entwicklung der Unternehmenserträge berichtet, z.B. in Pressemitteilungen, Aktionärsbriefen, Zwischen- bzw. Quartalsberichten oder sonstigen Verlautbarungen,[344] desto eher werden Jahresabschlußdaten, die aus Sicht eines Anlegers einen Informationswert aufweisen, vorweggenommen, desto weniger Bedeutung kommt dann der eigentlichen Jahresabschlußveröffentlichung zu. Auch Nachrichten von Unternehmensexternen (z.B. Unternehmens- bzw. Branchenanalysen von KI, Rating-Gesellschaften, Informations- und Börsendiensten usw.) können den Informationswert des Jahresabschlusses für Anleger herabsetzen.[345] Hinzu kommt, daß die Hauptaufgabe des Jahresabschlusses ohnehin dafür sorgt, daß weniger über die - für den Anleger eigentlich entscheidungsrelevanten - künftigen Ausschüttungen als vielmehr über den unbedenklich ausschüttbaren Gewinn des vergangenen Geschäftsjahres berichtet wird.[346]

Man könnte geneigt sein, wegen des Bekanntwerdens einzelner Daten vor der eigentlichen Veröffentlichung sowie der generellen Vergangenheitsorientierung Jahresabschlüsse für irrelevant im Hinblick auf Anlageentscheidungen am Kapitalmarkt zu halten. Dabei würde allerdings übersehen, daß es eine ganze Reihe von Gründen gibt, die Jahresabschlußkennzahlen selbst bei einem **hohen Publizitätsniveau** (z.B. infolge einer regelmäßigen Zwischenberichterstattung) zu einer für Anlageentscheidungen relevanten Information machen können.

(1) Weder Vorabinformationen zum Jahresabschluß in Pressemitteilungen oder Aktionärsbriefen noch Zwischenberichte zum letzen Quartal bzw. Halbjahr liefern in einer ähnlichen **Detailliertheit** Daten über die finanziellen Konsequenzen der Geschäftstätigkeit in der jeweiligen Rechnungslegungsperiode. Studien zur Zwischenberichtserstattung durch deutsche AG - der wohl bedeutendsten Quelle für unternehmensbezogene Daten außerhalb des Jahresabschlusses - ermittelten, daß in den vergangenen Jahres nur selten mehr als ca. ein Dutzend Kennzahlen über die Geschäftstätigkeit einer Gesellschaft veröffentlicht wurden.[347]

(2) Sowohl die **Informationsdarbietungsform** (insbesondere die Übersichtlichkeit) als auch die **Operationalität** (d.h. die

---

344) Zur Bezeichnung solcher außerbilanzieller Publikationen vgl. Müller, Zwischenberichtspublizität, S. 36 f.

345) Vgl. Pohlmann, Wahl, S. 160 f.

346) Ausführlich dazu in Abschnitt C.III.4 d.A.

347) Vgl. Müller, Zwischenberichtspublizität, S. 79 - 106, Köbrich, Erstellung, S. 1479.

formale Verwendbarkeit für Anlageentscheidungen am Kapitalmarkt) kann für Unternehmenspublikationen außerhalb des Jahresabschlusses beträchtlich differieren. Selbst wenn Aktionärsbriefe oder Zwischenberichte eine Vielfalt von Unternehmensdaten beinhalten, ist demnach nicht sichergestellt, daß diese Daten einen ähnlich guten Einblick in die aktuelle Gewinnsituation einer Gesellschaft geben wie die Kennzahlen des Jahresabschlusses. Bei der Beurteilung von Zwischenberichtsinformationen ist darüber hinaus zu berücksichtigen, daß an deren Veröffentlichung keine dem Jahresabschluß vergleichbaren Rechtsfolgen (Gewinnausschüttung, Steuern)[348] anknüpfen.

(3) Wie bereits in Abschnitt C.II.3.d ausgeführt wurde, übt immer dann, wenn über Ereignisse berichtet wird, die sich nicht unmittelbar in der Realität beobachten lassen, die Abbildungsqualität des Modells, dem die Begriffe zur Beschreibung dieser Ereignisse entlehnt sind, beträchtlichen Einfluß auf die **Meßgenauigkeit** einer Nachricht aus. Für den Zeitraum vor 1989 (dem Inkrafttreten der Änderung von Börsengesetz und Börsenzulassungsverordnung) liefert nur der Jahresabschluß Daten, deren Ermittlungsmethode (und damit Vergleichbarkeit) durch ein theoretisch fundiertes Meßkonzept festgeschrieben ist.[349]

(4) Außerdem ist zu berücksichtigen, daß nur die Daten des Jahresabschlusses von einem Wirtschaftsprüfer geprüft und testiert werden. Andere Veröffentlichungen der AG bzw. von Unternehmensexternen weisen meist einen weit geringeren **Verläßlichkeitsgrad** auf. Selbst wenn sämtliche Jahresabschlußkennzahlen bereits durch andere Unternehmensverlautbarungen vorweggenommen würden - dies ist wegen der Datenfülle sehr unwahrscheinlich - kommt der eigentlichen Jahresabschlußveröffentlichung zumindest bestätigender Charakter zu.

---

348) Vgl. Hax, Rechnungslegungsvorschriften, S. 190 f., Kilgert/Großmann, Zwischenbericht, S. 190.

349) Vgl. Busse von Colbe/Reinhard, Zwischenberichterstattung, S. V f. Für den Zeitraum vor 1989 existieren in der Bundesrepublik Deutschland keine **zwingenden** Vorschriften zur Zwischenberichtspublizität (z.B. zur Frage der Ertrags- bzw. Aufwandsermittlung). Vgl. Köbrich, Erstellung, S. 1477. Zur neuen Regelung (nach 1989) vgl. Kilgert/Großmann, Zwischenbericht, S. 190 - 195.

Insofern wundert es nicht, wenn trotz einer Fülle von Unternehmenspublikationen sowohl in deutschen als auch in US-amerikanischen Untersuchungen signifikante Reaktionen auf die Veröffentlichung von Jahresabschlüssen nachgewiesen werden konnten.[350] Wie US-amerikanische Untersuchungen deutlich zeigen, reagieren die Aktienkurse eines Unternehmens selbst dann auf eine Veröffentlichung von annual reports, wenn einige Daten solcher Reports bereits bekannt sind, weil vorab im Wall Street Journal Gewinn- oder Dividendenankündigungen erfolgten.[351]

Bislang wurden Gründe diskutiert, warum der Jahresabschluß selbst bei einem hohen Publizitätsniveau, z.B. infolge einer turnusmäßigen Zwischenberichterstattung der betreffenden AG, (anlage-) entscheidungsrelevante Informationen bereitzustellen vermag. Diese Diskussion könnte leicht den Blick dafür verstellen, daß das Gros der börsennotierten Unternehmen für den Zeitraum vor 1987 (der der empirischen Untersuchung in Abschnitt D d.A. zugrunde liegt) keine turnusmäßigen Berichte außerhalb des Jahresabschlusses veröffentlicht hat.[352] Für diese Unternehmensgruppe garantiert der Jahresabschluß, daß den Anlegern ein Mindestmaß an (verläßlichen) Informationen über die Ertragslage der jeweiligen Gesellschaft bereitgestellt wird.[353] In solchen Fällen geringen Publizitätsniveaus wird die Jahresabschlußveröffentlichung tendenziell eine erheblich größere Aktualität besitzen als bei turnusmäßiger und detaillierter Zwischenberichterstattung. Im Rahmen der empirischen Untersuchung ist daher sicherzustellen, daß nur jahresabschlußinduzierte Börsenreaktionen von KI- und IHV-Aktien mit annähernd gleichem Publizitätsniveau verglichen werden. An welchen unternehmensbezogenen Merkmalen man die Bildung von Klassen gleicher Aktualität festmachen könnte, ist im nächsten Abschnitt zu diskutieren.

---

350) Vgl. z.B. Brandi, Informationswirkungen, S. 153 - 171, Coenenberg/Möller, Entscheidungswirkungen, S. 448 - 454, ders., Aktienkursentwicklung, S. 313 - 320.

351) Vgl. Wilson, Incremental Information Content, S. 307 - 320.

352) Vgl. Abschnitt D.III.2 d.A. Zum selben Ergebnis kommt Müller, Zwischenberichtspublizität, S. 83 f.

353) Coenenberg spricht diesbezüglich von einer marktregulierenden Funktion des Jahresabschlusses. Vgl. ders., Jahresabschluß, S. 811. Zur Frage, ob der Jahresabschluß die Masse der Marktteilnehmer vor der Ausbeutung durch besser Informierte schützen kann, vgl. Moxter, Anlegerschutz, S. 266 f. und Schredelseker, Nutzen, S. 139 - 141.

b) Ansatzpunkte zur Bildung von Gruppen homogener Aktualität

Wie oben ausgeführt, ist die Wahrscheinlichkeit dafür, daß Jahresabschlußdaten bereits durch andere Nachrichten vorweggenommen wurden, um so größer, je publizitätsfreudiger ein Unternehmen ist und je größer der zeitliche Abstand zwischen dem Ablauf des Geschäftsjahres und der eigentlichen Jahresabschlußveröffentlichung ist. Als mögliche Bildungskriterien für Klassen gleicher Aktualität bieten sich daher zum einen das "**Publizitätsniveau**" der betreffenden AG, zum anderen der **Veröffentlichungszeitpunkt** des Jahresabschlusses an.

α) Publizitätsniveau

Zunächst zur Messung des Kriteriums "**Publizitätsniveau**" für deutsche börsennotierte AG. In der Bundesrepublik Deutschland wurden zu diesem Problembereich bislang nur die Arbeiten von Berndsen, Müller und Jäger veröffentlicht. Berndsen untersucht die Publizitätsgüte des Geschäftsberichts börsennotierter deutscher IHV-AG anhand eines umfangreichen Scoring-Modells.[354] Eine nach den Ergebnissen dieses Scoring-Modells abgeschichtete empirische Untersuchung zum Informationsgehalt einer Bilanzkennzahl (Dividende) weist stark unterschiedliche Reaktionen der bereinigten Aktienrenditen für ein Portefeuille von Unternehmen mit hoher Publizitätsgüte des Geschäftsberichts im Vergleich zu einem Portefeuille mit geringerer Publizitätsgüte aus.[355] Jäger analysiert das Publizitätsverhalten von Aktienbanken ebenfalls anhand des Geschäftsberichts; der Schwerpunkt dieser Untersuchung liegt jedoch nicht bei der Ermittlung eines unternehmensbezogenen Publizitätsniveaus, sondern auf der Gewinnung von Aussagen zu den Rechnungslegungsgepflogenheiten der KI.[356] Müller analysiert die Publizitätsgüte der Zwischenberichte börsennotierter deutscher AG ebenfalls anhand eines - im Vergleich zur Arbeit von Berndsen erheblich kürzeren - Kriterienkataloges, überprüft die Ergebnisse dieser Klassenbildung aber nicht mit dem (anhand von Kursreaktionen gemessenen) Nutzen von Zwischenberichten für Anlageentscheidungen.[357]

---

354) Vgl. Berndsen, Unternehmenspublizität, S. 204 - 230.
355) Vgl. a.a.O., S. 288 - 297.
356) Vgl. Jäger, Bankenpublizität, S. 14 ff.
357) Vgl. Müller, Zwischenberichtspublizität, S. 79 - 106.

Die Ergebnisse dieser Untersuchungen sind für die hier geplante Arbeit aus mehreren Gründen kaum verwendbar. Sie unterscheiden sich von der in Abschnitt D beschriebenen Untersuchung durch den Umfang, den Zeitraum und die untersuchten Informationen.

Untersuchungsumfang: In die Arbeit von Berndsen (Jäger) wurden keine Zwischenberichte von KI (IHV-Unternehmen) einbezogen.
Untersuchungszeitraum: Berndsen analysiert drei (1969 - 1971), Müller nur ein (1972) und Jäger vier (1968 - 1971) Geschäftsjahre; hier dagegen wird ein weitaus längerer Zeitraum untersucht, damit mögliche Besonderheiten in einem Geschäftsjahr die Untersuchungsergebnisse nicht verfälschen.
Untersuchte Information: Berndsen und Jäger analysieren Geschäftsberichte börsennotierter AG. Hier wird indessen auf Veröffentlichungen außerhalb des (erweiterten) Jahresabschlusses abgestellt. Die Untersuchung von Müller bezieht sich zwar auf Zwischenberichte; aus der Arbeit geht aber das Ergebnis seiner Klassifikationsbemühungen nicht hervor, d.h. es ist nicht ersichtlich, welchen Gesellschaften er welche Publizitätsgüte zugeordnet hat. Die von Müller ermittelten Werte können daher nicht für die hier geplante Untersuchung verwendet werden.

Da weitergehende empirische Untersuchungen zum Publizitätsverhalten deutscher AG nicht existieren, geschweige denn eine einigermaßen vollständige Sammlung der außerbilanziellen Veröffentlichungen börsennotierter deutscher AG vorhanden ist, verbietet es sich hier, die Bildung von Klassen homogener Jahresabschlußaktualität anhand von Merkmalen vorzunehmen, die nur mit einer **inhaltlichen** Analyse der außerbilanziellen Unternehmenspublikationen ermittelt werden könnten. Im Hinblick auf den im Rahmen dieser Arbeit sonst nicht bewältigbaren Erhebungsaufwand bleibt nur eine Differenzierung des Publizitätsniveaus nach formalen Kriterien.

Eine sehr einfache Möglichkeit der Differenzierung bestünde darin, zu unterstellen, daß das Publizitätsniveau sämtlicher Unternehmen eines Marktsegmentes der Aktienbörse gleich hoch ist. Demgemäß könnten Unternehmen unterschieden werden, deren Aktien im geregelten Freiverkehr (geregelten Markt), im amtlichen Handel, im fortlaufenden (variablen) Handel sowie im Optionsmarkt notiert sind.[358] Ein erheblicher Nachteil dieser Klassenbildung könnte allerdings darin liegen, daß damit unterstellt wird, die kleineren und mittleren Unternehmen des geregelten Freiverkehrs seien generell publizitätsscheu.[359]

Eine andere formale Differenzierung des Publizitätskriteriums, die derartige Fehlklassifikationen vermeiden würde, könnte daran festgemacht werden, ob das betreffende Unternehmen regelmäßig, d.h. mindestens einmal jährlich einen Zwischenbericht veröffentlicht. Jedes Unternehmen, das in einem bestimmten Zeitraum vor der Jahresabschlußveröffentlichung mindestens einen Zwischenbericht publizierte, wäre dabei - ohne Rücksicht auf den Inhalt dieses Berichtes - einer Klasse mit einem bestimmten Publizitätsniveau zuzuordnen. Eine grobe Klasseneinteilung könnte nur die Gruppen der zwischenberichterstattenden bzw. nicht zwischenberichterstattenden Unternehmen unterscheiden - diese Einteilung schlägt Schmidt für empirische Untersuchungen zum Informationsgehalt von Jahresabschlüssen vor.[360] Eine feinere Einteilung könnte darüber hinaus den Zeitraum zwischen letzter Zwischenberichterstattung und Jahresabschlußveröffentlichung berücksichtigen.[361] Vorteil einer solchen Klassenbildung wäre, daß explizit das etwaige Vorhandensein der wichtigsten außerbilanziellen Unternehmenspublikation einbezogen würde. Als Nachteil wäre jedoch hinzunehmen, daß auf den konkreten Inhalt solcher Berichte nicht eingegangen wird. Ob Jahresabschlußveröffentlichungen in solchermaßen definierten Unternehmensklassen tatsächlich signifikante Unterschiede in den Reaktionen der (um Gesamtmarkteinflüsse bereinigten) Aktienrenditen aufweisen, ist im Rahmen des empirischen Teils näher zu untersuchen.[362]

---

358) Zur Abgrenzung dieser Marktsegemente vgl. Schmidt, Wertpapierbörsen, S. 41 - 46, Frankfurter Wertpapierbörse, Börsenzulassungs-Verordnung, S. 7 - 10, dies., Freiverkehr, S. 3-5, dies., Optionshandel, S. 5-12.

359) Zwar ermittelt Müller, daß die Publizitätsfreude einer AG durchaus mit deren Größe (gemessen anhand des Grundkapitals) wächst; die Stärke des Zusammenhangs beider Merkmale ist mit einem Korrelationskoeffizient r von ca. 0,5 allerdings vergleichsweise schwach. Vgl. ders., Zwischenberichtspublizität, S. 86 f., S. 105.

360) Vgl. Schmidt, Bilanzpolitik, S. 171.

361) Eine solche Klassenbildung ist allerdings nur dann möglich, wenn die Termine der Zwischenberichtsveröffentlichung hinreichend zuverlässig ermittelt werden können.

362) Vgl. Abschnitt D.III.2 d.A.

β) Zeitpunkt der Jahresabschlußveröffentlichung

Hinsichtlich des zweiten der oben genannten Kriterien ist ebenfalls zu untersuchen, ob sich damit signifikante Aktualitätsunterschiede erklären lassen. Zunächst wäre in Abschnitt D zu überprüfen, ob die **Zeitpunkte der Jahresabschlußveröffentlichung** bei IHV- und Bank-AG tatsächlich stärker streuen. Unterscheidet sich die zeitliche Verteilung der Veröffentlichungszeitpunkte beider Unternehmensgruppen stark - wobei insbesondere Unterschiede in der Lage des durchschnittlichen Veröffentlichungszeitpunktes, des Modalwertes (wahrscheinlichster Wert), der Breite und Schiefe beider Verteilung zu untersuchen sind - sollte kontrolliert werden, ob der Informationsgehalt einer Jahresabschlußkennzahl für ein Untersuchungsportefeuille mit "früher" Jahresabschlußveröffentlichung sich vom Informationsgehalt derselben Kennzahl mit "später" Veröffentlichung unterscheidet. Wenn dies der Fall ist, bietet es sich an, auch den Veröffentlichungstermin des Jahresabschlusses als Klassenbildungskriterium für die Aktualitätsdimension mit heranzuziehen.

2. Intensität

Der zweite der Einflußfaktoren auf den Informationswert von Jahresabschlüssen für Anlageentscheidungen am Kapitalmarkt, dessen Einfluß auf die Informationswertmessungen ebenfalls kontrolliert werden muß, ist die Intensität. Eine Kontrolle dieses Faktors ist notwendig, wenn die Möglichkeit besteht, daß die Intensität der im Rahmen der API-Methodik zu einem Untersuchungsportefeuille zusammengefaßten Jahresabschlußveröffentlichungen stark voneinander abweicht. Unterabschnitt a) beschäftigt sich mit der Frage, wovon der "Bestätigungsgrad"[363] der Nachricht Jahresabschluß abhängt, Unterabschnitt b) diskutiert, auf welche Weise sich im Rahmen des Informationswertvergleichs sicherstellen läßt, daß nur Untersuchungsportefeuilles von KI- und IHV-Jahresabschlüsse mit annähernd gleicher Intensitätsdimension verglichen werden.

---

363) Wild verwendet statt des Begriffs Intensität die Bezeichnung "Bestätigungsgrad". Vgl. oben, Abschnitt C.II.1.

a) Möglichkeiten und Grenzen der Intensität von Jahresabschlüssen

Hier ist der Frage nachzugehen, wovon die Intensität eines Jahresabschlusses beeinflußt wird. Wie bereits in Abschnitt C.II.3.c deutlich wurde, hängt die Intensität (der "Bestätigungsgrad") der Nachricht Jahresabschluß von den bis dato gebildeten Erwartungen eines Anlegers ab. Diese Erwartungen beinhalten im Regelfall die letzten Nachrichten, die vom Unternehmen, u.U. aber auch Dritten gesendet und von den Anlegern als entscheidungsrelevant für ihre Zielgrößen Ertragserwartungswert und Ertragsrisiko eingestuft wurden. Erwartungsprägend können demnach grundsätzlich sowohl Jahresabschlüsse als auch Zwischenberichte u.ä. sein. Wegen des großen zeitlichen Abstandes zwischen der Veröffentlichung zweier Jahresabschlüsse ist die Wahrscheinlichkeit hoch, daß ein Teil der Erwartungen auf außerbilanziellen Unternehmensveröffentlichungen (soweit diese existieren) basiert. Die nur eingeschränkte Beurteilungsgrundlage[364], die Zwischenberichte bieten, legt allerdings auch die Vermutung nahe, daß der letzte veröffentlichte Jahresabschluß selbst bei zwischenberichterstattenden AG noch einen Teil der Erwartungsstruktur der Anleger prägt; schließlich sind Jahresabschlüsse im Vergleich zu Zwischenberichten insoweit "verbindlicher", als daran eine ganze Reihe von Rechtsfolgen (insbesondere Gewinnausschüttungen[365]) geknüpft sind. Zwischenberichtsinformationen sind überdies aufgrund ihrer unterschiedlichen zeitlichen und materiellen Bezugsbasis häufig nicht mit Zwischenberichten sowie mit Jahresabschlußkennzahlen desselben oder anderer Unternehmen vergleichbar.[366] Da bewerten aber in aller Regel bedeutet, neue bzw. unbekannte Sachverhalte anhand bekannter einzuordnen,[367] schränkt eine mangelnde Vergleichbarkeit von Zwischenberichtsinformationen auch deren Bedeutung für Anlageentscheidungen ein. Last not least ist bei der Beurteilung des Gewichts von Jahresabschlüssen im Erwartungsrevisionsprozeß zu berücksichtigen, daß Jahresabschlüsse deutscher AG im Regelfall gleichzeitig auch die entsprechenden

---

364) Ausführlich dazu oben, Abschnitt C.III.1.a d.A.

365) Vgl. § 58 AktG.

366) Vgl. Kilgert/Großmann, Zwischenbericht, S. 192 f., Busse von Colbe/Reinhard, Zwischenberichterstattung, S. 3 f.

367) "Bewerten heißt vergleichen: Ein 'Bewertungsobjekt' wird einem 'Vergleichsobjekt' gegenübergestellt ... Das Vergleichsobjekt dient als Bewertungsmaßstab; eine Bewertung ohne Vergleichsobjekt bedeutete, daß das Bewertungsobjekt seinen Wertmaßstab 'in sich selbst' trüge ..." Moxter, Unternehmensbewertung, S. 123.

Vergleichswerte des Vorjahresabschlusses enthalten. Es liegt daher der Gedanke nahe, daß sich Anleger bei der Beurteilung eines soeben veröffentlichten Jahresabschlusses vor allem am letzten Jahresabschluß und weniger an zwischenzeitlich publizierten Zwischenberichten orientieren.

b) Ansatzpunkte zur Bildung von Gruppen homogener Intensität

Wie aus den Ausführungen des Vorabschnittes hervorgeht, müßten in ein Modell zur Beurteilung der Intensität eines Jahresabschlusses grundsätzlich sämtliche Nachrichten einbezogen werden, aus denen die Gesamtheit der Anleger Änderungen hinsichtlich der Größen Ertragserwartungswert und Ertragsrisiko der betreffenden Aktie ableitet. Eigentlich wären in ein solches Erwartungsrevisionsmodell neben Jahresabschlußkennzahlen auch weitere Nachrichten, vor allem Zwischenberichtsinformationen, zu integrieren. Da eine solche Inhaltsanalyse von Zwischenberichten aber den Rahmen dieser Arbeit sprengen würde,[368] bleibt nur die Möglichkeit, Erwartungsrevisionsmodelle ausschließlich auf der Basis von Jahresabschlußkennzahlen aufzubauen. Für Unternehmen mit geringem Publizitätsniveau, die - mit anderen Worten - kaum außerbilanzielle Nachrichten veröffentlichen, sind solche Erwartungsrevisionsmodelle vermutlich ziemlich realitätsnah; für publizitätsfreudige Unternehmen ist dagegen zu erwarten, daß Erwartungsrevisionsmodelle auf der Basis von Jahresabschlußkennzahlen die tatsächliche Informationsauswertung der Anleger nur ungenau beschreiben. Aus den oben beschriebenen Gründen, insbesondere der meist visuell auf das Engste verknüpften Veröffentlichung von aktuellen Jahresabschlußdaten und Werten der Vorperiode, dürften derartige Erwartungsrevisionsmodelle gleichwohl nicht vollkommen abwegig sein. In den folgenden beiden Abschnitten wird diskutiert, wie die grundsätzlich bestehenden Freiheitsgrade in der Formulierung jahresabschlußgestützter Erwartungsrevisionsmodelle genutzt werden können, um zu einer sinnvollen, d.h. einen Informationswertvergleich von KI- und IHV-Abschlüssen möglichst wenig verzerrenden Abstufung von Intensitätsklassen zu kommen.

368) Siehe dazu auch Abschnitt C.III.1.b d.A.

α) Unternehmens- versus branchenbezogene Erwartungsbildung

Eine Modellierung des Erwartungsrevisionsprozesses der Anleger anhand aktueller und vergangener Jahresabschlußdaten bietet zwei grundsätzliche Möglichkeiten: Zum einen können Kennzahlen oder Kennzahlenkombinationen des aktuellen Jahresabschlusses mit den entsprechenden Werten eines oder mehrerer früherer Jahresabschlüsse **desselben Unternehmens** verglichen werden; zum anderen besteht die Möglichkeit, eine Jahresabschlußkennzahl anhand der Durchschnittswerte **branchengleicher** Abschlüsse zu beurteilen, die bis zu diesem Zeitpunkt bereits veröffentlicht wurden.[369] Welche dieser Möglichkeiten ist hier vorzuziehen?

Für die letztere Möglichkeit der Formulierung von Erwartungsrevisionsmodellen spricht, daß auf diese Weise Informationen einbezogen werden, die nicht - wie beim Vorjahresabschluß des gleichen Unternehmens - bereits ein Jahr zurückliegen. Eine geringere Realitätsnähe könnte sich allerdings dadurch ergeben, daß Jahresabschlußkennzahlen branchengleicher AG aufgrund unterschiedlicher Geschäftsstrukturen häufig nur schlecht vergleichbar sind. Dies ist meist darauf zurückzuführen, daß Unternehmen gleichzeitig in sehr unterschiedlichen Märkten tätig sind (z.B. Daimler-Benz AG, Siemens AG), so daß eine Zuordnung zu einer einzigen Branche eigentlich nicht gerechtfertigt ist.

Für die unternehmensbezogene Formulierung der Erwartungsrevisionsmodelle spricht die bereits oben erwähnte, sehr plausible Hypothese, daß sich Anleger bei der Beurteilung der Intensität (des "Bestätigungsgrades") eines Jahresabschlusses vor allem an den (vom Jahresabschlußersteller meist mitgelieferten) Vorjahreszahlen orientieren. Die Ergebnisse der bislang für den (bundes-) deutschen Kapitalmarkt vorgenommenen empirischen Untersuchungen lassen ebenfalls vermuten, daß der Erklärungsgehalt eines "naiven" Erwartungsrevisionsmodells, das lediglich Vorjahreswerte als Vergleichsbasis für die Intensitätsdimension aktueller Abschlußkennzahlen heranzieht, dem anderer Modelle

369) Der Gedanke, der hinter der Beurteilung eines Unternehmens anhand des Branchendurchschnittes steht, ist der, daß z.B. eine Gewinnsteigerung um 10 % unterschiedlich zu beurteilen ist, wenn die wichtigsten Konkurrenten dieser AG in einem Fall ihre Gewinne um durchschnittlich 20 % steigern konnten bzw. im anderen Fall Gewinneinbußen von durchschnittlich 20 % hinnehmen mußten.

überlegen ist.[370] Aus diesem Grund wird im Rahmen dieser Arbeit eine anhand von Jahresabschlußkennzahlen desselben Unternehmens ermittelte Intensitätsklassenbildung bevorzugt.

β) Absolute versus relative Intensitätsklassendefinition

Ein weiteres Problem, das bei der Einstufung eines Jahresabschlusses in eine Intensitätsklasse zu lösen ist, betrifft die Art und Weise, in der die Kennzahlen des einzustufenden Jahresabschlusses mit den Kennzahlen eines früher publizierten Jahresabschlusses verglichen werden. Die einfachste Möglichkeit besteht darin, die **absoluten Ausprägungen** solcher Kennzahlen gegenüberzustellen und den Jahresabschluß in Abhängigkeit vom Ergebnis dieses Vergleich einer Intensitätsklasse zuzuweisen. Im diesem Fall ergeben sich - wenn keine weiteren Differenzierungen eingeführt werden - stets zwei Intensitätsklassen: Der Jahresabschluß wird entweder als "gute" ($K_t \geq K_{t-1}$)[371], oder als "schlechte" ($K_t < K_{t-1}$) Nachricht eingestuft. Von Nachteil ist dabei, daß bereits kleine Größenunterschiede der Kennzahlen bewirken können, daß ein Jahresabschluß z.B. von der Intensitätsklasse "gut" nach "schlecht" wechselt. Daher könnte es sich zum einen anbieten, die Einstufung in verschiedene Intensitätsdimensionen von der prozentualen Veränderung einer Jahresabschlußkennzahl gegenüber dem Vorjahreswert abhängig zu machen (**relative Klassendefinition**); zum anderen könnte es sinnvoll sein, eine dritte Intensitätsdimension, die der "indifferenten" Nachricht einzuführen. Von einer indifferenten Nachricht wird dann gesprochen, wenn Jahresabschluß- und Vorjahreswert gleich ausfallen ($K_t = K_{t-1}$) oder nur unwesentlich (z.B. um 1 %) voneinander abweichen. Würde also unterstellt, daß ein Anleger seine Investitionsentscheidung anhand eines Vergleichs des erwarteten Bilanzgewinns mit dem Bilanzgewinn des letzten Jahresabschlusses trifft, könnte eine Erwartungsrevisionsfunktion mit drei Intensitätsklassen z.B. alle Jahresabschlüsse zusammenfassen, bei denen eine Steigerung des Gewinns um mehr als 1 % erfolgte, eine andere Intensitätsklasse könnte z.B. sämtliche

---

370) Brandi stellte für die Jahre 1967 bis 1972 fest, daß ein solches "naives" Modell (Vorjahresvergleich) die Erwartungsbildung der Anleger besser erklärt als Regressionsmodelle, die die Jahresabschlußkennzahlen desselben Unternehmens bzw. vieler börsennotierter IHV-Unternehmen über mehrere Jahres verwenden. Vgl. ders., Informationswirkungen, S. 162 - 165 und insbesondere S. 166.

371) K_t bezeichnet die Jahresabschlußkennzahl des einzustufenden, K_{t-1} die des vorangegangenen Jahresabschlusses.

Jahresabschlüsse umfassen, bei denen der Gewinn im Vergleich zum Vorjahr um mehr als 1 % fiel, eine dritte würde die restlichen Fälle umfassen, bei denen der Gewinn in etwa gleich blieb. Ein Vergleich von KI- und IHV-Abschlüssen wäre dann jeweils für die "guten", "indifferenten" und "schlechten" Jahresabschlüsse vorzunehmen.

τ) Zur Anzahl der zu definierenden Intensitätsklassen

Ein Problem, das in engem Zusammenhang mit dem zuletzt diskutierten Sachverhalt der relativen Intensitätsklassendefinition steht, ist die Anzahl der Intensitätsklassen, die unterschieden werden sollten. Hier ist auf der einen Seite zu bedenken, daß das Ziel der Intensitätsklassenbildung darin besteht, nur KI- und IHV-Jahresabschlüsse gegenüberzustellen, die aus Sicht der Anleger tatsächlich ähnlich stark von den vorab gebildeten Erwartungen abweichen. Dies spricht - da bei zunehmender Gruppenanzahl die (anhand des Erwartungsrevisionsmodells) festgestellten Unterschiede innerhalb der Gruppe abnehmen - für eine größere Anzahl von Intensitätsgruppen. Dieses Argument verliert allerdings an Gewicht, wenn man berücksichtigt, daß bei einem Informationswertvergleich anhand der in Abschnitt B.II.4.b vorgestellten Methodik nicht sämtliche Abschlüsse zweier Untersuchungsportefeuilles, sondern lediglich KI- und IHV-Gruppe insgesamt annähernd gleiches Intensitätsniveau aufweisen müssen.

Auf der anderen Seite ist zu beachten, daß bei einer Aufteilung der Jahresabschlüsse auf viele unterschiedliche Intensitätsklassen die Besetzungszahlen dieser Klassen und damit die Größe der Untersuchungsportefeuilles mit gleicher Aktualitäts- und Intensitätsdimension kleiner werden. Damit schrumpfen die Aussichten, unsystematische Einflüsse auf den Informationswert von Jahresabschlüssen, die aufgrund situativer Besonderheiten bei einzelnen Abschlüssen die Kursreaktionen des Kapitalmarkt verzerrten, über eine genügend große Anzahl von Beobachtungsfällen zu eliminieren. Gegen eine zu weitgehende Differenzierung bei der Intensitätsklassenbildung spricht auch, daß extreme Überraschungen durch Jahresabschlußveröffentlichungen unwahrscheinlich sind, weil häufig vorher durch Verlautbarungen anderer Art (Aktionärsbriefe, Pressemitteilungen usw.) bereits Erwartungsrevisionen eingesetzt haben. Demzufolge weisen die Klassen, denen anhand der beschriebenen Kriterien Jahresabschlüsse mit vermeintlich hoher positiver oder negativer Intensität zugewiesen werden, vermutlich nicht immer ein höheres Intensitätsniveau auf als die Klassen mit nächstgeringerer Intensität. Mit anderen Worten: Jahresabschlußbezogene Klassenbildungskriterien neigen "in den Randklassen" (d.h. bei den Klassen mit sehr hoher positiver oder negativer Intensität) vermutlich eher zu Fehlklassifikationen.[372]

Aus den genannten Gründen bietet es sich hier an, nur wenige Intensitätsgruppen zu unterscheiden: Neben den im Vorabschnitt bereits vorgestellten Einteilungen in die Gruppen "gute" und "schlechte" Nachricht (zwei Intensitätsklassen) bzw. in die Gruppen "gute", "indifferente" und "schlechte" Nachricht (drei Intensitätsklassen) wäre auch eine noch weitergehende Differenzierung in die Klassen "sehr gut", "gut", "indifferent", "schlecht", "sehr schlecht" (fünf Intensitätsklassen) denkbar. Welche dieser Einteilungen vorzuziehen ist, ist im Rahmen der empirischen Untersuchung in Abschnitt D.III zu überprüfen.[373]

3. Meßgenauigkeit

Hier ist zum einen der Frage nachzugehen, wie gut der Jahresabschluß bei Banken und IHV-Unternehmen in der Rechtsform der AG seinem Hauptziel, der Ermittlung einer Ausschüttungsrichtgröße, eines unbedenklich verteilbaren Betrages, gerecht wird. Zum anderen sind Überlegungen anzustellen, wie sich etwaige Unterschiede in der Meßgenauigkeit zwischen KI- und IHV-Jahresabschlüssen anhand der Reaktion der Anleger am Kapitalmarkt im Zeitraum der Jahresabschlußveröffentlichung nachweisen lassen.

---

372) Als Fehlklassifikation sind ex post diejenigen Fälle zu bezeichnen, bei denen aufgrund der Einstufung eines Jahresabschlusses als eher positive (negative) Information eigentlich eine positive (negative) Entwicklung der bereinigten Aktienrendite im zeitlichen Umfeld der Jahresabschlußveröffentlichung zu erwarten gewesen wäre, die jedoch tatsächlich nicht beobachtet werden konnte.

373) Bei einer Unterscheidung von fünf Intensitätsklassen ist zu berücksichtigen, daß die Variable k in der Definition zum Abnormal Performance Index (Seite 78 d.A.) dann fünf Ausprägungen ("++", "+", "0", "-", "--") annehmen kann.

a) Übersicht zu den Möglichkeiten und Grenzen der Meßgenauigkeit von Jahresabschlüssen

α) Potentielle Kritikebenen

Versteht man den Jahresabschluß als Meßinstrument, der den unbedenklich ausschüttbaren Periodengewinn eines Unternehmens bestimmen soll, lassen sich eine ganze Reihe von Kritikpunkten hinsichtlich dessen Genauigkeit anführen. Folgende Kritikebenen lassen sich unterscheiden:[374]

(1) Kritik am Einkommensbegriff des Jahresabschlusses
Der Jahresabschluß bestimmt den unbedenklich ausschüttbaren Gewinn einer Rechnungsperiode grundsätzlich nach der **Reinvermögenszugangstheorie:** als den mit Quasisicherheit realisierten Überschuß des Geschäftsjahresend- über das Geschäftsjahresanfangsreinvermögen des Unternehmens. Diese Einkommenskonzeption ist nicht zwingend.[375] Der Jahresabschluß kann z.B. auch auf der **Quellentheorie** des Einkommens aufbauen.[376]

(2) Kritik an der Auswahl des zu erhaltenden Kapitals
Damit das Unternehmensreinvermögen am Geschäftsjahresende mit demjenigen am Geschäftsjahresanfang verglichen werden kann, ist in einer **Differenzbildungsregel** festzulegen, wie "... die beiden stichtagsverschiedenen Vermögensgrößen einander gegenübergestellt werden ..."[377] Vergleicht man die Geld- und Sachwertverhältnisse der jeweiligen Stichtage miteinander, liegt ein **nominaler** Gewinnbegriff, bei Verwendung eines einheitlichen Geldwertes für beide Stichtage ein **realer**, bei einheitlichen Sachwertverhältnissen ein **substantieller Gewinn- bzw. Kapitalbegriff** vor.[378] Da die herrschenden Grundsätze ordnungsmäßiger Buchführung bestimmen,[379] daß der Jahresabschluß ohne Berücksichtigung veränderter Geld- und Sachwertverhältnisse aufzu-

374) Vgl. Schneider, Betriebswirtschaftslehre, S. 434 f. Als oberste Kritikebene könnte man den Zweck des Jahresabschlusses auffassen. Dieser Punkt wird allerdings nicht aufgegriffen, da sich die Beurteilung des Jahresabschlusses hier auf die vorgebenene Aufgabe "Ausschüttungsbemessung" beschränkt.

375) Vgl. Haegert, Einkommen, Sp. 1240 - 1244.

376) Vgl. Schneider, Gewinnbegriff, S. 725 - 740, ders., Betriebswirtschaftslehre, S. 416 - 421.

377) Wenger, Unternehmenserhaltung, S. 174.

378) Vgl. Wenger, Unternehmenserhaltung, S. 174 - 177.

379) Ob auch das Gesetz mit § 244 HGB einen nominalen Gewinnbegriff vorschreibt, ist umstritten. Sehr ausführlich dazu Wenger, Unternehmenserhaltung, S. 200 - 343.

stellen ist, wird ein Gewinn bereits dann ermittelt und als unbedenklich ausschüttbar bezeichnet, wenn das Nominalreinvermögen des Unternehmens am Periodenende zumindest den Stand zu Periodenbeginn erreicht. Die Erhaltung dieses Nominalkapitals reicht jedoch nur in einer Volkswirtschaft ohne Inflation, Bedarfsänderungen und technischen Fortschritt aus, die Ausschüttungserwartungen auf dem gleichen Niveau zu erhalten.[380)]

(3) Kritik an einzelnen Gewinnermittlungsregeln

Um das Unternehmensreinvermögen zu einem bestimmten Stichtag ermitteln zu können, sind prinzipiell zwei Arten von Regeln erforderlich: **Ansatzregeln**, die festlegen, welche Vermögensgegenstände und Schulden überhaupt bei der Errechnung des Unternehmensreinvermögens zu berücksichtigen sind und **Bewertungsregeln**, die definieren, mit welchem Geldbetrag bestimmte Sachen, Rechte oder rein wirtschaftliche Güter bzw. Verpflichtungen in den Jahresabschluß eingehen.[381)] Da der Jahresabschluß teilweise mehrere mögliche Werte für ein Objekt kennt, ist zusätzlich zu regeln, an welche Voraussetzungen ein bestimmter Wertansatz gebunden ist. Um zu verhindern, daß ein Unternehmen durch Verrechnung von Vermögensgegenständen und Schulden, Eigenkapitalmehrungen und -minderungen die Reinvermögensaufstellung bis zur Unkenntlichkeit verstümmelt, bedarf es außerdem **Gliederungsregeln**, die den Detailliertheitsgrad von Bilanz und GVR festlegen. Obgleich in der Literatur grundsätzlich Einigkeit darüber besteht, daß die Gewinnermittlungsregeln aus der Hauptaufgabe des Jahresabschlusses abzuleiten sind,[382)] sind eine ganze Reihe von Ansatz- und Bewertungsregeln umstritten.[383)]

(4) Kritik an der Ausschüttungsregelung im engeren Sinne

Obgleich aufgrund der Zielsetzung des Jahresabschlusses der Jahresgewinn eigentlich unbedenklich an die Aktionäre ausschüttbar sein sollte, bestimmen § 58 Abs. 1 und 2 in Verbindung mit § 150 Abs. 1 bis 4 AktG grundsätzlich, daß Vorstand und Aufsichtsrat einer AG maximal die Hälfte des Jahresüberschusses in die Gewinnrücklagen einstellen (und damit der Ge-

380) Vgl. Schneider, Aktienrechtlicher Gewinn, S. 611 f.
381) Vgl. Weber, Rechnungswesen, S. 72, S. 77 - 81 und die Gliederungssystematik bei Moxter, Bilanzrechtsprechung, S. V - XI.
382) Vgl. Euler, Grundsätze, S. 21 - 57, insb. S. 31 - 42.
383) Schneider kritisiert z.B. die Aktivierung nicht einzelveräußerbarer Wirtschaftsgüter, die Aktivierung fixer Gemeinkosten bei selbsterstellten Wirtschaftsgütern usw. Vgl. ders., Aktienrechtlicher Gewinn, S. 608 - 611 und ders., Betriebswirtschaftslehre, S. 430 - 433.

winnverwendungsentscheidung der Hauptversammlung vorenthalten) können. Um diese recht pauschale Regelung zu ersetzen, wurden in der Literatur eine ganze Reihe von Vorschlägen diskutiert, die die Ausschüttungshöhe von weiteren Sachverhalten (z.B. Verschuldungsgrad, Ertragswert) abhängig machen.[384)]

Die vier genannten Kritikebenen bilden gewissermaßen eine Rangordnung, da Entscheidungen auf höheren Stufen jeweils das Fundament für Regeln der nachgeordneten Ebenen bilden.

β) Relevanz einzelner Kritikebenen für diese Untersuchung

Ziel dieses Hauptabschnittes ist es, den Informationsgehalt von KI- und IHV-Abschlüssen (ermittelt aus den Kursreaktionen des Aktienmarktes um den Veröffentlichungstermin) anhand der in Abschnitt C.II.2 entwickelten Bewertungskriterien zu vergleichen. Unterschiede in der Meßgenauigkeit von Jahresabschlüssen können - wie dort bereits dargestellt wurde - durch Urbild-, Abbildungs- und/oder Verfahrensspielräume verursacht sein.

Zunächst zu den Meßgenauigkeitsdifferenzen infolge von **Urbildspielräumen:** Ursache solcher Spielräume ist die Möglichkeit des Rechnungslegenden, Sachverhalte der Realität gezielt so zu gestalten, daß deren Konsequenzen sich in gewünschter Weise im Rechnungslegungsinstrument abbilden. Als Beispiele für solche Sachverhaltsgestaltungen sind z.B. der Verkauf von Gegenständen mit gleichzeitiger Rücknahmeverpflichtung (Pensionsgeschäfte) bzw. gleichzeitiger Gebrauchsüberlassung (Sale-and-Lease-back-Geschäfte), die Umschichtung von Gegenständen des Anlagevermögens in das Umlaufvermögen und umgekehrt sowie die gezielte Auslagerung von Betriebsteilen als rechtlich eigenständige Unternehmen zu nennen.[385)] Zwar beeinflussen diese Gestaltungsmöglichkeiten unbestreitbar die Abbildungsqualität eines Rechnungslegungsinstruments; im Rahmen dieser Arbeit wären Urbildspielräume aber nur dann als eine möglich Ursache für die unterschiedliche Meßgenauigkeit von KI- und IHV-Jahresabschlüssen zu untersuchen, falls Grund zur Annahme bestünde, daß diesen Spielräumen bei KI- und IHV-AG unterschiedliches Gewicht zu-

384) Vgl. z.B. Moxter, Stand der Bilanztheorie, S. 54 - 57, Maul, Gläubigerschutz, S. 538 f., Schneider, Aktienrechtlicher Gewinn, S. 612 - 617, Wenger, Unternehmenserhaltung, S. 84 - 99, Pfaff, Gewinnverwendungsregelungen, S. 201 - 210.

385) Weitere Beispiele für Urbildspielräume finden sich z.B. bei Hilke, Bilanzpolitik, S. 35 - 40.

käme. Da in unserem Wirtschaftssystem jeder Branche grundsätzlich sämtliche Konstruktionsmöglichkeiten des Vertragsrechts offenstehen, besteht nach Ansicht des Verfassers kein Grund zur Annahme, daß die Urbildspielräume im Jahresabschluß von börsennotierten AG des Kreditwesens denen anderer Branchen systematisch nachstehen bzw. diese übertreffen. Aus diesem Grund werden Urbildspielräume als mögliche Ursache für eine unterschiedliche Meßgenauigkeit von Bank- und IHV-Jahresabschlüssen hier nicht weiter diskutiert.

Des weiteren sind die Meßgenauigkeitsdifferenzen infolge unterschiedlicher **Abbildungsspielräume** in KI- und IHV-Abschlüssen zu untersuchen: Solche Spielräume werden verursacht durch Wahlrechte, die der Jahresabschluß dem Rechnungslegenden einräumt. Wie im Vorabschnitt ausgeführt, unterscheiden sich die Rechnungslegungsvorschriften für Banken und IHV-Unternehmen lediglich hinsichtlich der Gewinnermittlungsregeln.[386] Für eine Untersuchung der Abbildungsspielräume des Jahresabschlusses beider Unternehmensgruppen ist daher die Betrachtung der Ebenen (1), (2) und (4) nicht notwendig; eine Beurteilung der Kritikebene (3) reicht aus, um Meßgenauigkeitsdifferenzen von KI- und IHV-Abschlüssen infolge von Abbildungsspielräumen vergleichbar zu machen.

Eine weitere mögliche Ursache von Meßgenauigkeitsdifferenzen zwischen KI- und IHV-Unternehmen könnte in **Verfahrensspielräumen**, d.h. der mangelnden Eignung des Jahresabschlusses zur Ermittlung eines unbedenklich ausschüttbaren Betrages, liegen. Um die Zielkonsistenz der Meßvorschriften zu beurteilen, müßten prinzipiell zwar alle im Vorabschnitt genannten Kritikebenen betrachtet werden; da jedoch die Reinvermögenszugangstheorie in der speziellen Ausprägung der nominellen Kapitalerhaltung **branchenneutral** ausgestaltet ist, kann sich die Ursachensuche für Meßgenauigkeitsdifferenzen hier ebenfalls auf die nachgelagerten Kritikebenen (3) und (4) beschränken.

---

386) Genauer: hinsichtlich der Bewertungsregel für Forderungen und Wertpapiere des Umlaufvermögens sowie den Gliederungsregeln in der GVR. Vgl. Abschnitt C.I.2 d.A.

b) Vergleichende Beurteilung der Meßgenauigkeit von Bank- und Industrie-, Handels- und Verkehrs-Jahresabschlüssen

α) Meßgenauigkeitsunterschiede infolge von Abbildungsspielräumen

Aus der Sicht eines Anlegers kommt einem Jahresabschluß grundsätzlich um so mehr Informationsgehalt zu, je verläßlicher dieser seine Hauptaufgabe, die Ermittlung eines unbedenklich ausschüttbaren Periodenerfolges, erfüllt; denn bei genauen und umfassenden Informationen über die Ergebnisse des überschußerzeugenden Unternehmensprozesses in der Vergangenheit wird ein Anleger - vorausgesetzt, die Verhältnisse ändern sich nicht grundlegend - auch den Unternehmenserfolg in der Zukunft besser abschätzen können. Der Informationsgehalt von Jahresabschlüssen, deren zentrale Kenngröße, das Periodenergebnis, möglicherweise stark verzerrt ist, leidet somit, falls ein Investor die Verzerrung nicht beheben kann. Für den Anleger sind demnach zwei Fragen bedeutsam:

(1) Welche Abbildungsspielräume gewähren KI- und IHV-Abschlüsse im Rahmen ihrer Hauptaufgabe, der Gewinnermittlung?
(2) Welche Möglichkeiten bestehen, Richtung und Ausmaß dieser Spielraumnutzung in KI- bzw. IHV-Abschlüssen zu erkennen?

Zu (1):
Nicht nur Unternehmen des Kreditgewerbes, sondern auch IHV-AG sind in der Lage, ihren Jahresgewinn zu manipulieren. Während § 26 a KWG (bzw. zukünftig § 340 f HGB) den Banken - wie in Abschnitt C.I.2 ausführlich beschrieben - über die Legung und Auflösung stiller Globalreserven nahezu unbegrenzte Möglichkeiten zur Ergebnisregulierung eröffnet, gewährt der Gesetzgeber den IHV-AG nach Inkrafttreten des Bilanzrichtlinien-Gesetzes die in Abbildung 7 dargestellten Möglichkeiten der Ergebnisgestaltung.[387)]

---

387) Vgl. Schedlbauer, Erfolgsbereinigung, S. 140 f. Ein entsprechender Überblick über die Mittel der Bilanzpolitik nach altem Recht (vor Inkrafttreten des Bilanzrichtlinien-Gesetzes) findet sich bei Schmidt, Bilanzpolitik, S. 18 f.

Abbildung 7:
Ansatz- und Bewertungswahlrechte im Jahresabschluß von Kapitalgesellschaften, die für die Bildung und Auflösung stiller Reserven nutzbar sind[388)]

Für die Bildung und Auflösung von stillen Reserven relevante *Bilanzansatzwahlrechte* im Einzelabschluß

	HGB-Vorschrift für die Bilanzierung	Information – Vermittlung durch	
1) Alternative Bilanzierung eines derivativen Geschäfts- oder Firmenwerts	§ 255 Abs. 4	§ 284 Abs. 1 u. Abs. 2 Ziff. 1	(Anhang)
2) Wahlweise Abgrenzung antizipativer Zölle und Verbrauchsteuern etc.	§ 250 Abs. 1 Ziff. 1 u. 2	§ 284 Abs. 1	(Anhang)
3) Aktivierung/Nichtaktivierung von Aufwendungen für die Ingangsetzung und Erweiterung des Geschäftsbetriebs	§§ 269, 282	§ 269 Satz 1 § 284 Abs. 2 Ziff. 1	(gesonderter Ausweis u. Erläuterung i. Anhang)
4) Aktivierung/Nichtaktivierung latenter Steuern, weil Steueraufwand lt. StB > lt. HB (für passive latente Steuern besteht kein Wahlrecht)	§ 274 Abs. 2	§ 274 Abs. 2 Satz 2	(gesonderter Ausweis u. Erläuterung i. Anhang)
5) Passivierung von Aufwandsrückstellungen nach § 249 Abs. 2 HGB	§ 249 Abs. 2	§ 284 Abs. 2 Ziff. 1	(gesonderter Ausweis, Anhang)
6) Passivierung von Rückstellungen für unterlassene Instandhaltung mit Nachholung vom 4.–12. Monat nach Geschäftsjahresschluß	§ 249 Abs. 1 Satz 3	§ 284 Abs. 2 Ziff. 1	(Anhang)
7) Sonderposten mit Rücklagenanteil	§§ 273, 281	§ 284 Abs. 1 u. Abs. 2 Ziff. 1	(gesonderter Ausweis u. Anhang)

Für die Bildung und Auflösung von stillen Reserven relevante *Bewertungswahlrechte*

1) Absenken der Wertuntergrenze bei den Herstellungskosten für Wertansätze beim Anlage- bzw. Umlaufvermögen	§ 255 Abs. 2 u. 3	§ 284 Abs. 2 Ziff. 1 u. 5	(Anhang)
2) Anwendung von Bewertungsvereinfachungsverfahren, Verbrauchsfolge-, Gruppen- und Festbewertungsverfahren	§§ 256, 240 Abs. 3 u. 4	§ 284 Abs. 2 Ziff. 1 u. 4	(Differenzangaben im Anhang)
3) Abschreibung auf den niedrigeren beizulegenden Wert (außerplanmäßige Abschreibungen)	§ 253 Abs. 2 u. 3	§ 277 Abs. 3	(gesonderter Ausweis oder Anhang)
4) Abschreibungen in der HB, die ausschließlich steuerrechtlich motiviert sind	§ 254	§ 281 Abs. 2	(gesonderter Ausweis oder Angabe im Anhang mit hinreichender Begründung)
5) Beibehaltungswahlrecht versus Reaktivierung von ehem. Wertminderungen (relativiert bei Kapitalgesellschaften)	§ 253 Abs. 5, Art. 24 EGHGB	§ 280 Abs. 1–3	(Anhang, Begründung unterlassener Zuschreibungen)
6) Abschreibungen bei Vermögensgegenständen des Umlaufvermögens zur Vorwegnahme künftiger Wertschwankungen	§ 253 Abs. 3 Satz 3	§ 277 Abs. 3	(gesonderter Ausweis i. GuV oder Angabe i. Anhang)
7) Wahl der Abschreibungsmethoden schlechthin (vielfach auch als »Methodenwahlrecht« bezeichnet)	§ 253 Abs. 2	§ 284 Abs. 2 Ziff. 1	(Anhang)

388) Die graphische Darstellung wurde von Schedlbauer, Bilanzanalyse, S. 140 f. übernommen.

Neben diesen Rechten stehen den IHV-Unternehmen darüber hinaus weitere Ergebnisbeeinflussungsmöglichkeiten offen; dies sind vor allem

- überhöhte bzw. zu niedrige Abschreibungen auf Sach- und Finanzanlagen durch verzerrte Nutzungsdauerschätzungen;
- übervorsichtige Vorratsbewertung (z.B. übertriebene Abschreibungen auf nicht gängige bzw. überalterte Bestände);
- Überzeichnung drohender Risiken aus schwebenden Geschäften, Patentverletzungen, Prozessen, Gewährleistungsverpflichtungen o.ä. mit der Folge einer überhöhten Rückstellungsbildung.

Da die genannten Fälle der Ergebnisbeeinflussung aus der bewußten Ausnutzung von Ermessenspielräumen des Bilanzierungspflichtigen resultieren, wird diese Form der stillen Reserven als **Ermessensreserven** bezeichnet.[389] Berücksichtigt man die vielfältigen Möglichkeiten zur Legung und Auflösung stiller Reserven, über die auch IHV-Unternehmen verfügen, verliert die These Schneiders, "... daß die stillen Reserven im Verhältnis zum ausgewiesenen Eigenkapital bei Banken [nicht] sehr viel größer sind als bei gleich gut verdienenden Industrie- und Handelsunternehmen"[390] viel von ihrer Überraschungskraft.

<u>Zu (2):</u>
Die Möglichkeit, durch Legung und Auflösung stiller Reserven die Höhe des ausgewiesenen Jahresüberschusses zu beeinflussen, ist bei Banken und IHV-AG zwar annähernd in gleichem Umfange vorhanden. Solange die Anleger jedoch in der Lage sind, Richtung und Ausmaß der Ergebnismanipulation zu erkennen, leidet der Informationsgehalt des Jahresabschlusses nicht; allenfalls die Kosten der Jahresabschlußauswertung steigen etwas an. Wie Abbildung 7 erkennen läßt, ist die Ergebnisbeeinflussung in IHV-Abschlüssen, die aus der einseitigen Ausnutzung **gesetzlich eingeräumter Ansatz- bzw. Bewertungswahlrechte** resultiert, durch sorgfältiges Studium insbesondere des Anhangs ermittelbar. Die Legung und Auflösung von **Ermessensreserven** ist wegen § 284 Abs. 2 HGB ebenfalls - wenn auch u.U. nur innerhalb gewisser Bandbreiten[391] - nachvollziehbar. Gemäß § 160 Abs. 2

---

389) Vgl. <u>Hax</u>, Wesen, S. 92 - 95, <u>Schneider</u>, Problematik, S. 13 - 16.
390) <u>Schneider</u>, Kapitalmarkteffizienz, S. 34 [Einfügung des Verfassers].
391) Nach dieser Vorschrift sind die auf Bilanz und GVR-Posten angewandten Bilanzierungs- und Bewertungsmethoden anzugeben, bei Verwendung von (im Vergleich zum Vorabschluß) abweichenden Methoden sogar zu begründen. Im Gegensatz zu § 160 Abs. 2 Satz 5 AktG a.F., der für diesen

Satz 4 AktG alter Fassung war für AG ebenfalls vorgeschrieben, "... Abweichungen des Jahresabschlusses von dem letzten Jahresabschluß, die die Vergleichbarkeit mit dem letzten Jahresabschluß beeinträchtigen, namentlich wesentliche Änderungen der Bewertungs- und Abschreibungsmethoden ... zu erörtern..." und wesentliche Ergebnisbeeinflussungen durch Angabe des Unterschiedsbetrages zu quantifizieren.392) Für den Zeitraum von 1967 bis zum Inkrafttreten des Bilanzrichtlinien-Gesetzes kann daher gleichfalls davon ausgegangen werden, daß bilanzpolitische Manipulationen für interessierte Anleger erkennbar waren.

Während bilanzpolitisch motivierte Ergebnisänderungen im Jahresabschluß von IHV-Gesellschaften einem entsprechend vorgebildeten Anleger nicht verborgen bleiben, lassen sich Meßgenauigkeitsverzerrungen im Abschluß von Banken nicht erkennen; denn dort ist sichergestellt, daß die Gewinnmanipulationen - bis auf Extremfälle - tatsächlich still bleiben. Die Legung und Auflösung der Globalreserven kann bei KI still durchgeführt werden, da sowohl in der Bilanz als auch in GVR und Geschäftsbericht die Spuren möglicher Gewinnmanipulationen nahezu perfekt verwischt werden: In der **Bilanz** sind die Globalabschreibungen nicht identifizierbar, da der Gesamtbetrag der stillen Reserven jährlich neu auf einzelne Positionen der Forderungen und Wertpapiere des Umlaufvermögens aufgeteilt werden kann.393) In der **GVR** steht die Möglichkeit offen, die von Bewegungen der stillen Reserven betroffenen Positionen "Abschreibungen und Wertberichtigungen auf Forderungen ..." sowie "Andere Erträge ..." ganz oder teilweise miteinander zu verrechnen.394) Darüber hinaus stellen sowohl die Ertrags- als auch die Aufwandsposition ein Gemisch aus "echten" und manipulierbaren Einzelposten dar, aus dem wegen außerordentlicher und betriebsfremder Einflußfaktoren die ursprünglichen Beträge vor Ergebnisbeeinflussung nicht extrahierbar sind.395) Die Möglichkeit, über die Höhe der GVR-Po-

---

Fall die Angabe eines **Unterschiedsbetrages** (ab einer bestimmten Größenordnung) vorschrieb, verlangt § 284 Abs. 2 Nr. 3 HGB eine betragsmäßige Quantifizierung der durch den Methodenwechsel verursachten Gewinnbeeinflussung nicht zwingend. Vgl. Coenenberg, Jahresabschluß, S. 531 f.

392) Vgl. § 160 Abs. 2 Satz 5 AktG a.F.

393) Vgl. Birck/Meyer, Bankbilanz, 3. Teillieferung, S. VII 39 - VII 46.

394) Die Positionsangaben beziehen sich auf die GVR eines KI der Rechtsform AG, KGaA oder GmbH. Vgl. Formblatt für den Jahresabschluß der AG, KGaA, GmbH, in: Reischauer/Kleinhans, Kreditwesengesetz, Tz.426, S. 6.

395) Vgl. Birck/Meyer, Bankbilanz, 3. Teillieferung, S. VII 90 - VII 92.

sition "Steuern"[396] Rückschlüsse auf die Höhe des Jahresergebnisses vor Gewinnmanipulation zu ziehen, ist wegen der Komplexität der steuerrechtlichen Regelungen und der für Unternehmensexterne kaum schätzbaren Einflußgrößen der Gewerbe- und Körperschaftssteuerzahlungen ebenso wenig erfolgversprechend.[397] Last not least sichern § 26 a Abs. 2 und 3 KWG bzw. zukünftig § 340 f Abs. 4 HGB, daß auch im **Erläuterungsbericht**, der den Inhalt der in Bilanz und GVR enthaltenen Positionen näher erklärt, keine Angaben zu etwaigen "Stille-Reserve-Bewegungen" erforderlich sind.[398]

Die Höhe der Gewinnmanipulationen eines Jahres und der Gesamtbestand an stillen Reserven ist somit nur der Unternehmensleitung und dem Abschlußprüfer, über dessen Prüfungsbericht auch den Mitgliedern der Aufsichtsrates und den staatlichen Aufsichtsbehörden (BAKred, Bundesbank) bekannt. Nur dann, wenn sich die Höhe der beiden "überkreuzkompensierbaren" GVR-Positionen im Vergleich zum Vorjahresabschluß stark verändert, können die Anleger Rückschlüsse auf das "**Vorzeichen**" der Ergebnismanipulation ziehen.[399] Die **absolute Höhe** der in einem Bank-Jahresabschluß vorgenommenen Ergebnismanipulationen ist für einen Anleger nicht, auch nicht annäherungsweise, ermittelbar - es sei denn, das KI veröffentlicht freiwillig weitergehende Daten des internen Rechnungswesens.[400] Betrachtet man neben der Höhe des Gewinnmanipulationsspielraums auch die Möglichkeiten des Anlegers, Gewinnänderungen zu erkennen, läßt sich demnach zusammenfassend festhalten, daß der erste Teilaspekt des Kriteriums "Meßgenauigkeit", die **Wiederholungsgenauigkeit**, aus theoretischer Sicht bei IHV-Abschlüssen wesentlich größer ist als bei Jahresabschlüssen von KI.

---

396) Der Jahresabschluß der Universalbanken in der Rechtsform der AG weist neben der Hauptposition "Steuern" auch die Unterposition "vom Einkommen, vom Ertrag und vom Vermögen" aus. Vgl. Birck/Meyer, Bankbilanz, 4. Teillieferung, S. VIII 53.

397) Vgl. Hülbert, Vergleichbarkeit, S. 176 - 188, der anhand eines ausführlichen Beispiels demonstriert, welche Probleme mit einer solchen Schätzung verbunden sind. Nur für den Fall freiwilliger Zusatzangaben über die Einzelkomponenten, die die Position "Steuern" enthält, ist ein einigermaßen genauer Rückschluß auf die Höhe des Bruttogewinnes vor "Stille-Reserve-Bewegungen" möglich. Vgl. auch a.a.O., S. 199.

398) Ausführlich dazu a.a.O., S. 168 - 176.

399) Vgl. Birck/Meyer, Bankbilanz, 3. Teillieferung, S. VII 94.

400) Da § 26 a Abs. 1 KWG durch das Bilanzrichtlinien-Gesetz faktisch nicht verändert wurde, gilt dies auch für den Zeitraum von 1967 bis 1985. Vgl. Abschnitt C.I.2 d.A.

β) Meßgenauigkeitsunterschiede infolge von Verfahrensspielräumen

Verfahrensspielräume äußern sich dadurch, daß das Abbild eines bestimmten Sachverhaltes infolge der mangelnden Eignung der Meßvorschriften von dem Ergebnis abweicht, das ein zielkonsistentes Meßverfahren liefern würde. Solange die Annahme gerechtfertigt ist, daß die Zielkonsistenz der Gewinnermittlungsregeln für IHV- und Bank-AG auf gleichem Niveau liegt, würden sich die bislang getroffenen Aussagen zur Meßgenauigkeit des Jahresabschlusses bei beiden Unternehmensgruppen nicht ändern. Nun wird allerdings von einigen Autoren angeführt, daß dem Jahresabschluß von KI nicht nur "... alle aus der bilanztheoretischen Diskussion bekannten Mängel ... [sondern] zusätzlich noch bankspezifische Mängel anhaften."[401] Vor allem Kremkow argumentiert, die "... Regeln zur Ermittlung des Gewinns in Industriebetrieben ... [könnten] nur in Grenzen zur Ermittlung des Gewinns von Bankbetrieben herangezogen werden."[402] Im folgenden werden die einzelnen Kritikpunkte Kremkows zur Zielkonsistenz der Gewinnermittlungsregeln vorgestellt und mögliche Unterschiede in der Meßgenauigkeit zwischen KI- und IHV-Abschlüssen diskutiert:

(1) Nominelle Kapitalerhaltung

Kremkow moniert, die Konzeption der Nominalkapitalerhaltung sei nicht in der Lage, die Unternehmenserhaltung[403] im Kreditgewerbe zu gewährleisten. Diese Kritik an den Gewinnermittlungsregeln für KI ist zwar formal gesehen berechtigt; sie wiegt allerdings weniger schwer, wenn man berücksichtigt, daß das Problem der Unternehmenserhaltung durch bilanzielle Verfahren (mittels Trennung des Unternehmensvermögens in einen zu erhaltenden Vermögensstamm und einen ausschüttbaren Vermögenszuwachs) für realistische Umweltbedingungen nur schwer lösbar ist.[404] Eine im Vergleich zu IHV-Unternehmen generelle Benachteiligung von KI durch dieses Kapitalerhaltungskonzept ist jedenfalls nicht erkennbar. Würden die GoB z.B. vorschreiben, daß Gewinn erst dann ausgeschüttet werden darf, wenn das Realreinvermögen einer Unternehmung durch die Bildung einer Rücklage

---

401) Kolbeck, Bankbetriebe, Sp. 401.
402) Kremkow, Verbesserung, S. 40.
403) Genauer: die Erhaltung der wirtschaftlichen Lage; vgl. a.a.O., S. 32 - 35, insbesondere S. 35.
404) Vgl. Schneider, Aktienrechtlicher Gewinn, S. 612, ders., Betriebswirtschaftslehre, S. 433 - 438, insb. S. 438.

erhalten bleibt (Deflationierung des Eigenkapitals), ergäbe sich für einzelne Unternehmen eine in Abhängigkeit von der Höhe der Inflationsrate und der Eigenkapitalquote steigende Gewinneinbehaltung. Da KI im Vergleich zu IHV-AG einen durchschnittlich weit geringeren Eigenkapitalanteil aufweisen, würde bei Unternehmen mit gleich hohem Gewinn (oder gleich hoher Gesamtkapitalrendite) das ausschüttbare Jahresergebnis von Banken absolut und relativ sogar weniger stark dezimiert. Die Gewinnunterschiede bei Übergang von der Nominal- zu dieser Form der Realkapitalerhaltung wären bei KI demnach sogar geringer als bei IHV-Unternehmen.

(2) Barrealisationsprinzip

Der Idee des Einkommensbegriffs entsprechend, müsse nach Kremkow der Periodengewinn entnahmefähig, d.h. in Form von Zahlungsmitteln zugegangen, nicht nur - wie von der Rechtsprechung gefordert[405] - quasisicher sein, um ihn als unbedenklich ausschüttbar bezeichnen zu können (Barrealisation statt Realisation bei quasisicherem Anspruch). Auch dieser Forderung kann man eine gewisse Plausibilität nicht absprechen.[406] Allerdings ist auch hier nicht erkennbar, warum das herrschende Realisationsprinzip gerade bei KI zu einer besonders hohen Diskrepanz zwischen ermitteltem Gewinn und Überschüssen einer Zahlungsrechnung führen soll. Nicht nur bei KI existieren Aufwendungen und Erträge, denen keine entsprechenden Zahlungsmittelab- bzw. Zahlungsmittelzuflüsse gegenüberstehen. Eine Gegenüberstellung der zahlungs- und nicht zahlungswirksamen Positionen bei IHV- und Bank-AG läßt vielmehr sogar vermuten, daß in den IHV-Branchen die Salden einer Reinvermögens- und einer Zahlungsrechnung eher auseinanderfallen können, da bei KI das Gros der Aufwendungen und Erträge unmittelbar zu Zahlungsmittelabflüssen bzw. -zuflüssen führt.[407] Aber selbst dann, wenn man unterstellt,

---

405) Vgl. Moxter, Bilanzrechtsprechung, S. 10 - 21, Euler, Grundsätze, S. 67 - 71, jeweils mit weiteren Quellennachweisen.

406) Bezüglich ähnlicher Forderungen vgl. z.B. Schneider, Betriebswirtschaftslehre, S. 430 f.

407) Diese Vermutung erhärtet sich bei einem Vergleich der Höhe der Positionen in Bilanz und GVR, die nicht einzahlungswirksame Erträge bzw. nicht auszahlungswirksame Aufwendungen enthalten können. Bei IHV-AG ist das Gewicht dieser Positionen in Relation zur Höhe des Jahresüberschusses wesentlich bedeutender als bei Banken. Nicht zahlungswirksam können bei IHV-AG z.B. so bedeutende Positionen wie Umsatzerlöse (!), Abschreibungen auf Sachanlagen, Zuführungen zu Rückstellungen usw. sein. Die Gefahr, daß der Saldo der Zahlungsrechnung (Einzahlungsüberschuß) kleiner als der Saldo des Reinvermögensvergleichs (Periodengewinn) ausfällt, erscheint bei IHV-Unternehmen somit eher größer. Zur

daß einem Unternehmen aufgrund außerordentlicher Umstände größere Teile des Bilanzgewinns nicht in Form liquider Mittel zugegangen sind, dürfte es einem KI aufgrund der speziellen Geschäftsverbindungen leichterfallen, sich liquide Mittel zu besorgen, als Unternehmen anderer Branchen. Auch hinsichtlich dieses Punktes erscheint die Zielkonsistenz der Gewinnermittlungsregeln von KI- und IHV-Unternehmen nicht grundlegend zu differieren.

(3) Antizipation künftiger Kreditausfälle

Durch die Berücksichtigung des Ausfallrisikos von Krediten nach dem Imparitätsprinzip würden "... der Risikobewertung diejenigen Informationen zugrunde gelegt ..., die der Bank zur Zeit der Bewertung über die Bonität ihrer Schuldner vorliegen."[408] In wirtschaftlich rosigen Zeiten würde daher der Risikoaufwand unterschätzt, bei pessimistischen Zukunftsaussichten ergäbe sich ein erhöhter Wertberichtigungsbedarf.[409] Gegen diesen Einwand Kremkows ist anzuführen, daß es die Aufgabe des Imparitätsprinzips ist, künftige negative Erfolgsbeiträge aus einzelnen Geschäften vorwegzunehmen, um kommende Rechnungsperioden verlustfrei zu halten.[410] Daher haben KI gemäß der Anordnung des BAKred vom 17.9.1974 Sammelwertberichtigungen auf ihre risikobehafteten Buch-, Wechsel- und Eventualforderungen in Höhe von 0,1 bis 1,8 % (je nach Forderungsart) zu bilden.[411] Die in dieser Anordnung genannten Werte stellen nur **Mindestsätze** dar; "... die begründete Überzeugung des bilanzaufstellenden Organs ..., daß die Mindestsätze zur Abgeltung eines ... erhöhten latenten Risikos zu niedrig sind"[412], reicht aus, um in der Handelsbilanz des Instituts höhere Vorsorge - auch für mögliche Kreditausfälle in Rezessionszeiten - treffen zu können.[413] Von einem bankspezifischen Mangel der Gewinnermittlungsregeln kann hier somit nicht die Rede sein.

Technik der Schätzung von Zahlungsströmen aus Jahresabschlüssen vgl. z.B. Schmidt, Gestaltungsmöglichkeiten, S. 95 - 105, Coenenberg, Jahresabschluß, S. 587 - 647.

408) Kremkow, Verbesserung, S. 22.

409) Vgl. a.a.O., S. 18 - 30, insb. S. 22 f.

410) Vgl. Moxter, Bilanzrechtsprechung, S. 176 - 185, Döllerer, Grenzen, S. 130 f., S. 148 - 152.

411) Vgl. BAKred, Anordnung vom 17.9.1974, S. VIII 320 f.

412) Birck/Meyer, Bankbilanz, 2. Teillieferung, S. II 330.

413) Vgl. a.a.O. und BFA, Stellungnahme Nr. 1/1969, S. VIII 233.

(4) Antizipation von Zinsänderungsrisiken
Künftige negative Erfolgsbeiträge, die einem KI bei Anstieg (Rückgang) des Zinsniveaus drohen, weil Kredite (Einlagen) mit festen Zinsvereinbarungen durch Einlagen (Kredite) mit variablen Zinskonditionen refinanziert (bedient) werden, könnten nicht antizipiert werden, wenn die Kredite (Einlagen) in Form von **Namens**forderungen vorliegen.[414] Das Imparitätsprinzip erlaube nämlich eine Vorwegnahme künftiger Verluste nur bei hinreichender Konkretisierung. Eine Abschreibung der unterverzinslichen Festzinskredite (bzw. eine Zuschreibung zur überverzinslichen Einlage) scheitere daran, daß als Refinanzierung für diesen Kredit (bzw. als Mittelanlage für diese Einlage) gedanklich auch ein anderes Engagement zuordenbar wäre, dessen Konditionen noch eine rentable Abwicklung des Festzinsgeschäftes gestatten.[415]

Bezüglich dieses Kritikpunktes ist anzumerken, daß die Bildung von Rückstellungen für drohende Zinsänderungsrisiken im Jahresabschluß eines KI nicht unmöglich ist, sondern im Gegenteil sogar zwingend geboten sein kann. Nach dem Urteil des BGH vom 1. März 1982 wurde der Jahresabschluß einer später in Konkurs gegangenen Bank wegen der fehlenden Antizipation drohender Zinsänderungsrisiken sogar für nichtig erklärt.[416] Zwar wird man davon ausgehen müssen, daß eine Rückstellungsbildung im Regelfall nur dann möglich ist, wenn die gesamten zinstragenden Geschäfte eines KI Verluste erwarten lassen;[417] auch ist zu berücksichtigen, daß die Bestimmung des gesamten Zinsänderungsrisikos u.U. erhebliche - bislang teilweise ungelöste - Probleme bereitet;[418] gleichwohl kann nicht davon gesprochen werden, daß ein an den Verhältnissen des Industriebetriebes orientiertes Imparitätsprinzip "... und die Enge der Begriffe 'Vermögensgegenstand', 'Wirtschaftsgut', 'Schuld' und 'Rückstellung' ..."[419] die bilanzielle Antizipation latenter Zinsänderungsrisiken verhindert. Die grundlegenden Gewinnermittlungsregeln Realisationsprinzip, Imparitätsprinzip und die sie konkretisie-

---

414) Die (in Klammern) geschilderte Situation wird in der Literatur als passivisches (aktivisches) Zinsänderungsrisiko infolge offener aktivischer (passivischer) Festzinsposition bezeichnet. Vgl. Scholz, Zinsänderungsrisiken, S. 519 - 523, Schierenbeck, Bilanzstrukturmanagement, S. 12 f.

415) Vgl. Kremkow, Verbesserung, S. 12 - 17, insb. S. 14 f.

416) Vgl. BGH-Urteil vom 1.3.1982, S. 349 f.

417) Vgl. Birck/Meyer, Bankbilanz, 5. Teillieferung, S. V 350 f.

418) Vgl. a.a.O., S. V 352 - 355, Keine, Risikoposition, S. 365 - 374.

419) Kremkow, Verbesserung, S. 13.

renden Objektivierungsprinzipien sind **branchenneutral** formuliert, so daß eine Berücksichtigung geschäftszweig- und betriebsindividueller Verhältnisse keineswegs scheitert. Zusammenfassend gesehen kann hier davon ausgegangen werden, daß die Verfahrensspielräume in KI- und IHV-Abschlüssen durchaus vergleichbar sind; gravierende Unterschiede in der Zielkonsistenz der Gewinnermittlungsregeln existieren nicht.

c) Zu erwartende Auswirkungen der Meßgenauigkeitsunterschiede auf den Informationsgehalt des Geschäftsjahresgewinns von Bank- und Industrie- Handels- und Verkehrs-Jahresabschlüssen

α) Zusammenfassung der Diskussion

Der Jahresabschluß stellt das Reinvermögen eines Unternehmens zu einem bestimmten Stichtag fest und zeigt darüber hinaus die Reinvermögensentwicklung zwischen zwei, im allgemeinen ein Jahr auseinanderliegenden Stichtagen auf. Dieser Reinvermögensvergleich zwischen zwei Stichtagen ermittelt unter bestimmten Prämissen - vereinfacht ausgedrückt - als Hauptkenngröße den mit Quasisicherheit realisierten Überschuß des Geschäftsjahresendvermögens über das Geschäftsjahresanfangsvermögen der Gesellschaft.[420] Die Kenntnis der quasisicheren Realisation des überschußerzeugenden Unternehmensprozesses für das abgelaufene Geschäftsjahr kann für die Anteilseigner in **zweierlei** Hinsicht von Bedeutung sein: Einerseits gibt diese Größe gemäß § 58 AktG den Rahmen für die Gewinnverwendungsentscheidung der Hauptversammlung vor; andererseits stellt der Geschäftsjahresgewinn einen wichtigen Anhaltspunkt dar, um abschätzen zu können, welche Überschüsse das Unternehmen in künftigen Jahren erwirtschaftet.[421] Damit sich ein Anleger ein fundiertes Urteil bezüglich der Fortgeltungswahrscheinlichkeit des Jahresergebnisses verschaffen kann, ist es erforderlich, die tatsächliche Höhe dieser Kenngröße - frei von bilanzpolitisch motivierten Verzerrungen - in Erfahrung zu bringen.

---

420) Dies gilt allerdings nicht ohne zusätzliche Annahmen, wie insbesondere der der Geldwertstabilität. Ausführlich dazu Schneider, Betriebswirtschaftslehre, S. 423 - 426, S. 433 - 438.

421) Falls der überschußerzeugende Prozeß einer AG einem Zufallspfad folgt, ist der jeweils letzte Jahresgewinn die beste Schätzung für künftige Gewinne. Für den Fall, daß der Gewinnverlauf deterministischen Trends folgt, stellt die Höhe des letzten Jahresergebnisses ebenfalls eine sehr wichtige Information dar. Vgl. Watts/Zimmerman, Positive Accounting, S. 136 - 146.

§ 26 a Abs. 1 KWG ermöglicht der Unternehmensleitung eines KI, durch die Legung und Auflösung stiller Reserven u.U. beträchtliche Abweichungen zwischen dem publizierten und dem mit Quasisicherheit realisierten Gewinn des Geschäftsjahres zu erzeugen, ohne daß diese Abweichungen - wie bei IHV-AG - im Normalfall für den Anleger erkennbar sind. Die Bedeutung des ermittelten Jahresüberschusses für die Gewinnverwendungsentscheidung der Anteilseigner bleibt zwar unverändert bestehen; die Genauigkeit des Jahresabschlusses als Instrument zur Bestimmung des Periodeneinkommens leidet jedoch, wenn der Anleger nicht unterscheiden kann, ob der ausgewiesene Gewinn aus einer mit Quasisicherheit erzielten Reinvermögensmehrung oder lediglich aus einer Änderung der Bewertungsansätze des Umlaufvermögens resultiert. Die im Vergleich zur IHV-Gruppe verschlechterte Meßgenauigkeit von Bank-Jahresabschlüssen wird auch nicht durch eine - gelegentlich behauptete - mangelnde Zielkonsistenz der Gewinnermittlungsregeln für KI relativiert.

Weil ein Anleger die künftigen Unternehmenserträge um so besser prognostizieren kann, je genauer und umfassender er über die unbedenklich ausschüttbaren Periodenerfolge der Vergangenheit informiert ist,[422] müßte sich - theoretisch gesehen - die unterschiedliche Meßgenauigkeit von KI- und IHV-Jahresabschlüssen anhand der Kursreaktionen am Aktienmarkt nachweisen lassen. Auch die bislang veröffentlichten empirischen Arbeiten lassen solche unterschiedlichen Reaktionen erwarten: Wie bereits Ball und Brown 1968 in ihrer grundlegenden Arbeit belegen, entfällt in den USA auf die Gewinninformationen ca. die Hälfte des gesamten im Jahresabschluß enthaltenen Informationswertes.[423] Die bislang veröffentlichten Arbeiten zum deutschen Kapitalmarkt lassen vermuten, daß in der Bundesrepublik ähnliche Relationen gelten.[424] Daher ist nicht zu erwarten, daß der unbedenklich ausschüttbare Periodengewinn eines Unternehmens in der Prognosefunktion eines Anlegers eine nur untergeordnete (und somit kaum meßbare) Rolle spielt.

---

422) Vorausgesetzt, die Verhältnisse ändern sich nicht grundlegend.

423) Ball/Brown verstehen unter Gewinninformationen die Jahresabschlußkennzahlen net income (ausgewiesener Bilanzgewinn) und earnings per share (Dividende pro Aktie). Vgl. Ball/Brown, Evaluation, S. 175 f. Vgl. diesbezüglich auch die ausführlichen Erläuterungen von Coenenberg, Jahresabschlußinformationen, S. 230 und S. 234.

424) Vgl. Brandi, Informationswirkungen, S. 170.

β) Hypothesen

Geht man davon aus, daß einem bedeutenden Teil der Anleger (bzw. deren Berater) die Ergebnismanipulationsmöglichkeiten der Banken gemäß § 26 a KWG (bzw. zukünftig § 340 f HGB) bekannt sind, liegen aus Sicht eines Anlegers **zwei Reaktionsmöglichkeiten** nahe: Erstens ist zu vermuten, daß ein Anleger der Hauptkenngröße eines Rechnungslegungsinstrumentes, die in der beschriebenen (d.h. für Unternehmensexterne nicht einsehbaren) Weise manipulierbar ist, **keine** besonders hohe **Glaubwürdigkeit** beimißt.[425] Da indessen für KI keine meßgenaueren Informationen zum Periodenerfolg verfügbar sind, der Anleger somit mehr oder weniger gezwungen ist, seine Erwartungen auf der Basis der vorhandenen externen Rechnungslegung zu bilden, könnte der Anleger zweitens versuchen, aus den Daten des Jahresabschlusses, die einer Manipulation gemäß § 26 a KWG nicht zugänglich sind, eine Art "**Ersatzperiodengewinn**" zu ermitteln, um auf dieser Grundlage seine Erwartungen zu bilden.

Wenn die Mehrzahl der Anleger in der beschriebenen Weise reagiert und den ausgewiesenen Periodenerfolg eines "§-26-a-geprägten" Jahresabschlusses für unglaubwürdig hält, dann müßte sich dies wie folgt anhand der Börsenreaktionen auf die Veröffentlichung des Periodenergebnisses eines KI nachweisen lassen.

Hypothese 1:
Falls der Anlegermehrheit die bankspezifischen Bewertungssonderrechte bekannt sind, ist zu erwarten, daß die Reaktion des Aktienmarktes auf die Veröffentlichung des Jahresergebnisses (Jahresüberschuß bzw. Bilanzgewinn) **geringer** ausfällt als bei IHV-Abschlüssen mit vergleichbarer Aktualitäts- und Intensitätsdimension.

Wenn die Mehrzahl der Anleger darüber hinaus versucht, aus den unmanipulierten Daten des Bankabschlusses einen "Ersatzgewinn" zu ermitteln, müßte sich dies ebenfalls anhand der Börsenreaktionen um den Veröffentlichungszeitpunkt nachweisen lassen:

Hypothese 2:
Wenn der Anlegermehrheit die Regelungen nach § 26 a KWG bekannt sind, wäre zu erwarten, daß die Reaktion des Aktienmarktes auf

425) So auch Schneider, Kapitalmarkteffizienz, S. 27 f.

ein "bereinigtes" Jahresergebnis eines KI deutlicher ausfällt als auf den Jahresüberschuß eines Jahresabschlusses mit vergleichbarer Aktualitäts- und Intensitätsdimension. Eine "Bereinigung" des Jahresergebnisses könnte z.B. darin bestehen,

2.1 den Jahresüberschuß um die beiden GVR-Positionen zu kürzen, die gemäß § 26 a Abs. 1 KWG manipulierbar sind ("Abschreibungen und Wertberichtigungen auf Forderungen und Wertpapiere sowie Zuführungen zu Rückstellungen im Kreditgeschäft" bzw. "Andere Erträge einschließlich der Erträge aus der Auflösung von Rückstellungen im Kreditgeschäft"[426]);

2.2 den Jahresüberschuß neben den genannten (von §-26-a-Manipulationen betroffenen) um weitere GVR-Positionen zu bereinigen, die Abbildungs- und Gestaltungsspielräume eröffnen;

2.3 zusätzlich zur Höhe des Jahresüberschusses die Höhe der Position "Steuern" (insbesondere die Höhe der Unterposition "vom Einkommen, vom Ertrag und vom Vermögen") in die Analyse der Anlegerreaktionen mit einzubeziehen.[427]

Bestätigen die Reaktionen des Aktienmarktes bei Veröffentlichung von Jahresabschlüssen die genannten Hypothesen nicht, ist die Möglichkeit näher zu prüfen, daß die Bewertungssonderrechte der Anlegermehrheit überhaupt nicht bewußt sind.[428]

4. Prognoseeignung

Das im vorigen Abschnitt diskutierte Kriterium beurteilt die Wertschätzung, die die Anleger am Aktienmarkt der Genauigkeit der Periodenrechnung beimessen, anhand der Kursreaktionen auf die zentrale Kenngröße des Jahresabschlusses, das Periodenergebnis. Wenn allerdings die Möglichkeit besteht, daß der Jahresabschluß neben Jahresüberschuß bzw. Bilanzgewinn weitere

---

426) Die Positionsangaben beziehen sich auf die GVR eines KI der Rechtsform AG, KGaA oder GmbH. Vgl. Formblatt für den Jahresabschluß der AG, KGaA, GmbH, in: Reischauer/Kleinhans, Kreditwesengesetz, Tz.426, S. 6.

427) Bezüglich der Möglichkeiten zur Berechnung des Steuerbilanzgewinns vgl. Lachnit, Jahresabschlußanalyse, S. 398 und Hülbert, Vergleichbarkeit, S. 176 - 188.

428) Die Möglichkeit, daß der unbedenklich ausschüttbare Periodengewinn einer AG in der Prognosefunktion eines Anleger am deutschen Aktienmarkt eine nur untergeordnete (d.h. mit Kapitalmarktuntersuchungen kaum meßbare) Rolle spielt, ist dagegen zu vernachlässigen. Eine Umfrage von Hub zu den Informationswünschen deutscher Wertpapierexperten ergab, daß der Bekanntgabe des tatsächlich erzielten Gewinns die größte Bedeutung beigemessen wird. Vgl. ders., Unternehmensberichterstattung, S. 78 - 81, S. 119 - 122.

Kennzahlen enthält, die für Anleger von Interesse sind - die empirischen Ergebnisse von Ball/Brown legen dies nahe[429] -, könnte ein Vergleich des Informationsgehaltes von KI- und IHV-Jahresabschlüssen, der nur auf den Informationswert des Periodenergebnisses abstellt, zu kurz greifen. Im Rahmen dieses Abschnittes ist daher zu fragen, welchen Nutzen einem Anleger die Kenntnis **sämtlicher** Kennzahlen eines KI- bzw. IHV-Jahresabschlusses stiften kann. Da dieser Nutzen davon abhängt, wie gut sich Jahresabschlußdaten oder Funktionen dieser Daten zur Prognose der künftigen Aktienkurse eignen, wäre hier demnach ein Prognoseeignungsvergleich von KI- und IHV-Abschlüssen anhand der jeweils optimalen Kennzahlenkombination anzustellen.

a) Möglichkeiten und Grenzen der Prognoseeignung von Jahresabschlüssen für Aktienerträge

Im Rahmen dieses Abschnittes ist zu diskutieren, ob der Jahresabschluß neben den Gewinninformationen weitere Kennzahlen enthält, die für einen Anleger von Interesse sein könnten, um Aktienerträge zu prognostizieren.

α) Die Unzulänglichkeit von Jahresabschlußdaten für die Prognose von Aktienerträgen

Der erweiterte Jahresabschluß soll gemäß § 264 Abs. 2 HGB "... ein den tatsächlichen Verhältnissen entsprechendes Bild der Vermögens-, Finanz- und Ertragslage der Kapitalgesellschaft ... vermitteln."[430] Die Formulierung in § 264 Abs. 2 HGB suggeriert, daß der Jahresabschluß Aufschluß über die Vermögenslage im Sinne des Marktwertes eines Unternehmens oder Unternehmensanteils gibt. Tatsächlich berichtet der Jahresabschluß nur über ein **Buchvermögen**. Die wirkliche Vermögenslage im Sinne des Marktpreises eines fortzuführenden Unternehmens kann der Jahresabschluß nicht vermitteln.[431] Die Ursache dafür ist in der Ausrichtung des Jahresabschlusses auf eine andere Hauptaufgabe zu sehen: Die **künftigen** Vorteile aus dem Besitz eines Unternehmensanteils lassen sich aus dem Zahlenwerk des Jahresabschlusses des betreffenden Unternehmens nicht unmittelbar entnehmen,

---

429) Ball/Brown ermittelten für die USA, daß die Gewinninformationen nur ca. die Hälfte des gesamten Informationswertes des Jahresabschlusses ausmachen. Vgl. dies., Evaluation, S. 175 f. und FN 423 auf S.148 d.A.

430) § 264 Abs. 2 Satz 1 HGB

431) Vgl. Beisse, Verhältnis, S. 8, Moxter, Bilanzlehre II, S. 64 - 66.

weil die Hauptaufgabe des Jahresabschlusses darin besteht, für das **vergangene** Geschäftsjahr einen unbedenklich ausschüttbaren Gewinn festzustellen.[432] Zu berücksichtigen ist außerdem, daß der Jahresabschluß stets nur Informationen über den "hausgemachten" Teil künftiger Aktienrenditen liefern kann; Renditeänderungen, die aus einer Änderung **branchen- oder gesamtwirtschaftlicher Faktoren** resultieren (z.B. Zinsänderung), sind aus einem auf ein Unternehmen bezogenen Rechnungslegungsinstrument wohl kaum prognostizierbar.[433]

Um umfassend über Breite und Sicherheitsdimension der Ausschüttungserwartungen zu informieren, wäre statt der Vergangenheits- eine **Zukunftsorientierung** des Jahresabschlusses notwendig; für einzelne Positionen des (Plan-) Abschlusses wäre anzugeben, welche **Fortgeltungswahrscheinlichkeit** in künftigen Rechnungsperioden besteht, statt Punktgrößen wären **Bandbreiten** zu nennen, innerhalb derer sich nach Einschätzung der Unternehmensleitung künftige Jahresabschlußwerte voraussichtlich bewegen werden. Um die Plausibilität des geplanten Jahresabschlusses zu überprüfen, wären zudem Angaben über das der Leistungserstellung zugrunde gelegte **Mengen- und Preisgerüst**, getrennt nach Beschaffungs-, Produktions- und Absatzbereichen sowie weitere Angaben[434] unerläßlich. Kurzum: Falls umfassend über die Vermögens- und Ertragslage eines Unternehmens berichtet werden soll, muß der Jahresabschluß genau genommen durch ein Unternehmensbewertungsgutachten ersetzt werden.

---

432) Zwar ist die Kenntnis des in vergangenen Perioden erzielten Gewinns für einen Anleger nützlich; dieser Nutzen des Jahresabschlusses wurde indessen bereits im Rahmen des letzten Hauptabschnitts zur Meßgenauigkeit diskutiert.

433) Die erwartete Rendite einer Aktie läßt sich als Prämie für den Konsumverzicht und übernommene einzel- sowie gesamtwirtschaftliche Risiken (z.B. Geldentwertungs- und Zinsänderungsrisiken) interpretieren. Vgl. Süchting, Finanzmanagement, S. 348 - 384. Der Jahresabschluß erlaubt lediglich eine Prognose einzelwirtschaftlicher Risiken (z.B. des Bonitätsrisikos der betreffenden Unternehmung); gesamtwirtschaftliche Risiken gibt der Jahresabschluß, wenn überhaupt, nur rudimentär wieder.

434) Einen Überblick über Sachverhalte, die aus einem Jahresabschluß nicht hervorgehen, die aber gleichwohl maßgeblichen Einfluß auf den Erfolg eines Unternehmens ausüben können, geben Mayer, Auswirkungen, S. 27 f. und März, Interdependenzen, S. 37 - 39.

β) Möglichkeiten zur Heilung dieser Unzulänglichkeiten

Wenn solche Bewertungsgutachten bzw. andere für Zwecke der Ausschüttungsprognose besser geeignete Informationsinstrumente nicht verfügbar sind, könnte sich der Anleger damit behelfen, die geschilderten Mängel des Jahresabschlusses hinsichtlich der Prognose künftiger Aktienerträge durch spezielle Auswertungstechniken zu lindern.[435] Die betriebswirtschaftliche Forschung versucht bereits seit längerer Zeit, die Aussagefähigkeit des Jahresabschlusses für prognostische Fragestellungen durch spezielle Auswertungstechniken sowie die Einbeziehung von Daten aus früheren Jahresabschlüssen derselben Gesellschaft (Zeitvergleich) bzw. ähnlicher Unternehmen (Branchenvergleich) zu erhöhen. Zu nennen sind hier insbesondere Kapitalflußrechnungen und Kennzahlensysteme; beide Analysemethoden sind mittlerweile für eine ganze Reihe von Informations- und Kontrollaufgaben ausgebaut worden.[436]

Vor allem **Kennzahlensysteme** scheinen geeignet, die Mängel des Jahresabschlusses hinsichtlich der Prognose der künftigen Aktienerträge zumindest teilweise auszugleichen. So weisen eine ganze Reihe von Untersuchungen nach, daß - vom Periodengewinn abgesehen - auch zwischen anderen Jahresabschlußkennzahlen und künftigen Aktienrenditen bzw. Renditebestandteilen[437] signifikante Zusammenhänge existieren.[438] Neben der Prognose des Ertragserwartungswertes kann auch die Prognose der Ertragsstreuung einer Aktie durch die Kenntnis von Jahresabschlußkennzahlen verbessert werden. So zeigt z.B. Möller im Rahmen einer empiri-

---

435) Hinsichtlich der Frage, wie ein Jahresabschluß letztlich zu transformieren wäre, damit er adäquate Informationen für die Anteilsbewertung liefert, vgl. Moxter, Bilanzlehre I, S. 122 - 138 und ders., Unternehmensbewertung, S. 105 - 113.

436) Überblicke über die bislang existierenden Typen von **Kapitalflußrechnungen** geben Perridon/Steiner, Finanzwirtschaft, S. 370, Dellmann, Kapitalflußrechnungen, S. 473 und Chmielewicz/Caspari, Problematik, S. 162, bezüglich der **Kennzahlensysteme** vgl. März, Interdependenzen, S. 59 - 120, Lachnit, Jahresabschlußanalyse, S. 192 - 391.

437) Als Bestandteile der Aktienrendite sind vor allem Kursveränderungen sowie Zahlungen zwischen Gesellschaft und Aktionär (z.B. Dividenden) zu nennen. Vgl. Abschnitt B.II.1.a d.A.

438) Vgl. z.B. Pellens, Informationswert, S. 202 - 268, Lachnit, Jahresabschlußanalyse, S. 328 - 387, Perlitz, Prognose, S. 166 - 181, Schönbrodt, Erfolgsprognosen, S. 245 - 249, Rischbieth, Eignung, S. 295 - 303, Bruse, Prognosefähigkeit, S. 150 f. Zur Prognoseeignung von Bank-Jahresabschlüssen vgl. Göppl, Finanzintermediation, S. 618 - 622. Bezüglich US-amerikanischer Untersuchungen vgl. z.B. die Literaturübersichten bei Foster, Financial Statement Analysis, S. 262 - 264, S. 286 - 290, Beaver, Financial Reporting, S. 117 - 130.

schen Untersuchung auf, daß die Kennzahlen "Deckungsgrad des gebundenen Vermögens" und "Anspannungskoeffizient" (Fremdkapital : Eigenkapital) geeignet sind, einen beträchtlichen Teil des Ertragsrisikos eines Anlegers zu erklären.[439] Allgemein läßt sich somit festhalten, daß "... die Aufstellung und Veröffentlichung von Jahresabschlüssen die Entscheidungen von Aktionären nicht nur hinsichtlich der Ertragsschätzung, sondern auch hinsichtlich der Ertragsrisikoschätzung unterstützt."[440]

Zwar ist aufgrund der geschilderten grundsätzlichen Mängel des Jahresabschlusses (Vergangenheitsorientierung, andere Hauptaufgabe, einzelwirtschaftliche Betrachtung) nicht zu erwarten, daß die Beziehung zwischen Jahresabschlußkennzahlen und Ertragserwartung bzw. Ertragsrisiko durchwegs straff verläuft[441] - eine jahresabschlußgestützte Ertragsprognose wird insofern häufig schlechtere Prognosen als umfassende Bewertungsgutachten liefern -; indes ist eine kleine Prognoseverbesserung durch Auswertung verfügbarer Datenquellen einem überlegenen Prognoseverfahren vorzuziehen, solange dieses an den Datenanforderungen scheitert.[442]

b) Möglichkeiten und Grenzen eines Prognoseeignungsvergleichs von Bank- und Industrie-, Handels- und Verkehrs-Jahresabschlüssen

In Abschnitt C.III.3 d.A. (Kriterium Meßgenauigkeit) stand die Reaktion des Aktienmarkts auf die Veröffentlichung des Periodenergebnisses im Mittelpunkt der Diskussion. Da zu vermuten ist, daß der Jahresabschluß neben Jahresüberschuß bzw. Bilanzgewinn weitere Kennzahlen bzw. Kennzahlenkombinationen enthält, die für den Anleger von Interesse sein können, wäre hier ein Prognoseeignungsvergleich für KI- und IHV-Jahresabschlüssen anzustellen, der alle wesentlichen Jahresabschlußkennzahlen sowie Kombinationen aus mehreren Kennzahlen einbezieht. Ein Vergleich der Prognosegüte der jeweils optimalen Kennzahlenkombination

---

439) Vgl. Möller, Bilanzkennzahlen, S. 129, S. 165 - 198, insb. S. 196 - 198. Bezüglich des Nutzens dieser Kennzahlen vgl. S. 210 - 221. Vgl. auch Göppl, Finanzintermediation, S. 616 - 619, Beaver/Kettler/Scholes, Association, S. 679 f. und Lev/Ohlson, Research, S. 288 - 291 mit weiteren Literaturhinweisen.

440) Möller, Bilanzkennzahlen, S. 223.

441) Mit festen Relationen zwischen Daten eines Jahresabschlusses und künftigen Aktienerträgen wäre nur dann zu rechnen, wenn die Zukunft aus Wiederholungen der vergangenen Periode bestünde.

442) Ähnlich auch Wagner, Ausschüttungsbemessungsfunktion, S. 757.

für alle IHV- und Bank-AG würde dann zeigen, ob sich die Jahresabschlüsse beider Unternehmensgruppen hinsichtlich ihrer Prognoseeignung unterscheiden. Im folgenden Unterabschnitt wird dargestellt, wie ein solcher Vergleich vorgenommen werden könnte und welche methodischen Probleme damit verbunden sind; in Unterabschnitt β) wird diskutiert, welche Konsequenzen sich aus diesen Problemen für die Arbeit ergeben.

α) Grundsätzliche Probleme der Aktienrenditeprognose anhand von Jahresabschlußdaten

Um einen umfassenden Informationswertvergleich für KI- und IHV-Jahresabschlüsse vornehmen zu können, sollte zum einen bekannt sein, welche Jahresabschlußkennzahlen die Anleger zur Prognose der Aktienrenditen verwenden, zum anderen, in welcher Verknüpfung und mit welchem Gewicht diese Zahlen in den Anlagerkalkül eingehen. Weil aufgrund der bislang in der Bundesrepublik durchgeführten Prognoseeignungsstudien[443] zu erwarten ist, daß für Unternehmen mit unterschiedlichen Branchenschwerpunkten und Geschäftsfeldern unterschiedliche Kennzahlen optimale Prognoseergebnisse liefern, müßten - damit der Prognoseeignungsvergleich keine der beiden Unternehmensgruppen benachteiligt - die relevanten Kennzahlenkombinationen für jede KI- und IHV-AG einzeln ermittelt werden. Grundsätzlich existieren die im folgenden beschriebenen Möglichkeiten zur Gewinnung prognosestarker Kennzahlenkombinationen.

Ein denkbarer Weg, um diejenige unternehmensindividuelle Kennzahlenkombination aus einem Jahresabschluß zu ermitteln, die eine optimale Prognose der Aktienerträge ermöglicht, ist eine **Befragung** der Anleger. Um die prognosestärksten Kennzahlen für jedes Unternehmen zu finden, müßte dabei zum einen sichergestellt werden, daß nur wirkliche Anlageexperten befragt werden (Laien verwenden u.U. nur suboptimale Kennzahlenkombinationen zur Renditeprognose); zum anderen müßte gewährleistet sein, daß diese Experten auch tatsächlich ihre wahre jahresabschlußbezogene Prognosefunktion offenbaren. Damit ist aber nicht zu rechnen, weil diese Funktion - falls sie wirklich sämtliche Informationen eines Jahresabschlusses optimal ausnutzt - mit der Veröffentlichung und Nachahmung durch Konkurrenten sofort ent-

443) Vgl. z.B. die Ergebnisse von Pellens, Informationswert, S. 214 - 217, S. 250 - 275 und Lachnit, Jahresabschlußanalyse, S. 344 - 352, S. 367 - 371, S. 382 - 387.

wertet würde.[444] Die Möglichkeit der Anlegerbefragung ist hier somit wenig erfolgversprechend.

Ein anderer Weg, um prognoseoptimale Kennzahlenkombinationen aus dem Jahresabschluß zu gewinnen, ist der Einsatz **statistischer Verfahren**. Mit deren Hilfe kann versucht werden, Zusammenhänge zwischen der Ausprägung einer oder mehrerer Jahresabschlußkennzahlen und der Höhe der Rendite der betreffenden Aktie im Zeitraum vor, während oder nach Abschlußveröffentlichungen zu ermitteln. Die Anwendung statistischer Methoden zur Erkennung der am besten geeigneten Kennzahlenkombination zur Prognose von Ertragserwartungswert und Ertragsrisiko einer Aktie wirft jedoch die folgenden grundsätzlichen Probleme auf.

Eine der Hauptschwierigkeiten statistischer Zusammenhangsmessungen besteht darin, daß sowohl Ertragserwartungswert und Ertragsrisiko als auch die aus dem Jahresabschluß ermittelbaren Indikatoren für diese Größen einerseits im Zeitablauf, andererseits über die Unternehmen variieren können.[445] Daher sollte eine Zusammenhangsmessung so ausgestaltet sein, daß zeitliche und unternehmensbezogene Einflüsse **gleichzeitig** kontrolliert werden können. Da entsprechende statistische Verfahren, die beide Einflüsse simultan kontrollieren, bislang noch nicht verfügbar sind, behelfen sich die bislang durchgeführten Untersuchungen entweder damit, zu unterstellen, daß Änderungen im Zeitablauf nicht existieren (in diesem Fall werden die unternehmensindividuell optimalen Jahresabschlußindikatoren für eine Reihe von Jahren ermittelt); oder sie gehen davon aus, daß zu einem Zeitpunkt für eine Reihe von Unternehmen die gleichen Jahresabschlußkennzahlen optimale Aktienrenditeprognosen liefern und untersuchen dann Änderungen der Prognoseeignung im Zeitablauf.[446]

Beide Annahmen können sich als problematisch erweisen: Da der Jahresabschluß nur relativ selten, im Regelfall nur einmal pro

---

444) "Any prediction model or method of financial analysis that becomes publicly known will quickly lose its usefulness because the value of the derived information (e. g., predictions) will already be reflected in security prices." Lev, Analysis, S. 242.

445) Vgl. diesbezüglich auch Möller, Bilanzkennzahlen, S. 145 f.

446) Vgl. Pellens, Informationswert, S. 214, S. 240 - 244, Lachnit, Jahresabschlußanalyse, S. 340 - 357. Über eine der genannten Annahmen wird sichergestellt, daß genügend unabhängige Beobachtungen existieren, um eine statistische Zusammenhangsmessung durchführen zu können. Vgl. Möller, Bilanzkennzahlen, S. 145 f.

Jahr erstellt wird und statistische Zusammenhangsuntersuchungen einen gewissen Mindestumfang an Beobachtungen benötigen, sind Untersuchungen des ersten Typs gezwungen, die Konstanz zeitlicher Einflüsse über längere Zeiträume zu unterstellen. Falls sich die Strukturen eines Unternehmens ändern (z.B. wegen Kauf/ Verkauf von Unternehmensteilbereichen, starkem Wachstum) oder wenn sich durchgreifende gesamtwirtschaftliche oder branchenspezifische Änderungen (Zinshöhe, Konjunktur) ergeben, ist die Wahrscheinlichkeit hoch, daß auch im Rahmen der Unternehmensbeurteilung durch die Anleger andere Sachverhalte (die sich in anderen Jahresabschlußdaten niederschlagen) in den Vordergrund treten; in diesen Fällen ist die Annahme der Konstanz zeitlicher Einflüsse kaum haltbar.

Die Ergebnisse von Untersuchungen des zweiten Typs stehen und fallen damit, wie homogen die Unternehmensgruppen, für die gleiche Verhältnisse unterstellt werden, tatsächlich sind. Vor allem für große Unternehmen (z.B. Daimler Benz AG), die auf mehreren Märkten auftreten, ist es jedoch nahezu unmöglich, Unternehmen mit ähnlichen Geschäftsstrukturen zu finden. Zusammenfassend läßt sich demnach festhalten: Inwieweit eine oder eine Kombination der genannten Annahmen gerechtfertigt sind, kann pauschal nur schwer beurteilt werden; Kennzahlenkombinationen, die die Informationsgesamtheit des Jahresabschlusses für die Prognose der Aktienrenditen des betreffenden Unternehmens optimal ausnutzen, sind - wenn überhaupt - nur für einen kurzen Zeitraum und nur im Rahmen einer sorgfältigen, einzelfallbezogenen Prognoseeignungsstudie ermittelbar.

β) Konsequenzen für diese Untersuchung

Das Auffinden prognosestarker Kennzahlenkombinationen wird - wie oben dargestellt - durch Probleme grundsätzlicher Art erschwert. Da die dem Verfasser bekannten statistischen Methoden zur Messungen des Zusammenhangs zwischen Kennzahlenausprägungen und Aktienrenditen (noch) keine simultane Kontrolle zeit- und unternehmensabhängiger Einflüsse erlauben, die unternehmensindividuelle Ermittlung prognoseoptimaler Kennzahlenkombinationen aber den Rahmen dieser Arbeit sprengen würde, soll hier von einem Prognoseeignungsvergleich von KI- und IHV-Jahresabschlüssen abgesehen werden. Um trotzdem den Informationswert zu ermitteln, den eine optimale Auswertung des gesamten Jahresabschlusses einbringt, wird unterstellt, daß es mit Hilfe einer geeigneten Auswertung der quantitativen und qualitativen Abschlußinformationen gelingen könnte, für einen kurzen Zeitraum nach dem Bekanntwerden des Jahresabschlusses sämtliche Aktien eines Untersuchungsportefeuilles mit positiver von solchen mit negativer Renditeentwicklung zu unterscheiden. Mit anderen Worten: Es wird angenommen, daß eine auf Jahresabschlußdaten basierende optimale Erwartungsrevisionsfunktion in der Lage ist, im Zeitraum des Bekanntwerdens des Abschlusses **ohne Fehlklassifikationen** zu arbeiten. Es ist also derjenige Gewinn gesucht, den ein allwissender Investor, der zu Beginn des Beobachtungszeitraums optimale Anlageentscheidungen für alle Aktien des Untersuchungsportefeuilles trifft, erzielen könnte.[447] Der Informationswert, der sich bei dieser Informationsauswertung für die Gruppe der IHV-Abschlüsse ergibt, kann dann - abgeschichtet nach Aktualitäts- und Intensitätsklassen - mit dem gesamten Informationsgehalt der KI-Abschlüsse verglichen werden.

Der Vorteil eines solchen Vorgehens - neben dem weitaus geringeren Forschungsaufwand - ist darin zu sehen, daß ein Vergleich des gesamten Informationswertes von KI- und IHV-Jahresabschlüssen nicht durch eine Kennzahlenauswahl, die u.U. eine der beiden Unternehmensgruppen benachteiligt, verzerrt werden kann. Darüber hinaus bezieht dieses Vorgehen auch die Reaktionen der Anleger mit ein, die auf den qualitativen Daten, insbesondere den Textinformationen des Geschäftsberichts, beruhen.[448] Von Nachteil ist dieses Vorgehen allerdings dann, wenn neben dem Jahresabschluß gleichzeitig andere unternehmensbezogene Information bekannt werden. Der Informationsgehalt außerbilanzieller Nachrichten, deren Renditewirkungen sich mit denen der Jahresabschlußveröffentlichung überlappen, wird dann (infolge der oben eingeführten Annahme) fälschlicherweise dem Jahresabschluß zugeschrieben. Bei der Wahl eines vergleichsweise kurzen Untersuchungszeitraums bleiben die verzerrenden Wirkungen solcher unternehmensbezogener "überlappender Ereignisse"[449] vermutlich

---

447) Wie dieser Informationswert, der in der Literatur als Wert der Nettoinformation (NI) bezeichnet wird, definiert ist, wurde bereits in Abschnitt B.II.4.b.β_4 d.A. vorgestellt.

448) Zu den Möglichkeiten, Textinformationen durch eine Inhaltsanalyse in kapitalmarktorientierte Informationswertuntersuchungen mit einzubeziehen, vgl. <u>May/Schweder-Weber</u>, Informationsverarbeitung, S. 73 - 78.

449) Vgl. zu dieser Begriffsprägung a.a.O., S. 35 f. Eigentlich überlappen sich nicht die Ereignisse, sondern lediglich die Zeiträume, in denen die Kurswirkungen verschiedener Ereignisse vermutet werden. Die Renditewirkungen "überlappender Ereignisse", die den Gesamtmarkt betreffen, sollten durch die Bereinigung der Aktienrenditen eliminierbar sein.

jedoch in engen Grenzen. Darüber hinaus ist zu berücksichtigen, daß der auf die geschilderte Weise ermittelte Nutzen quasi den Informations-Grenzwert bei optimaler Jahresabschlußanalyse darstellt; Investoren können sich diesem Wert in der Realität zwar vermutlich annähern, ihn aber wohl nicht erreichen.

c) Zu erwartende Auswirkungen der Prognoseeignungsunterschiede auf den gesamten Informationsgehalt von Bank- und Industrie, Handels- und Verkehrs-Jahresabschlüssen

α) Versuch einer Wertung

Der Informationsgehalt von Jahresabschlußdaten für einen Anleger hängt - wie in Abschnitt C.II.3 ausgeführt wurde - davon ab, wie eng die Beziehung zwischen diesen Daten und den Größen Ertragserwartungswert und Ertragsrisiko einer Aktie ist. § 26 a Abs. 1 KWG (bzw. zukünftig § 340 f HGB) ermöglicht der Unternehmensleitung eines KI durch die Legung und Auflösung stiller Reserven nicht nur, die Hauptkenngröße des Jahresabschlusses, den (unter bestimmten Prämissen ermittelten) unbedenklich ausschüttbaren Jahresüberschuß beträchtlich zu verändern; Folge der bankspezifischen Bewertungssonderrechte ist auch, daß neben dem Jahresüberschuß weitere GVR-Positionen sowie in der Bilanz sämtliche Positionen und Unterpositionen der Forderungen bzw. Wertpapiere des Umlaufvermögens verzerrt sein können.[450] Inwieweit ist damit zu rechnen, daß diese Verzerrungen die Prognoseeignung von Bankabschlüssen für den Erwartungswert und Streuung der künftige Aktienerträge (oder Teile davon, wie etwa künftige Dividendenzahlungen) im Vergleich zu unmanipulierten Abschlüssen verändern?

(1) Die **Prognoseeignung** von Bank-Jahresabschlüssen hinsichtlich Ertragserwartung und Ertragsrisiko einer Aktie **ändert sich** im Vergleich zu einer Regelung ohne Bewertungssonderrechte **nicht**, wenn die Gewinnmanipulationen vom Anleger durchschaut werden können. Das ist z.B. dann der Fall, wenn die Reservebewegungen nicht still bleiben, weil das unverfälschte Jahresergebnis aus dem Jahresabschluß selbst oder aus anderen Quellen ermittelt werden kann. Wie die Ausführungen zum Kriterium "Meßgenauigkeit" gezeigt haben, lassen sich aus dem Jahresabschluß selbst nur in sehr seltenen Fällen Richtung und/oder Ausmaß der Ge-

450) Vgl. Abschnitt C.I.2.b und c d.A.

winnänderung ableiten, und andere Quellen sind - zumindest im Regelfall - nicht zugänglich. Ergebnismanipulationen könnten vom Anleger auch dann durchschaut werden, wenn der Gewinnmanipulationsspielraum stets in der gleichen, vorhersehbaren Weise genutzt wird. Diese Bedingung dürfte ebenfalls nicht erfüllt sein. Einer Reihe von geglätteten Jahresergebnissen eines KI sieht man nämlich nicht an, ob ein bestimmtes Reihenglied durch Bildung oder Auflösung stiller Reserven zustande kam.

(2) Mit einer **Verbesserung der Prognoseeignung** von Jahresabschlußdaten **hinsichtlich des Erwartungswertes** der Aktienerträge ist zu rechnen, wenn die Unternehmensleitung eines KI die Bewertungsprivilegien ausschließlich dazu einsetzt, den Jahresüberschuß um Sondereinflüsse mit geringer Fortgeltungswahrscheinlichkeit zu bereinigen. Um eine solche "Gewinnglättung" erfolgreich betreiben zu können, ist es nicht nur notwendig, den wahren Trend der Unternehmensgewinne zu kennen; wichtig ist vor allem, daß bei der Bankleitung neben der Fähigkeit auch der Wille zur Gewinnglättung vorhanden ist.

Bereits die **Fähigkeit** der Bankleitung, den Erwartungswert der künftigen Jahresergebnisse (als einer Determinante der Aktienerträge) zu erkennen, ist kritisch zu beurteilen; denn dieser Wert wird nicht nur durch institutsinterne - d.h. der Bankleitung vermutlich bekannte - Faktoren bestimmt, sondern in nicht unerheblichem Maße durch externe Größen, z.B. die Geldpolitik der Deutschen Bundesbank. Daß sämtliche ergebnisbeeinflussenden Faktoren vorhersehbar sind, ist somit nicht gesichert. Nur bei einer weitgehenden Antizipation künftiger Einflüsse kann aber eine erfolgreiche Glättung des ausgewiesenen Periodenergebnisses sichergestellt werden.

Der **Willen** einer Bankleitung, Gewinnglättung zu betreiben, dürfte abhängig sein von deren persönlichen Vor- und Nachteilen, die mit einer solchen Strategie verbunden sind. Wichtige Einflußfaktoren auf die bilanzpolitischen Entscheidungen des Bankmanagements könnten das Verhalten von Konkurrenzunternehmen, die Machtverhältnisse im Aufsichtsrat (Rechtfertigungsdruck gegenüber Großaktionären[451]), der Entlohnungsmechanismus für das Bankmanagement (gewinnabhängige Zahlungen) sowie die

451) Coenenberg/Schmidt/Werhand weisen signifikante Unterschiede hinsichtlich der Gewinnglättung bei manager- und eigentümerkontrollierten AG nach. Vgl. dies., Entscheidungen, S. 332.

Risikoneigung der Bankleitung (Arbeitsplatzverlust) darstellen. Die in der Literatur bisweilen geäußerten Vorbehalte, § 26 a KWG komme eine "Management-Schutz-Funktion"[452] zu, weil stille Reserven als "Verlustverschleierungspotential"[453] ermöglichen, daß Fehldispositionen des Vorstandes über längere Zeiträume vor den eigenen Aktionären[454] versteckt werden können, zeigen deutlich, daß dieses Bewertungssonderrecht auch für andere Ziele als die Ergebnisglättung einsetzbar ist. Falls entweder die Fähigkeit oder der Wille zur Gewinnglättung bei der Bankleitung nicht dauerhaft gegeben sind, kann die Eignung des Jahresabschlusses zur Prognose des Erwartungswertes der Aktienerträge (oder Teile des Aktienertrages, wie etwa Dividendenzahlungen) im Vergleich zu einer Regelung ohne stille Ergebnismanipulation durchaus auch verschlechtert werden.

(3) Generell **verschlechtert** wird dagegen vermutlich - falls die Investoren die Bewertungsmanipulationen nicht durchschauen - die **Schätzung des Ertragsrisikos aus Jahresabschlußdaten**; denn § 26 a KWG ist ja gerade deshalb geschaffen worden, damit Unternehmensexterne, insbesondere Einleger, Verluste aus den veröffentlichten Jahresabschlüssen nicht erkennen. Die Mehrheit der wirtschaftlich wenig aufgeklärten Kleineinleger reagiere nämlich - so die Argumentation der §-26-a-Befürworter - bei einem Verlustausweis im Jahresabschluß mit massiven Einlagenabzügen, auch wenn Zweifel an der Bonität eines KI objektiv nicht gerechtfertigt seien. Man könne zudem nicht ausschließen, daß eine Vertrauenskrise bei einem Institut rasch auf andere Banken übergreife und letztlich ein allgemeiner Run der Einleger auf das Bankensystem die Kreditversorgung der gesamten Wirtschaft schwer schädige.[455] Durch stille Ergebnismanipulation sei ein Verlustausweis und dadurch provozierte Überreaktionen von Einlegern vermeidbar.[456] Aus Sicht eines Anlegers birgt der Jahresabschluß eines KI daher stets die Gefahr, daß ein Teil ver-

---

452) Süchting, Scheinargumente, S. 210.
453) Stützel, Lob, S. 460.
454) Mit Ausnahme derjenigen Aktionäre, die Zugang zum Aufsichtsrat haben. Vgl. Abschnitt C.I.2 d.A.
455) Zur "Anatomie" eines Runs vgl. Krümmel, Schutzzwecke, S. 478 - 484.
456) Vgl. z.B. Schütz, Bilanzrichtlinie, S. 97 f. und Köllhofer, Stille Reserven, S. 554 f. Da externe Leser dem Abschluß einer Bank indessen nicht ansehen, ob er (noch) stille Reserven enthält, könnte man allerdings auch argumentieren, daß die Rungefahr mit stillen Reserven steigt, wenn das Publikum aus der Tatsache, daß die stillen Reserven bei einem Institut nicht ausreichten, darauf schließt, daß sie auch bei anderen Banken unzureichend sind. Vgl. Welcker, Neuordnung, S. 94.

gangener Ausschüttungen nur durch die Auflösung stiller Reserven realisiert werden konnte und zukünftig unvermittelt Ausschüttungskürzungen drohen, die sich - gemäß der Zielsetzung der Bewertungsprivilegien - in früheren Jahresabschlüssen nicht ankündigten.457) Da - mit anderen Worten - der Jahresabschluß von KI die Anleger am Kapitalmarkt über die wahren Schwankungen des überschußerzeugenden Unternehmensprozesses im Unklaren hält, spricht viel dafür, daß Jahresabschlußkennzahlen von KI nur geringe Indikatorqualitäten im Hinblick auf das Ertragsrisiko der betreffenden Aktie aufweisen.458)

Zusammenfassend läßt sich festhalten: Ob die Bankleitungen in der Realität mit ihren Bewertungssonderrechten tatsächlich nur den Jahresüberschuß um Sondereinflüsse mit geringer Fortgeltungswahrscheinlichkeit bereinigen, läßt sich nur bei Kenntnis der ungeglätteten Jahresergebnisse beantworten; da diese nicht bekannt sind, kann die Frage nach den Auswirkungen von Bewertungssonderrechten auf die Prognoseeignung der gesamten Jahresabschlußdaten für den Erwartungswert der Aktienerträge (oder Teile davon) im Rahmen theoretischer Überlegungen nicht entschieden werden. Hinsichtlich der Prognose des Aktienertragsrisikos scheinen KI- den IHV-Jahresabschlüssen unterlegen.

β) Hypothesen

Geht man davon aus, daß Gewinninformationen einen erheblichen Anteil des gesamten im Jahresabschluß enthaltenen Informationswertes beinhalten,459) wesentliche Teile dieser Gewinninformationen (genauer: Jahresüberschuß und Bilanzgewinn) aber gemäß den Hypothesen zur Meßgenauigkeit bei Bankabschlüssen vermutlich einen geringeren Informationsgehalt als bei IHV-Abschlüssen aufweisen und berücksichtigt man darüber hinaus, daß der

---

457) Die Analogie von Schneider, Problematik, S. 206, die Bankaktien mit einem ruhigen See vergleicht, hinkt insofern, als daß Bank-Jahresabschlüsse dem Anleger ein ruhiges Gewässer vorgaukeln (mit der künstlichen "Wellenberuhigungsanlage" § 26 a KWG), in Wirklichkeit aber gefährliche - für den Anleger im Regelfall nicht sichtbare - unterseeische Strömungen existieren.

458) Nach Ansicht des Verfassers spricht daher auch viel dafür, daß am Kapitalmarkt auf den Kurs von Bankaktien ein durch Ausschüttungsschwankungen nicht erklärbarer Risikoabschlag existiert (geringere Qualität der kursrelevanten Informationen, stärkere Ausbeutung der Outsider durch § 26 a-Insider). A.A. Schneider, Problematik, S. 208.

459) So die empirischen Ergebnisse von Ball/Brown, Evaluation, S. 175 f. Vgl. auch Coenenberg, Jahresabschlußinformationen, S. 230 und S. 234 und Brandi, Informationswirkungen, S. 170.

Jahresabschluß von KI im Normalfall (d.h. wenn die Ergebnismanipulationen im Bankabschluß nicht durchschaut werden können) vermutlich nur geringe Indikatorqualitäten hinsichtlich des Aktienertragsrisikos besitzt, liegen zwei Vermutungen hinsichtlich des Informationswertes von Bank- und IHV-Abschlüssen nahe:

Hypothese 3.1:
Falls **keine** Anhaltspunkte vorliegen, die auf eine massive **Ergebnismanipulation**[460] im Jahresabschluß eines KI schließen lassen, ist - wenn der Anlegermehrheit die Bewertungsprivilegien bekannt sind - zu erwarten, daß der Informationswert des gesamten Bank-Jahresabschlusses (gemessen anhand der Reaktion des Aktienmarktes im Zeitraum der Veröffentlichung) **geringer** ausfällt als bei IHV-Abschlüssen mit vergleichbarer Aktualitäts- und Intensitätsdimension.

Hypothese 3.2:
Wenn der Jahresabschluß eines KI auf massive **Ergebnismanipulationen** hindeutet, wäre dagegen - eine marktweite Kenntnis von § 26 a KWG unterstellt - zu erwarten, daß der Informationswert des gesamten Jahresabschlusses bei KI **stärker** als im manipulierten Normalfall ausfällt. In solchen Fällen, in denen ein Anleger zumindest die Richtung der Ergebnismanipulation erkennen kann, sollte der durchschnittliche Informationswert NI eines Bankabschlusses den Entscheidungswirkungen bei IHV-Abschlüssen mit vergleichbarer Aktualitäts- und Intensitätsdimension nahekommen, ohne diese allerdings zu übertreffen.[461]

---

460) Ergebnismanipulationen nach § 26 a KWG (bzw. zukünftig nach § 340 f HGB) können von Anlegern nur in einem Fall mit hinreichender Sicherheit erkannt werden: Dann, wenn sich die **Differenz** aus den GVR-Positionen "Andere Erträge einschließlich der Erträge aus der Auflösung von Rückstellungen im Kreditgeschäft" und "Abschreibungen und Wertberichtigungen auf Forderungen und Wertpapiere sowie Zuführungen zu Rückstellungen im Kreditgeschäft" im Vergleich zum Vorjahr stark verändert. Die Werte dieser beider GVR-Positionen sind infolge der Möglichkeiten der "Überkreuzkompensation" nicht unabhängig voneinander und müssen daher zusammen interpretiert werden. Vgl. oben, Abschnitt C.III.3.b.α sowie Abschnitt D.II.4.c d.A.

461) Ein generell höherer Informationswert NI von Bank-Jahresabschlüssen (selbst von solchen, denen man das Vorzeichen der "Stille-Reserve-Bewegungen" ansehen kann) im Vergleich zu IHV-Jahresabschlüssen ist nicht zu erwarten, da - wie in Abschnitt C.III.3.b dargestellt - für IHV-Jahresabschlüsse eine relativ gute Schätzung des Periodengewinns vor Bewertungswahlrechten möglich ist.

D) Zur Quantifizierung der Entscheidungswirkungen von Jahresabschlüssen am Aktienmarkt

Im Rahmen eines kapitalmarktorientierten Informationswertvergleichs sind - abgesehen von der Spezifikation der Entscheidungssituation der Anleger und der Auswahl eines Informationsmaßes - zwei Hauptprobleme zu lösen: Zum einen ist die Frage der **Erwartungsbildung der Anleger** in Abhängigkeit vom veröffentlichten Jahresabschluß, zum zweiten der Komplex der **Bereinigung der Aktienrenditen** um den Veröffentlichungsstichtag zu spezifizieren. Gliederungspunkt C beschäftigte sich mit der Ausarbeitung von Hypothesen zu den Entscheidungswirkungen von KI- und IHV-Abschlüssen am Aktienmarkt; Abschnitt D ist der Quantifizierung dieser Entscheidungswirkungen gewidmet. Da Grundgedanke, Aufbau und Ablauf kapitalmarktorientierter Informationsgehaltsmessungen bereits in Abschnitt B.II.4.b dargestellt wurden, können sich die Ausführungen hier auf die Details der Untersuchungsgestaltung konzentrieren: In **Unterabschnitt I** werden aus den sich grundsätzlich bietenden Verfahren zur Bereinigung der Aktienrenditen (um absolute Größenunterschiede, technisch bedingte Kursänderungen sowie Einflüsse, die nicht auf die Jahresabschlußveröffentlichung zurückzuführen sind) diejenigen ausgewählt, die für die Verhältnisse am deutschen Kapitalmarkt besonders geeignet erscheinen. In **Abschnitt II** werden der sachliche und zeitliche Umfang der Untersuchung, die einzelnen Parameter der API-Methodik (Untersuchungsstichtage und -zeiträume) sowie die Details des Untersuchungsaufbaus festgelegt. **Abschnitt III** beinhaltet die Ergebnisse des eigentlichen Informationsgehaltsvergleichs von KI- und IHV-Jahresabschlüssen, wobei die Messungen vielfältig variiert werden (unterschiedliche Definitionen der Intensität, der Aktualität, des Veröffentlichungsstichtags, der Renditeperiode, des Renditebereinigungsverfahrens und des Untersuchungszeitraums), um den Einfluß methodischer Vorentscheidungen auf die Stabilität der Ergebnisse aufzuzeigen. In Punkt IV werden die Ergebnisse der empirischen Untersuchung kurz zusammengefaßt. Abschließend wird aufgezeigt, inwieweit die Möglichkeit besteht, daß Daten- bzw. Berechnungsfehler die Ergebnisse verzerren.

I. Bereinigung der Aktienrenditen

Wie in Abschnitt B.II.4.b ausgeführt wurde, basiert der API auf einer Zusammenstellung der **bereinigten Aktienrenditen** des Untersuchungsporteefeuilles im Zeitraum des Bekanntwerdens des untersuchten Ereignisses. Da an der Aktienbörse keine Renditen, sondern Kurse notiert werden, beschäftigt sich Unterabschnitt 1 mit der Frage, wie aus diesen Kurswerten **Renditen** errechnet werden. Die so errechneten Aktienrenditen enthalten - weil die Kurse auch auf die Publikation von Informationen reagieren, die die Branche oder den Gesamtmarkt betreffen - auch Einflüsse, die nicht auf eine Jahresabschlußveröffentlichung zurückzuführen sind. Im Rahmen der hier geplanten Informationswertmessungen ist daher in einem zweiten Schritt sicherzustellen, daß die Aktienrenditen des Untersuchungszeitraums von allen Einflüssen bereinigt werden, die nicht nur die betrachtete, sondern auch andere Aktien betroffen haben. Welche Möglichkeiten diesbezüglich existieren und welche Bereinigungsverfahren im Rahmen der hier beabsichtigen Untersuchung besonders geeignet erscheinen, wird in Unterabschnitt D.I.2 diskutiert.

1. Bereinigung um absolute Größenunterschiede und technisch bedingte Kursänderungen

Die täglichen Einheitsnotierungen der Aktien an der Börse können nicht direkt, d.h. ohne rechnerische Transformationen, im Rahmen der API-Methodik verwendet werden. Wie bereits in Abschnitt B.II.2.c ausgeführt wurde, sind die Kursveränderungen zum einen zu normieren, d.h. um absolute Größenunterschiede zu bereinigen; zum anderen sind technisch erklärbare Kurssprünge, z.B. infolge eines Dividendenabschlags oder Nennwertwechsels der Notierung, zu eliminieren.

Zunächst zur Größenstandardisierung durch Umwandlung der Kurs- in Renditewerte: sie erfolgt für die Aktie i in der Zeit von t-1 bis t nach folgender Formel:

$$\text{Rendite } r_{i,t} = \frac{\text{Kurs}_{i,t} - \text{Kurs}_{i,t-1}}{\text{Kurs}_{i,t-1}}$$

Nach dieser Formel würden indessen auch börsentechnisch bedingte Kursveränderungen als Renditen eingestuft. Solche

Kursänderungen treten bei

- Kapitalerhöhungen (aus Gesellschaftsmitteln/gegen Einlagen),
- Kapitalherabsetzungen,
- Ausgabe von Options- oder Wandelanleihen,[462]
- Dividendenzahlungen,
- und Stücknotizänderungen

auf.[463] Damit diese börsentechnisch erklärbaren Kurssprünge die Renditezeitreihen nicht verfälschen, muß der Kursverlauf der Aktie durch Umbasierung von solchen Niveauverschiebungen bereinigt werden. Dazu wird angenommen, daß der Anleger während des Investitionszeitraums weder Geld aus der Anlage herauszieht noch zusätzliches Geld darin investiert."[464] Erträge aus einer Aktienanlage, wie etwa Dividendenzahlungen oder Bezugsrechtserlöse, werden demnach gedanklich in dieselbe Aktie reinvestiert, Aufwendungen analog durch anteiligen Aktienverkauf ausgeglichen. Für diese technische Kursbereinigung kann entweder das Verfahren der Vorwärts- (progressive Bereinigung) oder der Rückwärtsbereinigung (retrograde Bereinigung) verwendet werden. Bei der Vorwärtsbereinigung (Rückwärtsbereinigung) werden alle Kurse nach (vor) einer börsentechnisch bedingten Kursänderung mit einem Korrekturfaktor multipliziert, so daß die nachfolgenden (vorangegangenen) Kursnotierungen sich übergangslos dem Kurs vor (nach) dieser Änderung anpassen.[465]

Durch diese Umbasierung der nachfolgenden (früheren) Kurse im Rahmen der Vorwärtsbereinigung (Rückwärtsbereinigung) weichen zwar die bereinigten Kurse nach (vor) dem Bereinigungszeitpunkt von den tatsächlich festgestellten Börsenkursen ab; der Kursverlauf bezogen auf den Vortag, d.h. also die sich bei einer Renditeberechnung ergebende Zeitreihe, ist jedoch bei beiden Bereinigungsverfahren identisch. Der - hier verwendete - retro-

---

462) Aus theoretischer Sicht sind darüber hinaus auch bei Ausübung bzw. Verfall des Options- oder Wandlungsrechts Kursänderungen zu erwarten. Eine Bereinigung um diese Ereignisse ist jedoch aus Datengründen nahezu unmöglich.

463) Vgl. Mühlbradt, Aktienanlage, S. 58.

464) Hockmann, Prognose, S. 89 f. Ausführlich dazu in Abschnitt D.I.1 d.A.

465) Vgl. Hockmann, Prognose, S. 93.

grade Bereinigungsfaktor BF^r ermittelt sich wie folgt:

$$BF^r = \frac{K_{it}}{K_{it} + RW_{it}}$$

<u>mit:</u>
K_{it} = Kurs am "ex"-Tag t, an dem die börsentechnisch bedingte Kursänderung für die Aktie i vorgenommen wurde;
RW = Rechnerischer Wert der börsentechnisch bedingten Bereinigung zum Zeitpunkt t für die Aktie i in DM.

Nach dieser Formel ergibt sich an den Tagen einer börsentechnisch bedingten Kursänderung ein Bereinigungsfaktor ungleich 1, sonst der Wert 1. Die Bereinigung um technisch bedingte Kursänderungen und die anschließende Größenstandardisierung (durch Renditebildung) ist zunächst für die Kurse der in das API-Portefeuille einbezogenen Aktien durchzuführen. Für den Fall, daß im zweiten Bereinigungsschritt (der im nächsten Abschnitt ausführlich zu diskutieren ist) ein Verfahren gewählt wird, das die Aktienrenditen um Gesamtmarkteinflüsse bereinigt, ist auch der die Wertentwicklung des Gesamtmarktes repräsentierende Aktienkursindex auf die beschriebene Art und Weise um technische Kursänderungen und absolute Größenunterschiede zu bereinigen.

Ein nicht unerheblicher Nachteil dieses Bereinigungsverfahrens soll nicht verschwiegen werden. Es ist die Tatsache zu berücksichtigen, daß sich wegen der endlichen Genauigkeit der Bereinigungsmultiplikationen bei Betrachtung langer Zeiträume Rundungsfehler bemerkbar machen können. Da im Rahmen der empirischen Untersuchung jedoch nur vergleichsweise kurze Zeiträume (bis zu 250 Börsentage, d.h. ca. ein Jahr) betrachtet werden, eine Rechengenauigkeit von 12 (!) Nachkommastellen verwendet wurde und Rechenergebnisse allenfalls bis zur vierten Nachkommastelle dargestellt werden, sind fühlbare Verzerrungen der Ergebnisse durch Rundungsfehler nicht zu befürchten.

2. Bereinigung um nicht unternehmensspezifische Einflüsse

Nach der Renditeberechnung und der Bereinigung um börsentechnisch erklärbare Kursänderungen sind in einem zweiten Schritt die Aktienrenditen um alle diejenigen Einflüsse zu bereinigen, die nicht auf die Jahresabschlußveröffentlichung zurückzuführen sind. In Unterabschnitt a) werden die wichtigsten der diesbezüglich existierenden Möglichkeiten vorgestellt, Unterabschnitt

b) beschäftigt sich mit der Auswahl eines für diese Arbeit geeigneten Bereinigungsverfahrens.

a) Möglichkeiten

Die einzelnen hier zu diskutierenden Bereinigungsverfahren unterscheiden sich nur bezüglich der Annahme, welche Renditeentwicklung während des Beobachtungszeitraums eingetreten wäre, wenn keinerlei neue unternehmensspezifische Informationen bekannt geworden wären. Kürzt man die Aktienrenditen um diesen "unternehmensübergreifenden" Teil, bleiben diejenigen Renditebestandteile übrig, die aus der Reaktion der Anleger auf die während des Beobachtungszeitraums bekannt gewordenen neuen Unternehmensinformationen resultieren.

α) Mittelwertbereinigung

Eine sehr einfache Form der Bereinigung unterstellt, die Renditen der betrachteten Aktien hätten ohne unternehmensspezifische Ereignisse (wie etwa die Jahresabschlußveröffentlichung) dieselben Ausprägungen angenommen, wie sie im Mittel während des ganzen Untersuchungszeitraums zu beobachten waren. In diesem Fall sind im Rahmen der Bereinigung die Aktienrenditen des Beobachtungszeitraums um den Mittelwert der Rendite dieses Zeitraums zu kürzen, denn dann verbleiben diejenigen Renditeteile, die auf neuen unternehmensspezifischen Informationen beruhen.[466] Formal wird die Bereinigung wie folgt vorgenommen:

$$u_{it} = r_{it} - E(r_i) \qquad \text{für alle } i = 1, 2, \ldots N; \text{ und alle } t = t\hat{} \ldots T\hat{};$$

mit:
N = Anzahl der in den API einbezogenen Jahresabschlüsse;
i = Laufindex über die in den API einbezogenen Jahresabschlüsse;
t = Laufindex über die Untersuchungsperioden;
t^ = Lage der ersten im API berücksichtigten Periode t, bezogen auf den Veröffentlichungstermin t^*. $t\hat{} = -t^*$.
T^ = letzte in den API einbezogene Untersuchungsperiode;
T = Anzahl der Untersuchungsperioden;
u_{it} = bereinigte Aktienrendite in der Periode t für diejenige AG, die den Jahresabschluß i in Periode t^* veröffentlicht hat;
r_{it} = Aktienrendite in der Periode t für diejenige AG, die den Jahresabschluß i in Periode t^* veröffentlicht hat;

$$E(r_i) \text{ (Erwartungswert der Aktienrendite)} = 1/T \sum_{t=t\hat{}}^{T\hat{}} r_{it}$$

466) Eine Übersicht über die Arbeiten, die dieses Bereinigungsverfahren verwenden, geben May/Schweder-Weber, Informationsverarbeitung, S.44 f.

Ein Vorteil dieser Bereinigungsmethode kann darin gesehen werden, daß sie ohne die Kenntnis der Marktrendite des betreffenden Zeitraums auskommt. Von Nachteil ist, daß jede beobachtete Aktienrendite der Untersuchungsperiode um den gleichen Betrag gekürzt wird. Insofern setzt diese Methode implizit für eine bestimmte Aktie konstante erwartete Renditen im Untersuchungszeitraum voraus.[467)]

β) Marktbereinigung

Eine ebenfalls sehr einfache Bereinigungsmethode, die die Nachteile des Mittelwertbereinigungsverfahrens vermeidet, geht davon aus, daß sich die Rendite einer Aktie ohne das Bekanntwerden unternehmensspezifischer Informationen genauso weiterentwickelt hätte wie die Rendite des Gesamtmarktes. Das ziemlich selten[468)] verwendete Marktbereinigungsverfahren kürzt daher die Aktienrenditen des Untersuchungszeitraums um die Rendite des Marktportefeuilles derselben Periode. Die Bereinigung basiert somit auf folgendem formalen Zusammenhang:

$$u_{it} = r_{it} - r_{Mt} \qquad \text{für alle } i = 1, 2, \ldots N; \quad \text{und alle } t = t\hat{} \ldots T\hat{};$$

mit:
r_{Mt} = Rendite des Marktportefeuilles in der Periode t;
(Restliche Legende wie bei Mittelwertbereinigung);

Ein Vorteil dieses Verfahrens ist darin zu sehen, daß für die Berechnung der Renditeresiduen u_{it} lediglich die Börsendaten des Untersuchungszeitraums (nicht aber eines weiteren Schätzzeitraums) benötigt werden.[469)] Von Nachteil ist indessen, daß dieses Modell unterstellt, daß sich die Renditen sämtlicher Aktien genau im Gleichschritt zur Marktrendite entwickeln.

τ) Marktmodellbereinigung

Das am häufigsten[470)] verwendete Bereinigungsverfahren, um die Renditeänderungen unternehmensspezifischer Ereignisse zu isolieren, nimmt ebenfalls einen Zusammenhang zwischen der Rendite

467) So auch May/Schweder-Weber, Informationsverarbeitung, S. 48.
468) Zu den US-Literaturbeiträge, die dieses Bereinigungsverfahren verwenden, vgl. May/Schweder-Weber, Informationsverarbeitung, S. 50, FN 106.
469) Vgl. a.a.O., S. 50 f. mit weiteren Literaturnachweisen.
470) Bezüglich einer Übersicht über die Literaturbeiträge, die dieses Bereinigungsverfahren verwenden, vgl. May/Schweder-Weber, Informationsverarbeitung, S. 44 f.

einer Aktie und der Rendite des Gesamtmarktes im gleichen Zeitraum an; im Gegensatz zum Marktbereinigungsverfahren wird hier aber angenommen, daß über- bzw. unterproportionale Schwankungen oder sogar gegenläufige Bewegungen zwischen Aktien- und Marktrendite möglich sind. Um festzustellen, in welchem Ausmaß die Rendite einer bestimmten Aktie von den Bewegungen der Marktrendite beeinflußt wird, ist daher neben den Renditen des Beobachtungszeitraums die Auswertung der Börsendaten eines Schätzzeitraums notwendig. Die Auswertung dieser zusätzlichen Daten besteht darin, in einem Koordinatensystem, dessen Achsen die Rendite der beobachteten Aktie r_i bzw. die Marktrendite r_M bezeichnen, mit Hilfe der Kleinste-Quadrate-Methode die Achsenabschnitts- und Steigungsparameter α und β einer Regressionsgeraden zu schätzen, die die Punktwolke der (r_i, r_M)-Wertepaare möglichst gut erklärt.[471] Die Bereinigung besteht letztlich darin, die beobachtete Aktienrendite um die mit Hilfe der Regressionsparameter modifizierte Marktrendite der gleichen Periode zu kürzen. Formal gesehen wird demnach folgender Zusammenhang unterstellt:

$$u_{it} = r_{it} - \alpha_i - \beta_i * r_{Mt} \quad \text{für alle } i = 1, 2, \ldots N; \quad \text{und alle } t = t\hat{} \ldots T\hat{};$$

mit:

N = Anzahl der in den API einbezogenen Jahresabschlüsse;
i = Laufindex über die in den API einbezogenen Jahresabschlüsse;
t = Laufindex über die Untersuchungsperioden;
t^ = Lage der ersten im API berücksichtigten Periode t, bezogen auf den Veröffentlichungstermin t^*. $t\hat{} = -t^*$.
T^ = letzte in den API einbezogene Untersuchungsperiode;[472]
u_{it} = bereinigte Aktienrendite in der Periode t für diejenige AG, die den Jahresabschluß i in Periode t^* veröffentlicht hat;
r_{it} = Aktienrendite in der Periode t für diejenige AG, die den Jahresabschluß i in Periode t^* veröffentlicht hat;
r_{Mt} = Rendite des Marktportefeuilles in der Periode t;
α_i = Achsenabschnittsparameter der Regressionsgeraden; er gibt die von der Marktrendite unabhängige Komponente der Aktienrendite r_{it} an.
β_i = Steigungsparameter der Regressionsgeraden, der die Höhe des Einflusses der Marktrendite r_{Mt} auf die Aktienrendite r_{it} anzeigt; β_i gibt demnach an, ob sich die Aktienrendite stärker ($\beta_i > 1$) bzw. schwächer ($\beta_i < 1$) als die Marktrendite ändert.

Eine Marktmodellbereinigung läßt sich auf unterschiedliche Weise begründen. Erstens läßt sich das Marktmodell als Spezialfall des CAPM herleiten (kapitalmarkttheoretische Argumentation), zweitens als eine Implikation der Annahme, die gemein-

---

471) Ausführlich dazu Möller, Bilanzkennzahlen, S. 50 - 63 mit weiteren Literaturhinweisen. Vgl. auch Abschnitt B.II.2.a d.A.
472) Vgl. zur Notation auch S. 78 d. A.

same Verteilung der Aktienrenditen r_i und der Marktrendite r_M sei bivariat normalverteilt (statistische Argumentation)[473] und drittens kann man das Marktmodell sachlogisch begründen, indem man den Ausdruck $\alpha_i - \beta_i * r_{Mt}$ als Ausfluß gesamtwirtschaftlicher und die Renditeresiduen u_{it} als Folge unternehmensspezifischer, nur die Aktie i betreffender Informationen interpretiert.[474]

δ) Arbitrage-Pricing-Modell-Bereinigung

Die Arbitrage-Pricing-Theorie wurde 1976 von Ross als Alternativmodell zum CAPM entwickelt.[475] Dieses Bewertungsmodell unterstellt, daß sich die erwartete Aktienrendite r_i aus dem risikolosen Zins r_0 und den Prämien für K Faktorrisiken zusammensetzt:[476]

$$E(r_i) = r_0 + \sum_{k=1}^{K} p_k * b_{ik} \qquad \text{für alle } i = 1, 2, \ldots N;$$

wobei p_k die Höhe der vom Markt geforderten Risikoprämie für das Faktorrisiko k bezeichnen und die Koeffizienten b_{ik} die Stärke des Einflusses (Faktorsensitivitäten, Faktorladungen) bestimmen, den dieses Faktorrisiko auf die erwartete Aktienrendite ausübt. Die Anzahl der Faktoren K sowie deren ökonomische Interpretation wird durch die Arbitrage-Pricing-Theorie nicht vorgegeben; deren Zahl ist vielmehr im Rahmen der jeweiligen empirischen Anwendung zu schätzen.[477] Im Gegensatz zum oben beschriebenen Marktmodell wird hier angenommen, daß die Aktienrendite nicht nur von der Höhe **eines**, sondern von K linearen Faktoren (sowie jeweils dem absoluten Glied) abhängt. Daher ist im Rahmen der Arbitrage-Pricing-Modell-Bereinigung nicht nur die Höhe von zwei Größen (α und β), sondern von K Risikoprämien, K Faktorsensitivitäten und einem absoluten Glied zu schätzen. Die Aktienrenditen werden dann um K+1 Größen gekürzt:

---

473) Sehr ausführlich dazu Möller, Bilanzkennzahlen, S. 53 - 55. Vgl. auch Hörnstein, Kapitalmarkttheorie, S. 30 - 33.

474) Diese sachlogische Argumentation ist natürlich nur dann zulässig, wenn die genannte statistische Argumentation haltbar ist. Vgl. Möller, Probleme, S. 291 f.

475) Vgl. Ross, Theory, S. 351 - 360.

476) Auf die weiteren Voraussetzungen der verschiedenen Modellvarianten der Arbitrage-Pricing-Theorie soll hier nicht ausführlicher eingegangen werden. Vgl. diesbezüglich Hörnstein, Kapitalmarkttheorie, S. 11 - 109, Winkelmann, Aktienbewertung, S. 122 - 129.

477) Vgl. Hörnstein, Kapitalmarkttheorie, S. 13 f.

$$u_{it} = r_{it} - r_0 - b_1 p_{1t} - b_2 p_{2t} \dots - b_K p_{Kt}$$ für alle i = 1, ...N; und alle t = t^ ...T^;

mit:
N = Anzahl der in den API einbezogenen Jahresabschlüsse;
i = Laufindex über die in den API einbezogenen Jahresabschlüsse;
t = Laufindex über die Untersuchungsperioden;
t^ = Lage der ersten im API berücksichtigten Periode t, bezogen auf den Veröffentlichungstermin t^*. t^ = $-t^*$.
T^ = letzte in den API einbezogene Untersuchungsperiode;[478]
u_{it} = bereinigte Aktienrendite in der Periode t für diejenige AG, die den Jahresabschluß i in Periode t^* veröffentlicht hat;
r_{it} = Aktienrendite in der Periode t für diejenige AG, die den Jahresabschluß i in Periode t^* veröffentlicht hat;
b_1 = Sensitivität des Faktors 1 für die Aktie i;
p_{1t} = Risikoprämie des Faktors 1 in der Periode t;
b_K = Sensitivität des Faktors K für die Aktie i;
p_{Kt} = Risikoprämie des Faktors K in der Periode t;

Ein gravierender Vorteil der Arbitrage-Pricing-Modell-Bereinigung im Vergleich zur Marktmodell-Bereinigung ist darin zu sehen, daß das systematische Risiko einer Aktie nicht nur eindimensional im Hinblick auf die Rendite des Marktportefeuilles gemessen wird, sondern K-dimensional. Allerdings steigt damit auch der Aufwand, der sich aus der Schätzung der Risikoprämien und Faktorladungen ergibt, stark an.

b) Auswahl eines Bereinigungsverfahrens für diese Arbeit

Wie die obigen Ausführungen gezeigt haben, weisen sämtliche Bereinigungsverfahren spezifische Vor- und Nachteile auf. Im folgenden ist zu diskutieren, welches Verfahren für das Untersuchungsziel dieser Arbeit am besten geeignet erscheint.

α) Mittelwertbereinigung

Die Mittelwertbereinigung besticht durch ihre geringen Datenanforderungen (Marktrendite wird nicht benötigt), setzt jedoch implizit für eine bestimmte Aktie konstante erwartete Renditen im Untersuchungszeitraum voraus. Dieser Nachteil kommt vermutlich immer dann zum Tragen (d.h. verhindert das Entdecken abnormaler Renditen), wenn die Aktien in einem Hausse- oder Baisse-Markt Renditen aufweisen, die sich stark von den Renditen der Vor- bzw. Folgeperioden unterscheiden. Da die Aktienkurse weder "in den Himmel wachsen" noch beliebig tief fallen können, spricht der gesunde Menschenverstand dagegen, daß Anle-

478) Vgl. zur Notation auch S. 78 d. A.

ger die erzielten Renditen in Hausse- oder Baissephasen auch für die weitere Zukunft erwarten. Daher ist anzunehmen, daß dieses Bereinigungsverfahren in solchen Phasen nicht geeignet ist, jahresabschlußinduzierte abnormale Aktienrenditen aufzudecken.[479)] Aus Sicht dieser Arbeit muß dies aber kein Nachteil sein, da hier zumindest Zeiträume mit extremen Kursschwankungen des Gesamtmarktes aus grundsätzlichen Erwägungen[480)] ausgeklammert werden. Für "normale" Börsenphasen liefert das Mittelwertverfahren - wie Brown und Warner für den US-Markt mit Hilfe von Kurssimulationen gezeigt haben[481)] - für kurze Zeiträume dagegen meist ebenso gute Bereinigungen wie kompliziertere Verfahren. Für den hier geplanten Informationswertvergleich bietet sich die Mittelwertbereinigung als einfaches und robustes (d.h. nicht an statistischen Voraussetzungen scheiterndes) Bereinigungsverfahren an, falls das "normale" Auf und Ab des Gesamtmarktes - das Mittelwertbereinigungsverfahren eliminiert solche Bewegungen ja nicht - die einzelnen Aktienrenditen nicht zu stark überlagert. Da anhand theoretischer Vorüberlegungen kaum geklärt werden kann, inwieweit die Informationswertberechnungen durch Schwankungen der Marktrendite gestört bzw. verfälscht werden, bietet es sich an, dieses Bereinigungsverfahren zumindest "versuchsweise" zu verwenden.

β) Marktbereinigung

Die Marktbereinigung benötigt neben den Aktienrenditen auch Marktrenditedaten; sie unterstellt, daß sich die Renditen sämtlicher Aktien genau proportional zur Marktrendite entwickeln. Diese Annahme ist jedoch - wie die bisherigen empirischen Untersuchungen zum deutschen Markt zeigen - für sehr viele Aktien nicht gerechtfertigt;[482)] die Rendite der meisten deutschen Aktien schwankt entweder stärker oder schwächer als die Marktrendite (Betafaktoren ungleich 1). Aus diesem Grund bietet sich das Marktbereinigungsverfahren hier nicht an.

---

479) Darauf deuten auch die empirischen Ergebnisse von Klein/Rosenfeld, Influence, S. 350 f. hin.

480) Siehe Abschnitt B.II.4.a.β_2 d.A.

481) Vgl. Brown/Warner, Performance, S. 207.

482) Vgl. z.B. Hielscher/Heintzelmann, BETA-Faktoren, S. 21 - 23 (Monatsrenditen), Möller, Bewertung, S. 791 f., ders., Ertragsrisiko, S. 116 (Wochenrenditen), Frantzmann, Messung, S. 71 - 74 (Tages- bis Zwölfwochenrenditen).

τ) Marktmodellbereinigung

Die Marktmodellbereinigung vermeidet diesen Nachteil und schätzt den Einfluß des Gesamtmarktes auf die Rendite einer Aktie anhand einer linearen Einfachregression in einem Schätzzeitraum. Insofern unterstellt dieses Verfahrens keine pauschalen Abhängigkeiten der Aktienrenditen von der Marktrendite. Grundsätzliche Probleme können sich jedoch erstens daraus ergeben, daß die statistischen Voraussetzungen[483] für eine lineare Einfachregression durch die Schätzdaten nicht erfüllt werden; zweitens besteht die Möglichkeit, daß der Zusammenhang zwischen Aktien- und Marktrendite im Schätzzeitraum und im Beobachtungszeitraum voneinander abweicht.[484] Die Einhaltung dieser Restriktionen kann indessen durch zusätzliche Tests kontrolliert werden. Drittens besteht dann, wenn viele Unternehmen nahezu gleichzeitig ihre Jahresabschlüsse veröffentlichen, die Gefahr, daß die Marktrendite diese Renditeänderungen aufgrund unternehmensspezifischer Einflüsse reflektiert, so daß eine Marktmodellbereinigung neben den Markt- auch unternehmensindividuelle Effekte beseitigt.[485] Darüber hinaus wird die Qualität der Marktmodellbereinigung von der Wahl des Aktienindexes, der als Surrogat für die Rendite des Marktportefeuilles gewählt wird, beeinflußt.[486]

Empirische Untersuchungen des deutschen Aktienmarktes zeigen, daß das Marktmodell nur für längere Renditefristigkeiten und für Portfolios einen nennenswerten Anteil der Renditestreuung erklärt.[487] Dies kann teilweise darauf zurückzuführen sein, daß die in diesen Untersuchungen verwendeten Aktienindizes erhebliche Mängel aufweisen.[488] Aber selbst wenn man davon aus-

483) Ausführlich dazu Möller, Bilanzkennzahlen, S. 58 - 63 und Winkelmann, Aktienbewertung, S. 53 - 88.

484) Dieses Problem wird in der Literatur unter den Stichworten "zeitliche Stabilität der Betas" bzw. "Stationaritätsannahme" diskutiert. Vgl. z.B. Winkelmann, Aktienbewertung, S. 89 - 105, Frantzmann, Messung, S. 74 - 76, May/Schweder-Weber, Informationsverarbeitung. S. 54 - 56.

485) Indem - wie im Rahmen der empirischen Untersuchung in Anlehnung an Coenenberg/Möller, Entscheidungswirkungen, S. 447 geschehen - der Zeitraum um die Jahresabschlußveröffentlichungen nicht als Schätzzeitraum herangezogen wird, kann zumindest eine Verzerrung der Regressionsschätzungen infolge gehäufter Jahresabschlußveröffentlichungen verhindert werden.

486) Vgl. Möller, Bilanzkennzahlen, S. 79 - 111, Frantzmann, Messung, S. 71 - 73, S. 82, Winkelmann, Aktienbewertung, S. 105 - 110.

487) Vgl. Frantzmann, Messung, S. 81 - 83.

488) So sind die in Kapitalmarktuntersuchungen häufig verwendeten Indizes der Frankfurter Wertpapierbörse, der Frankfurter Allgemeine Zeitung,

geht, daß bei Verwendung eines aus theoretischer Sicht optimalen Surrogats des Marktportefeuilles keine wesentlich höheren durchschnittlichen Werte für die Bestimmtheitsmaße der Regression erreicht werden, muß der durchschnittlich geringe Erklärungsgehalt des Marktmodells für einzelne Aktien die hier geplante Untersuchung nicht nachteilig beeinflussen. Der Grund ist darin zu sehen, daß der Informationswertvergleich stets auf aggregierter Basis, d.h. im Portefeuillezusammenhang, durchgeführt wird. Zufällige Renditeschwankungen, die nicht durch die Marktmodellbereinigung eliminiert werden, gleichen sich bei der Aggregation der einzelnen Aktienrenditen zum API aus. Insofern böte sich hier auch eine Marktmodellbereinigung an, falls ein Mehr-Faktoren-Modell (Arbitrage-Pricing-Modell) nicht noch bessere Bereinigungsergebnisse verspricht.

δ) Arbitrage-Pricing-Modell-Bereinigung

Die Arbitrage-Pricing-Modell-Bereinigung bereitet im Vergleich zur Marktmodellbereinigung zusätzliche Schwierigkeiten hinsichtlich der Schätzung der Modellparameter (Risikoprämien und Faktorladungen).[489] Das Multifaktoren-Modell ist aber nur dann dem Marktmodell als Bereinigungsverfahren überlegen, wenn es die Renditestreuung besser als dieses erklärt. Wie die empirische Untersuchung von Frantzmann zeigt, ist ein 4-Faktoren-Modell dem Marktmodell nur unwesentlich an Erklärungskraft überlegen.[490] Auch die Untersuchung von Winkelmann kommt zu einem ähnlichen Ergebnis.[491]

---

der Commerzbank und des Statistischen Bundesamtes weder **dividendenbereinigt**, noch berücksichtigen sie, daß ein - u.U. beträchtlicher - Teil des Grundkapitals der börsennotierten AG nicht an der Börse gehandelt wird, weil es sich in der Hand von Großaktionären befindet. Vgl. Möller, Bilanzkennzahlen, S. 68 f., Winkelmann, Aktienbewertung, S. 106 - 110, insb. S. 109.

489) Aus didaktischen Gründen bietet es sich an, in Analogie zum systematischen Risiko und zur Gesamtmarktrendite des CAPM die einzelnen Prämien und Faktorladungen dieses Modells als "Branchenrisiken" bzw. "Branchenrenditen" zu interpretieren. Da die Höhe der Modelldeterminanten mit Hilfe statistischer Methoden bestimmt werden, ist es jedoch keineswegs sicher, daß branchengleiche Aktien ähnliche Ausprägungen hinsichtlich einer Risikoprämie bzw. Faktorladung ausweisen.

490) Frantzmann, Messung, S. 81 - 83. Der erste der von Frantzmann geschätzten Faktoren dieses Modells ist hoch mit den gängigen Aktienindizes korreliert, die für die Marktmodellbereinigung verwendet werden.

491) Vgl. Winkelmann, Aktienbewertung, S. 151 f., S. 169 f., S. 189 f., S. 220 - 230, der das Arbitrage-Pricing-Modell mit 1 bis 8 Risikofaktoren testet. Er ermittelt, daß dem ersten Faktor große Bedeutung zukommt und die Erklärungskraft der weiteren Faktoren nur sehr gering ist.

Aus diesem Grund soll in dieser Arbeit auf eine Arbitrage-Modell-Bereinigung verzichtet werden. Im empirischen Teil wird - wie in den Vorabschnitten ausgeführt - daher in erster Linie die Marktmodellbereinigung verwendet; ergänzend dazu soll zur Überprüfung der Ergebnisse des Marktmodellbereinigungsverfahrens auch das Mittelwertverfahren herangezogen werden.

II. Spezifikation des Untersuchungsaufbaus

In diesem Abschnitt werden der sachliche und zeitliche Umfang der Untersuchung abgesteckt, die bislang noch offenen Parameter der API-Methodik konkretisiert sowie Fragen zur Berechnung der Informationsmaße geklärt. Darüber hinaus sind die in den Abschnitten C.III.3 und 4 formulierten Hypothesen zum Informationsgehalt von Bank- und IHV-Jahresabschlüssen so zu präzisieren, daß sie sich mit Hilfe des API-Instrumentariums überprüfen lassen.

1. Zeitlicher Umfang

a) Grundsätzliche Abgrenzung des Untersuchungszeitraums

Im Rahmen dieser Untersuchung soll der Informationsgehalt des Jahresabschlusses börsennotierter KI- und IHV-AG anhand der Aktienkursreaktionen während des Veröffentlichungszeitraums verglichen werden. Ziel der Untersuchung ist insbesondere, eine mögliche Beeinflussung des Informationsgehalts von Bank-Jahresabschlüssen infolge der bankspezifischen Bewertungssonderrechte zu erkennen. Daher beschäftigt sich die empirische Untersuchung in Abschnitt D.III vorrangig mit den Jahresabschlüssen, die **nach** Einführung dieses bankspezifischen Bewertungssonderrechts veröffentlicht wurden.

Aus dieser Zielsetzung heraus bietet es sich grundsätzlich an, die Untersuchung mit dem Jahr zu beginnen, in dem die Bestimmungen des § 26 a KWG sich erstmals im Jahresabschluß von allen KI auswirkten. Berücksichtigt man, daß diese Bewertungsprivilegien im Zusammenhang mit der Aktienrechtsreform von 1965 in das KWG aufgenommen wurden und erstmals im Geschäftsjahr 1968 (bzw. 1969 bei bestimmten Real-KI)[492] die Jahresabschlüsse von sämt-

492) Vgl. § 6 der Verordnung über Formblätter für die Gliederung des Jahresabschlusses von KI vom 20.12.1967 und § 7 der Verordnung über Formblätter für die Gliederung des Jahresabschlusses der Hypothekenbanken

lichen KI beeinflußten, erscheint es angebracht, die Untersuchung mit dem Jahr 1969 zu beginnen. Da sich ab dem Jahr 1987 durch das Inkrafttreten des Bilanzrichtlinien-Gesetzes[493] die Rechnungslegung der IHV- und Bank-AG änderte (z.B. durch die Veröffentlichung eines Anhangs), im Rahmen der Untersuchung aus Gründen der Vergleichbarkeit der Ergebnisse aber möglichst gleiche Rahmenbedingungen herrschen sollten, erscheint es außerdem zweckmäßig, nur Jahresabschlüsse "nach altem Recht", d.h. bis zum Stichtag 31.12.1986 zu berücksichtigen. Aus diesen Erwägungen bietet sich demnach ein Untersuchungszeitraum, der die Jahresabschlußstichtage von 1.1.1969 bis 31.12.1986 einbezieht, an.

Aus der Sicht des Primärziels dieser Untersuchung, der Erforschung des Einflusses von § 26 a KWG auf den Informationsgehalt von (Bank) Jahresabschlüssen, könnten auch die Kursreaktionen auf Jahresabschlußveröffentlichungen **vor der Aktienrechtsreform** von 1965 von - allerdings nachgeordnetem - Interesse sein. Vor dieser Reform war es den AG aller Branchen erlaubt, durch Unterbewertung der Aktiven stille Reserven zu legen. Mit Einführung des AktG im Jahr 1965 blieb dieses Privileg durch den neu geschaffenen § 26 a KWG nur noch der Kreditwirtschaft erhalten. Sollte die Möglichkeit der Legung und Auflösung stiller Reserven den Informationsgehalt eines Jahresabschlusses beeinflussen, müßte sich bei den IHV-AG ein deutlicher Unterschied zwischen den jahresabschlußinduzierten Kursreaktionen vor und nach dieser Reform nachweisen lassen. Bei den KI sollten sich indessen weniger starke Veränderungen zeigen. Zwar erhöhte die Aktienrechtsreform von 1965 auch bei den KI die Publizitätspflichten (insbesondere hinsichtlich der Mindestgliederung der GVR[494]); die Möglichkeiten der Ergebnismanipulation blieben jedoch durch den neu eingeführten § 26 a KWG im wesentlichen unberührt.

So gesehen zählt die Frage des Informationswertes von Jahresabschlüssen vor der Aktienrechtsreform von 1965 zwar nicht unmit-

---

und der Schiffspfandbriefbanken vom 17.12.1968, abgedruckt in: Birck/Meyer, Bankbilanz, 4. Teillieferung, S. VIII 23 und S. VIII 28. Vgl. auch Hammer/Montag, Bilanzen, S. 19 f., Krag, Grundsätze, S. 52 f. und Unterabschnitt 5 a in § 36 EGAktG.

493) Vgl. diesbezüglich Art. 23 EGHGB.

494) Vor der Aktienrechtsreform von 1965 veröffentlichten die KI in ihren GVR-Rechnungen häufig nicht mehr als jeweils 4 bis 5 verschiedene Arten von Aufwendungen und Erträgen. Meist wurde ein Teil der Erträge saldiert um die entprechenden Aufwendungen ausgewiesen.

telbar zum Kerngebiet dieser Arbeit. Allerdings könnte eine Untersuchung für den Zeitraum vor der Aktienrechtsreform eine Art "Kontrollfunktion" ausüben: Sollte sich im eigentlichen Forschungsschwerpunkt dieser Arbeit, dem Zeitraum nach Einführung von § 26 a KWG, eine Besonderheit in der Reaktion der Anleger bei Bekanntwerden von Bank-Jahresabschlüssen zeigen, wäre zu überprüfen, ob diese Besonderheit bereits vor Einführung von § 26 a KWG existierte. Ist dies der Fall, dann ist zu vermuten, daß diese unterschiedlichen Reaktionen auf die Veröffentlichung KI- und IHV-Abschlüsse nicht durch die Bewertungssonderregeln des KWG verursacht sind.

b) Einschränkungen aufgrund der Datenlage

Neben der oben geschilderten grundsätzlichen Abgrenzung des Untersuchungszeitraums sind zusätzliche Einschränkungen des zeitlichen Untersuchungsumfangs aufgrund der Datenlage - die Jahresabschluß- und Kursdaten sind für börsennotierte deutsche AG nicht in allen Jahren in vollem Umfang verfügbar - erforderlich. Die gravierendste Einschränkung ergibt sich aus der Tatsache, daß die Kursdatenbank des DFG-Schwerpunktes "Empirische Kapitalmarktforschung", aus der die Börsendaten dieser Untersuchung entnommen wurden, erst ab dem Jahr 1974 für das Gros der deutschen AG Kurse auf täglicher Basis enthält. Um zu gewährleisten, daß in die einzelnen Untersuchungen die jeweils gleiche Jahresabschlußgesamtheit einbezogen wird, beschränkt sich die Hauptuntersuchung auf Jahresabschlüsse, die im Zeitraum vom 1.1.1974 bis zum 31.12.1986 veröffentlicht wurden.

Neben dieser Hauptuntersuchung wird zusätzlich - wie oben begründet - eine **Nebenuntersuchung** für den Zeitraum vor Einführung der bankspezifischen Bewertungssonderrechte durchgeführt. Grundsätzlich böte es sich an, hier lediglich die Bank- und IHV-Jahresabschlüsse für einige Abschlußstichtage vor Inkrafttreten der Aktienrechtsreform von 1965 einzubeziehen. Da für diesen Zeitraum nur die Kurs- und Jahresabschlußdaten einer sehr geringen Anzahl von Unternehmen zur Verfügung stehen, ergäbe sich das Problem, daß die Ergebnisse für den Zeitraum vor Inkrafttreten der Aktienrechtsreform von 1965 nicht mit den Ergebnissen nach Inkrafttreten dieser Reform vergleichbar sind. Um dies zu vermeiden, bietet sich für diese Nebenuntersuchung die Bildung von zwei Untersuchungsgesamtheiten an: Die eine Gruppe enthält die Jahresabschlüsse einer AG nach "altem" Aktienrecht, die andere enthält dieselbe Anzahl von Jahresabschlüssen derselben AG nach "neuem" Aktienrecht.

Sowohl bei den IHV-AG als auch bei den KI werden der ersten Untersuchungsgruppe dieser Nebenstudie Jahresabschlüsse mit einem Abschlußstichtag ab dem 1.1.1962 zugeordnet. Da bei den IHV-AG die neuen Regelungen der Aktienrechtsreform von 1965 früher angewendet werden mußten als bei bei den Banken, umfaßt die Untersuchungsgruppe nach "altem" Aktienrecht bei den IHV-AG alle Jahresabschlüsse bis zum Abschlußstichtag 31.12.1965, bei den Banken bis zum 31.12.1967. Um dieselbe Anzahl von Jahresabschlüssen pro Unternehmen mit "neuem" Aktienrecht einbeziehen zu können, umfaßt der Untersuchungszeitraum der zweiten Gruppe bei den IHV-AG die Jahresabschlüsse mit Abschlußstichtagen in den Jahren 1968 bis 1971, bei den Banken von 1969 bis 1974.

2. Sachlicher Umfang

a) Grundsätzliche Abgrenzung des Unternehmenskreises

Im Rahmen dieser Untersuchung soll der Informationsgehalt des Jahresabschlusses börsennotierter KI- und IHV-AG anhand der Kursreaktionen während des Veröffentlichungszeitraums verglichen werden. Grundsätzlich wäre es zwar möglich, die Jahresabschlußveröffentlichungen sämtlicher börsennotierten AG in die Untersuchung einzubeziehen; aus Gründen, die bereits diskutiert wurden, sollen hier jedoch nur solche Jahresabschlußveröffentlichungen berücksichtigt werden, bei denen davon ausgegangen werden kann, daß die an der Börse zustande gekommenen Preise durch die Absicht der Konsumeinkommenserzielung bestimmt sind. Dazu wurde wie folgt vorgegangen:

(1) Zunächst wurden die Abschlußveröffentlichungen solcher AG ausgeschlossen, deren Aktien, aus welchen Gründen auch immer[495], im Zeitraum vom 1.1.1974 bis zum 31.12.1986 nicht mindestens die Hälfte dieses Zeitraums (mehr als 6 Jahre) durchgängig börsennotiert waren. Diese Vorauswahl soll Kursbeeinflussungen ausschließen, die sich infolge der

495) Die beiden häufigsten Ursachen für die Aussetzung oder Einstellung der Börsennotierung sind die Fusion bzw. Übernahme sowie Vergleich bzw. Konkurs des betreffenden Unternehmens. Des weiteren wechselte eine kleinere Anzahl von AG die Rechtsform (häufig Umgründung in GmbH).

Aufnahme oder Einstellung der Börsennotierung oder infolge des diese Maßnahme auslösenden Ereignisses ergaben.[496]

(2) Zudem wurden die Jahresabschlußveröffentlichungen solcher AG nicht einbezogen, für die ein Beherrschungs- oder Gewinnabführungsvertrag o.ä. existiert, oder bei denen sich kein nennenswerter Anteil des Grundkapitals breit gestreut in den Händen von Publikumsaktionären befand.[497] In beiden Fällen (**vertragliche bzw. faktische Beherrschung**) werden Zahlungen der AG an die Aktionäre häufig nicht durch das Jahresergebnis der beherrschten Gesellschaft determiniert.[498] Insoweit ist die Bedeutung des Jahresabschlusses als Ausschüttungsbemessungsinstrument (und damit dessen Informationsgehalt) stark eingeschränkt. Außerdem können in solchen Fällen nichtfinanzielle Motive die Kursbildung am Aktienmarkt zeitweilig oder gänzlich dominieren.[499]

(3) Des weiteren wurden sämtliche Jahresabschlüsse der **Versicherungswirtschaft** von der Untersuchung ausgeschlossen, da Unternehmen dieser Branche ein Bewertungsprivileg besitzen, das der Regelung von § 26 a KWG (bzw. zukünftig § 340 f HGB) vergleichbar ist.[500]

(4) Auch Jahresabschlußveröffentlichungen, bei denen im Abstand von weniger als einem Jahr (vorher bzw. nachher) Ereignisse eintraten, die für den weiteren Bestand einer AG von gravierender Bedeutung waren, wurden hier nicht einbezogen. Als solches **gravierendes Unternehmensereignis** wird eine Fu-

---

496) Vgl. Abschnitt C.II.3.b dieser Arbeit.

497) Hier wurde angenommen, daß ein solcher Fall dann vorliegt, wenn ein einziger Großaktionär mehr als 75 % des Grundkapitals einer AG hält oder mehrere Großaktionäre zusammen mehr als 80 % des Grundkapitals der betreffenden AG halten. Als Großaktionär wurde in diesem Zusammenhang jede natürliche oder juristische Person gewertet, die mehr als 10 % des Grundkapitals einer AG besitzt. Die Angaben wurden überwiegend anhand der Quelle Bayerische Hypotheken- und Wechsel-Bank AG, Wegweiser, Jahrgänge 1961 bis 1987 erhoben. In Fällen, in denen diese Quelle keine Auskünfte gab, wurde auf Verlag Hoppenstedt & Co., Handbuch, Jahrgänge 1960/61 bis 1988/89, Darmstadt zurückgegriffen.

498) Oft enthalten Unternehmensverträge Dividendengarantien für die freien Aktionäre, z.B. in Form eines festen Dividendensatzes oder einer Kopplung der Dividendenhöhe an die Ausschüttungen der Muttergesellschaft. Die Angaben zum Bestehen bzw. zur Geltungsdauer von Unternehmensverträgen einer AG wurden der Quelle Börsen-Zeitung, Kursblatt, der Jahre 1960 bis 1987 entnommen.

499) Vgl. Abschnitte B.II.1.b und B.II.4.a.β d.A.

500) Versicherungsunternehmen sind in der Lage, über die Dotierung bzw. Auflösung von Schwankungsrückstellungen stille Reserven zu legen bzw. aufzulösen. Vgl. Farny, Buchführung, S. 125. Als Versicherungs-AG wurde ein Unternehmen dann eingestuft, wenn es einen Jahresabschluß mit versicherungsspezifischer Gliederung veröffentlichte.

sion, die Eröffnung des Konkurs- oder Vergleichsverfahrens, eine größere Übernahme[501], der Abschluß bzw. die Aufhebung eines Beherrschungs-, Gewinnabführungs- oder sonstigen Unternehmensvertrages oder die Abgabe eines Übernahmeangebotes durch Dritte verstanden. Traten im Untersuchungszeitraum mehr als zwei solcher gravierender Ereignisse ein, wurde aus Vereinfachungsgründen auf die Einbeziehung von Jahresabschlüssen der betreffenden AG ganz verzichtet.

(5) Da mit Hilfe der in den Punkten (1) bis (4) genannten "Filter" nur ein Teil der Fälle ausgeschlossen wird, bei denen die Preisbildung am Aktienmarkt durch andere Motive als die Konsumeinkommenserzielung dominiert wird, wurden einige Jahresabschlüsse auch dann aus der Untersuchung herausgenommen, wenn die **Preisbildung am Aktienmarkt** für die betreffende Aktie starken Schwankungen unterworfen war.[502] Denn in solchen Fällen besteht ein starker Verdacht, daß die Kursschwankungen nicht ausschließlich auf die Kurswirkungen von Jahresabschlußinformationen zurückzuführen sind.

(6) Last not least mußten einige wenige Fälle ausgeschlossen werden, weil der **Jahresabschluß** bzw. Geschäftsbericht **nicht** mehr im Original bzw. einer einigermaßen detaillierten Kopie **beschaffbar** war.[503]

b) Einbezogene Jahresabschlüsse von Industrie-, Handels- und Verkehrs- sowie von Bank-Aktiengesellschaften

Die Informationsgehaltsvergleiche, die im Rahmen dieser Arbeit vorgenommen werden, beziehen sich hauptsächlich auf zwei Gruppen von Jahresabschlüssen: Zum einen auf die **Gesamtmenge** aller Bank- und IHV-Jahresabschlüsse, die den in Unterabschnitt a) spezifizierten Kriterien genügen, und zum anderen auf denjeni-

501) Ein "größerer" Übernahmefall wird dann angenommen, wenn ein an einer inländischen Börse notiertes deutsches Unternehmen ein anderes börsennotiertes deutsches Unternehmen übernimmt.

502) Solche starken Schwankungen wurden zum einen immer dann angenommen, wenn sich bei der Renditeberechnung einer Aktie (nach Bereinigung um technisch bedingte Kursänderungen, aber vor Bereinigung um Gesamtmarkteinflüsse) **Tagesrenditen von mehr als 20 %** ergaben. Zum anderen wurden Jahresabschlüsse dann aus der Untersuchung herausgenommen, wenn der um Gesamtmarkteinflüsse bereinigte Wert der betreffenden Aktie **innerhalb des Untersuchungszeitraums** auf mehr als das Doppelte stieg bzw. auf weniger als die Hälfte fiel.

503) Meist war es in solchen Fällen unmöglich, brauchbare Anhaltspunkte für den mutmaßlichen Veröffentlichungszeitraum (z.B. Termin des Jahresabschlußtestats) zu erhalten. Vgl. unten, Unterabschnitt D.II.3.b d.A.

gen Ausschnitt aus dieser Gesamtmenge, bei dem zusätzlich für einen Jahresabschluß gewährleistet ist, daß im Zeitraum seit dem Bekanntwerden des vorangegangenen Jahresabschlusses mindestens ein Zwischenbericht veröffentlicht wurde. Da im Anhang dieser Arbeit[504] eine genaue Auflistung beigefügt wurde, aus der sich im einzelnen ergibt, welche Jahresabschlüsse von welchen Unternehmen diese Untersuchungsgesamtheiten umfassen, können sich die Ausführungen hier auf eine kurze Beschreibung des Umfangs dieser Mengen beschränken.

Die **Gesamtmenge** aller Jahresabschlüsse, die den in Unterabschnitt a) spezifizierten Kriterien genügt, beträgt für die Gruppe der IHV-AG **1557**, für die Gruppe der Bank-AG **168**.[505] Die Zahl der Abschlüsse aus dieser Gesamtmenge, für die außerdem eine **Zwischenberichtsveröffentlichung** seit dem Bekanntwerden des letzten Jahresabschlusses zu verzeichnen war, beträgt für die Gruppe der IHV-AG **804**, für die Gruppe der Banken **124**.

Neben diesen beiden Untersuchungsgesamtheiten, die die Basis für das Gros aller Berechnungen darstellen, werden - wie im Vorabschnitt begründet - für eine einzige Fragestellung zwei weitere Gruppen von Jahresabschlüssen gebildet: Eine Gruppe umfaßt Abschlüsse, die aufgestellt wurden gemäß der Rechtslage kurz vor der Aktienrechtsreform von 1965 (d.h. also bei KI vor Inkrafttreten von § 26 a KWG), die andere umfaßt Abschlüsse, die gemäß den Bestimmungen kurz nach Inkrafttreten dieser Reform aufgestellt wurden. Angesichts der Schwierigkeiten, die die Beschaffung und Prüfung von Jahresabschlußdaten älteren Datums aufwirft, umfaßt der Informationsgehaltsvergleich **vor** Inkrafttreten der Aktienrechtsreform von 1965 nur insgesamt **164** IHV-Jahresabschlüsse bzw. **66** Bankabschlüsse; die Untersuchungen kurz **nach** Inkrafttreten dieser Reform beziehen sich ebenfalls auf **164** (IHV-AG) bzw. **66** (Bank-AG) Abschlüsse.[506] Welche Jahresabschlüsse diese Untersuchungsgesamtheiten im einzelnen umfassen, wird im Anhang dieser Arbeit ebenfalls dargestellt.[507]

---

504) Vgl. ab Seite 271 d.A.

505) Bei den Banken wurden Jahresabschlüsse von insgesamt 25, bei den IHV-AG von insgesamt 153 verschiedenen AG einbezogen.

506) In beiden Fällen umfassen die Untersuchungsgesamtheiten die Jahresabschlüsse von 44 IHV-AG bzw. 11 Aktienbanken.

507) Vgl. Seite 271 ff. d.A.

3. Parameter der Abnormal-Performance-Indizes-Methodik

In diesem Abschnitt sind die bislang noch offenen Parameter der API-Methodik zu präzisieren.

a) Renditeberechnungszeitraum

Die Frage zu entscheiden, welche Renditeperiode der Ermittlung der Abnormal Performance Indizes zugrunde gelegt wird, bedeutet zunächst einmal nur festzulegen, wieviele Aktienrenditen aus den Kursnotierungen eines bestimmten Zeitintervalls ermittelt werden sollen. Mögliche Festlegungen sind z.B. die Berechnung von API auf der Basis von Tages-, Mehrtages-, Wochen-, Monats- oder sogar Quartalsrenditen. Grundsätzlich ist die Länge der Renditeperiode mit Rücksicht auf den durchschnittlichen Planungshorizont der Gesamtheit der Anleger zu definieren. Da für den bundesdeutschen Kapitalmarkt keine Erkenntnisse vorliegen, in welchem Zeitraum Investoren am Kapitalmarkt eine einmal getroffene Anlageentscheidung überprüfen, wird die Renditeperiode häufig so gewählt, daß das zur Bereinigung verwendete Kapitalmarktmodell - im Regelfall das Marktmodell - möglichst problemlos anwendbar ist.[508] Bei Verwendung des Marktmodells würde eine solche Vorgehensweise dazu führen, daß entweder diejenige Renditefristigkeit gewählt wird, bei der die Häufigkeitsverteilung der ermittelten Renditen möglichst gut einer Normalverteilung entspricht; oder man sucht diejenige Renditeperiode aus, bei der ein möglichst hoher Anteil der Varianz der individuellen Aktienrenditen durch den Aktienindex erklärt wird. Im ersten Fall (möglichst gute Annäherung der Häufigkeitsverteilung der Aktienrenditen an eine Normalverteilung) wären hier vermutlich Monatsrenditen zu wählen; allenfalls noch Wochenrenditen wären tolerierbar.[509] Im Rahmen der zweiten Vorgehensweise böte sich - wie die Untersuchung von Frantzmann zeigt - eine Renditeperiode von 9 Wochen an.[510]

Jede dieser Begründungen vermag zwar eine gewisse Plausibilität für sich zu beanspruchen; ob auf diese Weise die gewählte Ren-

---

508) Vgl. Möller, Ertragsrisiko, S. 118.

509) Vgl. die Literaturübersicht von Möller, Informationseffizienz, S. 507 f. bezüglich der bisher veröffentlichten empirischen Untersuchungen zur Verteilung deutscher Aktienrenditen.

510) Bei diesem Renditeberechnungszeitraum ergeben sich maximale Bestimmtheitsmaße der Marktmodell-Regressionen. Vgl. Frantzmann, Messung, S. 71 f., S. 79.

diteperiode mit dem tatsächlichen Planungshorizont der Anleger übereinstimmt, ist jedoch nicht sichergestellt. Daher soll die Wahl der Renditeperiode hier nicht mit einem Seitenblick auf ein Bereinigungsverfahren, sondern ausschließlich mit Hilfe von Plausibilitätsüberlegungen zum Planungshorizont der Anleger eingegrenzt werden.

Aus diesem Blickwinkel besehen läßt sich zumindest vermuten, daß die Entscheidungswirkungen von Jahresabschlußinformationen nachlassen, wenn neue Informationen, z.B. Zwischenberichte oder ein neuer Jahresabschluß, veröffentlicht werden. Insofern wäre eine Renditeperiode von mehreren Wochen oder gar Monaten sicherlich zu lang. Da der Renditeberechnungszeitraum auch eine Festlegung darüber enthält, wie schnell eine einmal getätigte Entscheidung revidiert werden kann, in der Realität aber quasi (nahezu) jede Minute Börsenaufträge gegeben werden können, spricht einiges dafür, die Renditeperiode vergleichsweise kurz zu wählen. Kürzere Intervalle als Tagesrenditen verbieten sich hier, da wenig dafür spricht, daß jahresabschlußinduzierte Anlageentscheidungen bereits nach ein paar Stunden revidiert werden.[511] Bei der Festlegung des Renditeberechnungszeitraums ist außerdem zu bedenken, daß die Wahl einer vergleichsweise kurzen Zeitspanne die Möglichkeit offen läßt, längere Renditeintervalle, die ein Vielfaches des Basiszeitraums darstellen, durch Aggregation der Unterzeiträume nachträglich zu ermitteln. Mit anderen Worten: Wurden Renditeberechnungen auf der Basis von Tagesrenditen angestellt, lassen sich daraus auch Zweitages-, Wochen- oder Monatsrenditen ableiten. Die umgekehrte Vorgehensweise - eine Aufspaltung von Mehrtages- in Tagesrenditen - ist indessen ohne heroische Annahmen nicht möglich. Der hier geplante Informationswertvergleich von Bank- und IHV-Jahresabschlüssen soll daher auf der Basis von **Tagesrenditen** durchgeführt werden.

Mit der Festlegung der Renditeperiode eng verbunden ist die Frage, auf welche Weise Renditewerte errechnet werden, falls einzelne, für die Berechnung notwendige Börsenkurse nicht vorhanden sind. Mit anderen Worten: Hier ist die Frage zu klären,

---

511) Zudem ist zu bedenken, daß in Deutschland kein entsprechendes Kursdatenmaterial zur Ermittlung von Stunden- oder Minutenrenditen vorhanden ist. In den USA wurden dagegen einige Untersuchungen auf der Basis von minütlichen bzw. stündlichen Aktienkursen durchgeführt. Vgl. May/Schweder-Weber, Informationsverarbeitung, S. 79 f.

wie Tagesrenditewerte für Zeiträume zu berechnen sind, die das Wochenende, Feiertage oder sonstige Tage ohne Kursnotierung umfassen. Im Rahmen dieser Untersuchung sollen die Renditen auf der Basis von **Börsentagen** berechnet werden. Dies heißt zu unterstellen, daß das Jahr nur ca. 250 Tage hat, weil auf einen (Börsen-) Freitag gleich ein Montag folgt. Insofern verbergen sich hinter einer bestimmten Periode des Untersuchungszeitraums nicht unbedingt gleich lange Zeiträume. Alternativ zu diesem Vorgehen wäre es möglich, für Samstage, Sonntage und Börsenfeiertage Kurse zu "erfinden". Z.B. könnte man davon ausgehen, daß zum Freitagskurs auch am Samstag und Sonntag Umsätze getätigt werden könnten. Ein solches Unterfangen würde zwar gleich lange Renditeperioden liefern, hätte jedoch den gravierenden Nachteil, daß die Informationswertermittlungen auf Renditen basieren würden, von denen im Durchschnitt mehr als zwei Siebtel fiktiver Natur sind.[512)]

Ein weiteres hier zu diskutierendes Problem, das bei jedem Rechenverfahren auftreten kann, das die Renditen zweier unterschiedlicher Anlagen für **denselben** Zeitraum benötigt, ergibt sich daraus, daß bei einer der beiden Anlagen möglicherweise mehr Kurse fehlen als bei der anderen Anlage. Dieses Problem - es stellt sich hier durch die Verwendung des Marktmodells zur Renditebereinigung[513)] - wird in der Literatur mit der Bezeichnung "Nicht-synchrones Handeln"[514)] umschrieben. Nicht-synchrones Handeln liegt - beschrieben aus dem Blickwinkel des Marktmodellbereinigungsverfahrens - dann vor, wenn die einzelnen Aktienrenditen und die Rendite des Marktportefeuilles über ein unterschiedliches Zeitintervall gemessen werden. Es führt dazu, daß die Regressionsschätzungen im Rahmen der Marktmodellbereinigung verzerrt werden. Um dieses Problem zu umgehen, wird im Rahmen der hier durchgeführten Untersuchungen eine "**Kalenderzentrierung**" vorgenommen. Damit ist gemeint, daß für die Renditebereinigung im zeitlichen Umfeld einer einzelnen Jahresabschlußveröffentlichung für jeden Wert der Aktien- und der Marktrendite auch der Zeitraum mitgeführt wird, für den der je-

---

512) Untersuchungen auf der Basis von Wochenrenditen oder Mehrwochenrenditen sind im Hinblick auf "Kalenderanomalien" zwar weniger problematisch; allerdings sind wegen der vielen (Börsen-) Feiertage in unserem Land auch hier Annahmen für den Fall "fehlender" Kurse notwendig.

513) Das Marktmodellbereinigungsverfahren greift auf die Aktien- und Marktrendite desselben Zeitraums zurück.

514) Vgl. Brown/Warner, Daily Stock Returns, S. 5, May/Schweder-Weber, Informationsverarbeitung, S. 56 f.

weilige Wert berechnet wurde. Liegen in einem der beiden Renditevektoren "Lücken" vor (z.B. weil die Notierung einer Aktie an einem Tag ausfiel), wird der andere Renditevektor entsprechend angepaßt.[515] Auf diese Weise wird sichergestellt, daß die lineare Regression stets Wertepaare verwendet, die den gleichen Renditezeitraum repräsentieren.

b) Veröffentlichungsstichtage

Bislang wurde stets davon gesprochen, die jahresabschlußinduzierten Börsenreaktionen zu beobachten, ohne konkrete Anhaltspunkte dafür zu nennen, in welchem Zeitraum den Anlegern ein Jahresabschluß zugeht. Da die Gesamtheit der Anleger sowohl bestinformierte Insider, wie etwa die Mitglieder des Aufsichtsrates einer AG, als auch die auf veröffentlichte Rechnungslegungsinformationen angewiesenen Kleinaktionäre umfaßt, kann der Termin, zu dem Jahresabschlußinformationen einzelnen Anlegern zugehen, nicht exakt bestimmt, sondern nur mit Hilfe von Plausibilitätsüberlegungen eingegrenzt werden. Der **früheste** Zeitpunkt, zu dem genaue Daten des Jahresabschlusses bekannt werden können, ist der Termin, zu dem diese Daten durch die Abschlußprüfer ermittelt und Position für Position zum Jahresabschluß zusammengestellt werden. Als **frühestmöglicher** Zeitpunkt des Bekanntwerdens von Daten des eigentlichen Jahresabschlusses soll daher ein Termin kurze Zeit (z.B. zwei Wochen) vor dem **Testat des Wirtschaftsprüfers** angenommen werden. Schätzungen bezüglich einzelner Jahresabschlußkennzahlen können dagegen bereits zu einem früheren Zeitpunkt bekannt werden. Hinreichend verläßliche Schätzungen auf der Basis von Daten des internen Rechnungswesens der betreffenden AG sind vermutlich ab dem Termin des Abschlußstichtages, solche mit geringerer Treffsicherheit bereits zu noch früheren Zeitpunkten möglich.

Der **spätestmögliche** Zeitpunkt, zu dem einzelnen Anlegern wesentliche Daten des Jahresabschlusses einer AG zugehen können, ist der Termin der **Hauptversammlung**; denn im Regelfall wird an diesem Tag über die Verwendung der zentralen Kenngröße eines Jahresabschlusses, des Bilanzgewinns, abgestimmt. Zudem wird meist kurz vor diesem Tag der (vorläufige) Jahresabschluß in

515) D.h. der "überzählige" Renditewert im anderen Renditevektor wird ebenfalls herausgenommen und der diesem getilgten Wert folgende Renditewert, für den wiederum in beiden Vektoren Renditedaten vorliegen, wird entsprechend erhöht bzw. vermindert.

Tageszeitungen veröffentlicht und/oder Jahresabschluß und Geschäftsbericht werden interessierten Aktionären übersandt.

c) Berechnungszeitraum der Abnormal Performance Indizes

Der Berechnungszeitraum des API ist mit Rücksicht auf den gewählten Veröffentlichungsstichtag, die Länge der Renditeperiode und das Ausmaß der unterstellten Reaktionsgeschwindigkeit des Marktes auf neue Informationen (Grad der Informationseffizienz) festzulegen. Die Länge des Beobachtungszeitraums sollte so gewählt sein, daß er einige Perioden **vor dem frühestmöglichen Termin beginnt**, zu dem Daten des Jahresabschlusses bekannt werden können und einige Perioden **nach dem spätestmöglichen Termin endet**, zu dem die Anleger ihre jahresabschlußinduzierten Erwartungsrevisionen abgeschlossen haben. Da die Distanz zwischen frühestem und spätestem Reaktionszeitpunkt der Anleger bei den im Untersuchungsportefeuille enthaltenen Jahresabschlußveröffentlichungen unterschiedlich ausfallen kann, ist der Berechnungszeitraum der Abnormal Performance Indices im Zweifel eher an der längsten möglichen Zeitspanne zu orientieren. Um einen Überblick über die Lage der in Unterabschnitt a) genannten Termine bei den in die Untersuchung einbezogenen Bank- und IHV-Jahresabschlüssen zu gewinnen, wurde in den Abbildungen 8 und 9 dargestellt, in welchen Kalenderwochen nach dem Abschlußstichtag wieviele AG den Jahresabschluß testieren lassen bzw. ihre Hauptversammlung durchführen.

Abbildung 8
Lage der Testats- und Hauptversammlungstermine relativ zum Abschlußstichtag bei den untersuchten 169 Bank-Jahresabschlüssen

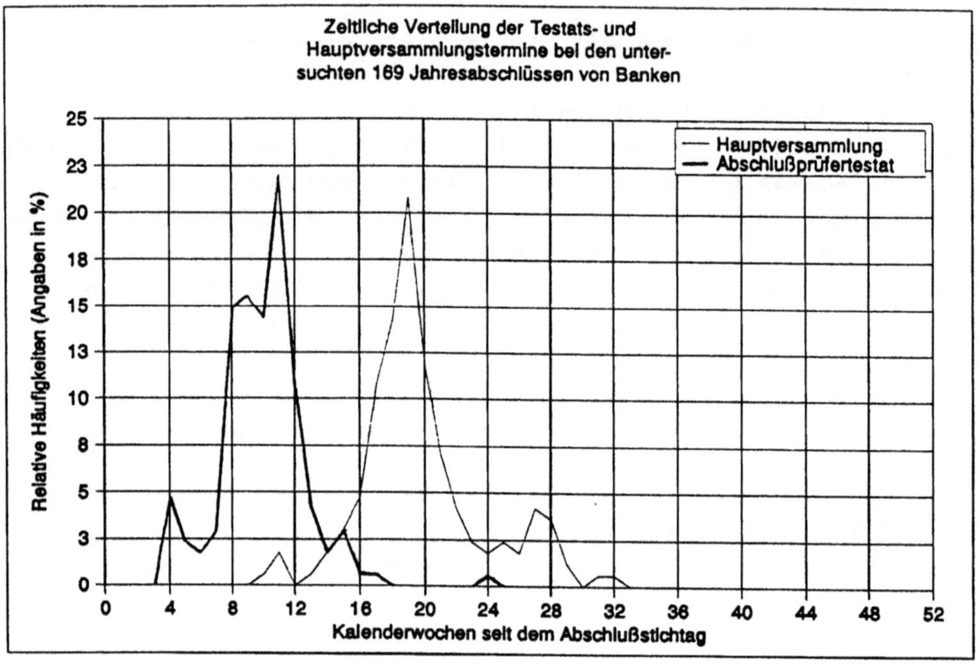

Abbildung 9
Lage der Testats- und Hauptversammlungstermine relativ zum Abschlußstichtag bei den untersuchten 1558 IHV-Jahresabschlüssen

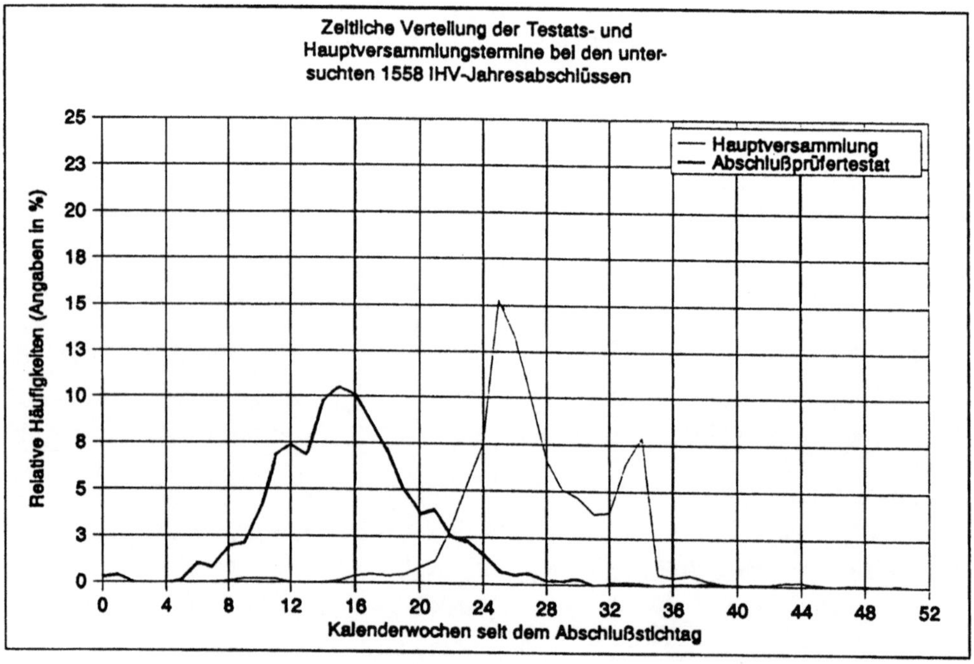

Die dargestellten Häufigkeitsverteilungen weisen folgende Mittelwerte bzw. Standardabweichungen auf:

Abbildung 10
Mittelwerte und Standardabweichungen des Abstandes zwischen Jahresabschlußstichtag und Jahresabschlußtestat bzw. zwischen Jahresabschlußstichtag und Hauptversammlung in Kalenderwochen

Termin	Jahresabschlußtestat		Hauptversammlungstermin	
Gruppe	Mittelwert	Standardabw.	Mittelwert	Standardabw.
Banken	9,9 Wochen	2,7 Wochen	19,8 Wochen	3,8 Wochen
IHV-AG	15,7 Wochen	4,9 Wochen	27,5 Wochen	4,5 Wochen

Wie die beiden Abbildungen 8 und 9 und die o.a. Tabelle erkennen lassen, ähneln sich die Häufigkeitsverteilungen des Testats- und Hauptversammlungstermins bei beiden Unternehmensgruppen. Allerdings liegen beide Termine bei den Banken im Durchschnitt ca. 6 Kalenderwochen vor den entsprechenden Terminen bei den IHV-AG. Da der **früheste** Zeitpunkt, zu dem Daten des eigentlichen Jahresabschlusses bekannt werden können, ein Termin kurze Zeit vor dem Testat des Wirtschaftsprüfers ist, sollte der Beobachtungszeitraum zumindest einige Renditeperioden vor dem Testat des Wirtschaftsprüfers beginnen. Um indessen auch die Börsenwirkungen von Insidergeschäften und von Vorabveröffentlichungen einzelner Jahresabschlußkennzahlen miterfassen zu können, bietet es sich an, die erste Beobachtungsperiode auf einen noch früheren Zeitpunkt zu legen. Da hinreichend verläßliche Angaben für einzelne Jahresabschlußdaten vermutlich bereits kurz nach dem Termin des Abschlußstichtages möglich sind, soll hier eine Zeitspanne von 60 Börsentagen (ca. 12 Börsenwochen) vor dem Testat des Abschlußprüfers mit der Beobachtung der Aktienrenditen begonnen werden. Der Untersuchungszeitraum beginnt damit bei über 80 % aller einbezogenen Banken und bei ca. 17 % aller IHV-AG kurz vor dem Abschlußstichtag. Berücksichtigt man darüber hinaus, daß die wohl bedeutendste Quelle für Vorabinformationen zum Jahresabschluß die Zwischenberichte derselben AG sind und fast 3/4 aller Zwischenberichte erst im zweiten Monat nach dem Abschlußstichtag oder noch später veröffentlicht werden,[516] umfaßt ein Beobachtungszeitraum von 60 Börsentagen vor dem Testat des Abschlußprüfers bei über 99 % der Banken und bei über 83 % der IHV-AG den Zeitraum, in der möglicherweise erste Daten des eigentlichen Jahresabschlusses bekannt werden.

Man könnte gegen einen Beginn des Untersuchungszeitraums kurz vor oder kurz nach dem Abschlußstichtag einwenden, daß viele AG (teilweise auch Anlageberater und Börsenbriefe) bereits zu noch früheren Zeitpunkten Gewinnschätzungen bekanntgeben und Jahresabschlußdaten insofern bereits weit vor Ablauf eines Geschäftsjahres bekannt würden. Aus diesem Blickwinkel könnte man geneigt sein, den Untersuchungszeitraum noch weitaus früher beginnen zu lassen. Eine solche Vorgehensweise wäre jedoch mit dem Untersuchungsziel dieser Arbeit nicht zu vereinbaren. Hier soll weder der Informationsgehalt von Zwischen- oder Halbjahresberichten noch der Informationsgehalt von Anlageempfehlungen, Börsenbriefen oder sonstigen Publikationen, die Gewinn- oder Umsatzschätzungen veröffentlichen, untersucht werden. Thema dieser Arbeit ist der Informationsgehalt des Jahresabschlusses selbst. Zahlen des eigentlichen Jahresabschlusses können aber frühestens dann bekannt werden, wenn das Geschäftsjahr der betreffenden AG abgelaufen ist und die Daten aggregiert wurden.

Darüber hinaus ist zu berücksichtigen, daß mit steigender Länge des Untersuchungszeitraums Störeinflüsse durch andere Informationen (z.B. gesamtwirtschaftlicher Art) zunehmen. Die Wirkungen solcher Informationen überlagern die jahresabschlußinduzierten Kursänderungen. Da die Vorkehrungen zur Kursbereinigung um nicht unternehmensspezifische Einflüsse (Marktmodellbereinigung) unterstellen, daß sich der Zusammenhang zwischen Markt- und Aktienrendite über den gesamten Beobachtungszeitraum nicht verändert,[517] eine solche Annahme in einer Welt unsicherer Erwartungen aber nur für kurze Zeiträume gerechtfertigt erscheint, sprechen auch methodische Erwägungen für einen kurzen Beobachtungszeitraum.

Der **späteste** Zeitpunkt, zu dem sämtliche Jahresabschlußdaten öffentlich verfügbar sind, ist der Termin der Hauptversammlung der betreffenden AG. Bis neue Jahresabschlußdaten sich in den

---

516) Vgl. die Ergebnisse zur Aktualität von Zwischenberichten bei Müller, Zwischenberichtspublizität, S. 42.

517) Vgl. dazu Abschnitt D.I.2.a.τ und D.II.3.d d.A.

Entscheidungen sämtlicher Anleger niedergeschlagen haben, ist zusätzlich eine kurze Zeitspanne für die Nachrichtenübermittlung sowie den Prozeß der Erwartungsrevision der Anleger einzukalkulieren. Wie eine Betrachtung der beiden Abbildungen 8 und 9 vermuten läßt, liegen zwischen Testats- und Hauptversammlungstermin meist ca. 3 Monate (8 bis 12 Kalenderwochen). Diese Vermutung bestätigt sich, wenn man den zeitlichen Abstand zwischen dem Abschlußprüfertestat und dem Termin der Hauptversammlung für die Gruppe der untersuchten Bank- und IHV-Jahresabschlüsse errechnet und deren Häufigkeitsverteilung über die Zeit abträgt.

Abbildung 11
Verteilung des zeitlichen Abstandes zwischen den Testats- und Hauptversammlungsterminen bei den untersuchten KI- und IHV-Jahresabschlüssen

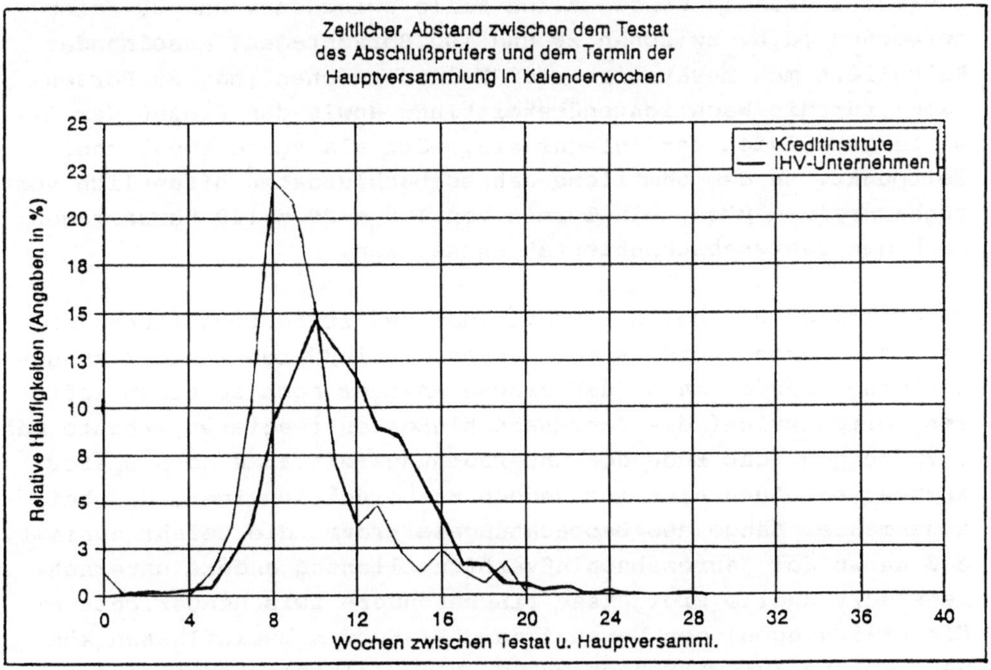

Die beiden Häufigkeitsverteilungen weisen folgende Mittelwerte bzw. Standardabweichungen auf:

Abbildung 12

Mittelwerte und Standardabweichungen des Abstandes zwischen Jahresabschlußtestat und Hauptversammlung für die untersuchten Bank- und IHV-Jahresabschlüsse in Kalenderwochen

Gruppe/Maß	Mittelwert	Standardabw.
Bank-AG	9,6 Wochen	2,9 Wochen
IHV-AG	11,5 Wochen	3,2 Wochen

Wie die Abbildung 11 zeigt, liegen Jahresabschlußtestats- und Hauptversammlungstermin bei den untersuchten Bank- und IHV-Jahresabschlüssen in nahezu allen Fälle zwischen 4 und 20 Kalenderwochen (d.h. zwischen 20 und 100 Börsentagen) auseinander. Kalkuliert man zusätzlich vier Kalenderwochen (ca. 20 Börsentage) für die Nachrichtenübermittlung sowie den Prozeß der Erwartungsrevision der Anleger ein, wäre als spätestmöglicher Zeitpunkt, zu dem sämtliche Jahresabschlußdaten öffentlich verfügbar sein müßten, ein Termin von 100 + 20 = 120 Börsentagen nach dem Jahresabschlußtestat anzusetzen.

Da - ähnlich wie bei der Ermittlung des frühestmöglichen Termins des Bekanntwerdens von Jahresabschlußdaten - nicht ausgeschlossen werden kann, daß manche Anleger noch zu einem späteren Zeitpunkt auf die Jahresabschlußdaten reagieren, könnte man dazu neigen, das Ende des Untersuchungszeitraums noch später anzusetzen. Auch hier ist jedoch zu berücksichtigen, daß bei zunehmender Länge des Beobachtungszeitraums die Gefahr zunimmt, daß neben der Jahresabschlußveröffentlichung andere unternehmensindividuelle Ereignisse (insbesondere Zwischenberichtsveröffentlichungen) den Verlauf der API-Kurven beeinflussen können; solche Kurswirkungen würden dann fälschlicherweise den Jahresabschlußdaten zugeschrieben. Außerdem wird bei längeren Beobachtungszeiträumen vermutlich - wie oben bereits erwähnt - die Kursbereinigung um Gesamtmarkteinflüsse beeinträchtigt.

d) Schätzzeitraum bei der Marktmodellbereinigung

Wie bereits in Abschnitt D.I.2 deutlich wurde, muß im Rahmen der Marktmodellbereinigung ermittelt werden, in welchem Ausmaß die Rendite einer Aktie von den Bewegungen der Marktrendite beeinflußt wird. Daher sind neben den Renditen des Beobachtungszeitraums die Börsendaten eines Schätzzeitraums auszuwerten. Die Auswertung dieser zusätzlichen Daten besteht darin, in einem Koordinatensystem, dessen Achsen die Rendite der beobachteten Aktie r_i bzw. die Marktrendite r_M bezeichnen, mit Hilfe der Kleinste-Quadrate-Methode die Achsenabschnitts- und Steigungsparameter α und β einer Regressionsgeraden zu schätzen, die die Punktwolke der (r_i,r_M)-Wertepaare beschreibt.[518] Die Wahl der **Lage** und der **Länge** dieses Schätzzeitraums ist zwar grundsätzlich frei; zu bedenken ist indessen, daß zum einen mit zunehmendem zeitlichen Abstand von Schätz- und API-Berechnungszeitraum die Wahrscheinlichkeit zunimmt, daß die im ersten Zeitraum ermittelten Parameter, die die Abhängigkeit der Aktien- von der Marktrendite beschreiben, von denen abweichen, die im API-Berechnungszeitraum gelten. Dies spricht dafür, die Marktmodellparameter in einem Zeitraum unmittelbar **vor** der eigentlichen API-Berechnung zu ermitteln.[519] Zum anderen ist hinsichtlich der Frage der Länge des Schätzzeitraums zu berücksichtigen, daß mit der Ausweitung dieses Zeitraums Informationen über Veränderungen der α- und β-Werte im Zeitablauf unterdrückt werden, gleichzeitig aber auch - falls kein Strukturbruch auftritt - die Schätzgenauigkeit zunimmt.[520] Mit anderen Worten: Hier ist ein Kompromiß zu finden zwischen der Schätzgenauigkeit der linearen Regression und der Stationarität der Regressionskoeffizienten α und β im Zeitablauf. Hier wird im Rahmen der empirischen Untersuchung bei der Verwendung der Marktmodellbereinigung zunächst ein Schätzzeitraum von 100 Börsentagen (ca. 5 Monate[521]) verwendet. In einem späteren Untersuchungsabschnitt wird mittels einer schrittweisen Veränderung

---

518) Ausführlich dazu <u>Möller</u>, Bilanzkennzahlen, S. 50 - 63 mit weiteren Literaturhinweisen. Vgl. auch Abschnitt B.II.2.a d.A.

519) Der Schätzzeitraum sollte **vor** dem API-Berechnungszeitraum liegen, da Anleger in der Realität ebenfalls nur vergangene Kursnotierungen zur Schätzung des systematischen Risikos heranziehen können.

520) Dieses Dilemma tritt stets auf, wenn zeitpunktbezogene Daten anhand von zeitraumbezogenen Daten geschätzt werden sollen. Ausführlich dazu auch <u>Möller</u>, Ertragsrisiko, S. 118.

521) 100 Perioden entsprechen bei einer Renditeberechnung anhand von Börsentagen einem Zeitraum von 20 Börsenwochen, d.h. ca. 5 Monaten. Vgl. oben, Abschnitt D.II.3.a dieser Arbeit.

der Schätzperiodenlänge überprüft, ob (und falls ja, wie sensibel) die errechneten Informationswerte auf eine Variation dieses Zeitraums reagieren. Sinn und Zweck dieses Vorgehens ist auch hier, die Stabilität der errechneten Ergebnisse bei Veränderungen der Berechnungsmethode zu überprüfen.

e) Verwendeter Aktienindex bei der Marktmodellbereinigung

Ein weiterer Punkt, der bei Verwendung der Marktmodellbereinigung zu klären ist, betrifft die Wertereihen, die als Surrogat für die Marktrendite im Rahmen der linearen Einfachregression verwendet werden. Hier können eine ganze Reihe unterschiedlicher Aktienkursindizes herangezogen werden. Wie die Untersuchungen von Frantzmann zeigen, differiert zwar die absolute Höhe der Regressionskoeffizienten einzelner Aktien bei der Verwendung verschiedener Indizes, die relative Risikoeinschätzung einer Aktie im Vergleich zu anderen Papieren ist jedoch nahezu unabhängig vom verwendeten Aktienkursindex.[522] Ob der genannte Effekt dafür sorgt, daß ein Informationswertvergleich zwischen KI- und IHV-Jahresabschlüssen bei Verwendung unterschiedlicher Indizes ebenfalls nur bezüglich der absoluten, nicht aber der relativen Höhe der ermittelten Informationswerte differiert, wäre zu prüfen. Im Rahmen der Marktmodellbereinigung sollen daher unterschiedliche Indizes - genauer: der Deutsche Aktienindex (DAX), der Index der Commerzbank und der Index der Frankfurter Wertpapierbörse - verwendet werden.

Durch die Verwendung der genannten Indizes ergibt sich allerdings ein Problem, auf das bereits in Abschnitt D.I.1 im Rahmen der Bereinigung um technisch bedingte Kursänderungen kurz hingewiesen wurde: Da die Indizes der Commerzbank und der Frankfurter Wertpapierbörse nicht dividendenbereinigt sind,[523] die hier verwendeten Renditereihen der einzelnen Aktien jedoch - wie beschrieben - einer "technischen Bereinigung" unterworfen wurden, weisen die mit diesen Indizes ermittelten API eine systematische Drift "nach oben" auf.[524] Mit anderen Worten: Die

522) Frantzmann ermittelt Rangkorrelationskoeffizienten der β-Faktoren für 100 deutsche Aktien auf der Basis des Commerzbank-, des WestLB- und des Frankfurter Wertpapierbörsenindexes, die sehr nahe bei 1 liegen. Vgl. ders., Messung, S. 71 - 73.

523) Die Renditewerte des Deutschen Aktienindexes (DAX) sind dagegen um technische Kursänderungen bereinigt.

524) Diese Drift ist darauf zurückzuführen, daß einer Indexreihe ohne technische Bereinigung wesentliche Ertragskomponenten (insb. Dividendenzahlungen) fehlen. Wird nun z.B. ein Dividendenabschlag im Kurs einer

hier mit Hilfe der Marktmodellbereinigung berechneten API weisen einen Renditeverlauf auf, der etwas über dem einer korrekt berechneten Renditezeitreihe (mit technischer Bereinigung für Aktien- und Indexrenditen) liegt. Der verzerrende Einfluß der fehlenden Dividendenbereinigung einiger Aktienkursindizes stört allerdings den hier geplanten Informationswertvergleich von Bank- und IHV-Jahresabschlüssen kaum; denn zum ersten wird für die Mehrzahl aller Berechnungen ein technisch bereinigter Aktienindex, der DAX, verwendet. Zum zweiten betrifft eine fehlende technische Bereinigung des Aktienindexes Bank- und IHV-Aktien gleichermaßen. Außerdem ist zu berücksichtigen, daß dieses Problem grundsätzlich nur im Rahmen der Marktmodell-Bereinigung auftreten kann; die hier ebenfalls geplante Mittelwertbereinigung bleibt davon unberührt.

4. Umsetzung der Hypothesen in Zusammenhänge, die mit dem Instrumentarium der Abnormal Performance Indizes prüfbar sind

In den Abschnitten C.III.3.c und C.III.4.c dieser Arbeit wurden drei Gruppen von Hypothesen zum Informationsgehalt von Bank- und IHV-Abschlüssen gebildet. Die Hypothesen der Gruppe 1 und 2 knüpfen an den Informationsgehalt bestimmter Abschlußkennzahlen an; die Hypothesen der Gruppe 3 beziehen sich dagegen auf den gesamten Informationsgehalt des Jahresabschlusses. Ziel dieses Unterabschnitts ist es, diese Hypothesen zum Informationsgehalt von Bank- und IHV-Jahresabschlüssen so zu präzisieren, daß sie sich mit Hilfe des API-Instrumentariums überprüfen lassen.

---

in den Index einbezogenen AG vorgenommen, signalisiert der Aktienindex (wenn an diesem Börsentag keine weiteren Datenänderungen zu verzeichnen waren) einen Kursrückgang und damit eine negative Rendite, obwohl sich bei korrekter Renditeberechnung eigentlich eine Rendite von 0 ergibt. Die Renditereihe eines Aktienindexes ohne Dividendenbereinigung liegt demnach systematisch unter der Renditereihe, die sich bei korrekter Ermittlung ergäbe. Soll nun die technisch bereinigte Renditereihe einer Aktie mit einem β-Faktor von 1 mit Hilfe eines solchen fehlerhaft berechneten Index um Gesamtmarkteinflüsse bereinigt werden, wäre jede Aktienrendite um die entsprechende Indexrendite des gleichen Börsentages zu kürzen. Da wegen der fehlenden Dividendenbereinigung in einigen Perioden nur um einen zu kleinen Renditebetrag gekürzt wird, weist der API im Verlauf der Beobachtungsperiode eine systematische Drift nach oben aus.

a) Hypothese 1

Die Hypothesen 1 und 2 gehen davon aus, daß bei einem Anleger, dem die Ergebnismanipulationsmöglichkeiten der Banken bekannt sind, zwei Reaktionsmöglichkeiten naheliegen: Zum einen erscheint es plausibel, daß Anleger angesichts der Manipulationsmöglichkeiten die Hauptkenngröße eines Bank-Jahresabschlusses nicht für glaubwürdig erachten und daher auf Veränderungen dieser Größe kaum reagieren. Diese Annahme ist Gegenstand der Hypothese 1. Darüber hinaus - dies wird in Hypothesengruppe 2 angenommen - liegt es nahe, daß Anleger aus den Daten des Jahresabschlusses, die einer Manipulation gemäß § 26 a KWG nicht zugänglich sind, eine Art "Ersatzperiodengewinn" ermitteln, um auf dieser Grundlage ihre Erwartungen zu bilden.

Wenn die Anleger in der in Hypothese 1 beschriebenen Weise reagieren, d.h. den ausgewiesenen Periodengewinn im Jahresabschluß eines KI als nicht glaubwürdig erachten, dürfte im Zeitraum des Bekanntwerdens des Abschlusses der Wert eines Portefeuilles von Bankaktien mit gestiegenem Periodenerfolg nicht wesentlich **über** dem Wert eines Portefeuilles mit gefallenem Periodenerfolg liegen. Da man sowohl den Jahresüberschuß als auch den Bilanzgewinn als Hauptkenngröße des Rechnungslegungsinstrumentes Jahresabschluß ansehen kann, wird in der empirischen Untersuchung die Eignung beider Kennzahlen als "Trennkriterium"[525] zu prüfen sein.[526] Wenn sich bei den Kennzahlen Jahresüberschuß und Bilanzgewinn für die Gruppe der IHV-Jahresabschlüsse kurz nach dem Veröffentlichungsstichtag **fühlbar positive Informationswerte JI** ergeben, für die Gruppe der Bank-Jahresabschlüsse dagegen nicht, könnte Hypothese 1 nicht verworfen werden. In allen anderen Fällen wäre Hypothese 1 abzulehnen.

---

525) Genauer: Als Element der Informationsauswertungsbeziehung f, deren Aufgabe es ist, zu bestimmen, welchem Portefeuille (z.B. API^+ oder API^-) ein Jahresabschluß angehören wird.

526) Grundsätzlich sollte jede "Summenkennzahl", die als Indikator des Periodengewinns angesehen werden kann und deren Höhe durch eine "überkreuzkompensierbare" GVR-Position nennenswert beeinflußt wird, für die Gruppe der Bankabschlüsse einen Informationsgehalt aufweisen, der unter dem der IHV-Abschlüsse liegt. Von einem Vergleich weiterer Kennzahlen, z.B. des Cash Flows, soll hier indessen abgesehen werden, weil die GVR von Bank- und IHV-Jahresabschlüssen sehr unterschiedlich aufgebaut sind. Die Gegenüberstellung des Informationswertes weiterer Kennzahlen würde eine der beiden Unternehmensgruppen stets benachteiligen, wenn für beide Gruppen ein einheitliches Berechnungsschema verwendet werden soll.

b) Hypothese 2

Während - wie oben dargestellt - die Hypothese 1 auf den Informationsgehalt des ausgewiesenen Geschäftsjahreserfolgs abzielt, widmen sich die Hypothesen der Gruppe 2 dem Informationsgehalt eines "bereinigten" Periodenerfolgs. Da für KI keine meßgenaueren Informationen zum Periodenerfolg verfügbar sind, liegt die Vermutung nahe, daß Anleger - notgedrungen - ihre Erwartungen anhand derjenigen Jahresabschlußdaten bilden, die einer Manipulation durch § 26 a KWG nicht zugänglich sind.

Um zu ermitteln, ob die Mehrzahl der Anleger in der beschriebenen Weise reagiert und einem von möglichen §-26-a-Manipulationen bereinigten Periodenerfolg eine höhere Bedeutung beimißt als einem "unbereinigten" Jahresergebnis, bietet es sich an, Jahresabschlußkennzahlen, die aus Sicht der Anleger das bereinigte bzw. unbereinigte Periodenergebnis darstellen könnten, auf die Fähigkeit zu untersuchen, API^{+}- und API^{-}-Kurven zu trennen. Da nicht genau bekannt ist, welche Kombination von Jahresabschlußdaten von der Gesamtheit der Anleger als "Periodenergebnis" bzw. "bereinigtes Periodenergebnis" angesehen wird, sollen hier verschiedene Kennzahlen auf ihren Informationsgehalt überprüft werden. Um den beträchtlichen Rechenaufwand zur Ermittlung eines API[527] nicht über die Maßen zu vergrößern, werden hier nur insgesamt vier Kennzahlen **durchgängig** (d.h. bei allen Variationen der Untersuchungsanordnungen) und weitere vier Kennzahlen **sporadisch** (d.h. nur einmal pro Untersuchungsteilziel) auf ihre Fähigkeit untersucht, API^{+}- und API^{-}-Kurven zu trennen.[528] Bei der Auswahl dieser Kennzahlen wurden Plausibilitätsüberlegungen, die Ergebnisse der Umfrage von Hub[529] sowie die (zahlenmäßig) bedeutendsten Komponenten des bei professionellen Anlegern vermutlich verbreitet verwendeten DVFA-Schemas[530] einbezogen.

---

527) Die komplette Neuberechnung eines einzigen der 18 hier berechneten API über alle IHV-Jahresabschlüsse erforderte auf einem Personal-Computer (Prozessor 80386, 33 Mhz Taktfrequenz, 8 MB Hauptspeicher, 600 MB Festplatte) eine Zeitdauer von über 100 Stunden.

528) Die Kennzahlen 1, 3, 5 und 7 werden durchgängig, der Rest sporadisch berechnet.

529) Vgl. Hub, Unternehmensberichterstattung, S. 78 - 81, S. 119 - 122 zu den Informationswünschen deutscher Wertpapierexperten im Rahmen der Analyse von Geschäftsberichten.

530) Vgl. DVFA, Arbeitsschema, S. 17 - 21. Vgl. auch Becker, DVFA-Ergebnis, S. 553, S. 556 und Schellmoser, DVFA-Ergebnisse, S. 6 f.

Kennzahl 1: Jahresüberschuß

Kennzahl 2: Jahresüberschuß vor Steuern[531]
Berechnung:
  Jahresüberschuß
+ Steuern vom Einkommen, vom Ertrag und vom Vermögen

Kennzahl 3: Cash-Flow
Berechnung:
  Jahresüberschuß
+ Abschreibungen und Wertberichtigungen auf Grundstücke und Gebäude sowie auf Betriebs- und Geschäftsausstattung
+ Abschreibungen und Wertberichtigungen auf Beteiligungen
+ Erhöhung (- Verminderung) der Pensionsrückstellungen

Kennzahl 4: Cash-Flow vor Steuern
Berechnung wie Kennzahl 3, jedoch zusätzlich:
+ Steuern vom Einkommen, vom Ertrag und vom Vermögen

Kennzahl 5: Jahresüberschuß vor § 26 a KWG
Berechnung:
  Jahresüberschuß
+ Abschreibungen und Wertberichtigungen auf Forderungen und Wertpapiere sowie Zuführungen zu Rückstellungen im Kreditgeschäft
- Andere Erträge einschließlich der Erträge aus der Auflösung von Rückstellungen im Kreditgeschäft

Kennzahl 6: Jahresüberschuß vor Steuern, vor § 26 a KWG
Berechnung wie Kennzahl 2, jedoch zusätzlich:
+ Abschreibungen und Wertberichtigungen auf Forderungen und Wertpapiere sowie Zuführungen zu Rückstellungen im Kreditgeschäft
- Andere Erträge einschließlich der Erträge aus der Auflösung von Rückstellungen im Kreditgeschäft

Kennzahl 7: Cash-Flow vor § 26 a KWG
Berechnung wie Kennzahl 3, jedoch zusätzlich:
+ Abschreibungen und Wertberichtigungen auf Forderungen und Wertpapiere sowie Zuführungen zu Rückstellungen im Kreditgeschäft
- Andere Erträge einschließlich der Erträge aus der Auflösung von Rückstellungen im Kreditgeschäft

Kennzahl 8: Cash-Flow vor Steuern, vor § 26 a KWG
Berechnung wie Kennzahl 4, jedoch zusätzlich:
+ Abschreibungen und Wertberichtigungen auf Forderungen und Wertpapiere sowie Zuführungen zu Rückstellungen im Kreditgeschäft
- Andere Erträge einschließlich der Erträge aus der Auflösung von Rückstellungen im Kreditgeschäft

Die Kennzahlen 1 bis 4 stellen "klassische" Kennzahlen der Jahresabschlußanalyse dar, die wohl keiner näheren Erläuterung bedürfen.[532] Die Kennzahlen 5 bis 8 sind konstruiert worden, indem die Kennzahlen 1 bis 4 jeweils um diejenigen Positionen be-

---

531) Die Positionsangaben beziehen sich auf die GVR eines KI der Rechtsform AG, KGaA oder GmbH. Vgl. Formblatt für den Jahresabschluß der AG, KGaA, GmbH, in: Reischauer/Kleinhans, Kreditwesengesetz, Tz.426, S. 6.

532) Ausführlich dazu z.B. Coenenberg, Jahresabschluß, S. 668 ff.

reinigt wurden, die Manipulationen gemäß § 26 a KWG zugänglich sind.[533]

Sofern die Hypothese zutrifft, daß Anleger ihre Erwartungen anhand derjenigen Jahresabschlußdaten bilden, die einer Manipulation durch die bankspezifischen Sonderrechte nicht zugänglich sind, sollten die Kennzahlen 5 bis 8 in dem Zeitraum kurz nach dem Abschlußprüfertestat **wesentlich höhere Informationswerte** JI ausweisen als die Kennzahlen 1 bis 4. Wenn dies nicht der Fall ist, wäre Hypothese 2 zu verwerfen.

c) Hypothese 3

Während die Hypothesen der Gruppen 1 und 2 an den Informationsgehalt bestimmter Jahresabschlußkennzahlen anknüpfen, beziehen sich die Hypothesen der Gruppe 3 auf den Informationsgehalt des **gesamten** Jahresabschlusses. Geht man davon aus, daß bestimmte Teile der Gewinninformationen von Banken im Vergleich zu den IHV-Abschlüssen einen geringeren Informationsgehalt aufweisen und berücksichtigt man darüber hinaus, daß der Jahresabschluß von KI im "Normalfall" (d.h. ohne auffällige Veränderungen bei bestimmten GVR-Positionen) wohl nur geringe Indikatorqualitäten bezüglich des Aktienertragsrisikos besitzt, liegt die Vermutung nahe, daß der gesamte Informationswert solcher Bank-Jahresabschlüsse geringer ausfällt als bei IHV-Abschlüssen mit vergleichbarer Aktualitäts- und Intensitätsdimension. In Fällen, in denen Bank-Jahresabschlüsse dagegen auf eine massive Ergebnismanipulation schließen lassen, sollte dagegen der Informationswert des gesamten Jahresabschlusses auf einem Niveau liegen, der dem von IHV-Jahresabschlüssen näher kommt.

Ergebnismanipulationen nach § 26 a KWG können von Anlegern nur in einem Fall mit hinreichender Sicherheit erkannt werden: dann, wenn sich die Differenz aus den GVR-Positionen "Andere Erträge einschließlich der Erträge aus der Auflösung von Rückstellungen im Kreditgeschäft" und "Abschreibungen und Wertberichtigungen auf Forderungen und Wertpapiere sowie Zuführungen zu Rückstellungen im Kreditgeschäft" im Vergleich zum Vorjahr stark verändert hat.[534] Hypothese 3 impliziert, daß am Aktien-

533) Genauer: der sogenannten "Überkreuzkompensation". Ausführlich dazu in Abschnitt C.I.2.c d.A.

534) Eine Ergebnismanipulation ist dann sehr wahrscheinlich, wenn sich die Differenz aus den GVR-Positionen "Andere Erträge einschließlich der

markt dann, wenn Jahresabschlüsse veröffentlicht werden, die auf massive Ergebnismanipulationen schließen lassen, ein Informationswert NI gemessen werden kann, der über dem Informationswert von Bank-Jahresabschlüssen ohne erkennbare Ergebnismanipulation liegt.

Um zu überprüfen, ob diese Hypothese zutrifft, bietet es sich an, das Informationsmaß NI für vier unterschiedliche Gruppen von Jahresabschlüssen zu berechnen: Die **erste Gruppe** umfaßt nur diejenigen Bankabschlüsse, bei denen massive Ergebnismanipulationen (identifiziert anhand der - im Vergleich zum Vorjahr - stark veränderten Differenz zweier GVR-Positionen[535]) zu vermuten sind. Die **zweite Gruppe** enthält sämtliche Bank-Jahresabschlüsse, für die nicht angegeben werden kann, ob bei deren Aufstellung stille Reserven gelegt oder aufgelöst wurden. Die **dritte Gruppe** enthält sämtliche Jahresabschlüsse der IHV-AG und die **vierte Gruppe** sämtliche Bankabschlüsse.

Sollte die in Hypothese 3 geäußerte Vermutung stimmen, wäre zu erwarten, daß der Informationswert NI der zweiten Gruppe deutlich unter den Werten der ersten Gruppe liegt und der Informationswert der dritten Gruppe den der vierten Gruppe übersteigt. Der Informationswert NI der ersten Gruppe von Jahresabschlüssen sollte sich an die Werte der dritten Gruppe annähern, ohne diese allerdings zu übertreffen.[536] Läge dagegen der Informationswert NI der zweiten Gruppe über dem der ersten oder dritten Gruppe, wäre Hypothese 3 zurückzuweisen. Zusammenfassend kann demnach festgehalten werden, daß Hypothese 3 die folgenden Relationen zwischen den Informationswerten NI der einzelnen Jahresabschlußgruppen vermutet:

Erträge aus der Auflösung von Rückstellungen im Kreditgeschäft" und "Abschreibungen und Wertberichtigungen auf Forderungen und Wertpapiere sowie Zuführungen zu Rückstellungen im Kreditgeschäft" im Vergleich zum Vorjahr stark verändert hat. Die Werte beider Positionen können nur gemeinsam interpretiert werden, da die Werte beider Positionen infolge der Möglichkeiten der "Überkreuzkompensation" nicht unabhängig voneinander sind. Vgl. oben, Abschnitt C.I.2.c, Abschnitt C.III.3.b.α sowie Abschnitt D.II.4.c d.A.

535) Vgl. oben, Abschnitt C.III.3.b.α d.A.

536) Ein höherer Informationswert NI von Bank-Jahresabschlüssen (selbst von solchen, denen man das Vorzeichen der "Stille-Reserve-Bewegungen" ansehen kann) im Vergleich zu IHV-Jahresabschlüssen ist nicht zu erwarten, da bei IHV-Jahresabschlüssen eine relativ gute Schätzung des Periodengewinns vor Bewertungswahlrechten möglich ist. Vgl. Abschnitt C.III.3.b und C.III.4.c.β d.A.

1. NI (alle IHV-Jahresabschlüsse) > NI (alle Bank-Jahresabschlüsse)
2. NI ("manipulierte" Bankabschlüsse) > NI ("restliche" Bankabschlüsse)

III. Empirische Untersuchung zum Informationsgehalt der Jahresabschlüsse von Bank- und Industrie-, Handels- und Verkehrs-Aktiengesellschaften

In den vorangegangenen Abschnitten des Hauptpunktes D.II wurden die Einzelheiten der Ausgestaltung der empirischen Untersuchung eingehend erläutert. Die folgenden Abschnitte enthalten die rechnerischen Ergebnisse des Informationsgehaltsvergleichs zwischen Bank- und IHV-Jahresabschlüssen. Wie aus den Ausführungen der Abschnitte C.III.1 und 2 sowie D.II.3 deutlich wurde, weisen der Untersuchungsaufbau und die API-Methodik einige "Freiheitsgrade" auf; diese können im Rahmen einer empirischen Untersuchung zur Ermittlung des Informationsgehaltes von Jahresabschlüssen in unterschiedlicher Weise genutzt werden. Ziel der folgenden Ausführungen ist es, die möglichen Auswirkungen solcher Variationen auf das Ergebnis des Informationsgehaltsvergleichs zwischen Bank- und IHV-Jahresabschlüssen zu ermitteln und darzustellen.

1. Ergebnisse bei verschiedenen Abgrenzungen der Intensitätsdimension

Wie in Abschnitt C.III.2 deutlich wurde, läßt sich die hier zu wählende Form der Erwartungsrevisionsfunktion anhand von theoretischen Überlegungen nur relativ grob eingrenzen. Um den Einfluß unterschiedlicher Ausgestaltungen der Erwartungsrevisionsfunktion auf die Höhe der ermittelten Informationswerte zu überprüfen, werden in Unterabschnitt a) zwei Intensitätsklassen (API^+ und API^-) und in Unterabschnitt b) drei Intensitätsklassen unterschieden. Sollte sich zeigen, daß eine differenziertere Intensitätsklassenbildung einer gröberen fühlbar überlegen ist, wäre darüber hinaus auch eine Untersuchung mit fünf Abgrenzungen der Intensitätsdimension durchzuführen. Zur Ermittlung der in den folgenden Unterabschnitten a) und b) dargestellten Informationswerte und API-Kurven wurden einheitlich die nachstehend beschriebenen Abgrenzungen bzw. Methoden gewählt.

(1) Einbezogene Jahresabschlüsse: siehe Abschnitt D.II.2.;
(2) Veröffentlichungsstichtag: Testat des Abschlußprüfers;[537)]
(3) Renditeberechnungszeitraum: Börsentage;[538)]
(4) Renditebereinigungsmethode: Marktmodellbereinigung;[539)]
(5) Schätzzeitraum der Marktmodellbereinigung: 100 Börsentage;
(6) Aktienindex der Marktmodellbereinigung: DAX;
(7) Als "erkennbar manipuliert" wurden Bank-Jahresabschlüsse dann angesehen, wenn sich die Differenz der GVR-Positionen "Abschreibungen und Wertberichtigungen auf Forderungen und Wertpapiere sowie Zuführungen zu Rückstellungen im Kreditgeschäft" und "Andere Erträge einschließlich der Erträge aus der Auflösung von Rückstellungen im Kreditgeschäft"[540)] im Vergleich zum Vorjahr um 100 % oder mehr veränderte.

a) Unterscheidung von zwei Intensitätsdimensionen

Den Berechnungen dieser Arbeit werden - wie in Abschnitt C.III.2.b.α ausgeführt - einheitlich Erwartungsrevisionsfunktionen zugrunde gelegt, die die jeweils spezifizierte Kennzahl des Jahresabschlusses einer AG mit der Ausprägung dieser Kennzahl im Jahresabschluß der Vorperiode vergleichen. In diesem Unterabschnitt a) wird ein Unternehmen bei einer Steigerung der betreffenden Kennzahl dem API^+, bei einem Rückgang dem API^- zugeordnet. Diese Form der Erwartungsrevisionsfunktion, die lediglich zwei Intensitätsklassen unterscheidet, soll hier verkürzt als "**Vorjahresvergleich (0 %)**" bezeichnet werden. Die Angabe 0 % weist darauf hin, daß bei dieser Klassifikation kein Bereich existiert, bei der von einer "indifferenten" (d.h. weder guten noch schlechten) Nachricht ausgegangen wird.[541)] Erwartungsrevisionsfunktionen die mehr als zwei Intensitätsklassen unterscheiden, werden erst in Abschnitt b) verwendet.

---

537) Ausführlich dazu in Abschnitt D.II.3.b d.A.

538) Ausführlich dazu in Abschnitt D.II.3.a d.A.

539) Bezüglich der Punkte (4) bis (7) vgl. Abschnitt D.I.2.a.τ und D.I.2.b.τ d.A.

540) Die Positionsangaben beziehen sich auf die GVR eines KI der Rechtsform AG, KGaA oder GmbH. Vgl. Formblatt für den Jahresabschluß der AG, KGaA, GmbH, in: Reischauer/Kleinhans, Kreditwesengesetz, Tz.426, S. 6.

541) Mit anderen Worten: Es werden nur die Intensitätsausprägungen "gut" und "schlecht" einer Jahresabschlußkennzahl unterschieden. Ausführlich dazu in Abschnitt C.III.2.b d.A.

α) Ergebnisse

Abbildung 13 zeigt, welche Ausprägungen die Informationswerte JI für bestimmte Jahresabschlußkennzahlen in einzelnen Perioden des Untersuchungszeitraums annehmen. Abbildung 13 enthält auch eine Gegenüberstellung der Informationswerte NI (im untersten Drittel der Tabelle) für die in Abschnitt D.II.4.c definierten Untersuchungsgruppen. Da die Interpretation der Zahlenangaben in Abbildung 13 etwas Mühe bereitet und das Trennvermögen einer Jahresabschlußkennzahl aus einer graphischen Darstellung der API^+- und API^--Kurven in manchen Fällen leichter entnommen werden kann, bietet es sich an, einige der API-Kurven, auf denen die Informationswertberechnungen in Abbildung 13 basieren, ebenfalls darzustellen. Um den Umfang dieser Arbeit nicht zu sprengen, muß allerdings davon abgesehen werden, eine solche Graphik für jede einzelne Erwartungsrevisionsfunktion oder gar für jede in dieser Arbeit durchgeführte Untersuchung abzubilden. Da die API-Darstellungen lediglich als "Interpretationshilfe" für den Leser gedacht sind, werden hier (sowie in späteren Abschnitten) nur ein paar Beispiele für einige der berechneten Kennzahlen abgebildet.

Abbildung 13
Überblick über die durchschnittlichen Informationswerte JI und NI für die Gruppen der IHV- und Bank-Jahresabschlüsse bei zwei Intensitätsklassen (Erwartungsrevisionsfunktion: Vorjahresvergleich 0 %) in einem Zeitraum von 60 Börsentagen vor bis 120 Börsentage nach dem Testat des Abschlußprüfers

Art Kz.	Abschluß gruppe	Jahresabschlußkennzahl bzw. -gruppe, für die der Info.wert berechnet wurde	Renditeperiode, in der der Informationswert berechnet wurde																		
			-60	-50	-40	-30	-20	-10	0	10	20	30	40	50	60	70	80	90	100	110	120
JI	Alle IHV	Bilanzgewinn	-0,02	0,12	0,27	0,29	0,23	0,18	**0,07**	0,42	0,58	0,75	1,20	1,58	1,76	1,52	1,33	1,32	1,17	1,00	1,07
JI	Alle IHV	Jahresüberschuß	-0,06	0,16	0,37	0,44	0,21	0,32	**0,30**	0,28	0,37	0,64	0,90	1,24	1,23	0,96	0,84	0,82	0,76	0,57	0,67
JI	Alle KI	Bilanzgewinn	-0,06	0,13	0,00	-0,03	-1,15	-1,33	**-1,15**	-0,96	-0,66	-0,01	-0,45	-0,70	-0,58	-0,32	-0,61	-0,44	-0,37	-0,06	-0,08
JI	Alle KI	Jahresüberschuß	-0,07	0,04	-0,03	0,00	-0,75	-0,90	**-0,71**	-0,05	-0,12	0,28	-0,15	-0,32	-0,09	0,16	-0,07	0,08	0,22	0,21	0,01
JI	Alle KI	Jahresüberschuß vor § 26a KWG	-0,11	0,73	1,24	1,14	0,80	0,95	**1,39**	1,48	1,78	2,14	1,74	1,33	1,43	1,67	1,29	1,26	1,49	1,97	2,05
JI	Alle KI	Jahresüberschuß vor Steuern	0,04	0,19	0,10	-0,09	-0,27	-0,29	**0,02**	0,62	0,70	0,51	0,24	0,34	0,21	0,06	0,00	-0,18	-0,27	-0,74	-0,73
JI	Alle KI	Jahresüberschuß vor Steuern, vor § 26a	-0,08	0,39	0,70	0,74	0,69	0,59	**1,37**	1,76	2,15	2,41	1,96	1,49	1,31	1,51	1,16	1,11	1,33	1,50	1,48
JI	Alle KI	Cash Flow	0,11	0,24	-0,07	-0,20	-0,62	-0,25	**-0,31**	0,34	0,42	0,79	0,70	1,03	1,21	0,88	1,14	1,22	1,58	1,70	1,75
JI	Alle KI	Cash Flow vor § 26a KWG	0,00	0,61	0,87	0,62	0,19	0,42	**0,75**	1,00	1,30	1,71	1,67	1,23	1,29	1,62	1,44	1,44	1,78	2,33	2,40
JI	Alle KI	Cash Flow vor Steuern	0,10	0,22	0,02	-0,22	-0,66	-0,44	**-0,34**	0,37	0,52	0,60	0,58	0,72	0,60	0,32	0,36	0,21	0,26	-0,17	-0,15
JI	Alle KI	Cash Flow vor Steuern, vor § 26a KWG	-0,08	0,07	0,52	0,75	0,46	0,63	**1,29**	1,88	1,88	2,26	2,04	1,62	1,54	1,78	1,55	1,73	2,04	2,24	2,55
NI	Alle IHV-Jahresabschlüsse		0,98	3,30	4,90	6,13	7,28	8,36	**8,99**	9,93	10,87	11,78	12,79	13,79	14,67	15,48	16,27	17,19	18,16	19,03	19,96
NI	Alle KI-Jahresabschlüsse		0,63	2,82	4,24	5,28	6,13	7,12	**7,77**	8,72	9,70	10,11	10,97	11,07	11,35	12,17	12,74	13,40	14,39	15,25	16,07
NI	61 KI-Abschlüsse, vermutlich manipuliert		0,68	2,91	4,01	5,08	6,49	7,41	**8,07**	9,45	9,97	10,05	10,51	11,24	11,79	12,55	13,32	13,91	14,76	15,42	16,20
NI	107 KI-Abschlüsse ohne erkennbare Manipulation		0,60	2,77	4,36	5,39	5,92	6,95	**7,60**	8,31	9,55	10,15	11,24	10,97	11,10	11,96	12,40	13,11	14,18	15,15	16,00

Abbildung 14
API über ein Portefeuille von IHV-Aktien mit gestiegenem bzw. gesunkenem Jahresüberschuß im Zeitraum von 60 Börsentagen vor bis 120 Börsentage nach dem Testat des Abschlußprüfers

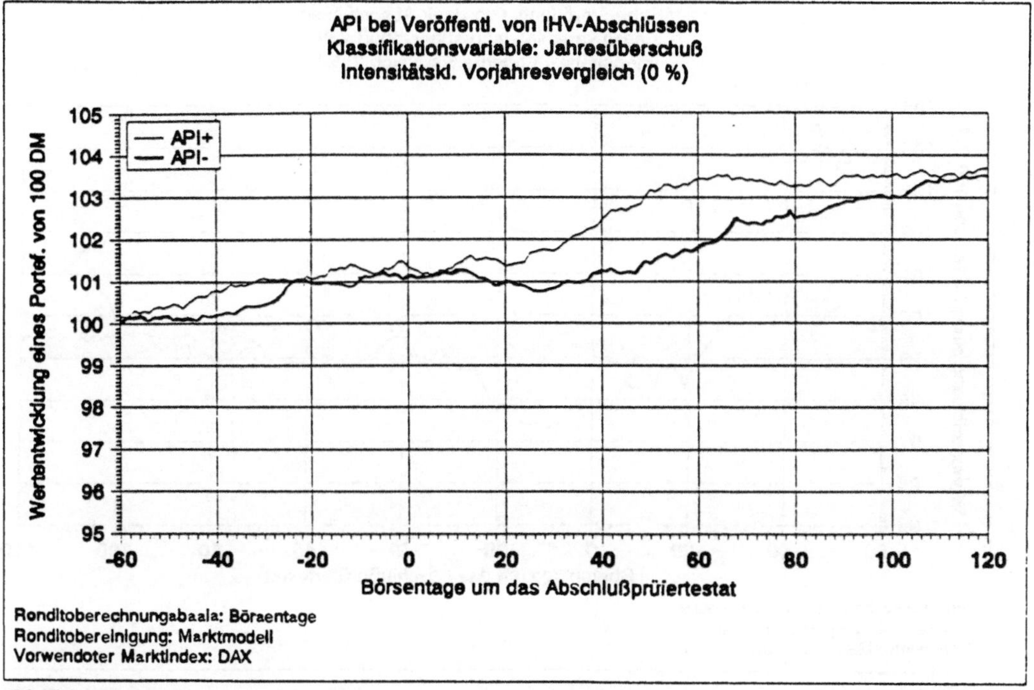

Abbildung 15
API über ein Portefeuille von Bank-Aktien mit gestiegenem bzw. gesunkenem Jahresüberschuß im Zeitraum von 60 Börsentagen vor bis 120 Börsentage nach dem Testat des Abschlußprüfers

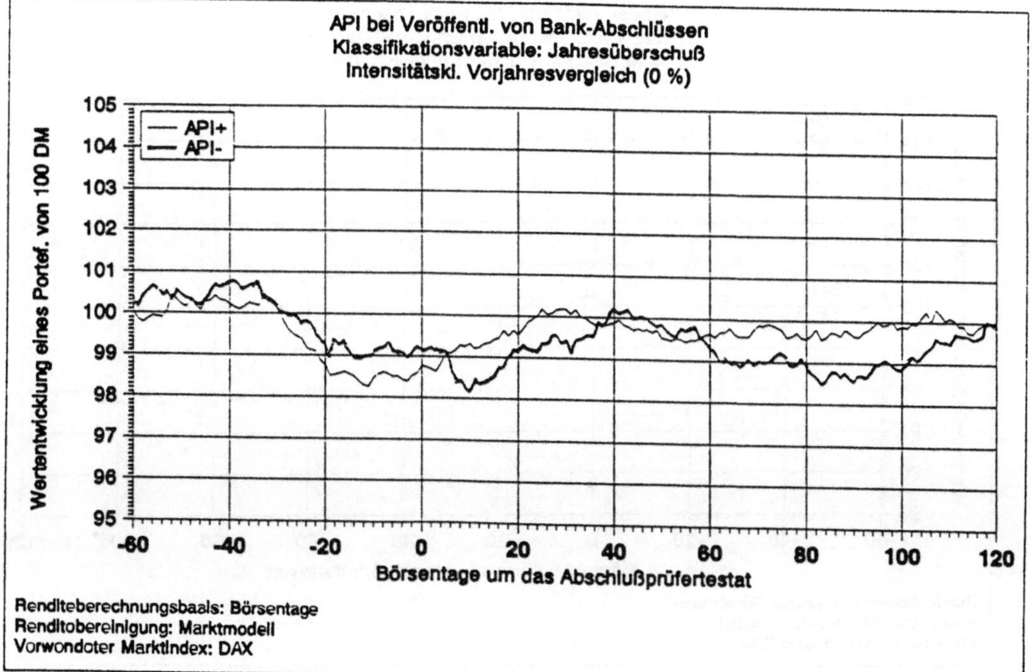

Abbildung 16
API über ein Portefeuille von Bank-Aktien mit gestiegenem bzw. gesunkenem Jahresüberschuß vor Steuern (Kennzahl 2) im Zeitraum von 60 Börsentagen vor bis 120 Börsentage nach dem Testat des Abschlußprüfers

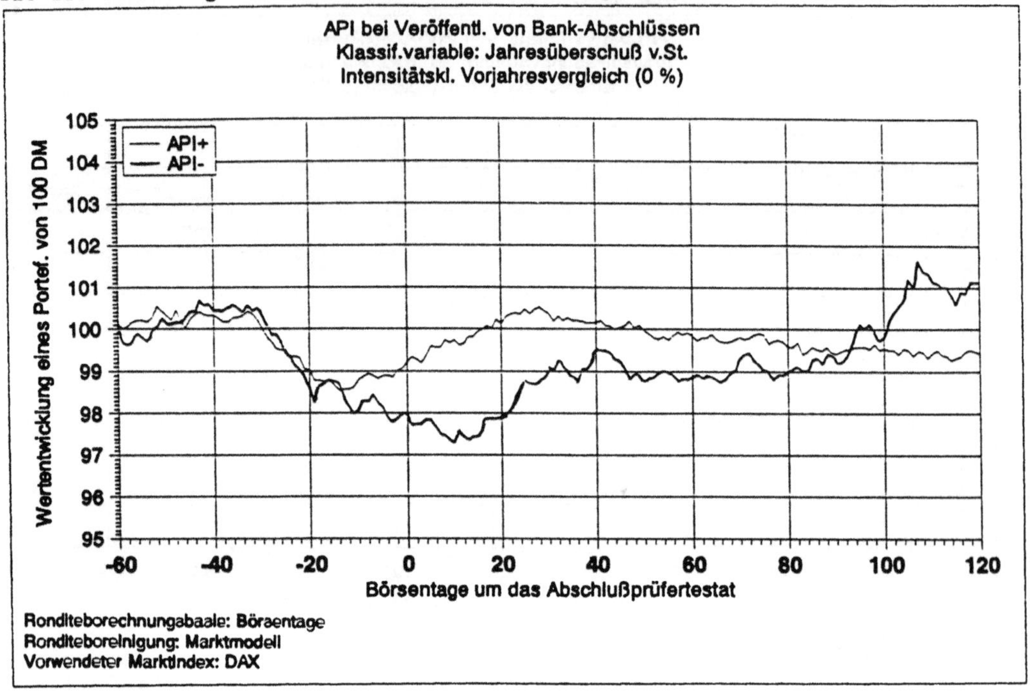

Abbildung 17
API über ein Portefeuille von Bank-Aktien mit gestiegenem bzw. gesunkenem Jahresüberschuß vor Steuern und vor § 26 a KWG (Kennzahl 6) im Zeitraum von 60 Börsentagen vor bis 120 Börsentage nach dem Testat des Abschlußprüfers

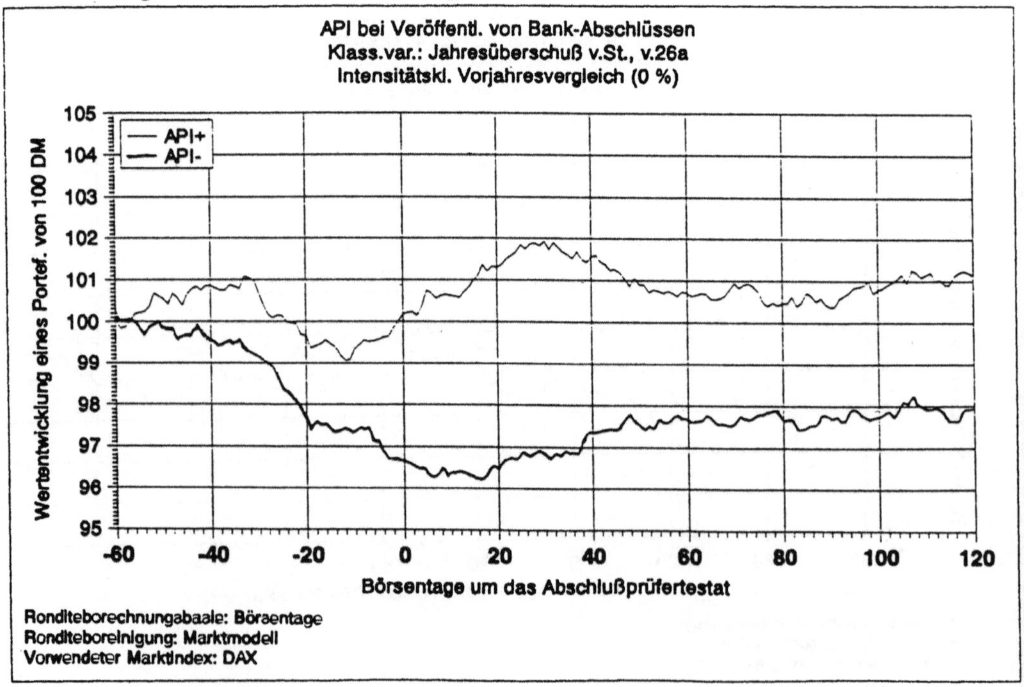

Abbildung 18
API über ein Portefeuille von Bank-Aktien mit gestiegenem bzw. gesunkenem Cash Flow vor Steuern (Kennzahl 4) im Zeitraum von 60 Börsentagen vor bis 120 Börsentage nach dem Testat des Abschlußprüfers

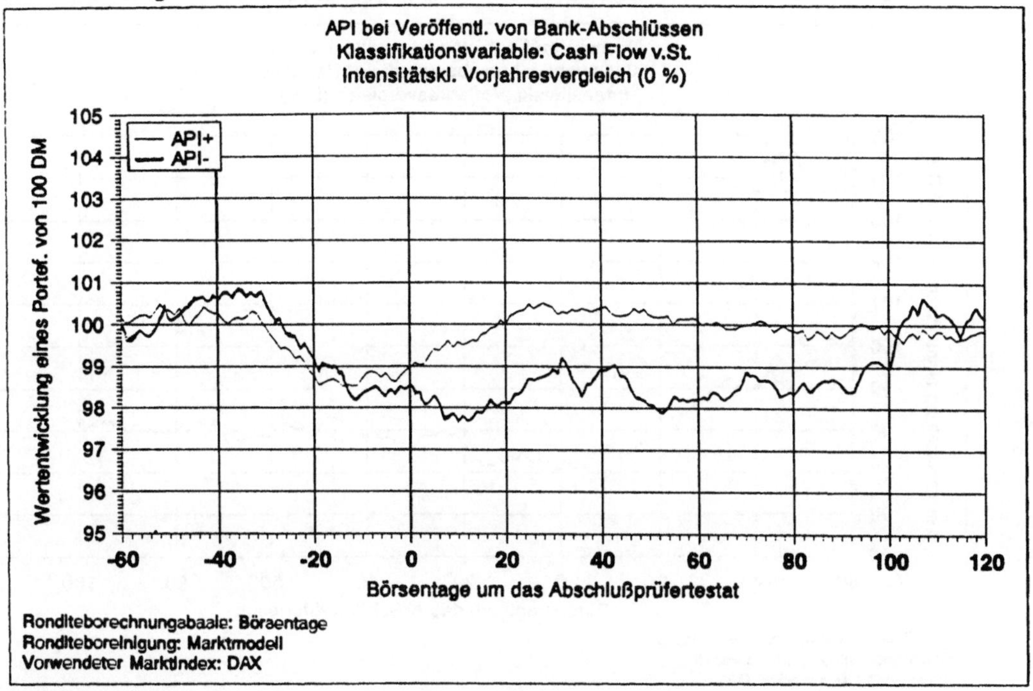

Abbildung 19
API über ein Portefeuille von Bank-Aktien mit gestiegenem bzw. gesunkenem Cash Flow vor Steuern und vor § 26 a KWG (Kennzahl 8) im Zeitraum von 60 Börsentagen vor bis 120 Börsentage nach dem Testat des Abschlußprüfers

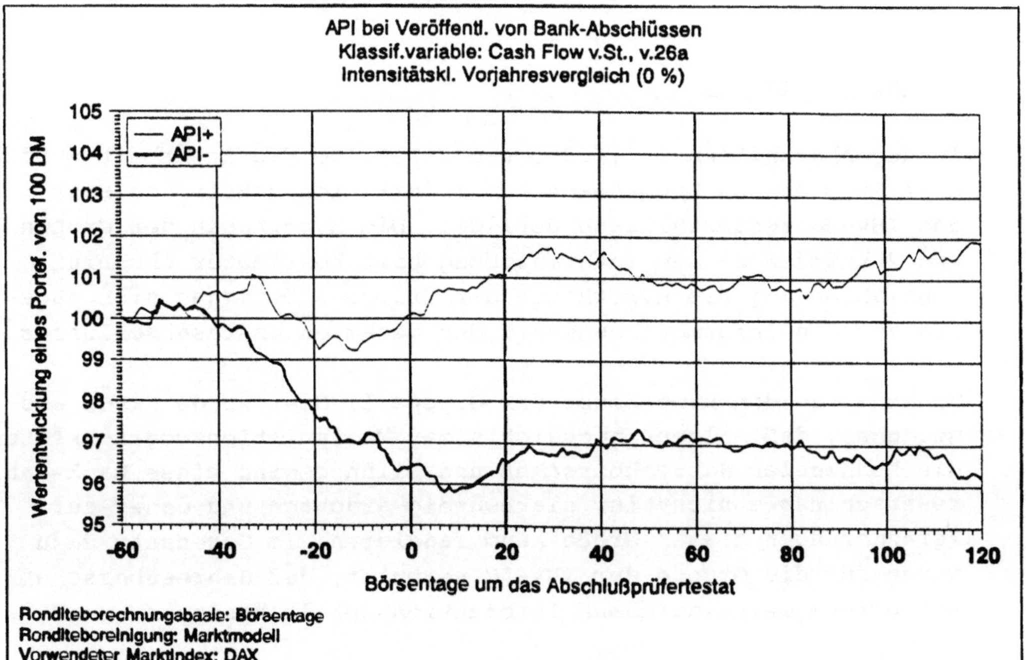

Abbildung 20
API über ein Portefeuille von Bank-Aktien mit gestiegenem bzw. gesunkenem Jahresüberschuß vor § 26 a KWG (Kennzahl 5) im Zeitraum von 60 Börsentagen vor bis 120 Börsentage nach dem Testat des Abschlußprüfers

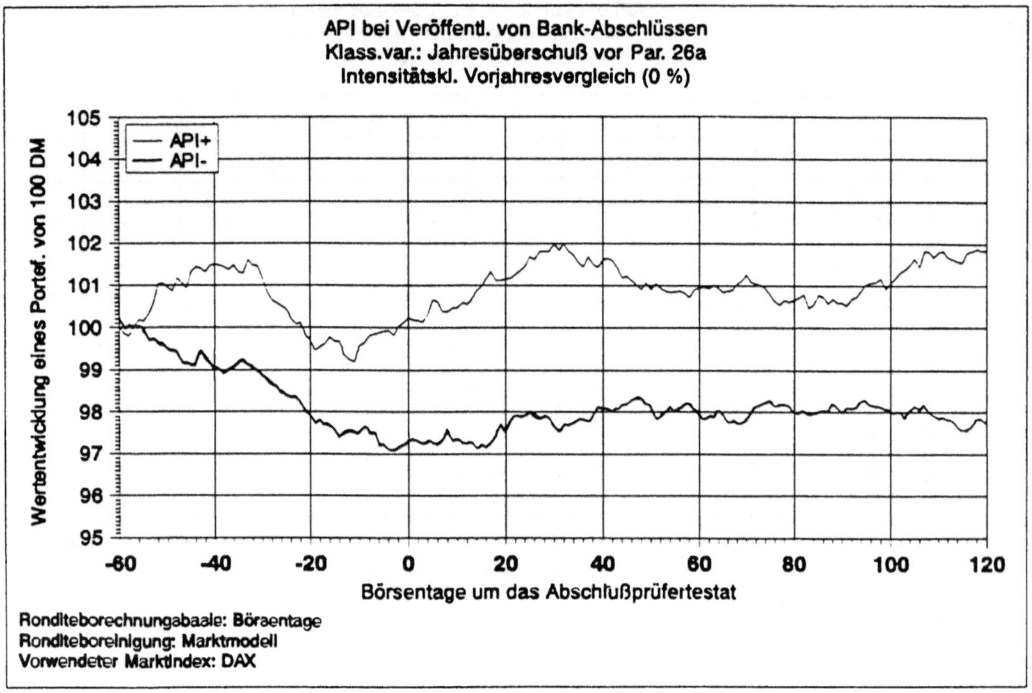

ß) Interpretation

In den Abschnitten C.III.3.c und C.III.4.c dieser Arbeit wurden drei Gruppen von Hypothesen zum Informationsgehalt von Bank- und IHV-Jahresabschlüssen gebildet. Die Hypothesen der Gruppe 1 und 2 knüpfen an den Informationsgehalt bestimmter Abschlußkennzahlen an; die Hypothesen der Gruppe 3 beziehen sich dagegen auf den Informationsgehalt des gesamten Jahresabschlusses.

Zunächst zu den **Hypothesen der Gruppe 1**: Hier wurde davon ausgegangen, daß Anleger angesichts der Manipulationsmöglichkeiten die Kennzahlen Jahresüberschuß und Bilanzgewinn eines Bank-Jahresabschlusses nicht für glaubwürdig erachten und daher auf Veränderungen dieser Größe kaum reagieren. Im Gegensatz dazu wurde für die Gruppe der IHV-AG vermutet, daß Jahresüberschuß und Bilanzgewinn durchaus Informationsgehalt besitzen.

Wie die ersten vier Wertereihen der Abbildung 13 zeigen, liegen bei der Gruppe der IHV-AG die Informationswerte JI für den Bilanzgewinn und den Jahresüberschuß mit Ausnahme der Renditeperiode t_{-50} stets über den entsprechenden Werten der Bankengruppe. Während die Informationswerte JI von Bilanzgewinn und Jahresüberschuß bei der Gruppe der Banken um den Wert von Null pendeln, steigen die Kennzahlenreihen bei den IHV-AG bereits ab Periode t_{-50} durchgängig auf Werte über Null; kurz nach dem Veröffentlichungsstichtag (ab Periode t_{30}) weisen beide Kennzahlen stetig hohe positive Werte (mit globalen Maxima in Renditeperiode t_{50} bzw. t_{60}). Die beiden Abbildungen 14 und 15 verdeutlichen dieses Bild anhand der API-Graphen, die den Informationswertberechnungen zur Kennzahl Jahresüberschuß zugrunde liegen. Während sich die API-Linien für die Gruppe der Bank-Jahresabschlüsse in Abbildung 15 nur geringfügig trennen, verlaufen die entsprechenden Kurven für die IHV-AG ab dem Termin des Abschlußprüfertestats deutlich auseinander.[542] Die empirischen Informationswertmessungen dieses ersten Untersuchungsaufbaus stützen demnach den in Hypothese 1 formulierten Zusammenhang.

In den Hypothesen der Gruppe 2 wurde angenommen, daß Anleger aus den Daten des Jahresabschlusses, die einer Manipulation gemäß § 26 a KWG nicht zugänglich sind, eine Art "Ersatzperiodengewinn" errechnen, um auf dieser Grundlage ihre Erwartungen zu bilden. Wenn die Mehrzahl der Anleger einem von möglichen §-26-a-Manipulationen bereinigten Periodenerfolg eine höhere Bedeutung beimißt als einem "unbereinigten" Jahresergebnis, dann sollten die in Abschnitt D.II.4.b beschriebenen "§-26-a-bereinigten" Kennzahlen 5 bis 8 nach dem Veröffentlichungsstichtag weitaus höhere Informationswerte aufweisen als die "unbereinigten" Kennzahlen 1 bis 4. Die Abbildung 13 zeigt im mittleren Drittel die errechneten Informationsmaße JI für diese

542) Um Mißverständnissen entgegenzuwirken sei hier nochmals an die Definition der Informationsmaße JI und NI (siehe Abschnitt B.II.4.b.β) erinnert. Da beiden Maßen eine Gewichtung mit den jeweiligen Besetzungszahlen des API^{+}- bzw. API^{-}-Portefeuilles innewohnt, stimmen die in Abbildung 13 ausgewiesenen Werte und der räumliche Abstand zwischen den beiden API-Kurven in den Abbildungen 14 bis 19 meist nicht überein. Im ersten Fall handelt es sich nämlich um eine **gewichtete** Differenz, bei dem Abstand der Linien in den Graphiken um eine ungewichtete Differenz der API-Werte. Die Tabellenwerte aus Abbildung 13 wären nur dann unmittelbar in einer Graphik nachmeßbar, wenn API^{+}- und API^{-}-Portefeuille gerade gleich stark besetzt wären.

Kennzahlen auf. Die Abbildungen 16 bis 19 vermitteln einen optischen Eindruck davon, inwieweit diese in der Lage sind, API^+- und API^--Kurven zu trennen. Um einen einfachen Vergleich zwischen den "klassischen" Jahresabschlußkennzahlen und deren §-26-a-bereinigten Varianten zu ermöglichen, wurden die entsprechenden Abbildungen 16 und 17 sowie 18 und 19 jeweils zusammen auf einer Seite gruppiert. Die nicht mit einer zweiten Graphik gemeinsam plazierte Abbildung 20, die den API-Verlauf von Kennzahl 5 (Jahresüberschuß "vor § 26 a KWG") zeigt, ist zusammen mit Abbildung 15 (dem "unveränderten" Jahresüberschuß) zu interpretieren.

Wie **jeder** Einzelvergleich zwischen dem Informationsgehalt einer Jahresabschlußkennzahl und deren "§-26-a-bereinigten" Variante zeigt, kommen den "bereinigten" Kennzahlen ab dem Veröffentlichungsstichtag des Jahresabschlusses weitaus höhere, häufig mehr als doppelt so hohe Informationswerte zu als den Kennzahlen, die den möglichen Einfluß von § 26 a KWG nicht eliminieren. Wie Abbildung 13 zeigt, ist für Renditeperioden nach dem Abschlußprüfertestat (Periode t_0) **in keinem einzigen Fall** der Informationswert einer unbereinigten Kennzahl höher als der Wert der entsprechenden bereinigten Variante. Besonders deutlich wird dieser Sachverhalt, wenn man den Verlauf der API-Kurven für den Jahresüberschuß (Abbildung 15) und den Jahresüberschuß vor § 26 a KWG (Abbildung 20) vergleicht. Während sich API^+- und API^--Kurve im ersten Fall kaum unterscheiden, trennt ein Erwartungsrevisionsmodell auf Basis des §-26-a-bereinigten Jahresüberschusses sehr deutlich. Die Abbildungen 16 und 17 bzw. 18 und 19 zeigen ähnliche Zusammenhänge. Hypothese 2 wird mithin durch die empirischen Ergebnisse dieses ersten Untersuchungsaufbaus ebenfalls gestützt.

Um zu überprüfen, ob **Hypothese 3** - die den gesamten Informationsgehalt des Jahresabschlusses von Bank- und IHV-AG überprüft - zutrifft, wurden die Werte des Informationsmaßes NI für vier unterschiedliche Gruppen von Jahresabschlüssen berechnet: Die **erste Gruppe** umfaßt nur diejenigen Bankabschlüsse, bei denen massive Ergebnismanipulationen zu vermuten sind. Solche massiven Manipulationen sind dann mit hoher Wahrscheinlichkeit gegeben, wenn sich die Differenz der GVR-Positionen "Andere Erträge einschließlich der Erträge aus der Auflösung von Rückstellungen im Kreditgeschäft" und "Abschreibungen und Wertberichtigungen auf Forderungen und Wertpapiere sowie Zuführungen zu Rückstellungen im Kreditgeschäft" im Vergleich zum Vorjahr stark verändert hat. Von einer starken Veränderung wurde im Rahmen der o.a. Informationswertberechnungen ausgegangen, wenn die Differenz zwischen diesen beiden Positionen im Vergleich zur Vorjahresdifferenz um mehr als die Höhe dieser Differenz ab- bzw. zunahm.[543] Die **zweite Gruppe** enthält diejenigen Bank-Jahresabschlüsse, die diese Bedingung nicht erfüllen und die **dritte Gruppe** enthält sämtliche Jahresabschlüsse der IHV-AG. Aus Vergleichsgründen wurde darüber hinaus der Informationswert NI für alle Bank-Jahresabschlüsse gemeinsam berechnet (**vierte Gruppe**).

Wie die Wertereihen im unteren Drittel von Abbildung 13 zeigen, liegen die Informationswerte NI von IHV-Jahresabschlüssen in den einzelnen Perioden des Beobachtungszeitraums in jeder Periode deutlich über den entsprechenden Ausprägungen von NI für alle Bank-Jahresabschlüsse. Die Informationswerte NI der Bank-Jahresabschlüsse, die die Richtung (das "Vorzeichen") der "Stille-Reserve-Bewegungen" erkennen lassen, liegen ab dem Veröffentlichungsstichtag nahezu immer über dem Informationswert aller Bankabschlüsse und deutlich über den Ausprägungen der Abschlüsse, für die die Richtung der Ergebnismanipulation nicht erkennbar ist.

Vergleicht man die beiden NI-Reihen für die gesamten IHV- und Bank-Jahresabschlüsse genauer, fällt auf, daß sich die Differenz NI (alle IHV) - NI (alle KI) von Spalte zu Spalte bis zum Veröffentlichungsstichtag um ca. 0,10 bis 0,30 vergrößert. Im Durchschnitt wächst diese Differenz in den Perioden t_{-60} bis t_0 um den Wert **0,14** in 10 Perioden. Nach dem Veröffentlichungsstichtag nimmt die Differenz zwischen dem NI-Wert für alle IHV-Abschlüsse und dem NI-Wert für alle KI von Spalte zu Spalte indessen weit stärker (in Periode t_{30} um den Wert 0,50, in Periode t_{50} sogar um 0,91) zu, im Durchschnitt der Perioden t_{10} bis t_{60} um den Wert **0,35** in 10 Börsentagen. Gegen Ende des Beobachtungszeitraums wächst die Differenz zwischen den Informationswerten NI aller IHV- und Bank-Abschlüsse kaum mehr; der durchschnittliche Informationswertzuwachs des IHV- zum Bankenwert beträgt von t_{70} bis t_{120} nur noch **0,09** in 10 Börsentagen.

543) Mit anderen Worten: Wenn sich diese Differenz um mehr als 100 % gegenüber dem Vorjahr veränderte.

Mit anderen Worten: Zwar liegen die Informationswerte NI bei der Gruppe der IHV-AG bereits vor dem Veröffentlichungsstichtag in mehreren Perioden etwas höher als bei den Banken; aus der Tatsache, daß diese Informationswertdifferenz ab Periode t_0 fühlbar ansteigt, kann jedoch gefolgert werden, daß vor allem das Bekanntwerden von Jahresabschlüssen mit - gruppenweit betrachtet - unterschiedlich hohem Informationsgehalt für die stark auseinanderdriftenden Informationswerte der Bank- und IHV-Gruppe verantwortlich sind. Hypothese 3 wird durch die empirischen Ergebnisse dieses ersten Untersuchungsaufbaus folglich ebenfalls gestützt.

b) Unterscheidung von drei Intensitätsdimensionen

Wie in Abschnitt C.III.2.b.α dargelegt wurde, werden den Berechnungen dieser Arbeit einheitlich Erwartungsrevisionsfunktionen zugrunde gelegt, die die jeweils spezifizierte Kennzahl des Jahresabschlusses einer AG mit der Ausprägung dieser Kennzahl im Jahresabschluß der Vorperiode vergleichen. In Unterabschnitt a) wurde der Informationswertvergleich von Bank- und IHV-Jahresabschlüssen auf der Basis einer Erwartungsrevisionsfunktion durchgeführt, die zwei Intensitätsklassen unterschied. In diesem Abschnitt wird der oben beschriebene Untersuchungsaufbau abgeändert, indem Erwartungsrevisionsfunktionen benutzt werden, die drei Intensitätsklassen abgrenzen. Die beiden in diesem Abschnitt verwendeten Erwartungsrevisionsfunktionen werden hier verkürzt mit der Bezeichnung "Vorjahresvergleich 2 %" bzw. "Vorjahresvergleich 5 %" umschrieben. Die Angabe 2 % bzw. 5 % weist darauf hin, daß Jahresabschlüsse, deren Kennzahlenausprägung sich weniger als 2 % bzw. 5 % von dem entsprechenden Vorjahreswert unterscheidet, als "indifferente" (d.h. weder gute noch schlechte) Nachricht angesehen werden.[544] Für die Gruppenbildung im Rahmen von Hypothesengruppe 3 soll von Jahresabschlüssen, die auf massive Manipulationen hindeuten, in diesem Abschnitt dann gesprochen werden, wenn die Differenz zwischen den beiden "§-26-a-manipulierbaren" GVR-Positionen den Vorjahreswert um mindestens 50 % bzw. 200 % unter- oder überschreitet.[545]

544) Vgl. dazu in Abschnitt C.III.2.b d.A.

545) Im Vorabschnitt wurde in diesem Zusammenhang ein Schwellenwert von 100 % verwendet. Sämtliche Prozentangaben werden (wie im kaufmännischen Bereich üblich) relativ zum Vorjahreswert angegeben.

α) Ergebnisse

Die Abbildungen 21 und 22 zeigen, welche Ausprägungen die Informationswerte JI für bestimmte Jahresabschlußkennzahlen in einzelnen Perioden des Untersuchungszeitraums annehmen. Abbildung 21 enthält die Ergebnisse, die sich bei Verwendung einer Erwartungsrevisionsfunktion des Typs "Vorjahresvergleich 2 %" ergeben; den Daten in Abbildung 22 liegt die Funktion "Vorjahresvergleich 5 %" zugrunde. Beide Abbildungen enthalten auch eine Gegenüberstellung der Informationswerte NI (jeweils im untersten Drittel der Tabelle) für die vier in Abschnitt D.II.4.c definierten Untersuchungsgruppen. Um die Interpretation der Zahlenangaben in beiden Abbildungen zu erleichtern, wurden auch hier einige API-Kurven, auf denen die Informationswertberechnungen jeweils basieren, graphisch dargestellt. Um den Umfang dieser Arbeit nicht zu sehr aufzublähen, beschränken sich diese Graphiken erneut auf einige Beispiele.

Abbildung 21
Überblick über die durchschnittlichen Informationswerte JI und NI für die Gruppen der IHV- und Bank-Jahresabschlüsse bei drei Intensitätsklassen (Erwartungsrevisionsfunktion: Vorjahresvergleich **2 %**) in einem Zeitraum von 60 Börsentagen vor bis 120 Börsentage nach dem Testat des Abschlußprüfers

Art Kz.	Abschluß gruppe	Jahresabschlußkennzahl bzw. -gruppe, für die der Info.wert berechnet wurde	Renditeperiode, in der der Informationswert berechnet wurde -60	-50	-40	-30	-20	-10	**0**	10	20	30	40	50	60	70	80	90	100	110	120
JI	Alle IHV	Bilanzgewinn	-0,05	0,11	0,31	0,41	0,29	0,14	**0,11**	0,49	0,66	0,94	1,53	1,81	1,92	1,59	1,40	1,37	1,16	0,85	0,86
JI	Alle IHV	Jahresüberschuß	-0,08	0,17	0,32	0,35	0,07	0,15	**0,17**	0,14	0,25	0,60	0,89	1,19	1,16	0,85	0,71	0,70	0,59	0,39	0,51
JI	Alle KI	Bilanzgewinn	-0,06	0,07	-0,41	-0,57	-1,55	-1,57	**-1,44**	-1,21	-0,84	-0,49	-0,68	-0,68	-0,63	-0,40	-0,48	-0,33	-0,14	0,25	0,46
JI	Alle KI	Jahresüberschuß	-0,05	0,07	-0,23	-0,27	-1,19	-1,11	**-1,00**	-0,23	-0,25	-0,02	-0,18	-0,13	-0,06	-0,07	-0,20	-0,08	0,37	0,50	0,49
JI	Alle KI	Jahresüberschuß vor § 26 a KWG	-0,11	0,79	1,18	0,97	0,59	0,81	**1,29**	1,48	1,89	2,17	1,84	1,40	1,51	1,76	1,45	1,47	1,80	2,37	2,47
JI	Alle KI	Cash Flow	0,11	0,09	-0,38	-0,54	-1,02	-0,58	**-0,60**	0,11	0,13	0,63	0,60	1,05	1,13	0,75	1,01	1,10	1,62	1,72	1,76
JI	Alle KI	Cash Flow vor § 26 a KWG	0,00	0,63	0,87	0,62	0,15	0,41	**0,60**	0,82	1,17	1.66	1,57	1,10	1,18	1,50	1,29	1,35	1,74	2,35	2,43
NI	Alle IHV-Jahresabschlüsse		0,98	3,30	4,90	6,13	7,28	8,36	**8,99**	9,93	10,87	11,78	12,79	13,79	14,67	15,48	16,27	17,19	18,16	19,03	19,96
NI	Alle KI-Jahresabschlüsse		0,63	2,82	4,24	5,28	6,13	7,12	**7,77**	8,72	9,70	10,11	10,97	11,07	11,35	12,17	12,74	13,40	14,39	15,25	16,07
NI	103 KI-Abschlüsse, vermutlich manipuliert		0,68	2,85	4,14	5,50	6,23	7,24	**8,08**	9,32	10,04	10,78	11,62	12,04	12,56	13,24	14,07	14,75	15,53	16,25	17,35
NI	66 KI-Abschlüsse ohne erkennbare Manipulation		0,55	2,78	4,38	4,94	5,97	6,93	**7,30**	7,82	9,18	9,09	9,98	9,59	9,50	10,54	10,69	11,34	12,65	13,72	14,11

Abbildung 22
Überblick über die durchschnittlichen Informationswerte JI und NI für die Gruppen der IHV- und Bank-Jahresabschlüsse bei drei Intensitätsklassen (Erwartungsrevisionsfunktion: Vorjahresvergleich **5 %**) in einem Zeitraum von 60 Börsentagen vor bis 120 Börsentage nach dem Testat des Abschlußprüfers

Art Kz.	Abschluß gruppe	Jahresabschlußkennzahl bzw. -gruppe, für die der Info.wert berechnet wurde	Renditeperiode, in der der Informationswert berechnet wurde -60	-50	-40	-30	-20	-10	**0**	10	20	30	40	50	60	70	80	90	100	110	120
JI	Alle IHV	Bilanzgewinn	-0,04	0,15	0,42	0,54	0,46	0,29	**0,28**	0,65	0,82	1,06	1,71	1,98	2,07	1,72	1,53	1,53	1,28	0,98	1,00
JI	Alle IHV	Jahresüberschuß	-0,10	0,18	0,34	0,41	0,22	0,23	**0,25**	0,28	0,37	0,72	1,05	1,35	1,29	0,92	0,75	0,71	0,51	0,26	0,47
JI	Alle KI	Bilanzgewinn	-0,09	0,13	-0,42	-0,51	-1,48	-1,44	**-1,34**	-1,13	-0,78	-0,54	-0,55	-0,65	-0,60	-0,47	-0,58	-0,46	-0,19	0,13	0,40
JI	Alle KI	Jahresüberschuß	-0,04	0,04	-0,34	-0,43	-1,35	-1,33	**-1,15**	-0,49	-0,48	-0,23	-0,44	-0,37	-0,36	-0,43	-0,48	-0,30	0,20	0,28	0,35
JI	Alle KI	Jahresüberschuß vor § 26 a KWG	-0,14	0,74	1,10	0,88	0,61	0,81	**1,29**	1,63	2,12	2,34	1,97	1,56	1,70	1,92	1,59	1,63	1,88	2,48	2,49
JI	Alle KI	Cash Flow	0,11	0,30	-0,18	-0,26	-0,86	-0,46	**-0,53**	0,23	0,04	0,34	0,17	0,44	0,46	-0,06	0,03	0,27	1,02	1,15	1,11
JI	Alle KI	Cash Flow vor § 26 a KWG	-0,03	0,86	1,14	0,92	0,40	0,65	**0,88**	1,18	1,62	2,15	2,00	1,52	1,51	1,78	1,52	1,71	2,26	2,93	3,06
NI	Alle IHV-Jahresabschlüsse		0,98	3,30	4,90	6,13	7,28	8,36	**8,99**	9,93	10,87	11,78	12,79	13,79	14,67	15,48	16,27	17,19	18,16	19,03	19,96
NI	Alle KI-Jahresabschlüsse		0,63	2,82	4,24	5,28	6,13	7,12	**7,77**	8,72	9,70	10,11	10,97	11,07	11,35	12,17	12,74	13,40	14,39	15,25	16,07
NI	29 KI-Abschlüsse, vermutlich manipuliert		0,92	2,63	3,67	5,11	6,08	6,68	**6,99**	7,95	8,12	8,57	8,91	9,64	10,19	11,35	12,06	12,69	14,46	14,83	15,24
NI	138 KI-Abschlüsse ohne erkennbare Manipulation		0,57	2,86	4,35	5,32	6,14	7,21	**7,94**	8,89	10,03	10,44	11,41	11,37	11,60	12,35	12,88	13,55	14,38	15,33	16,25

Abbildung 23
API über ein Portefeuille von Bankaktien, bei denen der Cash-Flow (des Jahresabschlusses im Vergleich zum Vorjahr um 5 % oder mehr stieg (API^+), um 5 % oder mehr fiel (API^-) bzw. zwischen diesen Werten lag (API^o)

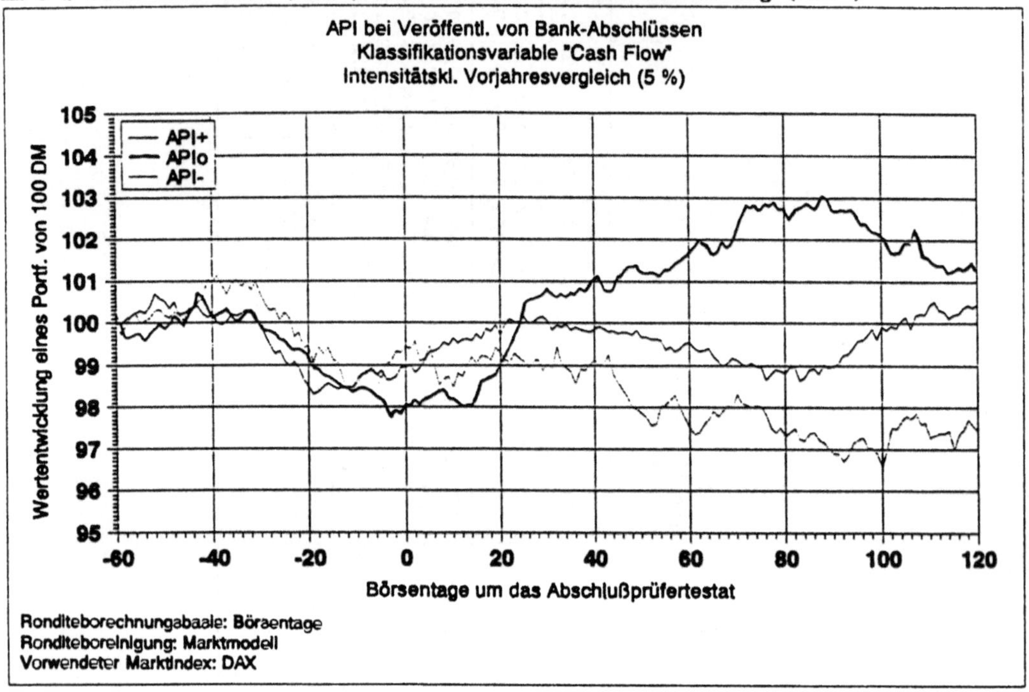

Abbildung 24
API über ein Portefeuille von Bankaktien, bei denen der Cash-Flow vor § 26 a KWG des Jahresabschlusses im Vergleich zum Vorjahr um 5 % oder mehr stieg (API^+), um 5 % oder mehr fiel (API^-) bzw. zwischen diesen Werten lag (API^o)

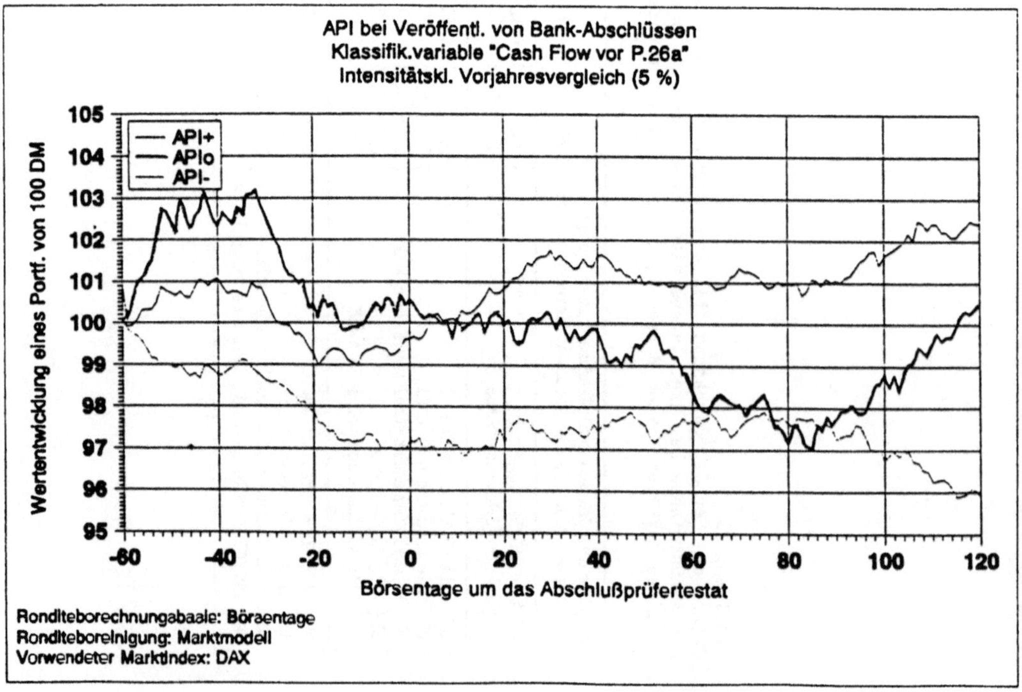

β) Interpretation

In Abschnitt D.II.4 dieser Arbeit wurden drei Gruppen von Hypothesen zum Informationsgehalt von Bank- und IHV-Abschlüssen spezifizert. Hypothese 1 und 2 knüpfen an den Informationsgehalt bestimmter Abschlußkennzahlen an; Hypothese 3 bezieht sich auf den Informationsgehalt des gesamten Jahresabschlusses.

Zunächst zur **Hypothese** 1: Inwieweit gelten die im Vorabschnitt a) ermittelten Ergebnisse auch bei einer etwas veränderten Form der Erwartungsrevisionsfunktion - genauer: bei Unterscheidung von drei Intensitätsklassen?

Wie die jeweils ersten vier Wertereihen der Abbildungen 21 und 22 zeigen, liegen - im Vergleich zu den Ergebnissen des Vorabschnitts - bei der Gruppe der IHV-AG die Informationswerte JI für den Bilanzgewinn und den Jahresüberschuß noch deutlicher über den entsprechenden Werten der Bankengruppe. Während die Informationswerte JI von Bilanzgewinn und Jahresüberschuß bei der Gruppe der Banken nach dem Veröffentlichungsstichtag zwischen den Werten 0 und -0,5 pendeln, steigen die Kennzahlenreihen bei den IHV-AG bereits mehrere Wochen vor dem Veröffentlichungsstichtag auf Werte über Null; kurz nach dem Veröffentlichungsstichtag (ab Periode t_{30}) weisen beide Kennzahlen durchgängig Werte zwischen 0,5 und 2 aus.[546] Die Ergebnisse des Informationswertvergleichs auf der Basis von drei Intensitätsklassen stützen (bei Schwellenwerten von 2 % bzw. 5 %) Hypothese 1 demnach ebenfalls.

Hypothese 2 impliziert, daß Anleger einem von möglichen §-26-a-Manipulationen bereinigten Periodenerfolg eine höhere Bedeutung beimessen als einem "unbereinigten" Jahresergebnis. Die Abbildungen 21 und 22 zeigen im mittleren Drittel die errechneten Informationsmaße JI für zwei "bereinigte" (Jahresüberschuß vor § 26 a KWG, Cash Flow vor § 26 a KWG) und zwei "unbereinigte" Kennzahlen (Jahresüberschuß, Cash Flow) auf. Die Abbildungen 23 und 24 vermitteln darüber hinaus einen optischen Eindruck davon, inwieweit der Cash Flow bzw. der Cash Flow vor

546) Hierbei ist zu berücksichtigen, daß die Werte von JI nur aus der gewichteten Differenz der API^+- und der API^--Werte ermittelt werden. Die API^O-Werte gehen nicht in die JI-Berechnung, sondern lediglich in die NI-Berechnung ein. Vgl. Abschnitt B.II.4.b.β.$β_4$ d.A.

§ 26 a KWG in der Lage ist, die API^{+}- und API^{-}-Kurven zu trennen.[547]

Wie auch hier jeder Einzelvergleich zwischen Jahresüberschuß und Cash-Flow und deren "§-26-a-bereinigten" Varianten zeigt, kommen den "bereinigten" Kennzahlen ab dem Veröffentlichungsstichtag des Jahresabschlusses weitaus höhere Informationswerte zu als den Kennzahlen, die den möglichen Einfluß von § 26 a KWG nicht eliminieren. Für Renditeperioden nach dem Abschlußprüfertestat (Periode t_0) weisen die Abbildungen 21 und 22 in keinem einzigen Fall bei einer "unbereinigten" Kennzahl einen höheren Informationswert aus als deren "bereinigten" Variante. Auch Hypothese 2 wird mithin durch die empirischen Ergebnisse dieses Untersuchungsaufbaus gestützt.

Hypothese 3 widmet sich dem gesamten Informationswert des Jahresabschlusses. Um einen Informationswertvergleich für Bank- und IHV-Jahresabschlüsse vornehmen zu können, wurden auch hier die Werte des Informationsmaßes NI für unterschiedliche Gruppen von Jahresabschlüssen berechnet: Die **erste Gruppe** umfaßt nur diejenigen Bankabschlüsse, bei denen massive Ergebnismanipulationen zu vermuten sind.[548] Von einer massiven Ergebnismanipulation wurde bei der Errechnung der in Abbildung 21 dargestellten Ergebnisse dann ausgegangen, wenn die Differenz zwischen den hier relevanten GVR-Positionen im Vergleich zur Vorjahresdifferenz um mehr als **50 %** ab- bzw. zunahm. In Abbildung 22 wurde eine massive Ergebnismanipulation erst bei einer Differenzveränderung um mehr als **200 %** angenommen.[549] Die **zweite Gruppe** enthält diejenigen Bank-Jahresabschlüsse, die diese Be-

547) Die fette Linie in beiden Graphiken kennzeichnet dabei die Wertentwicklung des API^{0}-Portefeuilles; sie verläuft ab dem Veröffentlichungsstichtag in Abbildung 24 - so wie eigentlich zu erwarten ist - zwischen API^{+}- und API^{-}-Kurve. In Abbildung 23 bricht die API^{0}-Kurve dagegen kurz nach dem Abschlußprüfertestat aus und verläuft weit oberhalb der API^{+}- und API^{-}-Kurve. Da hier offensichtlich ein Teil der API^{0}-Aktien "fehlklassifiziert" ist, verwundert es nicht, daß der Informationswert JI (der sich aus dem gewichteten Abstand zwischen API^{+}- und API^{-}-Kurve ergibt) bei der Kennzahl Cash Flow geringer ausfällt als bei deren §-26-a-bereinigten Variante in Abbildung 24.

548) Solche massiven Manipulationen sind dann mit hoher Wahrscheinlichkeit zu vermuten, wenn sich die Differenz der GVR-Positionen "Andere Erträge einschließlich der Erträge aus der Auflösung von Rückstellungen im Kreditgeschäft" und "Abschreibungen und Wertberichtigungen auf Forderungen und Wertpapiere sowie Zuführungen zu Rückstellungen im Kreditgeschäft" im Vergleich zum Vorjahr stark verändert hat. Vgl. Abschnitt C.III.4.c.β d.A.

549) Oben, in Abschnitt D.III.1.a, betrug dieser Wert 100 %.

dingung nicht erfüllen und die beiden anderen Gruppen enthalten alle Jahresabschlüsse der Bank- und IHV-AG.

Weil sich die Gesamtheit der betrachteten Abschlüsse (sowie alle anderen Bedingungen, die die NI-Berechnung tangieren) bei den Gruppen "alle Bankabschlüsse" und "alle IHV-Abschlüsse" im Vergleich zur Untersuchung im Vorabschnitt nicht geändert hat, unterscheiden sich die Ergebnisse in Abbildung 21 und 22 nur hinsichtlich der Gruppen der "nicht ergebnismanipulierten" bzw. "ergebnismanipulierten" Bankabschlüsse. Daher beschränken sich die Ausführungen auf diesen Teilaspekt.[550)]

Wie die Ergebnisse in Abbildung 21 zeigen, weisen die Bankabschlüsse, die die Richtung der "Stille-Reserve-Bewegungen" erkennen lassen (d.h. alle Abschlüsse, bei der die Differenz der §-26-a-manipulierten GVR-Positionen um mehr als **50 %** von der Vorjahresdifferenz abweicht) **ab dem Veröffentlichungsstichtag** stets Werte auf, die weit über den Informationswerten der beiden anderen Bankengruppen liegen. Auch hier löst also das Bekanntwerden von Bank-Jahresabschlüssen, denen sich das "Vorzeichen" der Ergebnismanipulation ansehen läßt, stärkere Erwartungsrevisionen der Anleger aus als bei der Gruppe der Bankabschlüsse, für die weniger sicher angegeben werden kann, in welche Richtung die "Stille-Reserve-Bewegungen" gehen. Hypothese 3 wird durch die empirischen Ergebnisse der NI-Berechnung bei einem Schwellenwert von 50 % folglich ebenfalls gestützt.

Die Ergebnisse in Abbildung 22, denen ein Schwellenwert von **200 %** zur Abgrenzung der mutmaßlich ergebnismanipulierten Abschlüsse von den Jahresabschlüssen ohne erkennbare "Stille-Reserve-Bewegungen" zugrunde gelegt wurde, verstoßen indessen gegen die zweite der in Abschnitt D.II.4.c aufgestellten Relationen. Der Informationswert NI der Gruppe der mutmaßlich ergebnismanipulierten Bankabschlüsse liegt unter dem NI-Wert, der sich für die restlichen Bank-Jahresabschlüsse ergibt. Auf dieses hier zutage tretende Problem der Intensitätsklassenbildung wurde bereits in Abschnitt C.III.2.b deutlich hingewiesen. Extreme Überraschungen der Anleger durch Jahresabschlußveröffentlichungen sind selten, weil häufig vorab durch Verlautbarungen anderer Art (Aktionärsbriefe, Pressemitteilungen usw.) bereits

550) D.h. von den beiden, in Abschnitt C.III.4.c.β formulierten Relationen wird hier nur die zweite (NI (manipulierte Bankabschlüsse) > NI (restliche Bankabschlüsse)) diskutiert.

Erwartungsrevisionen eingesetzt haben. Demzufolge weisen die Klassen, denen anhand bestimmter Kennzahlen Jahresabschlüsse mit vermeintlich hoher Intensität zugewiesen werden, nicht immer ein höheres Intensitätsniveau auf als die Klassen mit nächstgeringerer Intensität.

Mit anderen Worten: Die hier vorgenommene extreme Intensitätsklassenbildung, bei der nur diejenigen Jahresabschlüsse als erkennbar manipuliert eingestuft wurden, bei denen sich die Differenz zweier GVR-Positionen im Vergleich zum Vorjahr um 200 % oder mehr verändert hat, ist "überzogen"; die wenigen Jahresabschlüsse, die der Klasse "mutmaßlich manipuliert" zugewiesen wurden, führten nicht im erwarteten Maße zu Erwartungsrevisionen der Anleger. Da die bislang ermittelten Ergebnisse den zweiten Teil von Hypothese 3 durchaus gestützt haben, wird diese Abweichung des tatsächlichen vom vermuteten Informationswert nicht zum Anlaß genommen, den in Hypothese 3 formulierten Zusammenhang als generell widerlegt anzusehen. Vielmehr wird diese Abweichung als Indiz für eine nicht sachgerechte Intensitätsklassenbildung angesehen.

c) Fazit

In diesem Abschnitt soll kurz erörtert werden, was bei einer Einzelbetrachtung der oben dargestellten Untersuchungsergebnisse verborgen bleibt. Mit anderen Worten: Welche Gemeinsamkeiten, welche Tendenzen zeigen die bislang eruierten Ergebnisse. Um den Vergleich dreier Tabellen, die jeweils mehr als 200 Einzelwerte aufweisen, zu vereinfachen, bietet sich eine Aggregation der berechneten Informationswerte für jede Kennzahl an. Eine sehr einfache Aggregation ist die Durchschnittsbildung über die Informationswerte JI und NI, die in den einzelnen Perioden des Untersuchungszeitraums errechnet wurden. Da der Zeitraum nach dem Veröffentlichungsstichtag in dieser Arbeit von besonderem Interesse ist, sollen die Informationswerte jeder Kennzahl (d.h. jeder Zeile) in den Abbildungen 13, 21 und 22 durch zweierlei Maße repräsentiert werden: Zum einen wurde der durchschnittliche Wert des Informationsmaßes über alle Perioden (t_{-60} bis t_{120}), zum anderen der Durchschnitt über die Perioden nach dem Veröffentlichungsstichtag (t_0 bis t_{120}) gebildet. Die beiden Abbildungen 25 und 26 zeigen diese Mittelwerte - jeweils gestaffelt nach den unterschiedlichen Erwartungsrevisionsfunktionen f - für die Kennzahlen JI und NI auf.

Abbildung 25
Überblick über die durchschnittlichen Informationswerte JI für die Gruppen der IHV- und Bank-Jahresabschlüsse bei Verwendung der Erwartungsrevisionsfunktionen "Vorjahresvergleich 0 %", "Vorjahresvergleich 2 %" und "Vorjahresvergleich 5 %".

Art Kz.	Jahres-abschluß gruppe	Jahresabschlußkennzahl, für die der Informationswert berechnet wurde	*f*: **0 %** Mittelwert $t_{-60}-t_{120}$	*f*: **0 %** Mittelwert $t_{0}-t_{120}$	*f*: **2 %** Mittelwert $t_{-60}-t_{120}$	*f*: **2 %** Mittelwert $t_{0}-t_{120}$	*f*: **5 %** Mittelwert $t_{-60}-t_{120}$	*f*: **5 %** Mittelwert $t_{0}-t_{120}$
JI	Alle IHV	Bilanzgewinn	0,78	1,06	0,84	1,13	0,97	1,28
JI	Alle IHV	Jahresüberschuß	0,58	0,74	0,48	0,63	0,54	0,69
JI	Alle KI	Bilanzgewinn	-0,46	-0,49	-0,56	-0,51	-0,56	-0,52
JI	Alle KI	Jahresüberschuß	-0,12	-0,04	-0,19	-0,07	-0,39	-0,30
JI	Alle KI	Jahresüberschuß vor § 26a KWG	1,36	1,62	1,43	1,76	1,50	1,89
JI	Alle KI	Jahresüberschuß vor Steuern	0,03	0,06				
JI	Alle KI	Jahresüberschuß vor Steuern, vor § 26a	1,24	1,58				
JI	Alle KI	Cash Flow	0,61	0,96	0,46	0,85	0,17	0,36
JI	Alle KI	Cash Flow vor § 26a KWG	1,19	1,54	1,13	1,44	1,48	1,86
JI	Alle KI	Cash Flow vor Steuern	0,15	0,30				
JI	Alle KI	Cash Flow vor Steuern, vor § 26a KWG	1,41	1,88				

Abbildung 26
Überblick über die durchschnittlichen Informationswerte NI für alle Bank- und IHV- Jahresabschlüsse sowie für diejenigen Jahresabschlüsse, bei denen die GVR auf "Stille-Reserve-Bewegungen" hindeutet bzw. nicht hindeutet.

Art Kz.	Jahresabschlußgruppe, über die die Werte von NI berechnet wurden	*f*: **100 %** Mittelwert $t_{-60}-t_{120}$	*f*: **100 %** Mittelwert $t_{0}-t_{120}$	*f*: **50 %** Mittelwert $t_{-60}-t_{120}$	*f*: **50 %** Mittelwert $t_{0}-t_{120}$	*f*: **200 %** Mittelwert $t_{-60}-t_{120}$	*f*: **200 %** Mittelwert $t_{0}-t_{120}$
NI	Mittelwert über alle IHV-Abschlüsse	11,57	14,53	11,57	14,53	11,57	14,53
NI	Mittelwert über alle Bank-Abschlüsse	9,47	11,83	9,47	11,83	9,47	11,83
NI	Abschluß deutet auf Manipulationen hin	9,68	12,10	10,12	12,74	8,74	10,84
NI	Abschlußmanipulationen nicht erkennbar	9,35	11,67	8,48	10,42	9,62	12,03

Wie ein Quervergleich in den einzelnen Zeilen der Abbildung 25 zeigt, weisen die durchschnittlichen Informationswerte JI in den beiden letzten Spalten (5 %-Schwelle) meist höhere Ausprägungen als die in den mittleren beiden Spalten (2 %-Schwelle), die in den mittleren Spalten höhere Werte als die in den ersten beiden Spalten (0 %-Schwelle) auf. Die relativen Abstände zwischen den "unbereinigten" Kennzahlen Jahresüberschuß und Cash Flow und deren §-26-a-bereinigten Varianten bleiben jedoch größtenteils unverändert. Mit anderen Worten: Die Einführung einer dritten Intensitätsklasse für "indifferente" Nachrichten erhöht die Ausprägung von JI (das ist der gewichtete Abstand zwischen API^+ und API^-) zwar, ändert jedoch nichts - soweit die Breite der "indifferenten" Klasse nicht zu groß wird[551)] - an der grundsätzlichen Übereinstimmung der Ergebnisse mit den Voraussagen der Hypothesen 1 und 2.

Welche Folgen es hat, wenn die Intensitätsklassenbildung überspitzt wird,[552)] zeigen die Durchschnittswerte über die Kennzahl NI in Abbildung 26. Werden als "erkennbar manipuliert" diejenigen Jahresabschlüsse bezeichnet, bei denen sich im Vergleich zum Vorjahr die Differenz der gemäß § 26 a KWG beeinflußbaren GVR-Positionen um **50 %** oder mehr ändert, wird der zweite Teil der Hypothese 3 klar angenommen.[553)] Bei einem Wert von 100 % gilt dies ebenfalls noch, allerdings weniger klar und bei einem Grenzwert von **200 %** wird der zweite Teil von Hypothese 3 bereits abgelehnt. Auch hier gilt mithin die oben festgestellte Tatsache, daß sich mit einer engeren Intensitätsklassenbildung (d.h. mit extremeren Kennzahlenausprägungen) die Informationswerte nicht zwangsläufig erhöhen.

Aufgrund dieses Zusammenhangs bietet es sich hier, aber auch für die weiteren Berechnungen, nicht an, **mehr als drei** Intensitätsklassen zu unterscheiden. Ob für die weiteren Untersuchungen Erwartungsrevisionsfunktionen mit zwei oder mit drei Intensitätsklassen verwendet werden, ist jedoch nicht einfach zu entscheiden. Für eine Abgrenzung von drei Intensitätsniveaus

---

551) Proberechnungen für vier Kennzahlen haben gezeigt, daß auch bei einem Schwellenwert der Erwartungsrevisionsfunktion von 10 % nach beiden Seiten die Hypothesen 1 und 2 nicht abgelehnt werden können.

552) Genauer: Wenn ein Schwellenwert gewählt wird, der dafür sorgt, daß nur noch sehr wenige Jahresabschlüsse mit extremen Ausprägungen hinsichtlich einer Kennzahl einer Intensitätsklasse zugewiesen werden.

553) Vgl. Abschnitt C.III.4.c.β dieser Arbeit.

spricht die vermutlich etwas größere Nähe zur Realität der Informationsauswertung durch die Anleger. Für eine Unterscheidung von nur zwei Intensitätsniveaus spricht die dann pro Intensitätsklasse größere Anzahl von Jahresabschlüssen, die einer Gruppe zugewiesen werden.[554] In Anbetracht der vergleichsweise geringen Anzahl von Bank-Jahresabschlüssen, die im Zeitraum von 1974 bis 1986 die in Abschnitt D.II.2.a beschriebenen Kriterien erfüllen, sollen hier im weiteren Verlauf der Berechnungen lediglich zwei Intensitätsklassen unterschieden werden.[555]

2. Ergebnisse bei verschiedenen Abgrenzungen der Aktualitätsdimension

Die Ergebnisse des bisher durchgeführten Informationswertvergleichs suggerieren, daß Bank-Jahresabschlüssen tatsächlich ein geringerer Informationswert zukommt als vergleichbaren IHV-Jahresabschlüssen. Ein solcher Schluß wäre indessen verfrüht. Gegen die Ergebnisse des Abschnittes D.III.1 läßt sich nämlich einwenden, daß sie auf Untersuchungsgesamtheiten beruhen, die sich hinsichtlich der Aktualitätsdimension sehr unterscheiden. Während die meisten Banken regelmäßig Zwischenberichte publizieren, die insbesondere Informationen über das voraussichtliche Jahresergebnis enthalten, ist diese Form der außerbilanziellen Berichterstattung bei IHV-Unternehmen weit weniger häufig verbreitet.[556] Da der Informationsgehalt des Jahresabschlusses dann, wenn viele Institutionen - insbesondere die betreffende Unternehmung selbst - vorab gute Schätzungen zu einzelnen Jahresabschlußdaten abgeben, vermutlich geringer ist als ohne solche Schätzungen, bietet es sich an, die bislang untersuchten Bank- und IHV-Jahresabschlüsse in Teilgesamtheiten einzuteilen, die hinsichtlich der Aktualitätsdimension homogener sind als die bisherigen Untersuchungsportefeuilles.

---

554) Mit anderen Worten: Die durchschnittlichen Besetzungszahlen eines API-Portefeuilles werden dann größer.

555) Durch die Wahl von nur zwei Intensitätsklassen wurde sichergestellt, daß die Besetzungszahlen der API^{+}- und API^{-}-Portefeuilles in keinem Fall (mit Ausnahme der Untersuchung in Abschnitt D.III.4 zum "alten" Aktienrecht) den Wert von 50 Jahresabschlüssen fühlbar unterschritten.

556) So vor allem Müller, Zwischenberichtspublizität, S. 79 - 106.

a) Gruppierung nach zwischenberichterstattenden bzw. nicht zwischenberichterstattenden Unternehmen

Eine einfache Möglichkeit zur Abschichtung unterschiedlicher Aktualitätsdimensionen ist die Einteilung der Jahresabschlüsse in zwei Gruppen: In solche, bei denen die AG seit der letzten Jahresabschlußveröffentlichung mindestens einen Zwischenbericht publizierte und in solche ohne Zwischenberichtspublikation. Auf der Basis dieser Gliederung ergäben sich hier vier Abschlußgruppen: jeweils Bank- und IHV-Abschlüsse mit bzw. ohne vorherige Zwischenberichtsveröffentlichung. Der Informationswertvergleich wäre dann getrennt für die Jahresabschlußgruppen "mit" und "ohne Zwischenberichtsveröffentlichung" durchzuführen. Da allerdings bei den Banken nur eine sehr geringe Anzahl von Jahresabschlüssen "ohne Zwischenberichtsveröffentlichung" verfügbar ist (weniger als 30), die den in Abschnitt D.II.2.a genannten Kriterien genügen, muß für diese Gruppe von Abschlüssen von einem Informationswertvergleich abgesehen werden. Die Besetzungszahlen der API-Portefeuilles der Banken wären einfach zu gering, um hinreichend verläßliche Aussagen zum Informationsgehalt ableiten zu können. Daher beschränkt sich der hier durchgeführte Informationswertvergleich auf die Bank- und IHV-Jahresabschlüsse mit Zwischenberichtsveröffentlichung im Zeitraum seit dem Bekanntwerden des letzten Jahresabschlusses.

Die Daten über eine Zwischenberichtsveröffentlichung wurden der Spalte "Letzter Zwischenbericht" der amtlichen Kursblätter der deutschen Wertpapierbörsen entnommen. Da nicht alle Kursblätter, sondern nur die der Frankfurter, der Hanseatischen (Hamburger) und der Bremer Wertpapierbörse solche Angaben über den gesamten Zeitraum von 1974 - 1987 enthalten, mußten einige wenige Jahresabschlüsse aus der Untersuchungsgesamtheit entfernt werden. Welche Jahresabschlüsse letztlich in die Untersuchungsportefeuilles einbezogen wurden, ergibt sich aus den Aufstellungen in Abschnitt D.II.b und c dieser Arbeit.

α) Ergebnisse

Die Abbildung 27 zeigt, welche Ausprägungen die Informationswerte JI für bestimmte Jahresabschlußkennzahlen in einzelnen Perioden des Untersuchungszeitraums annehmen. Abbildung 27 enthält im unteren Drittel auch eine Gegenüberstellung der Informationswerte NI für die in Abschnitt D.II.4.c definierten Untersuchungsgruppen. Auf eine graphische Darstellung der API-Kurven zu einzelnen Ergebnissen wurde aus Platzgründen verzichtet, da diese Abbildungen den bereits in Abschnitt D.III.1.a.α gezeigten Graphiken sehr ähneln. Zur Berechnung der Informationswerte in Abbildung 27 wurden einheitlich die nachstehend beschriebenen Abgrenzungen bzw. Methoden gewählt.

(1) Einbezogene Jahresabschlüsse: Solche mit vorangegangener Zwischenberichtsveröffentlichung (siehe Abschnitt D.II.2);
(2) Veröffentlichungsstichtag: Testat des Abschlußprüfers;[557]
(3) Renditeberechnungszeitraum: Börsentage;[558]
(4) Renditebereinigungsmethode: Marktmodellbereinigung;[559]
(5) Schätzzeitraum der Marktmodellbereinigung: 100 Börsentage;
(6) Aktienindex der Marktmodellbereinigung: DAX;
(7) Erwartungsrevisionsfunktion: "Vorjahresvergleich (0%)";
(8) Als "erkennbar manipuliert" wurden Bank-Jahresabschlüsse dann angesehen, wenn sich die Differenz der GVR-Positionen "Abschreibungen und Wertberichtigungen auf Forderungen und Wertpapiere sowie Zuführungen zu Rückstellungen im Kreditgeschäft" und "Andere Erträge einschließlich der Erträge aus der Auflösung von Rückstellungen im Kreditgeschäft"[560] im Vergleich zum Vorjahr um 50 % oder mehr veränderte.

557) Ausführlich dazu in Abschnitt D.II.3.b d.A.
558) Ausführlich dazu in Abschnitt D.II.3.a d.A.
559) Bezüglich der Punkte (4) bis (7) vgl. Abschnitt D.I.2.a.τ und D.I.2.b.τ d.A.
560) Die Positionsangaben beziehen sich auf die GVR eines KI der Rechtsform AG, KGaA oder GmbH. Vgl. Formblatt für den Jahresabschluß der AG, KGaA, GmbH, in: Reischauer/Kleinhans, Kreditwesengesetz, Tz.426, S. 6.

Abbildung 27
Überblick über die durchschnittlichen Informationswerte JI und NI für die Gruppen der IHV- und Bank-Jahresabschlüsse von zwischenberichterstattenden AG bei zwei Intensitätsklassen (Erwartungsrevisionsfunktion: Vorjahresvergleich **0 %**) in einem Zeitraum von 60 Börsentagen vor bis 120 Börsentage nach dem Testat des Abschlußprüfers

Art Kz.	Abschluß gruppe	Abschlußkennzahl bzw. -gruppe, für die der Info.wert berechnet wurde	Renditeperiode, in der der Informationswert berechnet wurde																		
			-60	-50	-40	-30	-20	-10	**0**	10	20	30	40	50	60	70	80	90	100	110	120
JI	Alle IHV	Bilanzgewinn	-0,04	0,01	-0,09	-0,05	-0,02	0,05	**0,01**	0,21	0,44	0,60	0,94	1,30	1,36	1,07	0,84	0,96	0,61	0,44	0,45
JI	Alle IHV	Jahresüberschuß	-0,04	0,02	0,09	0,00	-0,09	-0,08	**-0,18**	-0,14	-0,09	0,07	0,15	0,23	0,00	-0,22	-0,45	-0,46	-0,74	-0,95	-0,79
JI	Alle KI	Bilanzgewinn	-0,08	-0,27	-0,49	-0,64	-1,74	-2,08	**-1,99**	-1,82	-1,48	-0,99	-1,28	-1,45	-1,46	-1,15	-1,64	-1,48	-1,42	-1,45	-1,62
JI	Alle KI	Jahresüberschuß	-0,10	-0,17	-0,31	-0,33	-1,20	-1,38	**-1,39**	-1,28	-1,03	-0,80	-0,95	-1,21	-1,25	-1,01	-1,47	-1,47	-1,30	-1,34	-1,34
JI	Alle KI	Jahresüberschuß vor § 26 a KWG	-0,03	0,58	1,07	0,82	0,06	0,14	**0,67**	0,90	1,07	1,66	1,11	0,56	0,75	0,90	0,16	0,22	0,50	0,72	0,91
JI	Alle KI	Jahresüberschuß vor Steuern	0,03	0,13	0,08	-0,28	-0,67	-0,80	**-0,69**	-0,53	-0,04	-0,17	-0,33	-0,29	-0,68	-0,75	-1,06	-1,54	-1,39	-1,68	-1,76
JI	Alle KI	Jahresüberschuß vor Steuern, v. § 26a	-0,06	0,21	0,50	0,29	-0,14	-0,31	**0,34**	0,77	1,14	1,62	1,15	0,43	0,09	0,36	-0,30	-0,45	-0,14	-0,26	-0,08
JI	Alle KI	Cash Flow	0,02	0,04	-0,36	-0,57	-0,90	-0,61	**-0,84**	-0,60	-0,46	-0,57	-0,82	-0,40	-0,15	-0,47	-0,37	-0,46	-0,24	-0,31	-0,18
JI	Alle KI	Cash Flow vor § 26 a KWG	0,00	0,51	0,77	0,42	-0,38	-0,08	**0,40**	1,01	1,25	1,68	1,39	0,97	1,21	1,30	0,70	0,66	1,12	1,49	1,50
JI	Alle KI	Cash Flow vor Steuern	0,00	0,00	-0,22	-0,74	-1,19	-1,07	**-0,99**	-0,63	-0,12	-0,15	-0,23	-0,22	-0,43	-0,74	-0,75	-1,05	-0,88	-1,31	-1,20
JI	Alle KI	Cash Flow vor Steuern, vor § 26 a KWG	-0,06	0,09	0,39	0,35	-0,32	-0,31	**0,25**	0,72	0,87	1,32	0,93	0,44	0,28	0,51	-0,30	-0,31	0,15	-0,01	0,38
NI	Alle IHV-Jahresabschlüsse		0,93	2,86	4,43	5,62	6,72	7,78	**8,43**	9,23	10,10	11,01	12,01	12,92	13,71	14,45	15,08	15,98	16,92	17,55	18,39
NI	Alle KI-Jahresabschlüsse		0,61	2,74	4,22	5,10	6,08	6,98	**7,41**	8,09	9,28	9,87	10,74	10,72	10,86	11,56	12,11	12,65	13,42	14,04	14,77
NI	67 KI-Abschlüsse, vermutlich manipuliert		0,62	2,74	3,89	5,24	5,88	6,67	**7,29**	8,08	9,10	10,23	11,09	11,39	11,96	12,21	12,99	13,43	13,94	14,49	15,41
NI	56 KI-Abschlüsse, ohne erkennbare Manipulation		0,60	2,74	4,61	4,94	6,32	7,36	**7,57**	8,10	9,49	9,44	10,31	9,91	9,55	10,78	11,05	11,72	12,80	13,50	14,00

β) Interpretation

Zunächst zur Interpretation der in Abbildung 27 dargestellten Ergebnisse im Hinblick auf die in **Hypothese 1** formulierten Sachverhalte: Gelten die im Abschnitt D.III.1 ermittelten Zusammenhänge auch dann, wenn sich die beiden Unternehmensgruppen hinsichtlich der Aktualitätsdimension der Jahresbschlüsse weniger stark unterscheiden?

Wie ein Vergleich der Wertereihen für die Jahresabschlußkennzahl **Bilanzgewinn** bei den Gruppen der Bank- und IHV-Jahresabschlüsse zeigt, hat sich im Vergleich zu den Ergebnissen des Abschnitts D.III.1.a.α nur wenig verändert. Die Informationswerte JI für diese Kennzahl steigen bei der Gruppe der **IHV-Jahresabschlüsse** nach dem Veröffentlichungsstichtag kräftig an (bis zum Maximum von 1,36 % in Periode t_{60}) und verharren dann auf einem etwas niedrigeren Niveau. Im Vergleich zu den Informationswerten JI für den Bilanzgewinn in Abbildung 13 ist allerdings zu bemerken, daß sämtliche Werte für die IHV-AG in den einzelnen Perioden um ca. 30 bis 50 % geringer ausfallen. In Anbetracht dessen, daß hier ausschließlich Jahresabschlüsse in die API-Portefeuilles einbezogen wurden, bei denen die betreffende AG kurze Zeit vorher einen Zwischenbericht veröffentlichte, ist dieser Informationswertrückgang der Abschlußdaten nur allzu verständlich.[561] Die Informationswerte JI für die Kennzahl **Jahresüberschuß** zeigen bei der Gruppe der IHV-AG keinen klaren Trend. Die Werte verharren vor dem Veröffentlichungsstichtag sehr nahe bei Null und steigen nach Periode t_{20} auf geringfügig positive Werte an; schon ab Periode t_{70} fallen die JI-Werte wieder in den negativen Bereich. Die Anleger messen dem "nackten" Jahresüberschuß[562] bei zwischenberichterstattenden AG demnach keine überragende Bedeutung bei. Dies ist möglicherweise - wie eine neben dem eigentlichen Untersuchungsprogramm angestellte Informationswertuntersuchung zu einer Kennzahl, die die wichtigsten Größen des DVFA-Ergebnisses pro Aktie enthält, zeigt[563] - darauf zurückzuführen, daß sich die

561) Zu ähnlichen Ergebnissen kommt Berndsen, Unternehmenspublizität, S. 272 - 296 auf der Basis einer Abschichtung des Publizitätsniveaus nach Geschäftsberichtsdaten.

562) Genauer: dem Jahresüberschuß, der nicht um Einflüsse, denen nur eine geringe Fortgeltungswahrscheinlichkeit zukommt, bereinigt wurde.

563) Errechnet wurden die Informationswerte der Kennzahl "Cash Flow vor Steuern, vor sonstigen Aufwendungen und sonstigen Erträgen" (bei sonst gleichem Untersuchungsaufbau). Die Ergebnisse zeigen eine sehr deutliche Anlegerreaktion beginnend ab Periode t_{-10} des Beobachtungszeit-

Anleger bei der Beurteilung des Erfolgs einer IHV-AG eher an Kennzahlen orientieren, die um Faktoren von geringer Fortgeltungswahrscheinlichkeit[564] bereinigt sind. Eine andere Erklärung für die im Vergleich zum Bilanzgewinn niedrigeren JI-Werte des Jahresüberschusses könnte darin gesehen werden, daß der Informationswert des Bilanzgewinns aus Anlegersicht möglicherweise generell den des Jahresüberschusses übersteigt, weil der Bilanzgewinn enger mit der kurz nach dem Hauptversammlungstermin zu erwartenden Dividendenzahlung verknüpft ist.[565]

Für die Gruppe der Bankabschlüsse ergeben sich weder für den Bilanzgewinn noch den Jahresüberschuß positive Informationswerte. Beide Kennzahlen weisen bei den Banken vielmehr in allen Untersuchungsperioden negative Ausprägungen auf.[566] Dies ist - wie ein Blick auf die im mittleren Drittel der Abbildung 27 aufgeführten "bereinigten" Kennzahlen zeigt - nicht etwa darauf zurückzuführen, daß die Anleger eine Steigerung von Jahresüberschuß und Bilanzgewinn als "schlechte" Nachricht auffassen. Der Grund für die z.T. deutlich negativen Ausprägungen des Informationswertes JI in den Perioden nach dem Veröffentlichungsstichtag ist vielmehr eher darin zu sehen, daß die Anleger vorrangig auf die Differenz der beiden GVR-Positionen, die nach § 26 a KWG manipuliert werden dürfen, fixiert sind.[567] Weil sich Veränderungen dieser Differenz im Vergleich zum Vorjahresabschluß bei den hier untersuchten Banken aber meist gegenläufig zu den Veränderungen des Jahresüberschusses entwickeln, weist die Kennzahl Jahresüberschuß einen negativen Informationswert aus. Mit anderen Worten: Die Kennzahlenreihen Jahresüberschuß und "Abschreibungen und Wertberichtigungen auf Forderungen und

---

raums. Auf eine ausführliche Darstellung der Ergebnisse dieser Berechnung wird verzichtet, da für die Gruppe der Bank-Jahresabschlüsse wegen der unterschiedlichen GVR-Struktur keine vergleichbaren Kennzahlen ermittelt werden können. Ziel dieser Arbeit ist es nicht, Kennzahlen mit möglichst hohem Informationswert zu finden, sondern vielmehr den Informationswert von Bank- und IHV-Abschlüssen zu vergleichen. Vgl. FN 526 auf S. 196 d.A.

564) Für IHV-AG bieten sich - wie in Abschnitt C.III.3.b ausführlich diskutiert - eine ganze Reihe von Möglichkeiten, die Höhe des Periodengewinns zu beeinflussen. Im Gegensatz zu Bankabschlüssen ist es Anlegern dort möglich, die Höhe der Ergebnisbeeinflussung abzuschätzen.

565) Ähnlich auch Brandi, Informationswirkungen, S. 170.

566) Zwar weist auch Abbildung 13 eine ganze Reihe von negativen Informationswerten JI für die Kennzahlen Jahresüberschuß und Bilanzgewinn bei den Banken aus; dort sind diese Werte indessen weniger extrem.

567) Die Werte beider Positionen sind wegen der Möglichkeiten der "Überkreuzkompensation" nicht unabhängig voneinander; sie können daher nur zusammen interpretiert werden. Vgl. Abschnitt C.I.2.c d.A.

Wertpapiere sowie Zuführungen zu Rückstellungen im Kreditgeschäft" abzüglich "Andere Erträge einschließlich der Erträge aus der Auflösung von Rückstellungen im Kreditgeschäft"568) sind negativ korreliert.569) Da die Anleger in erster Linie auf die Veränderung der Differenz der beiden genannten GVR-Positionen reagieren, kommt der Kennzahl Jahresüberschuß (und dem Bilanzgewinn, der mit dem Jahresüberschuß ebenfalls, allerdings positiv, korreliert ist570) "indirekt" ein negativer Informationswert zu.

Bezüglich der Voraussagen von Hypothese 1 kann hier demnach folgendes festgehalten werden:

1. Die ermittelten Informationswerte JI für die Gruppe der Bank-Jahresabschlüsse liegen in jeder Periode deutlich unter den entsprechenden Werten der IHV-Abschlüsse.
2. Den Kennzahlen Jahresüberschuß und Bilanzgewinn kommt bei den Bank-Jahresabschlüssen vermutlich nur ein "indirekter" Informationswert zu, weil beide Kennzahlen negativ mit den Kennzahlenausprägungen korreliert sind, die im Mittelpunkt des Anlegerinteresses stehen.
3. Die Informationswerte JI der Kennzahl Bilanzgewinn bei der Gruppe der IHV-Jahresabschlüsse entsprechen voll den Vorhersagen gemäß Hypothese 1.
4. Die Informationswerte JI der Kennzahl Jahresüberschuß bei der Gruppe der IHV-Jahresabschlüsse entsprechen nur eingeschränkt den Vorhersagen gemäß Hypothese 1.

Hypothese 2 fordert, daß Anleger einem von möglichen "§-26-a-Manipulationen" bereinigten Periodenerfolg eine höhere Bedeutung beimessen als einem "unbereinigten" Jahresergebnis. Die Abbildung 27 zeigt im mittleren Drittel die errechneten Informationsmaße JI für vier "bereinigte" und fünf "unbereinigte"

---

568) Die Positionsangaben beziehen sich auf die GVR eines KI der Rechtsform AG, KGaA oder GmbH. Vgl. Formblatt für den Jahresabschluß der AG, KGaA, GmbH, in: Reischauer/Kleinhans, Kreditwesengesetz, Tz.426, S. 6.

569) Der Korrelationskoeffizient r der Veränderung des Jahresüberschusses gegenüber dem Vorjahr mit der Veränderung der Differenz zwischen den beiden manipulierbaren GVR-Positionen gegenüber dem Vorjahr beträgt für die Gesamtheit der hier untersuchten Bankabschlüsse ca. -0,37. Zur Definition dieses Maßes vgl. Abschnitt B.II.2.a d.A.

570) Der Korrelationskoeffizient r der Veränderung des Jahresüberschusses gegenüber dem Vorjahr mit der Veränderung des Bilanzgewinnes gegenüber dem Vorjahr beträgt für alle hier untersuchten Bankabschlüsse 0,63.

Kennzahlen. [571] Wie jeder Einzelvergleich zwischen einer "§-26-a-bereinigten" Kennzahl und deren "unbereinigter" Variante zeigt, kommen den "bereinigten" Kennzahlen ab dem Veröffentlichungsstichtag des Jahresabschlusses weitaus höhere Informationswerte zu als den Kennzahlen, die den möglichen Einfluß von § 26 a KWG nicht eliminieren. Im Vergleich zu den entsprechenden Informationswerten JI in Abbildung 13 ist auch hier festzustellen, daß die Kennzahlenausprägungen der "bereinigten" Varianten in den einzelnen Perioden um ca. 30 bis 50 % geringer ausfallen. Hier macht sich demnach ebenfalls bemerkbar, daß die Aktualitätsdimension der einbezogenen Jahresabschlüsse infolge regelmäßiger Zwischenberichtsveröffentlichungen im Durchschnitt geringer ausfällt als bei der Untersuchungsgesamtheit in Abschnitt D.III.1. Hypothese 2 wird dennoch durch die empirischen Ergebnisse dieses Untersuchungsaufbaus eindeutig gestützt.

Hypothese 3 postuliert - wie in Abschnitt D.II.4.c ausgeführt - im Zeitraum kurz nach dem Veröffentlichungsstichtag folgende Zusammenhänge zwischen den Informationswerten NI einzelner Jahresabschlußgruppen:

1. NI (alle IHV-Jahresabschlüsse) > NI (alle Bank-Jahresabschlüsse)
2. NI ("manipulierte Bankabschlüsse") > NI ("restliche" Bankabschlüsse)

Wie die Wertereihen im unteren Drittel von Abbildung 27 zeigen, liegen die Informationswerte NI der "manipulierten" Bank-Jahresabschlüsse[572] ab dem Veröffentlichungsstichtag nahezu immer über dem Informationswert aller Bankabschlüsse sowie über den Werten der Abschlüsse, für die die Richtung der Ergebnismanipulation nicht erkennbar ist. Der Abstand zwischen den Informationswerten NI der "erkennbar manipulierten" Bankabschlüsse und der Gruppe, denen man mögliche Abschlußmanipulationen nicht ansehen kann, wächst besonders kräftig in den Perioden t_{20} bis

---

571) Die fünf "unbereinigten" Jahresabschlußkennzahlen sind der Bilanzgewinn, der Jahresüberschuß, der Jahresüberschuß vor Steuern, der Cash Flow und der Cash Flow vor Steuern. Mit Ausnahme des Bilanzgewinns wurde von jeder dieser Jahresabschlußkennzahlen eine "§-26-a-bereinigte" Variante berechnet. Zur Kennzahlenauswahl ausführlich in Abschnitt D.II.4 d.A.

572) Als "erkennbar manipuliert" wurden Bank-Jahresabschlüsse dann eingestuft, wenn sich die Differenz der GVR-Positionen "Abschreibungen und Wertberichtigungen auf Forderungen und Wertpapiere sowie Zuführungen zu Rückstellungen im Kreditgeschäft" und "Andere Erträge einschließlich der Erträge aus der Auflösung von Rückstellungen im Kreditgeschäft" im Vergleich zum Vorjahr um 50 % oder mehr veränderte. Vgl. oben, Abschnitt D.III.2.a.α d.A.

t_{60}. Insofern stützen die o.a. Ergebnisse den zweiten Teil der Hypothese 3.

Wie eine genauere Betrachtung der obersten beiden Wertereihen im unteren Drittel von Abbildung 27 ergibt, sind die Ergebnisse der Informationswertberechnungen auch mit dem ersten Teil der Hypothese 3 zu vereinbaren. Vergleicht man nämlich die beiden NI-Reihen für die gesamten IHV- und Bank-Jahresabschlüsse, zeigt sich auch hier, daß die Differenz NI (alle IHV-AG) - NI (alle Banken) im Zeitraum kurz nach dem Veröffentlichungsstichtag weitaus stärker wächst als vor dem Veröffentlichungsstichtag.[573] Auch hier scheint also vor allem das Bekanntwerden von Jahresabschlüssen mit - gruppenweit betrachtet - unterschiedlich hohem Informationsgehalt für die stark auseinanderdriftenden Informationswerte der Bank- und IHV-Gruppe verantwortlich zu sein. Hypothese 3 wird durch die empirischen Ergebnisse dieses Untersuchungsaufbaus folglich ebenfalls gestützt.

b) Sonstige Möglichkeiten zur Bildung von Gruppen homogener Aktualität

Wie die Ergebnisse des vorangegangenen Abschnittes zeigen, ist der Informationsgehalt eines Jahresabschlusses dann, wenn eine AG regelmäßig Zwischenberichte erstattet, erheblich geringer als ohne außerbilanzielle Rechnungslegung. Die oben vorgenommene Einteilung in Jahresabschlüsse mit bzw. ohne vorangegangener Zwischenberichtsveröffentlichung stellt indessen nur eine - wenn auch sehr plausible - Möglichkeit dar, die Gesamtmenge der Bank- und IHV-Jahresabschlüsse in Teilgesamtheiten mit vergleichbarer Aktualitätsdimension einzuteilen. In den folgenden beiden Abschnitten wird geprüft, ob darüber hinaus andere, möglicherweise feinere Abgrenzungen der Aktualitätsdimension machbar erscheinen.

---

573) Teilt man den Beobachtungszeitraum in drei Abschnitte mit annähernd gleicher Länge zeigt sich folgendes Bild: Die Differenz der beiden Informationswerte NI (alle IHV-AG) zu NI (alle KI) wächst von t_{-60} bis t_0 durchschnittlich um 0,12, von t_{10} bis t_{60} um 0,30 und von t_{70} bis t_{120} um 0,13.

α) Gruppierung nach dem zeitlichen Abstand zum letzten Zwischenbericht

Wie in Abschnitt C.III.1.b dieser Arbeit bereits vorgeschlagen wurde, könnte eine feinere Abgrenzung der Aktualitätsdimension an die Länge des Zeitraums zwischen letzter Zwischenberichterstattung und Jahresabschlußveröffentlichung anknüpfen. Der Vorteil einer solchen Klassenbildung wäre, daß sie auf die bereits oben praktizierte Einteilung in zwischenberichterstattende und nicht zwischenberichterstattende Unternehmen Bezug nimmt und erlaubt, die Klasse der Jahresabschlüsse mit vorangegangener Zwischenberichtsveröffentlichung weiter zu differenzieren. Voraussetzung einer solchen weitergehenden Klassenbildung ist jedoch, daß sich die Termine der Zwischenberichtsveröffentlichung hinreichend zuverlässig bestimmen lassen. Da - im Gegensatz zur Nachricht Jahresabschluß - für Zwischenberichte keine "markanten" Termine, wie etwa Testats- oder Hauptversammlungsdatum, existieren, an denen das früheste oder späteste Bekanntwerden eines Zwischenberichts festgemacht werden könnte, bliebe hier nur die Möglichkeit, auf die Angaben in den amtlichen Kursblättern der Wertpapierbörsen zurückzugreifen. Dort wird jedoch kein genaues Datum, sondern lediglich ein Monat als Erscheinungszeitpunkt eines Zwischenberichts genannt. Diese Ungenauigkeit wäre noch tolerierbar, falls der dort abgedruckte Monat zuverlässig den Termin des tatsächlichen Bekanntwerdens des Zwischenberichts einschließt.[574] Wie eine nähere stichprobenweise Überprüfung anhand der Archivunterlagen einer Frankfurter Bank (Eingangsstempel auf den Zwischenberichten) ergab, wichen die Angaben der amtlichen Kursblätter in einer ganzen Reihe von Fällen um ein bis zwei Monate vom tatsächlichen Postversand der Zwischenberichte durch die publizierende AG ab. Da nicht ermittelt werden konnte, ob diese sehr erheblichen Abweichungen des (in den Kursblättern) abgedruckten vom tatsächlichen Veröffentlichungstermin systematischer oder unsystematischer Natur sind, wurde auf diese Form der Aktualitätsklassenbildung verzichtet.

574) Würde der 15. eines Monats als Veröffentlichungsdatum angesetzt, ergäbe sich eine maximale Abweichung von 14 Tagen vom tatsächlichen Bekanntgabetermin.

β) Gruppierung nach früher bzw. später Jahresabschlußveröffentlichung

Eine weitere Möglichkeit der Aktualitätsklassenbildung, die sich ebenfalls mit der oben bereits praktizierten Abgrenzung in Jahresabschlüsse "mit" bzw. "ohne Zwischenberichterstattung" verbinden ließe, ist die Einteilung nach dem zeitlichen Abstand zwischen Jahresabschlußstichtag und frühestem Veröffentlichungszeitpunkt des Jahresabschlusses. Bank- und IHV-Jahresabschlüsse, bei denen diese Zeitspanne größer als der Mittelwert ausfällt, würden einer niedrigeren Aktualitätsklasse, diejenigen mit einem relativ schnell auf den Abschlußstichtag folgenden Testatstermin würden einer höheren Aktualitätsklasse zugeteilt werden. Leider weist auch diese Einteilung einen nicht unmittelbar ersichtlichen Mangel auf: Der Abschlußtestatstermin für die Gruppe der zwischenberichterstattenden Banken liegt im Durchschnitt um ca. sechs Kalenderwochen früher als die Testatstermine der zwischenberichtenden IHV-AG.[575] Dadurch ergibt sich das Problem, daß nahezu alle Bank-Jahresabschlüsse mit vorangegangener Zwischenberichtserstattung der höheren Aktualitätsklasse (mit geringem Abstand zwischen Abschlußstichtag und frühestem Veröffentlichungszeitpunkt) angehören würden und mehr als 80 % der IHV-Jahresabschlüsse der Klasse mit niedriger Aktualitätsdimension. Ein Vergleich beider Jahresabschlußgruppen scheitert hier folglich an der extrem ungleichen Besetzung der jeweils korrespondierenden Aktualitätsklassen. Offensichtlich sind Bank- und IHV-Abschlüsse bezüglich des Abstandes zwischen Abschlußstichtag und Testatstermin des Abschlußprüfers zu unterschiedlich, als daß sie unmittelbar vergleichbar wären.

c) Fazit

Wie die Ergebnisse in Unterabschnitt a) gezeigt haben, treffen die in den Hypothesen 1 bis 3 formulierten Zusammenhänge - mit Ausnahme des nur bescheidenen Informationswertes der Kennzahl Jahresüberschuß bei der IHV-Gruppe - auch dann zu, wenn nur Bank- und IHV-Abschlüsse mit vorangegangener Zwischenberichtsveröffentlichung gegenübergestellt werden. Wie erwartet wiesen die Abschlußkennzahlen, denen gemäß den Untersuchungsergebnis-

575) Ausführlich dazu die Abbildungen 8, 9 und 10 in Abschnitt D.II.3.b. d.A. Der Hauptgrund für diese Zeitdifferenz ist wohl in der Verpflichtung der Banken nach § 27 Abs. 1 Satz 2 KWG zu sehen, die Abschlußprüfung spätestens 5 Monate nach Geschäftsjahresschluß vorzunehmen.

sen des Abschnittes D.III.1 ein Informationswert JI zukam, im Vergleich zum Vorabschnitt deutlich niedrigere, im Durchschnitt ca. ein Drittel geringere JI-Werte auf.

Ungeprüft blieb bislang die Frage, ob bestimmte - nur anhand von Plausibilitätsüberlegungen gesetzte - Parameter des Renditebereinigungsverfahrens systematische Einflüsse auf die Ergebnisse des Informationswertvergleiches von Bank- und IHV-Abschlüssen ausüben. Um die Möglichkeit zu verringern, daß ein Teil der Ergebnisse dieser Untersuchung nur auf zufälligen Einflüssen beruht, werden in den Berechnungen der folgenden Abschnitte einige der bislang vorgegebenen Parameter bzw. Abgrenzungen variiert.

3. Ergebnisse bei verschiedenen Ausgestaltungen des Renditebereinigungsverfahrens

In den folgenden Unterabschnitten soll überprüft werden, inwieweit die bislang ermittelten Ergebnisse des Informationswertvergleichs von der Wahl und der Ausgestaltung des Renditebereinigungsverfahrens beeinflußt werden. In Unterabschnitt a) werden einzelne Parameter der **Marktmodellbereinigung** variiert. In Unterabschnitt b) soll den Informationswertberechnungen ein gänzlich anderes Renditebereinigungsverfahren - die **Mittelwertbereinigung** - zugrunde gelegt werden.

a) Variation des Marktmodellbereinigungsverfahrens

Die bislang durchgeführten Informationswertberechnungen basieren alle auf der Marktmodellbereinigung der Aktienrenditen. Im Rahmen des Marktmodellbereinigungsverfahrens wurde stets der DAX als Surrogat der Marktrendite verwendet, wobei von einem (aufgrund von Plausibilitätsüberlegungen) vorgegebenem Schätzzeitraum[576)] von 100 Börsentagen ausgegangen wurde. In diesem Abschnitt werden die Auswirkungen auf die Ergebnisse der Informationswertberechnungen überprüft, die sich durch die Wahl anderer **Aktienkursindizes** bzw. anderer **Schätzzeiträume** ergeben.

---

576) Mit der Bezeichnung "Schätzzeitraum" wird die Menge an Renditewertepaaren umschrieben, über die die lineare Einfachregression zur Ermittlung des Zusammenhangs zwischen Aktien- und Marktrendite durchgeführt wird. Vgl. Abschnitt D.I.2.a.β und Abschnitt D.II.3.d d.A.

α) Verwendung unterschiedlicher Aktienkursindizes

An Aktienkursindizes, die als Surrogat des Marktportefeuilles dienen könnten, standen dem Verfasser (mit Ausnahme des bislang verwendeten DAX) in ausreichender Länge und Detailliertheit (Tagesrenditen!) lediglich der Index der Commerzbank AG sowie der Index der Frankfurter Wertpapierbörse zur Verfügung.[577] Für beide Indizes werden im folgenden Abschnitt die Ergebnisse der Informationswertberechnungen dargestellt. Diesen Berechnungen liegen einheitlich die nachstehend beschriebenen Abgrenzungen bzw. Methoden zugrunde.

(1) Einbezogene Jahresabschlüsse: Solche mit vorangegangener Zwischenberichtsveröffentlichung (siehe Abschnitt D.II.2);
(2) Veröffentlichungsstichtag: Testat des Abschlußprüfers;
(3) Renditeberechnungszeitraum: Börsentage;
(4) Renditebereinigungsmethode: Marktmodellbereinigung;
(5) Schätzzeitraum der Marktmodellbereinigung: 100 Börsentage;
(6) Erwartungsrevisionsfunktion: "Vorjahresvergleich (0%)";
(7) Als "erkennbar manipuliert" wurden Bank-Jahresabschlüsse dann angesehen, wenn sich die Differenz der GVR-Positionen "Abschreibungen und Wertberichtigungen auf Forderungen und Wertpapiere sowie Zuführungen zu Rückstellungen im Kreditgeschäft" und "Andere Erträge einschließlich der Erträge aus der Auflösung von Rückstellungen im Kreditgeschäft"[578] im Vergleich zum Vorjahr um 50 % oder mehr veränderte.

α_1) Ergebnisse

Die folgenden Abbildungen zeigen die Ergebnisse des Informationswertvergleichs auf der (Renditebereinigungs-) Basis des Indexes der Frankfurter Wertpapierbörse (Abbildung 28) sowie des Indexes der Commerzbank AG (Abbildung 29).[579]

---

577) Beide Indizes sind nicht um technische Einflüsse bereinigt. Die sich daraus ergebenden Probleme wurden in Abschnitt D.II.3.e diskutiert.

578) Die Positionsangaben beziehen sich auf die GVR eines KI der Rechtsform AG, KGaA oder GmbH. Vgl. Formblatt für den Jahresabschluß der AG, KGaA, GmbH, in: Reischauer/Kleinhans, Kreditwesengesetz, Tz.426, S. 6.

579) Wie die Ergebnisse von Frantzmann, Messung, S. 71 f. erwarten ließen, hatte die Wahl unterschiedlicher Aktienkursindizes keinen nennenswerten Einfluß auf die Höhe des durchschnittlichen Bestimmtheitsmaßes r^2 der Marktmodellregressionen; dessen Höhe bewegte sich bei allen Untersuchungen dieser Arbeit zwischen 0,15 und 0,20. Nur bei den Untersuchungen des Abschnittes D.III.4 wurden (da dort nur größere AG einbezogen sind) höhere Durchschnittswerte (bis 0,29) erzielt.

Abbildung 28
Überblick über die durchschnittlichen Informationswerte JI und NI für die Gruppen der IHV- und Bank-Jahresabschlüsse von zwischenberichterstattenden AG bei zwei Intensitätsklassen (Erwartungsrevisionsfunktion: Vorjahresvergleich **0 %**) in einem Zeitraum von 60 Börsentagen vor bis 120 Börsentage nach dem Testat des Abschlußprüfers (Marktmodellbereinigung anhand des Indexes der Frankfurter Wertpapierbörse)

Art Kz.	Abschluß gruppe	Jahresabschlußkennzahl bzw. -gruppe, für die der Info.wert berechnet wurde	Renditeperiode, in der der Informationswert berechnet wurde -60	-50	-40	-30	-20	-10	**0**	10	20	30	40	50	60	70	80	90	100	110	120
JI	Alle IHV	Bilanzgewinn	-0,03	-0,03	-0,06	-0,13	-0,13	-0,06	**-0,21**	-0,06	0,27	0,36	0,77	1,28	1,34	1,13	0,87	0,83	0,54	0,34	0,38
JI	Alle IHV	Jahresüberschuß	-0,04	0,10	0,19	-0,01	-0,19	-0,18	**-0,37**	-0,44	-0,33	-0,19	-0,05	0,18	-0,09	-0,26	-0,48	-0,54	-0,79	-1,00	-0,89
JI	Alle KI	Bilanzgewinn	-0,10	-0,51	-0,95	-1,22	-2,23	-2,45	**-2,08**	-1,71	-1,42	-0,90	-0,85	-0,64	-0,51	-0,05	-0,02	0,13	0,07	-0,15	-0,56
JI	Alle KI	Jahresüberschuß	-0,14	-0,51	-0,78	-0,88	-1,69	-1,83	**-1,75**	-1,55	-1,39	-1,15	-1,00	-0,78	-0,81	-0,45	-0,36	-0,37	-0,26	-0,31	-0,51
JI	Alle KI	Jahresüberschuß vor § 26 a KWG	-0,07	0,49	0,88	0,55	-0,17	0,03	**0,56**	0,65	0,84	1,54	1,22	0,85	1,23	1,47	0,85	0,85	1,06	1,28	1,22
JI	Alle KI	Cash Flow	0,00	-0,31	-0,66	-1,00	-1,15	-0,95	**-1,02**	-0,68	-0,67	-0,60	-0,46	0,37	0,67	0,33	0,84	0,76	1,11	1,17	1,12
JI	Alle KI	Cash Flow vor § 26 a KWG	-0,02	0,25	0,44	0,16	-0,53	-0,01	**0,53**	1,20	1,43	1,95	1,96	1,78	2,28	2,60	2,09	2,09	2,62	2,88	2,77
JI	Alle KI	Jahresüberschuß vor Steuern	0,00	-0,03	-0,37	-0,77	-1,09	-1,07	**-0,67**	-0,41	0,16	0,27	0,67	1,08	0,86	0,99	1,23	0,88	0,75	0,42	0,07
JI	Alle KI	Jahresüberschuß vor Steuern, vor § 26a	-0,05	0,13	0,32	0,04	-0,32	-0,35	**0,40**	0,86	1,19	1,84	1,85	1,43	1,30	1,67	1,41	1,35	1,54	1,38	1,25
JI	Alle KI	Cash Flow vor Steuern	0,00	-0,25	-0,64	-1,17	-1,40	-1,14	**-0,82**	-0,22	0,35	0,54	0,91	1,25	1,26	1,16	1,64	1,45	1,50	0,90	0,75
JI	Alle KI	Cash Flow vor Steuern, vor § 26 a KWG	-0,06	-0,07	0,15	0,13	-0,37	-0,17	**0,55**	1,13	1,31	1,95	1,97	1,79	1,94	2,33	1,90	1,96	2,19	2,06	2,16
NI	Alle IHV-Jahresabschlüsse		0,93	2,98	4,57	5,74	6,85	7,84	**8,49**	9,26	10,16	11,11	12,16	12,94	13,87	14,63	15,16	15,91	16,77	17,35	18,24
NI	Alle KI-Jahresabschlüsse		0,61	2,86	4,34	5,33	6,57	7,08	**7,66**	8,28	9,21	9,82	10,92	11,00	11,17	11,98	12,60	13,16	13,76	14,40	15,28
NI	67 KI-Abschlüsse, vermutlich manipuliert		0,63	2,83	4,07	5,48	6,32	6,74	**7,50**	8,75	9,48	10,61	11,69	11,95	12,37	12,70	13,49	13,88	14,39	14,74	15,56
NI	56 KI-Abschlüsse, ohne erkennbare Manipulation		0,59	2,90	4,67	5,15	6,86	7,50	**7,85**	7,72	8,89	8,87	10,01	9,88	9,73	11,12	11,53	12,30	13,01	14,00	14,94

Abbildung 29
Überblick über die durchschnittlichen Informationswerte JI und NI für die Gruppen der IHV- und Bank-Jahresabschlüsse von zwischenberichterstattenden AG bei zwei Intensitätsklassen (Erwartungsrevisionsfunktion: "Vorjahresvergleich 0 %") in einem Zeitraum von 60 Börsentagen vor bis 120 Börsentage nach dem Testat des Abschlußprüfers (Marktmodellbereinigung anhand des Indexes der Commerzbank AG)

Art Kz.	Abschluß gruppe	Jahresabschlußkennzahl bzw. -gruppe, für die der Info.wert berechnet wurde	Renditeperiode, in der der Informationswert berechnet wurde																		
			-60	-50	-40	-30	-20	-10	**0**	10	20	30	40	50	60	70	80	90	100	110	120
JI	Alle IHV	Bilanzgewinn	-0,07	0,05	0,05	0,08	0,06	0,12	**0,01**	0,16	0,39	0,61	0,99	1,40	1,49	1,22	1,00	1,22	0,83	0,61	0,50
JI	Alle IHV	Jahresüberschuß	-0,08	0,06	0,10	0,00	-0,16	-0,15	**-0,26**	-0,29	-0,28	-0,10	0,02	0,08	-0,17	-0,38	-0,66	-0,59	-0,97	-1,19	-1,13
JI	Alle KI	Bilanzgewinn	0,00	-0,42	-0,60	-0,64	-1,55	-1,80	**-1,64**	-1,39	-1,16	-0,68	-0,69	-0,60	-0,53	-0,12	-0,22	-0,04	0,08	0,28	0,12
JI	Alle KI	Jahresüberschuß	-0,04	-0,35	-0,56	-0,47	-1,17	-1,30	**-1,26**	-1,04	-0,92	-0,70	-0,67	-0,71	-0,72	-0,42	-0,48	-0,46	-0,31	-0,16	-0,18
JI	Alle KI	Jahresüberschuß vor § 26 a KWG	0,02	0,58	1,11	0,93	0,25	0,36	**0,81**	0,79	1,00	1,65	1,26	0,96	1,31	1,48	0,80	0,79	1,00	1,39	1,54
JI	Alle KI	Cash Flow	0,05	-0,11	-0,51	-0,63	-0,76	-0,45	**-0,54**	-0,17	-0,13	-0,23	-0,25	0,27	0,53	0,26	0,65	0,57	0,86	0,97	1,06
JI	Alle KI	Cash Flow vor § 26 a KWG	0,01	0,39	0,72	0,50	-0,25	0,09	**0,54**	1,05	1,20	1,66	1,62	1,46	1,80	2,08	1,58	1,55	2,06	2,56	2,61
NI	Alle IHV-Jahresabschlüsse		0,87	2,89	4,46	5,66	6,77	7,78	**8,56**	9,35	10,29	11,18	12,19	13,03	13,92	14,78	15,33	16,22	17,19	17,71	18,56
NI	Alle KI-Jahresabschlüsse		0,63	2,81	4,07	5,09	5,99	6,75	**7,25**	7,78	8,84	9,29	10,14	10,19	10,50	11,22	11,71	12,12	12,91	13,69	14,42
NI	67 KI-Abschlüsse, vermutlich manipuliert		0,65	2,83	3,88	5,13	5,69	6,32	**6,88**	7,64	8,59	9,38	10,15	10,42	11,13	11,52	12,18	12,32	12,85	13,44	14,24
NI	56 KI-Abschlüsse, ohne erkennbare Manipulation		0,60	2,79	4,30	5,05	6,35	7,26	**7,69**	7,93	9,14	9,17	10,13	9,92	9,74	10,87	11,16	11,88	12,99	13,99	14,64

α_2) Interpretation

Hypothese 1 fordert, daß der Informationswert JI der Kennzahlen Jahresüberschuß und Bilanzgewinn in einem kurzen Zeitraum nach dem Veröffentlichungsstichtag bei der Gruppe der IHV-Jahresabschlüsse zum einen positive, zum anderen höhere Ausprägungen annimmt als bei den Bank-Jahresabschlüssen. Wie die Berechnungsergebnisse in beiden Abbildungen zeigen, ist dieser Sachverhalt auch bei Verwendung der o.a. Aktienindizes als Surrogat der Marktrendite stets erfüllt. Ähnlich wie bei den Ergebnissen des Vorabschnittes (siehe Abbildung 27) nehmen nur die JI-Werte für die Jahresabschlußkennzahl Bilanzgewinn bei der Gruppe der IHV-Abschlüsse nach Periode t_0 Ausprägungen von deutlich über Null an. Die JI-Werte der Kennzahl Jahresüberschuß steigen bei der Gruppe der IHV-Jahresabschlüsse nach dem Veröffentlichungsstichtag zwar sowohl in Abbildung 28 als auch in Abbildung 29 an, allerdings nicht auf ein fühlbar positives Niveau. Die JI-Werte der Kennzahlen Jahresüberschuß und Bilanzgewinn bei der Gruppe der Bankabschlüsse verharren fast durchgängig im negativen Bereich.[580)]

Hypothese 2 postuliert für die Gruppe der Bankabschlüsse, daß die in Abschnitt D.II.4.b definierten "§-26-a-bereinigten" Jahresabschlußkennzahlen nach dem Veröffentlichungsstichtag höhere Informationswerte JI aufweisen als deren "unbereinigte" Kennzahlenvarianten. Die Ergebnisse in den Abbildungen 28 und 29 zeigen klar und deutlich, daß dies auch hier gewährleistet ist.

Hypothese 3 fordert im Zeitraum kurz nach dem Veröffentlichungsstichtag folgende Zusammenhänge zwischen den Informationswerten NI einzelner Jahresabschlußgruppen:

1. NI (alle IHV-Jahresabschlüsse) > NI (alle Bank-Jahresabschlüsse)
2. NI ("manipulierte" Bankabschlüsse) > NI ("restliche" Bankabschlüsse)

Wie ein Blick in die beiden Abbildungen 28 und 29 zeigt, entsprechen die Ergebnisse auch hier den Voraussagen. Allerdings ist die zweite der o.a. Hypothesen, die das Verhältnis zwischen den Informationswerten NI der vermutlich manipulierten und der restlichen Bankabschlüsse zum Inhalt hat, in den Abbildungen 29 nur etwas schwächer als bislang "gewohnt" (nur ab Periode t_{30}

---

580) Der mutmaßliche Grund für dieses Phänomen wurde oben bereits ausführlich diskutiert. Vgl. Abschnitt D.III.2.a.β d.A.

bis Periode t_{90}) erfüllt. Abbildung 28 zeigt für die "mutmaßlich manipulierten" Jahresabschlüsse ab Periode t_{10} indessen durchgängig Werte an, die über denen der Gruppe mit Jahresabschlüsse liegen, denen das "Vorzeichen" der "Stille-Reserve-Bewegungen" nicht anzusehen ist.

Damit die bislang stets ausführlich vorgetragene Interpretation zum ersten Punkt von Hypothese 3 etwas abgekürzt werden kann, stellt Abbildung 30 die wesentlichen Argumentationspunkte kurz zusammen.

Abbildung 30
Durchschnittlicher Zuwachs der Informationswertdifferenzen
NI(alle IHV-Jahresabschlüsse) - NI(alle Bank-Jahresabschlüsse)
im Vergleich zum Wert vor 10 Renditeperioden im ersten, mittleren und letzten Drittel des Beobachtungszeitraums in Abbildung 28 und 29.

Informatations-werte aus Abbild.	Abbildung 28 (Frankf.Börsenindex)			Abbildung 29 (Commerzbankindex)		
Perioden von/bis	-60/0	10/60	70/120	-60/0	10/60	70/120
Durchschnittlicher Zuwachs des Wertes NI(alle IHV-AG) - NI(alle KI) zum Vorwert	0,08	0,31	0,04	0,18	0,35	0,12

Es zeigt sich deutlich, daß die Differenz NI (alle IHV-AG) - NI (alle Banken) im Zeitraum kurz nach dem Veröffentlichungsstichtag in beiden Fällen weitaus stärker wächst als vor dem Veröffentlichungsstichtag. Auch hier scheint also insbesondere das Bekanntwerden des Jahresabschlusses für die stark abweichenden Informationswerte aller Bank- und IHV-Abschlüsse verantwortlich zu sein. Hypothese 3 wird durch die empirischen Ergebnisse dieses Abschnitts demnach ebenfalls gestützt.

<u>β) Verwendung unterschiedlicher Schätzzeiträume</u>

In diesem Unterabschnitt soll überprüft werden, inwieweit sich die bislang erzielten Ergebnisse verändern, wenn die Länge des Marktmodellschätzzeitraums - d.h. die Menge an Renditewertepaaren, über die die lineare Einfachregression zur Ermittlung des Zusammenhangs zwischen Aktien- und Marktrendite durchgeführt wird - variiert wird. Den bisher durchgeführten Berechnungen lag stets ein Marktmodellschätzzeitraum von 100 Börsentagen[581] zugrunde. Für die folgenden Berechnungen sollen Schätzzeiträume von **150 bzw. 200 Börsentagen** verwendet werden. Auf die Berechnung von Informationswerten für einen Schätzzeitraum von **weniger** als 100 Börsentagen wurde verzichtet, weil zum einen bei einem Schätzzeitraum von weniger als ca. 60 Perioden die Stabilität der Regressionsrechnungen möglicherweise gefährdet ist, zum anderen bei einem Schätzzeitraum von 80 oder 90 Börsentagen Ergebnisse zu erwarten sind, die sich kaum von den bereits errechneten Werten (mit 100 Perioden) unterscheiden.

β_1) Ergebnisse

Den Informationswertberechnungen dieses Unterabschnittes liegen einheitlich die nachstehend beschriebenen Abgrenzungen bzw. Methoden zugrunde.

(1) Einbezogene Jahresabschlüsse: Solche mit vorangegangener Zwischenberichtsveröffentlichung (siehe Abschnitt D.II.2);
(2) Veröffentlichungsstichtag: Testat des Abschlußprüfers;
(3) Renditeberechnungszeitraum: Börsentage;
(4) Renditebereinigungsmethode: Marktmodellbereinigung;
(5) Aktienindex der Marktmodellbereinigung: DAX;
(6) Erwartungsrevisionsfunktion: "Vorjahresvergleich (0%)";
(7) Als "erkennbar manipuliert" wurden Bank-Jahresabschlüsse dann angesehen, wenn sich die Differenz der GVR-Positionen "Abschreibungen und Wertberichtigungen auf Forderungen und Wertpapiere sowie Zuführungen zu Rückstellungen im Kreditgeschäft" und "Andere Erträge einschließlich der Erträge aus der Auflösung von Rückstellungen im Kreditgeschäft"[582] im Vergleich zum Vorjahr um 50 % oder mehr veränderte.

Den Informationswertberechnungen in Abbildung 30 liegt ein Schätzzeitraum der Marktmodellbereinigung von 150, denen in Abbildung 31 ein Zeitraum von 200 Börsentagen zugrunde.

---

581) Bei Verwendung von Tagesrenditen repräsentiert diese Periodenlänge die Renditen in einem Zeitraum von 20 Kalenderwochen, d.h. ca. 5 Monaten.

582) Die Positionsangaben beziehen sich auf die GVR eines KI der Rechtsform AG, KGaA oder GmbH. Vgl. Formblatt für den Jahresabschluß der AG, KGaA, GmbH, in: Reischauer/Kleinhans, Kreditwesengesetz, Tz.426, S. 6.

Abbildung 31
Überblick über die durchschnittlichen Informationswerte JI und NI für die Gruppen der IHV- und Bank-Jahresabschlüsse von zwischenberichterstattenden AG bei zwei Intensitätsklassen (Erwartungsrevisionsfunktion: "Vorjahresvergleich 0 %") in einem Zeitraum von 60 Börsentagen vor bis 120 Börsentage nach dem Testat des Abschlußprüfers (Marktmodellschätzzeitraum 150 Börsentage)

Art Kz.	Abschluß gruppe	Jahresabschlußkennzahl bzw. -gruppe, für die der Info.wert berechnet wurde	Renditeperiode, in der der Informationswert berechnet wurde																		
			-60	-50	-40	-30	-20	-10	**0**	10	20	30	40	50	60	70	80	90	100	110	120
JI	Alle IHV	Bilanzgewinn	-0,05	-0,05	-0,17	-0,17	-0,20	-0,15	**-0,26**	-0,13	0,08	0,18	0,50	0,84	0,84	0,52	0,25	0,29	-0,16	-0,37	-0,43
JI	Alle IHV	Jahresüberschuß	-0,05	-0,01	0,04	-0,05	-0,16	-0,07	**-0,19**	-0,15	-0,07	0,09	0,22	0,31	0,12	-0,11	-0,35	-0,37	-0,71	-0,89	-0,73
JI	Alle KI	Bilanzgewinn	-0,07	-0,17	-0,29	-0,31	-1,34	-1,60	**-1,43**	-1,23	-0,82	-0,23	-0,47	-0,56	-0,54	-0,21	-0,63	-0,41	-0,27	-0,27	-0,35
JI	Alle KI	Jahresüberschuß	-0,09	-0,08	-0,13	-0,03	-0,85	-0,96	**-0,91**	-0,76	-0,44	-0,15	-0,25	-0,46	-0,47	-0,21	-0,61	-0,56	-0,32	-0,34	-0,26
JI	Alle KI	Jahresüberschuß vor § 26 a KWG	-0,03	0,50	0,89	0,57	-0,21	-0,19	**0,34**	0,50	0,60	1,12	0,56	-0,02	0,15	0,23	-0,61	-0,56	-0,34	-0,16	0,08
JI	Alle KI	Jahresüberschuß vor Steuern	0,05	0,24	0,29	0,05	-0,20	-0,22	**-0,02**	0,19	0,76	0,71	0,66	0,87	0,56	0,51	0,34	-0,07	0,14	-0,17	-0,18
JI	Alle KI	Jahresüberschuß vor Steuern, vor § 26a	-0,04	0,23	0,56	0,35	-0,04	-0,23	**0,43**	0,85	1,21	1,67	1,25	0,53	0,18	0,45	-0,28	-0,41	-0,10	-0,21	0,06
JI	Alle KI	Cash Flow	0,04	0,13	-0,19	-0,33	-0,53	-0,17	**-0,33**	-0,09	0,11	-0,04	-0,17	0,37	0,65	0,33	0,46	0,45	0,75	0,68	0,84
JI	Alle KI	Cash Flow vor § 26 a KWG	0,01	0,51	0,77	0,42	-0,34	-0,05	**0,45**	1,02	1,28	1,68	1,44	1,03	1,23	1,33	0,65	0,64	1,10	1,51	1,58
JI	Alle KI	Cash Flow vor Steuern	0,03	0,14	0,06	-0,34	-0,60	-0,37	**-0,16**	0,27	0,91	0,91	1,00	1,20	1,04	0,83	0,90	0,73	1,00	0,60	0,79
JI	Alle KI	Cash Flow vor Steuern, vor § 26 a KWG	-0,04	0,13	0,49	0,48	-0,13	-0,11	**0,48**	0,96	1,12	1,56	1,23	0,75	0,59	0,86	-0,02	0,01	0,48	0,34	0,79
NI	Alle IHV-Jahresabschlüsse		0,95	2,90	4,51	5,68	6,79	7,77	**8,45**	9,21	9,95	10,68	11,56	12,36	13,02	13,56	13,89	14,63	15,49	16,29	17,07
NI	Alle KI-Jahresabschlüsse		0,61	2,57	3,99	4,94	5,78	6,75	**7,31**	8,05	9,21	9,74	10,53	10,27	10,14	10,67	10,96	11,37	11,90	12,32	13,14
NI	67 KI-Abschlüsse, vermutlich manipuliert		0,61	2,53	3,61	5,08	5,60	6,31	**7,11**	8,03	9,26	10,43	11,33	11,01	10,96	11,39	11,71	11,88	12,26	12,53	13,40
NI	56 KI-Abschlüsse, ohne erkennbare Manipulation		0,61	2,62	4,44	4,78	6,00	7,28	**7,54**	8,06	9,15	8,91	9,58	9,38	9,16	9,81	10,05	10,77	11,47	12,07	12,83

Abbildung 32
Überblick über die durchschnittlichen Informationswerte JI und NI für die Gruppen der IHV- und Bank-Jahresabschlüsse von zwischenberichterstattenden AG bei zwei Intensitätsklassen (Erwartungsrevisionsfunktion: "Vorjahresvergleich 0 %") in einem Zeitraum von 60 Börsentagen vor bis 120 Börsentage nach dem Testat des Abschlußprüfers (Marktmodellschätzzeitraum 200 Börsentage)

Art Kz.	Abschluß gruppe	Jahresabschlußkennzahl oder -gruppe, für die der Info.wert berechnet wurde	Renditeperiode, in der der Informationswert berechnet wurde																		
			-60	-50	-40	-30	-20	-10	**0**	10	20	30	40	50	60	70	80	90	100	110	120
JI	Alle IHV	Bilanzgewinn	-0,04	-0,05	-0,16	-0,11	-0,13	-0,04	**-0,11**	-0,01	0,20	0,31	0,68	1,05	1,04	0,77	0,50	0,62	0,20	0,02	-0,05
JI	Alle IHV	Jahresüberschuß	-0,04	-0,03	0,02	-0.02	-0,14	-0,05	**-0,22**	-0,18	-0,08	0,07	0,22	0,35	0,14	-0,07	-0,29	-0,28	-0,68	-0,86	-0,76
JI	Alle KI	Bilanzgewinn	-0,05	-0,32	-0,49	-0,57	-1,59	-1,95	**-1,83**	-1,72	-1,40	-0,93	-1,23	-1,42	-1,51	-1,23	-1,68	-1,53	-1,55	-1,64	-1,86
JI	Alle KI	Jahresüberschuß	-0,07	-0,22	-0,31	-0,26	-1,06	-1,25	**-1,25**	-1,17	-0,93	-0,76	-0,91	-1,22	-1,33	-1,13	-1,55	-1,57	-1,47	-1,57	-1,63
JI	Alle KI	Jahresüberschuß vor § 26 a KWG	0,00	0,47	0,94	0,64	-0,13	-0,09	**0,44**	0,66	0,76	1,30	0,69	0,07	0,23	0,34	-0,48	-0,46	-0,24	-0,08	0,15
JI	Alle KI	Cash Flow	0,00	0,08	-0,38	-0,58	-0,92	-0,63	**-0,90**	-0,81	-0,71	-0,86	-1,07	-0,59	-0,32	-0,78	-0,73	-0,77	-0,59	-0,72	-0,68
JI	Alle KI	Cash Flow vor § 26 a KWG	-0,02	0,32	0,51	0,09	-0,75	-0,50	**-0,03**	0,42	0,57	1,00	0,57	0,12	0,35	0,33	-0,38	-0,41	-0,04	0,32	0,28
NI	Alle IHV-Jahresabschlüsse		0,95	2,86	4,44	5,58	6,64	7,53	**8,23**	8,90	9,61	10,34	11,13	11,93	12,59	13,08	13,37	14,09	14,83	15,45	16,19
NI	Alle KI-Jahresabschlüsse		0,60	2,48	3,91	4,89	5,85	6,85	**7,44**	7,95	8,98	9,56	10,12	9,96	9,84	10,54	11,14	11,51	11,97	12,38	12,83
NI	67 KI-Abschlüsse, vermutlich manipuliert		0,64	2,41	3,46	4,95	5,71	6,41	**7,31**	7,88	8,98	10,14	10,73	10,50	10,40	11,12	11,80	11,73	12,19	12,46	13,22
NI	56 KI-Abschlüsse, ohne erkennbare Manipulation		0,55	2,56	4,47	4,83	6,01	7,38	**7,60**	8,03	8,99	8,86	9,38	9,31	9,16	9,85	10,34	11,25	11,70	12,28	12,37

β_2) Interpretation

Hypothese 1 fordert, daß der Informationswert JI der Kennzahlen Jahresüberschuß und Bilanzgewinn in einem kurzen Zeitraum nach dem Veröffentlichungsstichtag bei der Gruppe der IHV-Jahresabschlüsse höhere Ausprägungen annimmt als bei den Bank-Jahresabschlüssen. Wie die Betrachtung der Wertereihen in Abbildung 31 und 32 zeigt, weisen der Jahresüberschuß und insbesondere der Bilanzgewinn bei der Gruppe der IHV-Abschlüsse nach dem Abschlußstichtag deutlich positive Ausprägungen von JI auf, während die JI-Werte beider Kennzahlen bei den Bankabschlüssen durchwegs im schwach negativen Bereich verharren.[583] Die Ergebnisse weichen insoweit kaum von den in den Vorabschnitten gefundenen Zusammenhängen ab. Hypothese 1 wird durch die Ergebnisse der beiden Abbildungen 31 und 32 ebenfalls gestützt.

Hypothese 2 postuliert für die Gruppe der Bankabschlüsse, daß die in Abschnitt D.II.4.b definierten "§-26-a-bereinigten" Jahresabschlußkennzahlen nach dem Veröffentlichungsstichtag höhere Informationswerte JI aufweisen als deren "unbereinigte" Kennzahlenvarianten. Auch hier stützen die in Abbildung 31 und 32 ausgewiesenen Ergebnisse den vermuteten Zusammenhang eindeutig. Es fällt allerdings auf, daß der Abstand zwischen den Informationswerten der "bereinigten" und "unbereinigten" Kennzahlen bei einem Marktmodellschätzzeitraum von 200 Börsentagen (Abbildung 32) weniger klar ausfällt als bei den Berechnungsergebnissen mit einem Schätzzeitraum von 150 Börsentagen (Abbildung 31). Auch der Vergleich zwischen den Berechnungsergebnissen bei einem Regressionszeitraum von 100 Börsentagen[584] und denen bei einem Schätzzeitraum von 150 Börsentagen (Abbildung 31) zeigt, daß die in Rede stehenden Informationswertunterschiede - wenn auch nur leicht - schrumpfen. Dies verwundert indessen nicht, da - wie in Abschnitt D.II.3.d ausführlich diskutiert - mit zunehmender Länge des Regressionszeitraums die Wahrscheinlichkeit steigt, daß sich der während des Schätzzeitraums gemessene Zusammenhang zwischen Aktien- und Marktrendite von dem Zusammenhang unterscheidet, der während des Beobachtungszeitraums gilt.[585]

---

583) Der mutmaßliche Grund für dieses Phänomen wurde oben bereits ausführlich diskutiert. Vgl. Abschnitt D.III.2.a.β d.A.

584) Siehe Abbildung 27 auf S. 226 d.A.

585) Bei einem Schätzzeitraum von 200 Börsentagen (ca. 3/4 Jahr) beträgt der zeitliche Abstand zwischen dem hier eigentlich interessierenden mittleren Drittel des Untersuchungszeitraums (Periode t_{10} bis t_{60}) und

Hypothese 3 fordert im Zeitraum kurz nach dem Veröffentlichungsstichtag folgende Zusammenhänge zwischen den Informationswerten NI einzelner Jahresabschlußgruppen:

1. NI (alle IHV-Jahresabschlüsse) > NI (alle Bank-Jahresabschlüsse)
2. NI ("manipulierte" Bankabschlüsse) > NI ("restliche" Bankabschlüsse)

Auch hier kann die Ergebnisinterpretation knapp gehalten werden: Beide Zusammenhänge sind - wenn man die Betrachtung auf Perioden kurz nach dem Veröffentlichungsstichtag beschränkt - gegeben. Allerdings zeigt eine genaue Betrachtung der NI-Reihen in den Abbildungen 27, 31 und 32 auch hier, daß sowohl der erste als auch der zweite Teil von Hypothese 3 bei einem Schätzzeitraum von 150 (100) Börsentagen deutlicher erfüllt ist als bei einem Zeitraum von 200 (150) Perioden.

b) Renditebereinigung anhand des Mittelwertverfahrens

In Abschnitt D.I.2 wurde die Mittelwertbereinigung als ein Verfahren beschrieben, das nur geringe Datenanforderungen stellt (Marktrenditeindices entbehrlich) und keine statistischen Probleme (wie z.B. bei Regressionsrechnungen) aufwirft. Als möglicher Nachteil dieses Bereinigungsverfahrens wurde genannt, daß die Informationswertberechnungen durch gesamtmarktinduzierte Renditeänderungen überlagert bzw. verfälscht werden könnten. Da anhand theoretischer Vorüberlegungen kaum geklärt werden kann, ob diese denkbaren Nachteile den hier geplanten Informationswertvergleich tatsächlich beeinträchtigen, soll das Mittelwertverfahren zumindest "versuchsweise" herangezogen werden, um die bislang ausschließlich anhand der Marktmodellbereinigung ermittelten Untersuchungsergebnisse zu überprüfen.

---

einem Teil der Kursnotierungen, die in die Regressionsrechnungen eingehen, bereits mehr als ein Jahr!

α) Ergebnisse

Den Informationswertberechnungen dieses Unterabschnittes liegen einheitlich die nachstehend beschriebenen Abgrenzungen bzw. Methoden zugrunde.

(1) Einbezogene Jahresabschlüsse: Solche mit vorangegangener Zwischenberichtsveröffentlichung (siehe Abschnitt D.II.2);
(2) Veröffentlichungsstichtag: Testat des Abschlußprüfers;
(3) Renditeberechnungszeitraum: Börsentage;
(4) Renditebereinigungsmethode: Mittelwertbereinigung;
(5) Erwartungsrevisionsfunktion: "Vorjahresvergleich (0%)";
(6) Als "erkennbar manipuliert" wurden Bank-Jahresabschlüsse dann angesehen, wenn sich die Differenz der GVR-Positionen "Abschreibungen und Wertberichtigungen auf Forderungen und Wertpapiere sowie Zuführungen zu Rückstellungen im Kreditgeschäft" und "Andere Erträge einschließlich der Erträge aus der Auflösung von Rückstellungen im Kreditgeschäft"[586] im Vergleich zum Vorjahr um 50 % oder mehr veränderte.

---

586) Die Positionsangaben beziehen sich auf die GVR eines KI der Rechtsform AG, KGaA oder GmbH. Vgl. Formblatt für den Jahresabschluß der AG, KGaA, GmbH, in: Reischauer/Kleinhans, Kreditwesengesetz, Tz.426, S. 6.

Abbildung 33
Überblick über die durchschnittlichen Informationswerte JI und NI für die Gruppen der IHV- und Bank-Jahresabschlüsse von zwischenberichterstattenden AG bei zwei Intensitätsklassen (Erwartungsrevisionsfunktion: "Vorjahresvergleich 0 %") in einem Zeitraum von 60 Börsentagen vor bis 120 Börsentage nach dem Testat des Abschlußprüfers (Mittelwertbereinigung der Renditen)

Art Kz.	Abschluß gruppe	Jahresabschlußkennzahl oder -gruppe, für die der Info.wert berechnet wurde	Renditeperiode, in der der Informationswert berechnet wurde																		
			-60	-50	-40	-30	-20	-10	**0**	10	20	30	40	50	60	70	80	90	100	110	120
JI	Alle IHV	Bilanzgewinn	-0,12	-0,14	-0,30	-0,09	-0,14	0,17	**0,19**	0,27	0,25	0,13	0,48	0,88	0,91	0,51	0,41	0,28	-0,14	-0,61	-0,80
JI	Alle IHV	Jahresüberschuß	-0,06	-0,08	-0,06	-0,07	-0,23	0,06	**-0,01**	0,06	0,05	0,11	0,30	0,41	0,15	-0,11	-0,21	-0,19	-0,44	-0,44	-0,24
JI	Alle KI	Bilanzgewinn	0,00	0,55	0,44	-0,06	-1,15	-1,29	**-0,88**	-0,30	0,31	0,58	-0,31	-1,22	-1,36	-0,82	-1,24	-1,15	-0,99	-0,72	-1,07
JI	Alle KI	Jahresüberschuß	-0,04	0,57	0,74	0,28	-0,80	-1,05	**-0,76**	-0,19	0,08	0,03	-0,47	-1,34	-1,54	-1,31	-1,73	-1,80	-1,25	-0,84	-0,93
JI	Alle KI	Jahresüberschuß vor § 26 a KWG	0,01	0,56	1,11	0,64	-0,03	0,16	**0,95**	1,83	1,96	2,42	1,69	0,50	0,33	0,34	-0,48	-0,43	-0,29	-0,54	-0,32
JI	Alle KI	Jahresüberschuß vor Steuern	0,05	1,01	1,11	0,59	0,03	0,16	**0,71**	1,17	1,96	1,60	0,78	0,43	-0,24	-0,17	-0,42	-0,95	-0,50	-0,49	-0,71
JI	Alle KI	Jahresüberschuß vor Steuern, v. § 26a	-0,02	0,53	1,05	0,54	0,03	-0,04	**0,97**	1,96	2,54	2,74	1,63	0,10	-0,57	-0,50	-1,07	-1,21	-0,65	-0,79	-0,66
JI	Alle KI	Cash Flow	0,07	0,78	0,62	0,20	-0,44	-0,15	**-0,26**	0,34	0,57	-0,07	-0,93	-1,13	-1,15	-1,46	-1,38	-1,59	-0,89	-0,50	-0,48
JI	Alle KI	Cash Flow vor § 26 a KWG	0,06	0,79	0,99	0,48	-0,29	0,09	**0,74**	2,09	2,40	2,31	1,56	0,21	0,16	0,02	-0,73	-0,82	-0,39	-0,39	-0,37
JI	Alle KI	Cash Flow vor Steuern	0,05	0,86	0,70	0,04	-0,40	-0,04	**0,31**	1,26	2,12	1,47	0,60	-0,13	-0,53	-0,60	-0,62	-0,96	-0,56	-0,69	-0,70
JI	Alle KI	Cash Flow vor Steuern, vor § 26 a KWG	-0,03	0,48	0,95	0,67	-0,03	0,10	**0,94**	2,12	2,51	2,41	1,24	-0,27	-0,79	-0,67	-1,46	-1,33	-0,74	-0,97	-0,62
NI	Alle IHV-Jahresabschlüsse		1,03	3,30	4,59	5,47	6,22	6,70	**7,29**	7,33	7,25	6,88	6,86	7,01	6,98	6,49	6,02	5,21	4,42	3,39	2,11
NI	Alle KI-Jahresabschlüsse		0,67	3,16	4,75	5,55	5,39	5,92	**6,43**	7,37	7,80	7,99	7,61	6,90	6,17	6,05	6,01	5,43	3,57	2,36	1,43
NI	67 KI-Abschlüsse, vermutlich manipuliert		0,63	2,92	4,23	5,43	4,70	4,76	**5,60**	6,56	7,23	8,02	7,47	6,70	5,81	5,49	5,78	5,13	3,79	2,51	1,35
NI	56 KI-Abschlüsse, ohne erkennbare Manipulation		0,72	3,46	5,38	5,69	6,22	7,32	**7,44**	8,34	8,49	7,95	7,77	7,14	6,61	6,73	6,28	5,79	3,31	2,19	1,54

β) Interpretation

Hypothese 1 fordert, daß der Informationswert JI der Kennzahlen Jahresüberschuß und Bilanzgewinn in einem kurzen Zeitraum nach dem Veröffentlichungsstichtag bei der Gruppe der IHV-Jahresabschlüsse höhere (positive) Ausprägungen annimmt als bei den Bank-Jahresabschlüssen. Wie die Berechnungsergebnisse in Abbildung 33 zeigen, ist dieser Sachverhalt auch im Rahmen des Mittelwertbereinigungsverfahrens für Perioden nach dem Veröffentlichungsstichtag durchwegs erfüllt. Ähnlich wie bei den Ergebnissen der Vorabschnitte nehmen auch hier die JI-Werte der Jahresabschlußkennzahl Bilanzgewinn bei der Gruppe der IHV-Abschlüsse nach Periode t_0 etwas höhere Informationswerte an als bei der Kennzahl Jahresüberschuß. Die JI-Werte der Kennzahlen Jahresüberschuß und Bilanzgewinn bei der Gruppe der Bankabschlüsse verharren nach dem Veröffentlichungsstichtag mit Ausnahme der Perioden t_{20} und t_{30} stets im negativen Bereich. Die maximalen Ausprägungen bei der Gruppe der IHV-Abschlüsse sind mit 0,91 (Bilanzgewinn) bzw. 0,30 (Jahresüberschuß) weit höher als bei den Bankabschlüssen (0,58 bzw. 0,08). Im Vergleich zu den Ergebnissen des Marktmodellbereinigungsverfahrens[587] fällt auf, daß die Informationswerte aller Kennzahlen ab Periode t_{70} bis t_{80} negativ werden. Bevor die möglichen Ursachen dieses seltsamen Sachverhalts diskutiert werden, soll jedoch kurz überprüft werden, inwieweit die anderen Hypothesen erfüllt sind.

Hypothese 2 postuliert für die Gruppe der Bankabschlüsse, daß die in Abschnitt D.II.4.b definierten "§-26-a-bereinigten" Jahresabschlußkennzahlen nach dem Veröffentlichungsstichtag höhere Informationswerte JI aufweisen als deren "unbereinigte" Kennzahlenvarianten. Für die Perioden t_0 bis t_{50} ist dieser Zusammenhang klar gegeben. Zwar zeigen die "bereinigten" Kennzahlen auch für die Perioden ab t_{60} durchwegs Informationswerte, die über denen der "unbereinigten" Kennzahlen liegen; die Besonderheit gegenüber den Ergebnissen der Marktmodellbereinigung liegt jedoch hier - wie erwähnt - darin, daß alle Informationswerte JI negativ sind.

---

587) Siehe z.B. Abbildung 27 bis 29 d.A.

Hypothese 3 fordert im Zeitraum um den Veröffentlichungsstichtag folgende Zusammenhänge zwischen den Informationswerten NI einzelner Jahresabschlußgruppen:

1. NI (alle IHV-Jahresabschlüsse) > NI (alle Bank-Jahresabschlüsse)
2. NI ("manipulierte" Bankabschlüsse) > NI ("restliche" Bankabschlüsse)

Während der erste Zusammenhang mit Ausnahme der Perioden t_{10} bis t_{40} erfüllt ist, scheinen die Ergebnisse in Abbildung 33 gegen den zweiten Teil von Hypothese 3 zu verstoßen. Zwar ließe sich einwenden, daß in den Perioden t_0 bis t_{30} der Informationswert der Gruppe der "erkennbar manipulierten" Bank-Jahresabschlüsse weit stärker steigt als der der restlichen Bankabschlüsse. Diese "marginale" Argumentationsweise erscheint hier jedoch in Anbetracht der sonderbaren Entwicklung der NI-Werte im letzten Drittel des Untersuchungszeitraums nicht angebracht. Die NI-Werte für alle IHV-Abschlüsse sinken nämlich ab Periode t_0, die aller Bankabschlüsse ab Periode t_{30}. Dieses Phänomen ist - ebenso wie der Effekt, daß alle JI-Werte gegen Ende des Beobachtungszeitraums negativ werden - im Rahmen der Marktmodellbereinigung nicht zu beobachten. Es liegt daher der Verdacht nahe, daß Schwächen des Mittelwertbereinigungsverfahrens die Ursache für diese - auch aus theoretischer Sicht - wenig plausiblen Ergebnisse darstellen.

Eine genaue Betrachtung der Werteverläufe der jahresabschlußindividuellen API-Reihen ergab tatsächlich, daß sowohl die API^+-Kurven der Banken als auch - wenn auch in weniger starkem Maße - die der IHV-AG ab der Mitte des Beobachtungszeitraums in zunehmender Stärke von einem negativen Trend des Gesamtmarktes überlagert werden. Dies führt nicht nur dazu, daß die API^+-Werte die API^--Werte unterschreiten und daher die Informationswerte JI aller Kennzahlen gegen Ende des Beobachtungszeitraums leicht negative Werte annehmen; die infolge der fehlenden Bereinigung um Gesamtmarkteinflüsse meist negativen Renditeresiduen gegen Ende des Beobachtungszeitraums sind auch dafür verantwortlich, daß die NI-Wertereihen sinken. Die hier zutage tretenden Schwächen des Mittelwertbereinigungsverfahrens legen es - obwohl die Ergebnisse bis zur Periode t_{50} die Hypothesen 1 bis 3 durchaus stützen - nahe, auf weitere Untersuchungen mit Hilfe der Methode der Mittelwertbereinigung zu verzichten.

c) Fazit

Wie aus den Ausführungen der Abschnitte D.I.2 und D.II.3 deutlich wurde, weisen die Verfahren zur Bereinigung der Aktienrenditen um nicht unternehmensspezifische Einflüsse einige "Freiheitsgrade" auf. Diese können im Rahmen einer empirischen Untersuchung zur Ermittlung des Informationsgehaltes von Jahresabschlüssen in unterschiedlicher Weise genutzt werden. In diesem 3. Abschnitt sollten die Auswirkungen solcher Parametervariationen auf das Ergebnis des Informationsgehaltsvergleichs zwischen Bank- und IHV-Jahresabschlüssen ermittelt und dargestellt werden. Die Ergebnisse bei Verwendung anderer Aktienkursindizes unterstützten die in den Hypothesen 1 bis 3 formulierten Sachverhalte. Das Marktmodellbereinigungsverfahren lieferte auch bei Veränderungen der Schätzzeitraumlänge Resultate, die sich nicht wesentlich von den in früheren Abschnitten ermittelten Zusammenhängen unterschieden. Die Verwendung des Mittelwertverfahrens im Rahmen der Renditebereinigung in Unterpunkt b) lieferte zwar für einen kurzen Zeitraum nach dem Testat des Wirtschaftsprüfers ebenfalls die erwarteten Ergebnisse; da jedoch mit zunehmender Länge des Beobachtungszeitraums die errechneten Renditeresiduen des API^{+}-Portefeuilles durch gesamtmarktinduzierte Renditeänderungen überlagert wurden, können die Ergebnisse des Mittelwertbereinigungsverfahrens nur eingeschränkt als Bestätigung der vermuteten Zusammenhänge gewertet werden. Eher liegt der Schluß nahe, daß das Mittelwertverfahren für den hier interessierenden Informationswertvergleich ungeeignet ist. Zusammenfassend besehen kann festgestellt werden, daß sich die in den Hypothesen 1 bis 3 postulierten Zusammenhänge als durchaus robust gegenüber Veränderungen des Renditebereinigungsverfahrens erwiesen haben.

4. Ergebnisse für andere Untersuchungszeiträume

Wie in den Abschnitten C.I.2.d und D.II.1.a ausgeführt wurde, sind die Bewertungssonderrechte der Banken im Zuge der Aktienrechtsreform von 1965 eingeführt worden. Vor dieser Reform war es den AG aller Branchen erlaubt, durch Unterbewertung der Aktiva stille Reserven zu legen. Nach Inkrafttreten der Bestimmungen der Aktienrechtsreform blieb dieses Privileg durch den neu geschaffenen § 26 a KWG nur noch der Kreditwirtschaft erhalten. Im Rahmen dieses Abschnittes soll überprüft werden, ob sich die jahresabschlußinduzierten Kursreaktionen vor und nach dieser Reform unterscheiden.

a) Ergebnisse für den Zeitraum vor bzw. nach Inkrafttreten der Aktienrechtsreform von 1965

Wie in Abschnitt D.II.1.b ausgeführt, umfassen die beiden Untersuchungsgesamtheiten bei den **Banken** alle Jahresabschlüsse mit einem Abschlußstichtag zwischen dem 1.1.62 und dem 31.12.67 (Abschlüsse nach "altem Aktienrecht") sowie zwischen dem 1.1.69 und dem 31.12.74 (Abschlüsse nach "neuem Aktienrecht").[588] Von jeder Bank wurden demnach 6 Jahresabschlüsse der Gruppe "altes Aktienrecht" und 6 der Gruppe "neues Aktienrecht" zugeteilt. Die beiden Untersuchungsgesamtheiten bei den IHV-AG beinhalten Jahresabschlüsse mit einem Abschlußstichtag zwischen dem 1.1.1962 und dem 31.12.1965 (Abschlüsse nach "altem Aktienrecht") sowie zwischen dem 1.1.1968 und dem 31.12.1971 (Abschlüsse nach "neuem Aktienrecht").[589] Bei den IHV-AG enthalten die Gruppen "altes Aktienrecht" und "neues Aktienrecht" demnach von jedem Unternehmen jeweils 4 Jahresabschlüsse.

Bezüglich der Aktualitätsdimension aller hier einbezogenen Bank- und IHV-Jahresabschlüsse ist anzumerken, daß für den Zeitraum vor 1971 keine Daten bezüglich einer dem Jahresabschluß vorangegangenen Zwischenberichtsveröffentlichung beschafft werden konnten. Daher besteht die Möglichkeit, daß die Untersuchungsportefeuilles sich hinsichtlich der Aktualität der einbezogenen Jahresabschlüsse unterscheiden. Wenn die Ergebnisse der Bank- und IHV-Abschlüsse vor Inkrafttreten der Aktienrechtsreform von 1965 denen der Jahresabschlüsse derselben Unternehmen nach dieser Reform gegenübergestellt werden ("Zeitvergleich"), wird ein Informationswertvergleich vermutlich nur gering verzerrt. Da die verglichenen Portefeuilles in diesem Fall jeweils die Jahresabschlüsse derselben Unternehmen enthalten, ist zu vermuten, daß die Aktualität der Abschlüsse nach "altem" sich nicht allzu stark von der der Abschlüsse nach

---

588) Die Bestimmungen des "alten Aktienrechts" waren letztmals zum Abschlußstichtag 31.12.1967, die des neu eingeführten § 26 a KWG erstmals für Abschlußstichtage nach dem 1.1.1969 von **sämtlichen** KI anzuwenden. Vgl. Abschnitt D.II.1 d.A.

589) Die Bestimmungen des "alten Aktienrechts" waren letztmals zum Abschlußstichtag 31.12.1965, die des "neuen Aktienrechts" erstmals ab dem 1.1.1967 von **sämtlichen** IHV-AG anzuwenden. Vgl. Gessler, Aktienrecht, S. 677.

"neuem" Aktienrecht unterscheidet. Falls dagegen die Ergebnisse der Bankabschlüsse nach "altem" ("neuem") Aktienrecht denen der IHV-Abschlüsse nach "altem" ("neuem") Aktienrecht gegenübergestellt werden ("Quervergleich"), können aufgrund der möglicherweise unterschiedlichen Aktualität der jeweils einbezogenen Jahresabschlüsse systematische Verzerrungen des Informationswertvergleichs nicht ausgeschlossen werden.

Den Informationswertberechnungen der Abbildungen 34 und 35 liegen einheitlich die nachstehend beschriebenen Abgrenzungen bzw. Methoden zugrunde.

(1) Einbezogene Jahresabschlüsse: Siehe Abschnitt D.II.2;
(2) Veröffentlichungsstichtag: Testat des Abschlußprüfers;
(3) Renditeberechnungszeitraum: Börsentage;
(4) Renditebereinigungsmethode: Marktmodellbereinigung;
(5) Schätzzeitraum der Marktmodellbereinigung: 100 Börsentage;
(6) Aktienindex der Marktmodellbereinigung: DAX;
(7) Erwartungsrevisionsfunktion: "Vorjahresvergleich (0%)".

Da sich die Gliederungsschemata der Jahresabschlüsse (insbesondere der GVR) vor und nach Inkrafttreten der Aktienrechtsreform sowohl bei den Bank- als auch den IHV-AG stark unterscheiden, beschränken sich die folgenden Informationswertberechnungen für das Maß JI auf die "vergleichbaren" Kennzahlen Jahresüberschuß und Bilanzgewinn.

Abbildung 34
Überblick über die durchschnittlichen Informationswerte JI und NI der Jahresabschlüsse von 11 ausgewählten Aktienbanken über einen Zeitraum von jeweils 6 Jahren vor und nach Inkrafttreten von § 26 a KWG
(2 Intensitätsklassen, Erwartungsrevisionsfunktion: "Vorjahresvergleich 0 %")

Art Kz.	Untersuch zeitraum	Abschlußkennzahl bzw. -gruppe, für die der Informationswert berechnet wurde	Renditeperiode, in der der Informationswert berechnet wurde																		
			-60	-50	-40	-30	-20	-10	**0**	10	20	30	40	50	60	70	80	90	100	110	120
JI	1962-1967	Bilanzgewinn	-0,02	0,28	0,72	1,22	1,59	1,69	**1,77**	1,58	1,56	1,33	0,86	0,65	0,53	0,68	0,32	0,07	0,56	0,09	0,53
JI	1969-1974	Bilanzgewinn	-0,02	-0,90	-1,60	-2,04	-2,75	-3,47	**-3,49**	-3,52	-4,26	-4,94	-4,51	-4,63	-5,12	-5,63	-6,15	-6,02	-5,89	-6,35	-6,42
JI	1962-1967	Jahresüberschuß	-0,09	0,19	0,75	1,33	1,71	2,05	**2,18**	2,14	1,94	1,19	0,57	0,52	-0,05	0,02	0,00	-0,23	0,13	0,23	0,62
JI	1969-1974	Jahresüberschuß	-0,16	-0,61	-1,26	-1,21	-1,76	-2,14	**-2,41**	-2,57	-3,03	-3,67	-3,88	-4,39	-4,72	-5,05	-5,76	-6,18	-6,24	-6,02	-6,56
NI	1962-1967	berechnet über alle 66 Abschlüsse	0,51	2,43	3,55	4,51	5,78	6,79	**7,63**	8,05	8,75	9,65	10,28	10,54	11,24	11,73	11,74	12,08	11,96	12,62	13,61
NI	1969-1974	berechnet über alle 66 Abschlüsse	0,68	2,70	4,03	5,35	6,97	8,50	**9,61**	10,58	12,55	13,51	14,55	15,92	17,51	18,42	18,99	19,08	19,28	19,41	20,69

Abbildung 35
Überblick über die durchschnittlichen Informationswerte JI und NI der Jahresabschlüsse von 41 ausgewählten IHV-AG über einen Zeitraum von jeweils 4 Jahren vor und nach Inkrafttreten der Aktienrechtsreform von 1965
(2 Intensitätsklassen, Erwartungsrevisionsfunktion: "Vorjahresvergleich 0 %")

Art Kz.	Untersuch zeitraum	Abschlußkennzahl bzw. -gruppe, für die der Informationswert berechnet wurde	Renditeperiode, in der der Informationswert berechnet wurde																		
			-60	-50	-40	-30	-20	-10	**0**	10	20	30	40	50	60	70	80	90	100	110	120
JI	1962-1965	Bilanzgewinn	0,04	0,62	0,84	-0,05	-0,54	-0,70	**-0,86**	-0,45	-0,80	-0,79	-0,79	-1,30	-1,42	-1,51	-0,86	-0,71	-1,01	-1,19	-1,59
JI	1968-1973	Bilanzgewinn	0,22	0,40	0,70	0,77	1,08	1,65	**2,03**	2,26	2,85	3,31	4,27	4,24	4,90	5,46	5,24	4,69	4,91	4,91	5,10
JI	1962-1965	Jahresüberschuß	0,07	0,52	0,68	0,45	0,15	-0,03	**0,22**	1,09	1,05	1,48	1,75	1,53	1,53	1,83	2,39	2,91	2,42	2,52	2,30
JI	1968-1973	Jahresüberschuß	0,08	0,75	0,88	0,90	1,28	1,36	**2,01**	2,32	3,03	3,48	4,19	4,04	4,75	4,90	4,75	4,67	5,05	4,97	5,09
NI	1962-1965	berechnet über alle 164 Abschlüsse	0,59	2,20	3,23	3,85	4,52	5,29	**5,93**	7,17	7,74	8,93	9,79	10,23	11,00	12,02	12,87	13,33	14,31	15,00	15,72
NI	1968-1973	berechnet über alle 164 Abschlüsse	0,96	3,61	5,07	6,48	7,62	8,86	**9,70**	10,86	12,23	13,20	14,65	15,90	17,21	18,18	18,89	19,96	20,59	21,35	22,08

b) Interpretation der Ergebnisse

Die Ergebnisse der Abbildungen 34 und 35 lassen sich - wie oben bereits angedeutet - aus zweierlei Blickwinkeln interpretieren: Zum einen können die Ergebnisse der Bank- und IHV-Abschlüsse vor Inkrafttreten der Aktienrechtsreform von 1965 denen der Jahresabschlüsse derselben Unternehmen nach dieser Reform gegenübergestellt werden (**"Zeitvergleich"**); zum anderen können die Ergebnisse für die IHV-Abschlüsse nach "altem" ("neuem") Aktienrecht mit denen der Bankabschlüsse nach "altem" ("neuem") Aktienrecht verglichen werden (**"Quervergleich"**). Im Hinblick auf die "Kontrollfunktion"[590], die die Ergebnisse dieses Abschnittes in Bezug auf die Ergebnisse der Hauptuntersuchung ausüben sollen, ist vor allem der "Quervergleich" der Tabellen 34 und 35 von Interesse. Zunächst zur ersten der skizzierten Möglichkeiten, dem "Zeitvergleich".

α) "Zeitvergleich" der Ergebnisse

Die Bewertungssonderrechte der Banken wurden anläßlich der Aktienrechtsreform von 1965 eingeführt. Vor dieser Reform konnten alle AG durch Unterbewertung der Aktiva stille Reserven legen. Nach Inkrafttreten der Bestimmungen der Aktienrechtsreform blieben diese Bewertungssonderrechte gemäß § 26 a KWG nur noch der Kreditwirtschaft erhalten. Die in den Vorabschnitten dargestellten Ergebnisse der empirischen Untersuchung zeigen, daß die Möglichkeit der Legung und Auflösung stiller Reserven sowohl den Informationsgehalt einzelner Kennzahlen als auch den gesamten Informationsgehalt eines Jahresabschlusses beeinflußt. Daher ist zu erwarten, daß bei den IHV-AG ein deutlicher Unterschied zwischen den jahresabschlußinduzierten Kursreaktionen vor und nach dieser Reform besteht. Neben dem Informationsgehalt JI der Hauptkenngröße des Jahresabschlusses, des Periodenergebnisses, sollte auch der Informationsgehalt NI des gesamten Abschlusses fühlbar ansteigen.

Wie die Ergebnisse für die **IHV-AG** in Abbildung 35 zeigen, unterscheiden sich die Informationswerte JI der Kennzahlen Jahresüberschuß und Bilanzgewinn vor und nach der Aktienrechtsreform von 1965 enorm: Bei den Abschlüssen nach "neuem" Aktien-

590) Vgl. Abschnitt D.II.1.a d.A.

recht weisen die Kennzahlen Bilanzgewinn und Jahresüberschuß in den ersten drei Monaten nach dem Termin des Abschlußprüfertestats hohe Informationswerte JI (bis über 4 Prozentpunkte) aus, bei den Abschlüssen nach "altem" Aktienrecht dagegen nur negative (Bilanzgewinn) bzw. leicht positive (Jahresüberschuß) Ausprägungen. Auch die Informationswerte NI des gesamten Jahresabschlusses differieren stark: Die Abschlüsse nach "altem" Aktienrecht weisen um ca. 30 bis 40 % niedrigere Ausprägungen auf als die Jahresabschlüsse nach Inkrafttreten der strengeren Bewertungsbestimmungen. Die Ergebnisse stützen somit die oben genannten Erwartungen.[591]

Während bei den IHV-AG die Aktienrechtsreform von 1965 die Möglichkeiten zur Legung und Auflösung stiller Reserven stark einschränkte, haben sich die diesbezüglichen Möglichkeiten der **Aktienbanken** infolge des neu geschaffenen § 26 a KWG nicht wesentlich verschlechtert. Allerdings ist zu berücksichtigen, daß im Zuge der Aktienrechtsreform von 1965 bei den KI die Publizitätspflichten, insbesondere hinsichtlich der Mindestgliederung der GVR, beträchtlich erhöht wurden, was bei den IHV-AG z.T. bereits in der sogenannten kleinen Aktienrechtsnovelle von 1959 geschehen war.[592] Zum einen ist daher zu erwarten, daß sich bei den KI - da stille Ergebnismanipulationen dort auch nach dieser Reform möglich waren - keine Verbesserungen hinsichtlich des Informationswertes des Periodengewinns zeigen; zum anderen sollte sich - vor allem wegen der detaillierteren GVR - der gesamte Informationswert des Jahresabschlusses leicht erhöhen.

Wie die Ergebnisse in Abbildung 34 für die Jahresabschlüsse nach "altem" Recht zeigen, sind sowohl bei der Kennzahl Bilanzgewinn als auch beim Jahresüberschuß in den Monaten um den Veröffentlichungsstichtag positive Informationswerte JI zu verzeichnen, während die Abschlüsse nach "neuem" Recht - wie gemäß den Ergebnissen der Abschnitte D.III.1 bis 3 zu erwarten war - nur negative Informationswerte aufweisen.[593] Den Ergebnissen

---

591) Coenenberg/Möller haben bereits 1979 mit dem API-Instrumentarium gezeigt, daß sich dieser Informationswertunterschied auch auf der Basis von Wochenrenditen nachweisen läßt. Vgl. dies., Entscheidungswirkungen, S. 450 - 454.

592) Vor der Aktienrechtsreform von 1965 veröffentlichten die KI in ihren GVR-Rechnungen häufig nicht mehr als jeweils 4 bis 5 verschiedene Arten von Aufwendungen und Erträgen. Meist wurde sogar ein Teil der Erträge saldiert um die entprechenden Aufwendungen ausgewiesen.

593) Die mutmaßliche Ursache für diese negativen Informationswerte wurde in Abschnitt D.III.2.a.β d.A. diskutiert.

zufolge kam den Kennzahlen Jahresüberschuß und Bilanzgewinn in den Bankabschlüssen vor Inkrafttreten der Aktienrechtsreform aus der Sicht eines Anlegers eine höhere Bedeutung zu als in den Jahresabschlüssen danach. Dieses Ergebnis verwundert auf den ersten Blick. Berücksichtigt man indessen, daß nach der Aktienrechtsreform die Differenz der "überkreuzkompensierbaren" GVR-Positionen in den Mittelpunkt des Anlegerinteresses gerückt ist[594], vor dieser Reform ein solcher Anhaltspunkt dagegen nicht existierte,[595] ist verständlich, warum sich die Aufmerksamkeit der Investoren von den "Summenpositionen" Jahresüberschuß und Bilanzgewinn zu den einzelnen Ertrags- bzw. Aufwandspositionen der GVR[596] hin verlagert hat. Daß die Aktienrechtsreform trotz der geringeren Beachtung des Periodenerfolgs den Informationswert des gesamten Bank-Jahresabschlusses verbessert hat, läßt sich daraus ersehen, daß die Höhe der Informationswerte NI für die Untersuchungsportefeuilles nach "altem" bzw. "neuem" Aktienrecht sich um etwa 25 % erhöht hat. Vergleicht man die NI-Werte aller Abschlüsse nach "altem" und "neuem" Aktienrecht, zeigt sich, daß der Informationswert NI bei den IHV-Abschlüssen (vor allem in den ersten Perioden nach dem Abschlußprüfertestat) - wie erwartet - stärker gestiegen ist als bei den Bankabschlüssen.[597]

β) "Quervergleich" der Ergebnisse

Die zweite Möglichkeit, die Ergebnisse der Abbildung 34 und 35 zu interpretieren, ist der "Quervergleich" der Ergebnisse beider Unternehmensgruppen nach "altem" bzw. "neuem" Aktienrecht. Es sei nochmals darauf hingewiesen, daß ein solcher Vergleich zwischen den Werten der Tabellen 34 und 35 zum einen wegen der möglicherweise unterschiedlichen Aktualitätsdimensionen der jeweiligen Untersuchungsgesamtheiten, zum anderen wegen der geringen Anzahl der Untersuchungsfälle in den beiden Bank-Portefeuilles problematisch sein kann. Die Ergebnisse dieses Vergleichs können daher nur der Größenordnung nach Gültigkeit be-

594) Denn dort schlagen sich die Fälle massiver Ergebnismanipulationen nieder. Vgl. Abschnitt C.I.2.c d.A.

595) Dies ist vor allem auf die starke Aggregation der GVR sowie auf eine teilweise Saldierung von Aufwendungen und Erträgen zurückzuführen.

596) Genauer: Zu einem um Reservebewegungen "bereinigten" Jahresergebnis. Vgl. hierzu die Ausführungen zur Hypothese 2 in Abschnitt D.II.4.b.

597) Allerdings beinhaltet diese Aussage einen "Quervergleich" zwischen den Tabellen 34 und 35; dieser ist wegen möglicherweise unterschiedlicher Aktualität beider Untersuchungsgesamtheiten problematisch.

anspruchen, Informationswertverzerrungen sind nicht auszuschließen.

Da alle Untersuchungen der Vorabschnitte "Quervergleiche" darstellen, deren Ergebnisse aber auf (hinsichtlich der Aktualität) homogeneren Jahresabschlußgesamtheiten basieren, kann die Interpretation der **Ergebnisse nach "neuem" Aktienrecht** kurz ausfallen: Die Ergebnisse spiegeln die bereits gefundenen Zusammenhänge wider. Die Informationswerte JI der beiden Kennzahlen Bilanzgewinn und Jahresüberschuß zeigen erwartungsgemäß bei den Bankabschlüssen weit niedrigere Ausprägungen als bei der IHV-Gruppe. Die Informationswerte NI des gesamten Jahresabschlusses fallen - vor allem im Zeitraum um das Abschlußprüfertestat - bei den IHV-AG etwas höher aus als bei den Banken.

Bezüglich der **Ergebnisse nach "altem" Aktienrecht** zeigt der Quervergleich zwischen den Tabellen 34 und 35 - selbst wenn man die möglichen Verzerrungen durch eine unterschiedliche Aktualität der einbezogenen Jahresabschlüsse berücksichtigt - ebenfalls eindeutige Ergebnisse. Die Informationswerte JI der Kennzahl Jahresüberschuß bewegen sich bei den Bank- und IHV-Abschlüssen nach "altem" Aktienrecht ungefähr auf gleichem Niveau, die JI-Werte der Kennzahl Bilanzgewinn zeigen bei den Banken sogar deutlich höhere Ausprägungen als bei den IHV-AG. Im Gegensatz zur Situation nach Einführung von § 26 a KWG kommt hier dem Periodenerfolg von Bankabschlüssen aus Sicht der Anleger sogar eine höhere Bedeutung zu als dem von IHV-Jahresabschlüssen. Insofern ist das Argument, die Anleger hätten den Periodenerfolg von Bankabschlüssen bereits vor Einführung der bankspezifischen Bewertungssonderrechte - aus welchen Gründen auch immer - geringer beachtet als den von IHV-Abschlüssen, nicht haltbar. Auch die höheren NI-Werte der IHV- gegenüber den Bankabschlüssen nach Einführung von § 26 a KWG können nicht durch strukturelle Gründe erklärt werden, denn die Ausprägungen der Informationswerte NI fielen - vor allem im Zeitraum um das Abschlußprüfertestat - bei den Banken vor Einführung von § 26 a KWG ebenfalls erheblich höher aus als bei den IHV-AG.

c) Fazit

Der neben der eigentlichen Hauptuntersuchung durchgeführten Studie zum Informationsgehalt der Bank- und IHV-Jahresabschlüsse vor der Aktienrechtsreform von 1965 war im Rahmen dieser Arbeit eine Art "Kontrollfunktion" zugedacht: Es sollte überprüft werden, ob Besonderheiten in der Reaktion der Anleger bei Bekanntwerden von Bank-Jahresabschlüssen bereits vor Einführung von § 26 a KWG existierten. Wie die Ergebnisse der Abbildungen 34 und 35 gezeigt haben, ist dies nicht der Fall: Vielmehr fallen vor der Aktienrechtsreform von 1965 die Informationswerte JI und NI bei den Bankabschlüssen sogar höher aus als bei den IHV-Abschlüssen. Insofern ist das Argument, nicht die bankspezifischen Bewertungssonderrechte, sondern andere Faktoren seien für die Informationswertunterschiede verantwortlich, nicht haltbar. Die Ergebnisse dieser Nebenuntersuchung geben somit keinen Anlaß, die in der Hauptuntersuchung ermittelten Zusammenhänge in Frage zu stellen.

Die Untersuchung in diesem Abschnitt hat außerdem gezeigt, daß bei den IHV-AG sowohl der Informationsgehalt des Periodengewinns als auch der gesamte Informationsgehalt des Jahresabschlusses durch die Reform - wie erwartet - erheblich verbessert wurde. Bei den Aktienbanken ist durch die Einführung von § 26 a KWG im Zuge der Aktienrechtsreform von 1965 der Informationswert des Periodengewinnes zurückgegangen, der Informationsgehalt des gesamten Abschlusses hat dagegen - vermutlich infolge der stärkeren Mindestgliederung der GVR - zugenommen.

IV. Validität der Ergebnisse

Dieser Abschnitt ist der Frage gewidmet, ob man den Ergebnissen des Hauptabschnittes D.III vertrauen kann oder ob die Möglichkeit besteht, daß Daten- oder Berechnungsfehler die Ergebnisse verzerrt haben.

Die Frage nach möglichen **Datenfehlern** zielt auf die Qualität der Primärdaten - zum einen Jahresabschlußkennzahlen, zum anderen Kursdaten - ab. Zunächst zur **Qualität der** hier verwendeten **Jahresabschlußdaten:** Alle Bilanz- und GVR-Kennzahlen wurden aus einer Datenbank entnommen, an deren Aufbau der Verfasser im Rahmen des Schwerpunktprojektes "Empirische Kapitalmarktforschung" der Deutschen Forschungsgemeinschaft maßgeblich mitgewirkt hat. Sämtliche Jahresabschlüsse, die diese Datenbank umfaßt, wurden drei verschiedenen Prüfungen unterworfen. Die erste Prüfung umfaßt eine Prüfung sämtlicher **"Summenpositionen"** in Bilanz und GVR (z.B. "Anlagevermögen", "Jahresüberschuß", "Bilanzgewinn"). Abweichungen zwischen der Summe von Einzelpositionen und dem Wert der entsprechenden Summenposition wurden kontrolliert und berichtigt. Die zweite Prüfung umfaßt eine **"Unterpositionsprüfung"**, die sicherstellt, daß Unterpositionen (z.B. die Unterposition "davon außerordentliche Erträge" in der GVR einer IHV-AG) nur Werte annehmen können, die kleiner, allenfalls gleich dem der zugehörigen Hauptposition sind. Die dritte Prüfung umfaßt die **Verprobung aufeinanderfolgender Jahresabschlüsse**. Hier wurde kontrolliert, ob bestimmte Positionen in aufeinanderfolgenden Jahresabschlüssen des gleichen Unternehmens gleiche Werte annehmen.[598] Mit Hilfe dieser Prüfung ist außerdem feststellbar, ob die in der Datenbank enthaltene Abfolge von Jahresschlüssen eines Unternehmens "Lücken" enthält. Da die Abschlüsse, die für die Erwartungsrevisionsfunktionen der API-Kurven verwendet wurden, alle Prüfungen ohne Beanstandungen durchlaufen haben, kann von einem hohen Qualitätsniveau dieser Primärdaten ausgegangen werden.

Die **Kursdaten** für diese Untersuchung stammen aus der von Prof. Dr. H. Göppl an der Universität Karlsruhe aufgebauten Datenbank - einem Projekt, das ebenfalls im Rahmen des genannten Schwerpunktes der Deutschen Forschungsgemeinschaft durchgeführt wird. Die Kursreihe für jedes hier untersuchte Unternehmen wurde zunächst an mehreren Stichtagen daraufhin überprüft, ob die gelieferten Kurse mit den in den amtlichen Kursblättern der betreffenden Wertpapierbörse abgedruckten Einheitsnotierungen des betreffenden Tages übereinstimmten. Sämtliche Kursreihen wurden dann der in Abschnitt D.I.1 beschriebenen "technischen Bereinigung" unterzogen und anschließend auf abnormale "Kurssprünge" und "Kursaussetzer" untersucht. Als abnormal wurden Kursbewegungen dann angesehen, wenn sich der Kurs von einem zum nächsten Tag um mehr als 20 % veränderte. Als "Kursaussetzer" wurden Fälle bezeichnet, bei denen über 10 Kalendertage oder mehr keine einzige Kursnotierung verfügbar war. Bei einem sehr großen Teil sowohl der "Kurssprünge" als auch der "Kursaussetzer", die durch diese "Filter" festgestellt werden konnten, entsprachen alle Daten tatsächlich der Realität. In den Fällen, in denen die gelieferten Daten von den Angaben der amtlichen Kursblätter abwichen, wurden die Jahresabschlüsse, für die der jeweilige Abschnitt der Kursreihe benötigt worden wäre, von der Untersuchung ausgeschlossen. Für das Kursdatenmaterial, das den

598) Z.B. sollte der Wert der GVR-Position "Gewinnvortrag aus dem Vorjahr" mit dem Wert der Position "Vortrag auf neue Rechung" des Vorjahresabschlusses übereinstimmen.

Berechnungen dieser Arbeit zugrunde liegt, wird deshalb ebenfalls von einem hohen Zuverlässigkeitsgrad ausgegangen.

Die Frage nach möglichen **Berechnungsfehlern** läßt sich nicht so einfach beantworten, weil im Rahmen der Renditebereinigung mit den beiden hier verwendeten Verfahren (Marktmodell- und Mittelwertbereinigung) und zur Ermittlung eines API eine Vielzahl von Verarbeitungsschritten notwendig sind, die sich nur mit EDV-technischer Hilfe bewältigen lassen. Um sicherzustellen, daß die ermittelten Ergebnisse tatsächlich fehlerfrei sind, wurden zum einen die Ergebnisse jedes einzelnen Verarbeitungsschritts sorgfältig auf Übereinstimmung mit den zu erwartenden Ergebnissen getestet. Zum anderen wurden mehrere API-Kurven über kleine Beobachtungsportefeuilles von verschiedenen Personen "per Hand"[599] ermittelt und die Endergebnisse dieser Berechnungen mit den Ergebnissen verglichen, die eine automatisierte Informationswertberechnung lieferte. Darüber hinaus wurden eine ganze Reihe großer Testberechnungen mit gezielter Portefeuillebildung vorgenommen, bei denen vorab aufgrund formallogischer Zusammenhänge feststand, welche Informationswerte die Ergebnisse annehmen müssen.[600] Durch Programmierfehler verursachte Ergebnisabweichungen können daher ebenfalls nahezu ausgeschlossen werden. Eine systematische Verzerrung der Informationswertberechnungen durch Datenverarbeitungsfehler ist daher ebenfalls nicht zu befürchten.

V. Zusammenfassung der Ergebnisse

In diesem Kapitel ist darzulegen, ob die drei in Abschnitt D.II.4 formulierten Hypothesen durch die Gesamtheit der hier durchgeführten Untersuchungen eher gestützt oder eher widerlegt wurden.

Zunächst zu dem in **Hypothese 1** formulierten Zusammenhang: Dort wurde davon ausgegangen, daß Anleger angesichts der Manipulationsmöglichkeiten die Hauptkenngröße eines Bankabschlusses nicht für glaubwürdig erachten und daher auf Veränderungen die-

---

599) Genauer: Unter Verwendung eines Kalkulationsprogramms auf einem Personal Computer.

600) So müssen z.B. dann, wenn die API^+- und API^--Kurven über völlig identische Portefeuilles berechnet werden, die Ergebnisse für die Informationswerte JI den Wert 0 aufweisen.

ser Größe kaum reagieren. Daher sollte - so die Hypothese - im Zeitraum des Bekanntwerdens des Jahresabschlusses der Wert eines Portefeuilles von Bankaktien mit gestiegenem Periodenerfolg nicht wesentlich **über** dem Wert eines Portefeuilles mit gefallenem Periodenerfolg liegen. Bei der Gruppe der IHV-AG sollte indessen der Wert eines Portefeuilles mit gestiegenem Periodenerfolg nach dem Abschlußprüfertestat den Wert eines Portefeuilles mit gefallenem Periodenerfolg deutlich übersteigen. Da man sowohl den Jahresüberschuß als auch den Bilanzgewinn als Hauptkenngröße des Rechnungslegungsinstrumentes Jahresabschluß ansehen kann, wurden in der empirischen Untersuchung Informationswerte JI - gewichtete Differenzen der API^{+}- und API^{-}-Portefeuillewerte[601] - für beide Kennzahlen im Abstand von 10 Börsentagen für den gesamten Beobachtungszeitraum errechnet.

Die Ergebnisse der einzelnen Untersuchungen ergeben für die Kennzahl **Bilanzgewinn** ein klares Bild: Bei den Bank-Jahresabschlüssen zeigen die Informationswerte JI in den Perioden kurz nach dem Abschlußprüfertestat meist leicht negative, in wenigen Fällen geringfügig positive Ausprägungen. Bei der Gruppe der IHV-Jahresabschlüsse liegen die JI-Werte des relevanten Zeitraums dagegen stets im positiven Bereich und in jedem Einzelfall weit über den Ausprägungen von JI für die Gruppe der Bank-Jahresabschlüsse. Die JI-Werte der IHV-Jahresabschlüsse lagen beispielsweise ca. zwei Monate nach dem Abschlußprüfertestat (in Periode t_{40} des Untersuchungszeitraums) bei den Jahresabschlüssen mit vorangegangener Zwischenberichtsveröffentlichung zwischen 0,48 (vgl. Abbildung 33) und 2,22 (vgl. Abbildung 27), bei allen Jahresabschlüssen sogar um 2,26 Prozentpunkte (vgl. Abbildung 22) **über** den JI-Werten der Bank-Jahresabschlüsse.[602] Die Ergebnisse der einzelnen Untersuchungen für die Kennzahl **Jahresüberschuß** zeigen zwar ebenfalls, daß der Informationswert JI kurz nach dem Abschlußprüfertestat bei der Gruppe der IHV-Jahresabschlüsse höhere Ausprägungen annimmt als bei den Bankabschlüssen, doch fällt hier die Differenz erheblich geringer aus.[603] Ein weiterer Unterschied besteht darin, daß der An-

---

601) Die Gewichtung erfolgt mit den Besetzungszahlen des API^{+}- und API^{-}-Portfolios. Vgl. Abschnitt B.II.4.b.β.β_4 d.A.

602) Drei Monate nach dem Abschlußprüfertestat nimmt diese Differenz sogar noch höhere Werte an (bis zu 2,82 in Abbildung 27).

603) Die minimale Differenz der JI-Werte beider Jahresabschlußgruppen liegt für die Kennzahl Jahresüberschuß in Periode t_{40} bei 0,47 (vgl. Abbil-

stieg der JI-Werte bei der Kennzahl Jahresüberschuß bei den IHV-Abschlüssen nach dem Abschlußprüfertestat weniger ausgeprägt verläuft als bei den Berechnungen zum Bilanzgewinn.[604)]

Im Hinblick auf den oben formulierten Inhalt von Hypothese 1 könnte man einwenden, daß den Kennzahlen Jahresüberschuß und Bilanzgewinn eines Bankabschlusses zwar in den meisten Fällen kein positiver Informationswert JI zukommt, gleichwohl aber Kursreaktionen auf die Veränderungen dieser Kennzahlen zu verzeichnen seien. Diese Kursreaktionen gingen jedoch - unverständlicherweise - in die "falsche Richtung": Auf Erhöhungen (Verminderungen) des Periodenerfolgs reagiere die Anlegerschaft mit sinkenden (steigenden) Ertragserwartungen, daraus resultierten Aktienverkäufe (-käufe) und letztlich sinkende (steigende) Kurse für die betreffende Bankaktie. Diese Interpretation ist - wie in Abschnitt D.III.2.a.β ausführlich dargestellt - wenig plausibel. Wie die Untersuchungen zur Hypothese 2 zeigen, reagieren die Anleger stark auf Veränderungen der Differenz[605)] der beiden "§-26a-manipulierbaren" GVR-Positionen[606)]. Da Jahresüberschuß und Bilanzgewinn negativ mit dieser Differenz korreliert sind, kommt beiden Kennzahlen nur "indirekt" ein negativer Informationswert zu.

Zusammenfassend betrachtet wird der in Hypothese 1 aufgestellte Zusammenhang angesichts der nahezu[607)] eindeutigen Ergebnisse im untersuchten Zeitraum klar gestützt. Es spricht daher viel dafür, daß die Mehrzahl der Anleger den beiden Hauptkenngrößen eines Bankabschlusses, dem Bilanzgewinn und dem Jahresüberschuß, im Vergleich zu denselben Kennzahlen im Jahresabschluß

---

dung 31), der maximale Unterschied bei 1,49 Prozentpunkten (vgl. Abbildung 22).

604) In einem Fall (vgl. Abbildung 28) wird sogar nur in einer der Tabellenspalten, in Periode t_{50}, ein positiver JI-Wert erreicht.

605) Die Werte beider Positionen sind infolge der Möglichkeiten der "Überkreuzkompensation" nicht unabhängig voneinander; sie können daher nur zusammen interpretiert werden. Vgl. Abschnitt C.I.2.c d.A.

606) Es handelt sich dabei um die Positionen "Abschreibungen und Wertberichtigungen auf Forderungen und Wertpapiere sowie Zuführungen zu Rückstellungen im Kreditgeschäft" abzüglich "Andere Erträge einschließlich der Erträge aus der Auflösung von Rückstellungen im Kreditgeschäft". Vgl. Formblatt für den Jahresabschluß der AG, KGaA, GmbH, in: Reischauer/Kleinhans, Kreditwesengesetz, Tz. 426, S. 6.

607) Im Rahmen des Mittelwertbereinigungsverfahrens (vgl. Abbildung 33) ist der in Hypothese 1 formulierte Zusammenhang weniger ausgeprägt festzustellen. Allerdings ist hier zu berücksichtigen, daß die Informationswertberechnungen durch die beschriebenen Schwächen dieses Bereinigungsverfahrens erheblich verzerrt sind.

einer IHV-AG tatsächlich nur eine sehr viel geringere Bedeutung beimißt.

Während die Hypothese 1 auf den Informationsgehalt des ausgewiesenen Geschäftsjahreserfolgs abzielt, galten die Untersuchungen zur **Hypothesengruppe** 2 dem Informationsgehalt eines "bereinigten" Periodenerfolgs. Da für KI keine meßgenaueren Informationen zum Periodenerfolg verfügbar sind, liegt die Vermutung nahe, daß Anleger - notgedrungen - ihre Erwartungen anhand derjenigen Jahresabschlußdaten bilden, die einer Manipulation durch § 26 a KWG nicht zugänglich sind. Um zu ermitteln, ob die Mehrzahl der Anleger in der beschriebenen Weise reagiert, wurden die Informationswerte JI für Abschlußkennzahlen berechnet, die aus Sicht der Anleger das "§26a-bereinigte" bzw. "unbereinigte" Periodenergebnis darstellen könnten. Falls Hypothese 2 zuträfe, sollten die "bereinigten" Kennzahlen nach dem Abschlußprüfertestat deutlich höhere Informationswerte JI ausweisen als die "unbereinigten" Kennzahlenvarianten.

Wie jede der hier durchgeführten Einzeluntersuchungen bestätigt, liegt der Informationswert JI der von möglichen Manipulationen nach § 26 a KWG "bereinigten" Jahresabschlußkennzahlen nach dem Testat des Abschlußprüfers stets wesentlich höher als der der "unbereinigten" Kennzahlenvarianten. Die Relation, um die die Informationswerte der "bereinigten" Kennzahlen die der "unbereinigten" Kennzahlen übersteigt, bewegt sich je nach Kennzahl, gewählter Periode und Untersuchungsaufbau meist zwischen 50 und 300 %.[608] In keinem einzigen Untersuchungsaufbau dieser Arbeit überstieg in den Perioden t_0 bis t_{40} der Informationswert JI einer "unbereinigten" Kennzahl den Wert einer "bereinigten" Kennzahl.[609] Insofern kann quasi mit Sicherheit behauptet werden, daß sich die Anleger am Kapitalmarkt nicht durch die möglichen "Stille-Reserve-Bewegungen" nach § 26 a KWG irritieren lassen; vielmehr versuchen sie, so gut es eben geht,

608) Angaben in Prozent des Informationswertes JI der "bereinigten" Kennzahl. In den ersten drei Monaten nach dem Abschlußprüfertestat (bis Periode t_{60}) ist diese Relation häufig etwas höher als in späteren Perioden. Durch Einführung einer dritten Intensitätsklasse für "indifferente" Kennzahlenausprägungen lassen sich die durchschnittlichen Informationswerte noch steigern. Vgl. Abschnitt D.III.1.b d.A.

609) Auch für spätere Perioden gilt diese Aussage - bis auf einen "Ausreißer": Im Rahmen der Mittelwertbereinigung (Abbildung 33) werden - wie ausgeführt - die Informationswertberechnungen in späteren Perioden des Beobachtungszeitraums durch gesamtmarktinduzierte Renditeänderungen verzerrt.

die möglichen Ergebnismanipulationen aus dem Jahresabschluß herauszurechnen und ihre Erwartungsbildung nur anhand des nicht manipulierbaren Teils der Abschlußdaten zu treffen. Hypothese 2 konnte durch die empirische Untersuchung demnach ebenfalls nicht entkräftet werden.

Während die Hypothesen der Gruppen 1 und 2 an den Informationsgehalt bestimmter Jahresabschlußkennzahlen anknüpfen, beziehen sich die **Hypothesen der Gruppe 3** auf den Informationsgehalt des gesamten Jahresabschlusses. Da - wie ausgeführt - Jahresüberschuß und Bilanzgewinn von Bankabschlüssen im Vergleich zu den Gewinninformationen von IHV-AG einen weit geringeren Informationsgehalt aufweisen und zudem wegen § 26 a KWG wohl nur geringe Indikatorqualitäten bezüglich des Aktienertragsrisikos besitzen, liegt die Vermutung nahe, daß der gesamte Informationswert von Bank-Jahresabschlüssen geringer ausfällt als bei IHV-Abschlüssen mit vergleichbarer Aktualitäts- und Intensitätsdimension. In den Fällen, in denen Bank-Jahresabschlüsse auf eine massive Ergebnismanipulation schließen lassen, sollte dagegen der Informationswert des gesamten Jahresabschlusses auf einem höheren Niveau liegen, ohne allerdings den gesamten Informationswert von IHV-Jahresabschlüssen zu überschreiten. Hypothese 3 postuliert demnach folgende Relationen zwischen den Informationswerten NI der folgenden Jahresabschlußgruppen:

1. NI (alle IHV-Jahresabschlüsse) > NI (alle Bank-Jahresabschlüsse)
2. NI ("manipulierte" Bankabschlüsse) > NI ("restliche" Bankabschlüsse)

Um zu beurteilen, ob diese Relationen in den auf den Veröffentlichungsstichtag folgenden Perioden des Beobachtungszeitraums eingehalten werden, können zum einen die Ausprägungen der Informationswerte NI in **einzelnen** Perioden nach dem Abschlußprüfertestat verglichen werden ("Differenzbildung"); zum anderen besteht die Möglichkeit, die (durchschnittlichen) Veränderungen des Informationswertes NI von Periode zu Periode bei verschiedenen Gruppen zu beobachten ("Marginalbetrachtung"), falls der erste Informationswertvergleich nicht zu eindeutigen Ergebnissen führt.

Zunächst zum **ersten Teil der Hypothese 3**: der dort postulierte Zusammenhang konnte in allen Untersuchungen dieser Arbeit nicht widerlegt werden. Zwar ist meist festzustellen, daß bereits vor dem Abschlußprüfertestat die NI-Werte für alle IHV-Jahresabschlüsse von Periode zu Periode etwas stärker anwachsen als die für alle Bankabschlüsse. Wenn man aber die Ausprägungen von NI genauer betrachtet, stellt man - mit Ausnahme der Untersuchung zum Mittelwertverfahren[610] - fest, daß der Abstand der NI-Werte der IHV- von der Bank-Gruppe im Zeitraum des Bekanntwerdens des Jahresabschlusses (insb. von Periode t_{10} bis t_{60}) im Periodendurchschnitt um ein Vielfaches mehr wächst als vor oder nach diesem Zeitraum.[611] Daß der Informationswert NI gerade im Zeitraum des Bekanntwerdens der Jahresabschlußdaten bei den IHV-Jahresabschlüssen so kräftig zunimmt, bei den Bankabschlüssen dagegen weit weniger stark, kann nur bedeuten, daß - gruppenweit betrachtet - der gesamte Jahresabschluß von Banken weniger Erwartungsrevisionen auslöst, mithin einen geringeren Informationsgehalt aufweist als der von IHV-AG. Da diese Aussage in allen Untersuchungen dieser Arbeit - mit Ausnahme des Versuchs der Mittelwertbereinigung - bestätigt wurde, kann der erste Teil von Hypothese 3 ebenfalls nicht abgelehnt werden.

Die Ergebnisse zum **zweiten Teil von Hypothese 3** werden - im Gegensatz zu denen des ersten Teils - durch die Ausgestaltung der Bedingung beeinflußt, die Bank-Jahresabschlüsse der Gruppe "erkennbar manipuliert" oder der Gruppe "ohne erkennbare Manipulationen" zuweist. In der Mehrzahl der Untersuchungen dieser Arbeit wurden Bankabschlüsse dann als erkennbar manipuliert bezeichnet, wenn die Differenz der beiden GVR-Positionen, die den Regelungen der "Überkreuzkompensation" zugänglich sind, sich um **50 % oder mehr** vom Wert dieser Differenz im Vorjahr unterscheidet.[612] In den ersten drei Monaten nach dem Abschlußprüfertestat wiesen fast alle diese Untersuchungen[613] NI-Werte für die "erkennbar manipulierten" Jahresabschlüsse aus, die über den Werten der Abschlüsse lagen, denen man das "Vorzeichen" der Ergebnismanipulation nicht ansehen kann. Auch der zweite Teil von Hypothese 3 kann - über alle Untersuchungsansätze betrachtet - daher als gut bestätigt gelten: Die Informationswerte der Bank-

---

610) Dort sinken (!) die NI-Werte infolge fehlender Bereinigung um marktweite Renditeänderungen. Vgl. Abbildung 33 d.A.

611) Vgl. diesbezüglich insb. Abbildung 30 auf S. 239 d.A.

612) Die Ergebnisse für andere - ebenfalls plausible - Ausgestaltungen dieser Bedingung (Veränderung dieser Differenz um 100 bzw. 200 % im Vergleich zum Vorjahr) wurden in Abschnitt D.III.1.b vorgestellt. Dort zeigte sich, daß eine zu extreme Ausgestaltung der Bedingung, die die "erkennbar manipulierten" von den "nicht offensichtlich manipulierten" Abschlüssen trennen soll, zu Fehlklassifikationen führen kann.

613) Ausnahme ist auch hier die Untersuchung zu den mittelwertbereinigten Aktienrenditen.

abschlüsse mit - im Vergleich zum Vorjahr - stark veränderten Werten der manipulierbaren GVR-Positionen liegen fast immer über den NI-Werten der restlichen Bankabschlüsse und stets unter den entsprechenden NI-Ausprägungen der IHV-Gruppe.

Der neben der eigentlichen Hauptuntersuchung durchgeführten Studie zum Informationsgehalt der Bank- und IHV-Jahresabschlüsse vor der Aktienrechtsreform von 1965 war im Rahmen dieser Arbeit eine Art "Kontrollfunktion" zugedacht: Es sollte herausgefunden werden, ob Besonderheiten in der Reaktion der Anleger bei Bekanntwerden von Bank-Jahresabschlüssen bereits vor Einführung von § 26 a KWG existierten. Wie die Ergebnisse des Abschnitts D.III.4 gezeigt haben, ist dies nicht der Fall: Vielmehr fallen vor der Aktienrechtsreform von 1965 die Informationswerte JI und NI bei den Bankabschlüssen sogar höher aus als bei den IHV-Abschlüssen. Daher ist der Einwand, nicht die bankspezifischen Bewertungssonderrechte, sondern andere Faktoren seien für die Informationswertunterschiede verantwortlich, kaum haltbar. Die Ergebnisse der Informationswertberechnungen zu den Jahresabschlüssen nach "altem" Aktienrecht geben somit keinen Anlaß dazu, die in der Hauptuntersuchung ermittelten Zusammenhänge in Frage zu stellen. Außerdem hat diese Untersuchung gezeigt, daß bei den IHV-AG sowohl der Informationsgehalt des Periodengewinns als auch der gesamte Informationsgehalt des Jahresabschlusses durch die Aktienrechtsreform von 1965 erheblich verbessert wurde. Bei den Aktienbanken ist durch die Einführung von § 26 a KWG im Zuge der Aktienrechtsreform von 1965 der Informationsgehalt JI des Periodengewinnes zurückgegangen, der Informationsgehalt NI des gesamten Jahresabschlusses dagegen gestiegen.

Welche Auswirkungen die Modifikation der bankspezifischen Bewertungsprivilegien, die gemäß den Bestimmungen des Bankbilanzrichtlinie-Gesetzes auf Jahresabschlüsse nach 1992 anzuwenden sind, auf die Kursreaktionen des Aktienmarktes bei Bekanntwerden eines Jahresabschlusses haben wird, konnte mangels genauer Kenntnis der dann gültigen Jahresabschlußformblätter und Bilanzierungsrichtlinien nicht abgeschätzt werden. Da sich die Regelungen von § 26 a KWG und § 340 f HGB stark ähneln, ist jedoch zu vermuten, daß ein Großteil der hier beschriebenen Zusammenhänge wieder anzutreffen sein wird.

Will man die gesamten Ergebnisse, die die empirischen Untersuchungen dieser Arbeit gebracht haben, in einem Satz zusammenfassen, kommt man auf die in der Einleitung dieser Arbeit vorgetragene Problemstellung zurück: Dort wurde gefragt, ob der Jahresabschluß von KI infolge der Bewertungssonderrechte von den Anlegern tatsächlich als "**degeneriert**" eingeschätzt wird oder ob die externe Rechnungslegung von KI den Jahresabschlüssen von IHV-Unternehmen hinsichtlich des Informationsgehaltes gleichkommt. Die Antwort, die die Ergebnisse dieser Arbeit nahelegen, lautet: Der Informationsgehalt von Bankabschlüssen liegt erheblich unter dem vergleichbarer IHV-Jahresabschlüsse. Bankabschlüsse werden von den Anlegern zwar nicht als so "degeneriert" eingestuft, daß sie sie überhaupt nicht beachten, die Anleger halten sie aber für so verzerrt, daß sie hartnäckig versuchen, die gröbsten Manipulationen herauszurechnen.[614)]

VI. Schlußfolgerungen im Hinblick auf verwandte Fragestellungen der empirischen Kapitalmarktforschung

In diesem letzten Abschnitt soll kurz skizziert werden, inwieweit die hier erzielten Ergebnisse eine Antwort auf andere drängende Fragen der empirischen Kapitalmarktforschung beinhalten könnten. Konzeption und Aufbau dieser Arbeit sind zwar primär auf einen Informationsgehaltsvergleich von Bank- und IHV-Abschlüssen ausgerichtet; gleichwohl lassen sich die vorliegenden Ergebnisse auch im Hinblick auf andere Problembereiche interpretieren.

Die hier erzielten Ergebnisse lassen Rückschlüsse auf die **Informationseffizienz** des deutschen Aktienmarktes im Hinblick auf die Informationsart "Jahresüberschuß" zu. Wie die Übersichten z.B. von Möller sowie Hawawini zeigen, existieren eine ganze Reihe von Literaturbeiträgen zu diesem Gebiet.[615)] Ein wichti-

---

614) Birck/Meyer, die die Ansicht vertreten, Bank-Jahresabschlüsse seien in einem "... höheren Sinn 'richtig' und 'wahr'...", wenn die "... mittels stiller Reserven verantwortungsbewußt auf längere Sicht hin manipulierten Abschlüsse, ... den notwendigen Ausgleich zwischen den fetten und den mageren Jahren beinhalten ....", ist somit entgegenzuhalten, daß die Anleger am Kapitalmarkt diese Auffassung von einem "wahren" Jahresergebnis nicht teilen. Birck/Meyer, Bankbilanz, 3. Teillieferung, S. VII 69.

615) Vgl. Möller, Informationseffizienz, S. 506 und 508 f., S. 515, Hawawini, European Equity Markets, S. 112 - 127 (mittelstrenge Informationseffizienz). Um den Rahmen dieser Arbeit nicht zu sprengen, soll auf Prämissen, Konzeption und Aufbau solcher Untersuchungen nicht eingegangen werden.

ges Teilproblem dieser Forschungsrichtung ist - vereinfacht ausgedrückt - die Frage, ob die Erwartungsbildung der Anleger durch die Bilanzpolitik eines Unternehmens beeinflußt wird.[616] Im Rahmen dieser Arbeit wurde eine extreme - durch den Gesetzgeber begünstigte - Form der Bilanzpolitik, die Legung oder Auflösung stiller Reserven im Jahresabschluß von KI, untersucht. Die Ergebnisse, insbesondere zu den Hypothesen 1 und 2, lassen vermuten, daß die Anleger - soweit irgend möglich - sich vorrangig an den Jahresabschlußdaten orientieren, die einer Manipulation im Rahmen der "Überkreuzkompensation" nicht zugänglich sind. Mit anderen Worten: Daß die Anleger auf Veränderungen der manipulierten Kennzahlen Jahresüberschuß und Bilanzgewinn nicht (zumindest nicht "positiv"[617]) reagieren, läßt den Schluß zu, daß sich die Gesamtheit der Anleger durch die "Bewertungsmanöver" im Jahresabschluß der KI nicht täuschen läßt.

Der zweite Punkt, den die Ergebnisse dieser Arbeit nahelegen, betrifft die Preiswirkungen von Rechnungslegungsinformationen außerhalb des Mediums "Jahresabschluß". Wie ein Vergleich der Ergebnisse der Abschnitte D.III.1 und D.III.2 zeigt, vermindert sich der Informationswert sowohl einzelner Jahresabschlußkennzahlen als auch der anhand der Kennzahl NI gemessene Wert des gesamten Jahresabschlusses im Mittel um ca. 10 bis 30 % (bei einigen Kennzahlen auch mehr), wenn im Zeitraum seit der letzten Jahresabschlußveröffentlichung ein **Zwischenbericht** publiziert wurde. Dies läßt den (indirekten) Schluß zu, daß aus Sicht der Anleger am Kapitalmarkt neben dem Jahresabschluß auch der Zwischenberichterstattung eines Unternehmens ein originärer Informationswert zukommt.

Die Ergebnisse dieser Arbeit könnten auch im Hinblick auf die auffälligen **Kursverlaufsmuster deutscher Bankaktien** eine Anregung für zusätzliche Forschungsarbeiten darstellen. Reiss stellte bereits 1976 mit Hilfe von "Run-Tests"[618] fest, daß

---

616) Ausführlich dazu Beaver, Effizienz, S. 350 - 353.

617) Vgl. zum Phänomen, daß bei einer Erhöhung beider Kennzahlen negative Informationswerte beobachtet werden können, die Erklärung in Abschnitt D.III.1.a.β d.A.

618) In Run-Tests wird untersucht, ob der Kurs einer Aktie von einem bestimmten Zeitpunkt an steigt, gleichbleibt oder fällt. Eine ununterbrochene Aufeinanderfolge von x gleichgerichteten Kursbewegungen wird als Run der Länge x bezeichnet. Die Häufigkeit, mit der Runs bestimmter Länge auftreten, läßt Rückschlüsse auf das "Trendverhalten" einer Aktie zu. Vgl. Reiss, Random Walk Hypothese, S. 559 - 566.

die Trendbewegungen bei den Bankaktien deutlich länger sind als bei den IHV-Werten. Ein plausible Erklärung für die höhere Häufigkeit länger andauernder Trendbewegungen bei Bankaktien könnte sein, daß die Qualität der Informationen zu den Unternehmenserträgen der Vergangenheit wegen der Bewertungssonderrechte bei den Banken wesentlich geringer ist als bei den IHV-AG. Wenn unklar ist, ob die in den vergangenen Rechnungslegungsperioden ausgewiesenen Gewinne aus stillen Reserven oder aus der Geschäftstätigkeit stammen, werden die Ertragserwartungen der Anleger eine größere Bandbreite annehmen als bei meßgenaueren Informationen zum vergangenen Unternehmenserfolg. Eine höhere Bandbreite der Ertragsschätzungen durch die Anleger sollte sich auch in einer stärkeren Kursfluktuation der betreffenden Aktie niederschlagen, da - bildlich gesprochen - die Kursober- und -untergrenzen, die einzelne Anleger noch als angemessenes Entgelt für diesen Ertragsstrom beurteilen, weiter auseinander liegen.

Ein letzter Punkt, der einem aufmerksamen Betrachter der Ergebnisabbildungen dieser Arbeit auffallen könnte, ist die vergleichsweise frühe Reaktion der Aktienkurse auf die Jahresabschlußdaten. Erste stärkere Reaktionen auf die in den Hypothesen 1 und 2 verwendeten Jahresabschlußkennzahlen sind durchweg bereits vor, spätestens kurz nach dem Termin des Abschlußprüfertestats zu verzeichnen. Betrachtet man, zu welchen Terminen einzelne Gesellschaften ihre Bilanzpressekonferenzen[619)] abhalten, fällt auf, daß diese Termine im Regelfall mehrere Wochen nach dem Tag des Abschlußprüfertestats liegen. Insofern drängt sich der Verdacht auf, daß die Börsenreaktionen vor dem Termin der Bilanzpressekonferenz durch **Insidergeschäfte** ausgelöst sein könnten. Dieser Verdacht wiegt um so schwerer, wenn man berücksichtigt, daß die Gefahr, durch Insider geschädigt zu werden, für die Publikumsaktionäre von Banken vermutlich größer ist als für die Aktionäre anderer Branchen.[620)] Da allerdings auch die Möglichkeit besteht, daß andere Vorab-Veröffentlichungen von Abschlußdaten, z.B. in Interviews oder Zeitungsartikeln, die

619) Die Termine der Bilanzpressekonferenzen der größeren AG können z.B. für die Jahre 1978 bis 1986 einer Übersicht entnommen werden, die in dem (wöchentlich erscheinenden) Börseninformationsdienst "Der Platow-Brief" jeweils einmal jährlich in einer Ausgabe Ende Februar bis Mitte März abgedruckt ist.

620) Der Grund ist vor allem darin zu sehen, daß sie - im Gegensatz zu anderen Adressaten, vor allem den Mitgliedern des Aufsichtsrates - nicht über unmanipulierte Ergebnisinformationen verfügen. Vgl. Bieg, Bankbilanzen, S. 249 f. Vgl. auch S. 8 d.A.

frühen Kursreaktionen auslösen, sind weitere Forschungen notwendig, um diesen Verdacht zu erhärten bzw. zu entkräften.

E) Schlußbetrachtung

Diese Arbeit ging der Frage nach, ob der Informationsgehalt des Jahresabschlusses einer Bank infolge der Bewertungsprivilegien gemäß § 26 a KWG vom Informationsgehalt vergleichbarer Jahresabschlüsse von Aktiengesellschaften anderer Branchen abweicht. Anlaß dieser Untersuchung war die wiederholt in der Literatur geäußerte Vermutung, daß die Möglichkeit der stillen Ergebnismanipulation den Informationsgehalt des Jahresabschlusses stark beeinträchtigt und "Bankeigentümer in bezug auf Gewinninformationen über ihre Gesellschaften ... diskriminiert"[621] werden. Kapitalmarktorientierte empirische Untersuchungen zu dieser Fragestellung wurden bislang nicht vorgelegt.

Der Untersuchung liegt der Gedanke zugrunde, daß bei Veröffentlichung eines Jahresabschlusses die Preisbildung an der Börse neue Jahresabschlußinformationen reflektiert. Ändert der Jahresabschluß die Erwartungen der Anleger bezüglich der künftigen Vorteile aus dem Aktienbesitz, werden diese verstärkt Aktienkauf- (bei positiven Jahresabschlußdaten) bzw. -verkaufsentscheidungen (bei negativen Jahresabschlußdaten) treffen. Da sich diese Handlungen in den Aktienkursen für das betreffende Unternehmen niederschlagen, können Rückschlüsse auf den Informationsgehalt des Jahresabschlusses für die Gesamtheit der Anleger gezogen werden. Zum Nachweis der jahresabschlußinduzierten Kursreaktionen des Aktienmarktes wurde die im US-amerikanischen Schrifttum verbreitete Methode der Abnormal Performance Indizes verwendet. Aufbauend auf diese Methode wurden die Informationsmaße JI (Wert der Jahresabschlußinformation) und NI (Wert der Netto-Information) für eine ganze Reihe von Jahresabschlußkennzahlen und Untersuchungsgesamtheiten errechnet.

Die Ergebnisse der empirischen Untersuchung legen den Schluß nahe, daß sowohl der Informationswert der Jahresabschlußkennzahlen Bilanzgewinn und Jahresüberschuß als auch der Informationswert des gesamten Jahresabschlusses von Aktienbanken im Durchschnitt niedriger ist als die entsprechenden Informationswerte von Jahresabschlüssen anderer Branchen. Dieser Unter-

621) Süchting, Scheinargumente, S. 210.

schied läßt sich sowohl bei einem Informationswertvergleich auf der Basis der Jahresabschlüsse der meisten börsennotierten deutschen Gesellschaften als auch bei einem Vergleich nur solcher Jahresabschlüsse, für die ein Zwischenbericht seit dem Bekanntwerden des letzten Jahresabschlusses veröffentlicht wurde, zeigen. Ein Informationswertvergleich für Jahresabschlüsse, die vor Inkrafttreten der Aktienrechtsreform von 1965 erstellt wurden, ergab, daß Bankabschlüsse vor Einführung von § 26 a KWG den Jahresabschlüssen anderer Branchen hinsichtlich des Informationswertes nicht unterlegen waren. Die Informationswertuntersuchungen haben darüber hinaus ergeben, daß sich die Anleger im Rahmen ihrer Aktienkauf- und -verkaufsentscheidungen vorrangig an der Höhe derjenigen Positionen der GVR eines Bankabschlusses orientieren, die einer Manipulation gemäß § 26 a KWG nicht zugänglich sind.

Anhang: Verzeichnis der in die Untersuchung einbezogenen Jahresabschlüsse

Einbezogene Jahresabschlüsse von Industrie-, Handels- und Verkehrsaktiengesellschaften:

NAME DES UNTERNEHMENS	WK-Nr	62	63	64	65	66	67	68	69	70	71	72	73	74	75	76	77	78	79	80	81	82	83	84	85	86
SOMMER-ALLIBERT INDUSTRIE-AG (BIS 7'88 ADT AG, BIS 9'76 GEBR. ADT AG)	500900														G	GG	G	G	G	G	Z	Z	Z			
AEG AG (BIS 6'85 AEG-TELEFUNKEN AG)	503800	V	V	V	V			N	N	N	N			Z	Z	Z	Z	Z	Z							
AESCULAP AG (BIS 2'89 AESKULAP-WERKE VORM.JETTER & SCHEERER)	576300													Z	Z	Z	Z	Z	Z	Z	Z	Z	Z	Z	Z	Z
AGIV AG FUER INDUSTRIE UND VERKEHRSWESEN	502820														Z	Z	Z	Z	Z	Z	Z	Z	Z	Z	Z	Z
ALEXANDERWERK AG	503200													G	G	G	G	G	G	G	G	G	G	G	G	G
ALLGEMEINE GOLD- U. SILBERSCHEIDEANSTALT AG, PFORZHEIM	503850													G	G	G	G	G	G	G	G	G	G	G	G	G
ALLWEILER AG	503490													Z	Z	Z	Z	Z	Z	Z	Z	Z	Z	Z	Z	Z
ALTANA INDUSTRIE-AKTIEN UND ANLAGEN AG	760080																	Z	Z	Z	Z	Z	Z	Z	Z	Z
ANDREAE-NORIS ZAHN AG	504700													Z	Z	Z	Z	Z	Z	Z	Z	Z	Z	Z	Z	Z
ASKO DEUTSCHE KAUFHAUS AG	505710																	G	G	G	G	G	G	G	G	
BAD SALZSCHLIRF AG (VORM. AG BAD SALZSCHLIRF)	515600													G	G	G	G	G	G	G	G	G	G	G	G	
BASF AG	515100	V	V	V	V			N	N	N	N			Z	Z	Z	Z	Z	Z	Z	Z	Z	Z	Z	Z	Z
BAYER AG (BIS 68 FARBENFABRIKEN BAYER AG)	575200	V	V	V	V			N	N	N	N			Z	Z	Z	Z	Z	Z	Z	Z	Z	Z	Z	Z	Z
BAYERISCHE MOTOREN WERKE AG	519000	V	V	V	V			N	N	N	N			Z	Z	Z	Z	Z	Z	Z	Z	Z	Z	Z	Z	Z
BERLINER ELEKTRO-BETEILIGUNGEN AG (BIS 8'84 BERLINER AG F.IND.BETEIL.)	521310														G	G	G	G	G	G	G	G	G	G	G	G
BERLINER KRAFT-UND LICHT (BEWAG)-AG	530300													Z	Z	Z	Z	Z	Z	Z	Z	Z	Z	Z	Z	Z
H.BERTHOLD AG (BIS 71 H.BERTHOLD MESSINGLINIENFABR.U.SCHRIFTGIEBEREI)	522500													G	G	G	G	G	G	G	G	G	G	G	G	
BIBLIOGRAPHISCHES INSTITUT & F.A. BROCKHAUS AG (BIS 84 BIBL.INSTITUT)	522700															G	G	G	G	G	G					
BILFINGER & BERGER BAU AG (BIS 75 GRÜN & BILFINGER AG)	590900																Z	Z	Z	Z	Z	Z	Z	Z	Z	Z
BINDING-BRAUEREI AG	719500	V	V	V	V			N	N	N	N			G	G	G	G	G	G	G	G	G	G	G	G	G
BOSWAU & KNAUER	529500													G	G	G	G	G	G	G	G					
BRAUEREI CLUSS AG	529700													G	G	G	G	G	G	G	G					
BRAUEREI MONINGER AG	524730													G	G	G	G	G	G	G	G	G	G	G		
BREMER VULKAN AG SCHIFFBAU UND MASCHINENFABRIK	527100	V	V	V	V			N	N	N	N								G	G	G	G	G	G	G	G
BREMER WOLL-KAEMMEREI AG	527200													G	G	G	G	G	G	G	G	G	G	G	G	G
BBC BROWN BOVERIE AG (BIS 88 BROWN,BOVERIE & CIE AG (BBC)	529100	V	V	V	V			N	N	N	N			Z	Z	Z	Z	Z	Z	Z	Z	Z	Z			
BUERSTENFABRIK EMIL KRAENZLEIN AG	528200																		G	G	G	G	G	G	G	
CEAG INDUSTRIE-AKTIEN UND ANLAGEN AG (BIS 77 IND.-ANLAGEN U.LEICHTBAU)	620110																	Z	Z	Z	Z	Z	Z	Z	Z	Z
CHEMISCHE WERKE BROCKHUES AG	542400													G	G	G	G	G	G	G	G	G	G	G	G	G
CONTIGAS DEUTSCHE ENERGIE AG (BIS 79 DT. CONTINENTAL-GAS-GES. AG)	550400													Z	Z	Z	Z	Z	Z	Z	Z	Z	Z	Z	Z	Z
CONTINENTAL AG (BIS 81 CONTINENTAL GUMMI-WERKE AG)	543900	V	V	V	V			N	N	N	N			Z	Z	Z	Z	Z	Z	Z	Z	Z	Z	Z	Z	Z

Anhang: Verzeichnis der in die Untersuchung einbezogenen Jahresabschlüsse

NAME DES UNTERNEHMENS	WK-Nr	62	63	64	65	66	67	68	69	70	71	72	73	74	75	76	77	78	79	80	81	82	83	84	85	86
BRAU UND BRUNNEN AG, VORMALS DORTMUNDER UNION SCHULTHEISS BRAUEREI	555030													Z	Z	Z	G	G	G	G	G	Z	Z	G	G	G
DAIMLER-BENZ AG	550000	V	V	V	V			N	N	N	N			Z	Z	Z	Z	Z	Z	Z	Z	Z	Z	Z	Z	Z
DEUTSCH-ATLANTISCHE TELEGRAPHENGESELLSCHAFT, KÖLN	550600													G	G	G	G	G	G	G	G	G	G			
DEUTSCHE BABCOCK AG (BIS 75 DEUTSCHE BABCOCK & WILCOX AG)	550700	V	V	V	V			N	N	N	N			Z	Z	Z	Z	Z	Z	Z	Z	Z	Z	Z	Z	Z
DT. STEINZEUG- U.KUNSTSTOFFWARENFABRIK VERWALTUNGS-AG	552800													G	G	G	G									
FCM UNTERNEHMENSVERWALTUNGS-AG (BIS 4'85 DIAMALT AG)	553600	V	V	V	V			N	N	N	N			G	G	G	G									
DIDIER-WERKE AG	553700	V	V	V	V			N	N	N	N			Z	Z	Z	Z	Z	Z	Z	Z	Z	Z	Z	Z	Z
DINKELACKER BRAUEREI AG (BIS 73 DINKELACKER WULLE)	553830														G	G	G									
DLW AG (BIS 69 DEUTSCHE LINOLEUM-WERKE AG)	551800	V	V	V	V			N	N	N	N			G	G	G	G	G	G	G	G	G	G	G	G	G
DORTMUNDER ACTIEN-BRAUEREI AG	554800															G	G	G	G	G	G	G	G	G	G	G
DYCKERHOFF AG, WIESBADEN (BIS 7'85 DYCKERHOFF ZEMENTWERKE AG)	559100	V	V	V	V			N	N	N	N															
DYWIDAG (DYCKERHOFF & WIDMANN AG, MÜNCHEN)	557550													G	G	G	G	G	G	G	G	G	G	G	G	G
EISENBAHN-VERKEHRSMITTEL-AG FÜR TRANSPORT UND LAGERUNG (EVA)	565600													Z	Z	Z	Z									
SEITZ ENZINGER NOLL MASCHINENBAU AG (BIS 8/82 ENZINGER-UNION-WERKE AG)	568400													G	G	G	G	G	G							
GEBRÜDER FAHR AG	575600													G	G	G	G									
HARMSDORF AG, FLENSBURG (BIS 9/82 FLENSBURGER SCHIFFSBAU-GES. AG)	577100	V	V	V	V			N	N	N	N			G	G	G	G	G	G							
GELSENWASSER AG (BIS 73 WASSERWERK FÜR DAS NÖRDL. WESTF. KOHLENREVIER)	776000													G	G	G	G									
GILDEMEISTER AG (BIS 72 WERKZEUGMASCHINENFABRIK GILDEMEISTER & COMP.)	587800													Z	Z	Z	Z	Z	Z	Z	Z	Z	Z	Z	Z	Z
GIRMES-AG (BIS 1/87: GIRMES-WERKE AG)	587900													G	G	G	G	G	G	G	Z	Z	Z	Z	Z	Z
DIBAG DOBLINGER IND.BAU-GLASMANUFACTUR AG (BIS 87 GLAS-U.SPIEGEL-MAN.)	588400	V	V	V	V			N	N	N	N															
TH. GOLDSCHMIDT AG, ESSEN	589300	V	V	V	V			N	N	N	N			Z	Z	Z	Z	Z	Z	Z	Z	Z	Z	Z	Z	Z
C. GROSSMANN EISEN- UND STAHLWERK AG, SOLINGEN	590610													G	G	G	G	G	G							
GUTEHOFFNUNGSHUETTE AKTIENVEREIN	593700													Z	Z	Z	Z	Z	Z	Z	Z	Z	Z	Z		
HAGEDA AG	600590													Z	Z	Z	Z	Z	Z	Z	G	G	G	G	G	G
HAMBORNER BERGBAU AG	601300													G	G	G	G	G	G	G	G	G	G	G	G	G
HAMBURGISCHE ELECTRIZITÄTS-WERKE AG, HAMBURG	601200													Z	Z	Z	Z	Z	Z	Z	Z	Z	Z	Z	Z	Z
HANFWERKE OBERACHERN AG, ACHERN	601950														G	G	G	G	G	G	G	G	G	G	G	G
HANNOVERSCHE PAPIERFABRIKEN ALFELD-GRONAU AG	503400																							G	G	G
HAPAG-LLOYD AG, BREMEN UND HAMBURG	825150													Z	Z	Z	Z	Z	Z	Z	G					
HARPENER AG, DORTMUND (BIS 4/70 HARPENER BERGBAU AG)	603400													Z	Z	Z	Z	Z	Z	Z	Z	Z	Z	Z	Z	Z
HEIDELBERGER ZEMENT AG, HEIDELBERG (BIS 78 PORTLAND-ZEMENTW.HEIDELBG.)	604700	V	V	V	V			N	N	N	N			Z	Z	Z	Z	Z	Z	Z	Z	Z	Z	Z	Z	Z
HEINRICH INDUSTRIE- UND HANDELS AG, ESSEN (BIS 68 HEINRICH BERGBAU-AG)	611800													G	G	G	G	G	G	G	G	G	G			
HENNIGER-BRÄU AG, FRANKFURT A.M. (BIS 8/79 HENNIGER-BRÄU KGAA)	610700	V	V	V	V			N	N	N	N															
HERLITZ AG, BERLIN (VORM. CARL HERLITZ AG)	605310																	G	G	G	G	G	G	Z	Z	Z
HOECHST AG (BIS 6/74 FARBW. HOECHST AG VORM. MEISTER LUCIUS & BRÜNING)	575800	V	V	V	V			N	N	N	N			Z	Z	Z	Z	Z	Z	Z	Z	Z	Z	Z	Z	Z
HOESCH AG (BIS 6'84 HOESCH WERKE AG)	620000	V	V	V	V			N	N	N	N			Z	Z	Z	Z	Z	Z	Z	Z	Z	G	G	Z	Z

Anhang: Verzeichnis der in die Untersuchung einbezogenen Jahresabschlüsse

NAME DES UNTERNEHMENS	WK-Nr	62	63	64	65	66	67	68	69	70	71	72	73	74	75	76	77	78	79	80	81	82	83	84	85	86
HOFFMANN'S STAERKEFABRIKEN AG	607600													G	G	G	G	G	G	G	G	G	G			
PHILIPP HOLZMANN AG, FRANKFURT A.M.	608200													Z	Z	Z	Z	Z	Z	Z	Z	Z	Z	Z	Z	Z
HORTEN AG, DÜSSELDORF	608340													G	G	G	G	G	G	G	G	G	G	G	G	GG
HUSSEL HOLDING AG, HAGEN (BIS 76 HUSSEL AG)	609900													G	G	G	G	G	G	G	G	G	G	G	G	G
HUTA-HEGERFELD AG, ESSEN	610000													Z	Z	Z	Z									
HUTSCHENREUTHER AG, SELB (BIS 8/70 PORZELLANFABRIK L. HUTSCHENREUTHER)	610200													Z	Z	Z	Z	Z	Z	Z	Z	Z	Z	Z	Z	Z
INDUSTRIE-WERKE KARLSRUHE AUGSBURG AG, KARLSRUHE	620440	V	V	V	V			N	N	N	N			Z	Z	Z	Z	Z	Z	Z	Z	Z	Z	Z	Z	Z
KALI UND SALZ AG, KASSEL (BIS 8/72 SALZDETFURTH AG)	716200													Z	Z	Z	Z	Z	Z	Z	Z	Z	Z			
KALI-CHEMIE AG	635000	V	V	V	V			N	N	N	N			Z	Z	Z	Z	Z	Z	Z	Z	Z	Z	Z		
KARSTADT AG (VORM. RUDOLPH KARSTADT AG)	627500															Z	Z	Z	Z	Z	Z	Z	Z	Z	Z	Z
KAUFHOF AG, KÖLN	781900													Z	Z	Z	Z	Z	Z	Z	Z	Z	Z	Z	Z	Z
KEMPINSKI AG (BIS 70 KEMPINSKI HOTELBETRIEBS-AG)	608700													G	G	G	G	G	G	G	G	G	G			
AKTIENGESELLSCHAFT KUEHNLE, KOPP & KAUSCH	502770													G	G	G	G	G	G	G	G	G	GG	G	G	G
KLOECKNER-HUMBOLDT-DEUTZ AG, KÖLN	630500	V	V	V	V			N	N	N	N			Z	Z	Z	Z	Z	Z	Z	Z	Z	Z	Z	Z	Z
KLOECKNER-WERKE AG, DUISBURG	678000	V	V	V	V			N	N	N	N			Z	Z	Z	Z	Z	Z	Z	Z	Z	Z	Z	Z	Z
KOENIG & BAUER AG (BIS 6/72 SCHNELLPRESSENFABRIK KÖNIG & BAUER AG)	719350																G	G	G	G	G	G	G	G	G	G
KORF STAHL AG (FRÜHER KORF-MIDLAND-ROSS-HOLDING AG)	620850													G	G	G	G	G	G	G						
KÖTITZER LEDERTUCH- UND WACHSTUCH-WERKE AG, BERLIN	631800																				G	G	G	G	G	G
KRAFTUEBERTRAGUNGSWERKE RHEINFELDEN AG	701900													Z	Z	Z	Z	Z	Z	Z	Z	Z	Z	Z	Z	Z
KSB AG (BIS 7'88 KLEIN,SCHANZLIN & BECKER AG)	629200	V	V	V	V			N	N	N	N			Z	Z	Z	Z	Z	Z	Z	Z	Z	Z	Z	Z	Z
LECH-ELEKTRIZITÄTSWERKE AG, AUGSBURG	645800																Z	Z	Z	Z	Z	Z	Z	Z	Z	Z
LEFFERS AG, BIELEFELD	646370																			G	G	G	G	G	G	G
LINDE AG, WIESBADEN (FRÜHER GESELLSCHAFT FÜR LINDE'S EISMASCHINEN AG)	648300	V	V	V	V			N	N	N	N			Z	Z	Z	Z	Z	Z	Z	Z	Z	Z	Z	Z	Z
DEUTSCHE LUFTHANSA AG	823210													Z	Z	Z	Z	Z	Z	Z	Z	Z	Z	Z	Z	Z
MAN AG (BIS 81 MAN MASCHINENFABRIK AUGSBURG-NÜRNBERG)	506300	V	V	V	V			N	N	N	N															
MAN ROLAND DRUCKMASCHINEN AG (VORM. ROLAND OFFSET. FABER & SCHLEICHER)	575100	V	V	V	V			N	N	N	N															
MANNESMANN AG	656000	V	V	V	V			N	N	N	N			Z	Z	Z	Z	Z	Z	Z	Z	Z	Z	Z	G	Z
MARKT- UND KUEHLHALLEN AG (BIS 85 GES. FÜR MARKT- UND KÜHLHALLEN)	656900													G	G	G	G	G	G	G	G	G	G	G	G	G
MAUSER WALDECK AG	658030																			G	Z	Z	Z	Z	Z	Z
MERCEDES-AUTOMOBIL-HOLDING AG, FRANKFURT	659860																Z	Z	Z	Z	Z	Z	Z	Z	Z	Z
METALLGESELLSCHAFT AG	660200													Z	Z	Z	Z	Z	Z	Z	Z	Z	Z			
MOENUS AG, FRANKFURT (BIS 11'79 MASCHINENFABRIK MOENUS AG)	662100													G	G	G	G	G	G	G	G	G	G	G	G	G
MUEHLE RUENINGEN AG	662800																G	G	G	G	G	G	G	G	G	G
NORDWESTDEUTSCHE KRAFTWERKE AG	677600													G	G	Z	Z	Z	Z	Z	Z	Z	ZZ			
OTAVI MINEN AG, FRANKFURT (VORM. OTAVI MINEN- UND EISENBAHN-GES.)	687300													Z	Z	Z	Z	Z	Z	Z	Z	Z	Z	Z	Z	Z
PAPIERFABRIK WEISSENSTEIN AG	688950													G	G	G	G	G	G	G	G	G				

Anhang: Verzeichnis der in die Untersuchung einbezogenen Jahresabschlüsse

NAME DES UNTERNEHMENS	WK-Nr	62	63	64	65	66	67	68	69	70	71	72	73	74	75	76	77	78	79	80	81	82	83	84	85	86
PARKBRAUEREI AG PIRMASENS-ZWEIBRÜCKEN, PIRMASENS	690200																		G	G	G	G	G	G	G	G
PEGULAN WERKE AG	690460													G	G	G	G	G	GG	G	G	G	G			
G.M. PFAFF AG, KAISERSLAUTERN	691430													Z	Z	Z	Z	Z	Z	Z	Z	Z	Z	Z	Z	Z
PHOENIX AG, HAMBURG (BIS 6/78 PHOENIX GUMMIWERKE AG)	603100	V	V	V	V			N	N	N	N			G	G	G	G	G	G	G	G	G	G	G	G	G
PITTLER MASCHINENFABRIK AG	692500													G	G	G	G	G	G	G	G	G	G	G	G	G
PREUSSAG AG (FRÜHER PREUßISCHE BERGWERKS- UND HÜTTEN-AG)	695200													Z	Z	Z	Z	Z	Z	Z	Z	Z	Z	Z	Z	Z
PROGRESS-WERK OBERKIRCH AG	696800																		G	G	G	G	G	G	G	G
PWA PAPIERWERKE WALDHOF-ASCHAFFENBURG AG	688980													G	G	G	G	G	G	G	G	G	G	G	G	G
REICHELBRAEU AG, KULMBACH	700700													G	G	G	G	G	G	G	G	G	G	G	G	G
RHEINELEKTRA AG (BIS 6'66 RHEINISCHE ELEKTRIZITÄTS-AG)	702600													Z	Z	Z	Z	Z	Z	Z	Z	Z	Z	Z	Z	Z
RHEINISCH-WESTFAELISCHES ELEKTRIZITÄTSWERK AG	703700													Z	Z	Z	Z	Z	Z	Z	Z	Z	Z	Z	Z	Z
RHEINMETALL BERLIN AG (BIS 56 RHEINMETALL-BORSIG AG)	703000													Z	Z	Z	Z	Z								
EKATIT-RIEDINGER VERWALTUNGS-AG (BIS 83 RIEDINGER JERSEY AG)	506100	V	V	V	V			N	N	N	N															
ROSENTHAL AG, SELB (BIS 12/65 ROSENTHAL-PORZELLAN AG)	706200	V	V	V	V			N	N	N	N			G	G	G	G	G	G	G	G	G	G	G	G	G
RUETGERSWERKE AG (BIS 68 RÜTGERSWERKE UND TEERVERWERTUNG AG)	707200	V	V	V	V			N	N	N	N			Z	Z	Z	Z	Z	Z	Z	Z	Z				
FERD. RÜCKFORTH NACHFOLGER AG, HEIDELBERG	707000													G	G	G	G	G	G	G	G	G	G			
SALAMANDER AG	730500	V	V	V	V			N	N	N	N															
SCHEIDEMANDEL AG (BIS 8/70 SCHEIDEMANDEL-MOTARD-WERKE AG)	717100													Z	Z	Z	Z	Z								
SCHERING AG	717200	V	V	V	V			N	N	N	N			Z	Z	Z	Z	Z	Z	Z	Z	Z	Z	Z	Z	
SCHIESS AG, DÜSSELDORF	730209													G	G	G	G	G	G	G	G	G	G	G	G	G
CARL SCHLENK AG	527400													G	G	G	G	G	G	G	G	G	G	G	G	G
SCHUBERT & SALZER MASCHINENFABRIK AG	720800													Z	Z	Z	Z	Z	Z	Z	Z	Z	Z	Z		
SCHWAEBISCHE ZELLSTOFF AG	721870	V	V	V	V			N	N	N	N			G	G	G	G	G	G	G	G	G	G	G	G	G
A.A.A. AG ALLG. ANLAGENVERWALTUNG VORM. SEILWOLFF (BIS 88 SEILWOLFF)	722800													G	G	G	G	G	G	G	G	G	G	G	G	
SIEMENS AG (BIS 66 SIEMENS & HALSKE AG)	723600	V	V	V	V			N	N	N	N			Z	Z	Z	Z	Z	Z	Z	Z	Z	Z	Z	Z	Z
D. STEMPEL AG	720700	V	V	V	V			N	N	N	N			G	G	G	G	G	G	G	G					
STOLLWERCK AG (BIS 8/73 GEBRÜDER STOLLWERCK AG)	728000													G	G	G	G									
STÖHR & CO AG	727700																					G	G	G	G	G
STRABAG BAU AG (FRÜHER STRAßENBAU-AG)	728300													G	G	G	G	Z	Z	Z	Z	Z	Z	Z	Z	Z
OTTO STUMPF AG	728200													G	G	G	G	G	G	G	G	G	G	G	G	G
STUTTGARTER HOFBRAEU AG	731800													G	G	G	G	G	G	G	G	G	G	G	G	G
SÜDZUCKER AG MANNHEIM/OCHSENFURT (BIS 9/88 SÜDDT. ZUCKER-AG, MANNHEIM)	729700	V	V	V	V			N	N	N	N			Z	Z	Z	Z	Z	Z	Z	Z	Z	Z	Z	Z	Z
THÜGA AG (BIS 7/86 THÜRINGER GAS AG, BIS 6/79 THÜRINGER GASGES.)	748100													Z	Z	Z	Z	Z	Z	Z	Z	Z				
THYSSEN AG VORM. AUGUST THYSSEN-HÜTTE (BIS 5/77 AUGUST THYSSEN-HÜTTE)	748500	V	V	V	V			N	N	N	N			Z	Z	Z	Z	Z	Z	Z	Z	Z	Z	Z	Z	Z
TONWARENINDUSTRIE WIESLOCH AG	778300													G	G	G	G	G	G	G	G	G	G	G	G	G
TUCHER BRÄU AG	525100																G	G	G	G	G	G	G			

Anhang: Verzeichnis der in die Untersuchung einbezogenen Jahresabschlüsse

NAME DES UNTERNEHMENS	WK-Nr	62	63	64	65	66	67	68	69	70	71	72	73	74	75	76	77	78	79	80	81	82	83	84	85	86
VARTA AG	500100													Z	Z	Z	Z	Z	Z	Z	Z	Z	Z	Z	Z	Z
VEBA AG (BIS 4/70 VEREINIGTE ELEKTRIZITÄTS- UND BERGWERKS- AG)	761441													Z	Z	Z	Z	Z	Z	Z	Z	Z	Z	Z	Z	Z
VEREINIGTE ALTENBURGER U. STRALSUNDER SPIELKARTEN-FABRIKEN AG (ASS)	767800													G	G	G	G	G	G	G	G	G	G	G	G	G
VGT AG, GROßALMERODE (BIS 9/80 VEREINIGTE GROßALMERODER THONWERKE AG)	761560													G	G	G	G	G	G	G	G	G	G	G	G	G
VEREINIGTE DEUTSCHE NICKEL-WERKE AG VORM. WESTF. NICKELWALZWERK ...)	761200																			Z	Z	Z	Z	Z	Z	Z
VEREINIGTE ELEKTRIZITÄTSWERKE WESTFALEN AG	761221													Z	Z	Z	Z	Z	Z	Z	Z	Z	Z	Z	Z	Z
VERSEIDAG AG (BIS 9/86 VEREINIGTE SEIDENWEBEREIEN AG)	764400													G	G	G	G	G								
VOLKSWAGEN AG (BIS 7/85 VOLKSWAGENWERK AG)	766400													Z	Z	Z	Z	Z	Z	Z	Z	Z	Z	Z	Z	Z
WANDERER WERKE AG	775600													G	G	G	G	G	G	G	G	G	G	G	G	G
WASAG-CHEMIE AG	775700															G	G	G	G	G	G	G	G	G	G	G
WESTFÄLISCHE ZELLSTOFF AG (BIS 74 WESTFÄLISCHE ZELLSTOFF ALPHALINT)	777760													G	G	G	G	G	G	G	G	G	G	G	G	G
WIBAU AG (BIS 80 WIBAU-MASCHINENFAB.HARTMANN, BIS 76 M.FABR.HARTMANN)	658000													G	G	G	G	G	G							
WMF WUERTTEMBERGISCHE METALLWARENFABRIK AG (BIS 87 WÜRT.METALLWARENF.)	780300													Z	Z	Z	Z	Z	Z	Z	Z	Z	Z			
WÜRTTEMBERGISCHE ELEKTRIZITÄT-AG	779900													G	G	G	G	G	G	G	G	G	G			

EINBEZOGENE JAHRESABSCHLÜSSE VON BANKAKTIENGESELLSCHAFTEN:

NAME DES UNTERNEHMENS	WK-Nr	62	63	64	65	66	67	68	69	70	71	72	73	74	75	76	77	78	79	80	81	82	83	84	85	86
ADCA-BANK AG ALLGEMEINE DEUTSCHE KREDITANSTALT (BIS 80 ALLG.DT.CR.-A.)	800000													G	Z	G	G	G	G	G	G					
BADEN-WÜRTTEMBERGISCHE BANK AG (BIS 7/77. WÜRTTEMBERGISCHE BANK)	812500													G	G											
BADISCHE BANK AG	800500													G	G											
FRANKFURTER BANKGES.GEGR.1899 AG (BIS 86 ... VORM. BANK FÜR BRAUIND.)	800900																	G	G	G	G	G	G	G	G	G
BAYERISCHE HYPOTHEKEN- UND WECHSEL-BANK AG	802000	V	V	V	V	V	V		N	N	N	N	N	NZ	Z	Z	Z	Z	Z	Z	Z	Z	Z	Z	Z	Z
BAYERISCHE VEREINSBANK	802200	V	V	V	V	V	V		N	N	N	N	N	NZ	Z	Z	Z	Z	Z	Z	Z	Z	Z	Z	Z	Z
BERLINER BANK AG	802322																							G	Z	Z
BERLINER HANDELS- UND FRANKFURTER BANK	802500	V	V	V	V	V	V		N	N	N	N	N	NZ	Z	Z	Z	Z	Z	Z	Z	Z	Z	Z	Z	Z
BRAUNSCHWEIG-HANNOVERSCHE HYPOTHEKEN-BANK	802900													Z	Z											
COMMERZBANK AG	803200	V	V	V	V	V	V		N	N	N	N	N	NZ	Z	Z	Z	Z	Z	Z	Z	Z	Z	Z	Z	Z
DEUTSCHE BANK AG	804010	V	V	V	V	V	V		N	N	N	N	N	NZ	Z	Z	Z	Z	Z	Z	Z	Z	Z	Z	Z	Z
DEUTSCHE CENTRALBODENKREDIT-AG	809800	V	V	V	V	V	V		N	N	N	N	N	NZ	Z	Z										
DEUTSCHE HYPOTHEKENBANK [A.-G.], HANNOVER UND BERLIN	804200													Z	Z	Z	Z	Z	Z	Z	Z	Z	Z	Z	Z	Z
DRESDNER BANK AG	804610	V	V	V	V	V	V		N	N	N	N	N	NZ	Z	Z	Z	Z	Z	Z	Z	Z	Z	Z	Z	Z
DEUTSCHE HYPOTHEKENBANK FRANKFURT-BREMEN AG (BIS 80 DT.HYPO.BANK, FR.)	807800	V	V	V	V	V	V		N	N	N	N	N	N												
FRANKFURTER HYPOTHEKENBANK AG, FRANKFURT/M.	805300	V	V	V	V	V	V		N	N	N	N	N	N												
AMRO HANDELSBANK AG (BIS 6/86 HANDELS- U. PRIVATBANK AG)	811930													G	G	G	G	G	G							

Anhang: Verzeichnis der in die Untersuchung einbezogenen Jahresabschlüsse

NAME DES UNTERNEHMENS	WK-Nr	62	63	64	65	66	67	68	69	70	71	72	73	74	75	76	77	78	79	80	81	82	83	84	85	86
INDUSTRIEKREDITBANK AG - DEUTSCHE INDUSTRIEBANK (BIS 74 IND.KREDITBK.)	806330													Z	Z	Z	Z	Z	Z	Z	Z	Z	Z	Z	Z	Z
INVESTITIONS- UND HANDELSBANK AG	805540													G												
NORDDT. HYPOTH.- U.WECHSELBANK (BIS 80 ... VORM. MECKLENBURG. HYPO.)	807600													G	G	G										
PFÄLZISCHE HYPOTHEKENBANK AG	809200	V	V	V	V	V	V		N	N	N	N	N	N												
TRINKAUS & BURKHARDT KGAA	811510																								G	G
VEREINS- U. WESTBANK AG (BIS 7'74 VEREINSBANK IN HAMBURG)	811700	V	V	V	V	V	V		N	N	N	N	N	N	Z	Z	Z	Z	Z	Z	Z	Z	Z	Z	Z	Z
WÜRTTEMBERGISCHE HYPOTHEKENBANK AG	812400													G	G	G	G	G	G	G	G	G	G	G	G	G

Legende:

"Z": Kennzeichnet diejenige Untermenge der Jahresabschlüsse mit Jahresabschlußstichtag vom 1.1.1974 bis zum 31.12.1986, bei denen die betreffende AG seit dem Bekanntwerden des letzten Jahresabschlusses einen **Zwischenbericht** veröffentlichte. Die mit "Z" bezeichneten Jahresabschlüsse liegen den Untersuchungsportefeuilles der Abschnitte D.III.2 und D.III.3 zugrunde.

"G": Kennzeichnet alle anderen Jahresabschlüsse mit Jahresabschlußstichtag vom 1.1.1974 bis zum 31.12.1986 (auch solche ohne vorangegangene Zwischenberichtsveröffentlichung). Die Gesamtmenge der mit den Buchstaben "Z" und "G" bezeichneten Jahresabschlüsse liegt den Untersuchungsportefeuilles des Abschnitts D.III.1 zugrunde.

"V": Kennzeichnet bei der Gruppe der Banken alle einbezogenen Jahresabschlüsse mit Jahresabschlußstichtag vom 1.1.1962 bis zum 31.12.1967, bei den IHV-Unternehmen alle Abschlüsse mit einem Abschlußstichtag zwischen dem 1.1.1962 und dem 31.12.1965. Die Jahresabschlüsse dieser Zeiträume zeichnen sich dadurch aus, daß sie gemäß der Rechtslage **vor** Inkrafttreten der Aktienrechtsreform von 1965 erstellt wurden.

"N": Kennzeichnet bei der Gruppe der Banken alle einbezogenen Jahresabschlüsse mit Jahresabschlußstichtag vom 1.1.1969 bis zum 31.12.1974, bei den IHV-Unternehmen alle Abschlüsse mit einem Abschlußstichtag zwischen dem 1.1.1968 und dem 31.12.1971. Die Bank- und IHV-Jahresabschlüsse dieses Zeitraums zeichnen sich dadurch aus, daß sie gemäß der Rechtslage **nach** Inkrafttreten der Aktienrechtsreform von 1965 (d.h. bei der Gruppe der Banken nach Inkrafttreten des mit der Aktienrechtsreform eingeführten § 26 a KWG) erstellt wurden.

Abkürzungsverzeichnis:

a.A.	anderer Auffassung
a.a.O.	am angegebenen Ort
Abb.	Abbildung
Abs.	Absatz (Absätze)
AG	Aktiengesellschaft (Aktiengesellschaften)
AktG	Aktiengesetz
Anm.	Anmerkung
API	Abnormal Performance Index (bzw. ... Indizes)
AR	The Accounting Review
BAKred	Bundesaufsichtsamt für das Kreditwesen
BB	Betriebsberater
BBankG	Bundesbankgesetz
BFA	Bankenfachausschuß des Instituts der Wirtschaftsprüfer
BFH	Bundesfinanzhof
BFuP	Betriebswirtschaftliche Forschung und Praxis
BGH	Bundesgerichtshof
BGHZ	Entscheidungssammlung des BGH in Zivilsachen
Bd.	Band
bzw.	beziehungsweise
DB	Der Betrieb
DBW	Die Betriebswirtschaft
DM	Deutsche Mark
d.A.	dieser Arbeit
DAX	Deutscher Aktienindex
ders.	derselbe
dies.	dieselben
d.h.	das heißt
Diss.	Dissertation
eG	eingetragene Genossenschaft
EG	Europäische Gemeinschaft(en)
EGAktG	Einführungsgesetz zum Aktiengesetz
EGHGB	Einführungsgesetz zum Handelsgesetzbuch
evtl.	eventuell
f.	folgende
ff.	fortfolgende
Fn.	Fußnote
GE	Geldeinheiten
ggf.	gegebenenfalls
GoB	Grundsätze ordnungsmäßiger Buchführung/Bilanzierung
GVR	Gewinn- und Verlustrechnung
HGB	Handelsgesetzbuch
Hrsg.	Herausgeber
hrsg.v.	herausgegeben von
i.d.R.	in der Regel
i.e.S.	im engeren Sinne

IER	The International Economic Review
IHV	Industrie-, Handels- und Verkehrs- (z.B. Unternehmen)
insb.	insbesondere
JA	Jahresabschluß
Jg.	Jahrgang
JI	Wert der Jahresabschlußinformation
JoA	Journal of Accountancy
JoAR	Journal of Accounting Research
JoB	Journal of Business
JoET	Journal of Economic Theory
JoF	Journal of Finance
JoFE	Journal of Financial Economics
JoFQA	Journal of Financial & Quantitative Analysis
KI	Kreditinstitut (bzw. Kreditinstituts, Kreditinstitute)
KG	Kommanditgesellschaft
KGaA	Kommanditgesellschaft auf Aktien
KuK	Kredit und Kapital
KWG	Kreditwesengesetz
Kz.	Kennzahl
m.E.	meines Ermessens
MB	Megabyte
Mio	Millionen
Mhz	Megahertz
Mrd.	Milliarden
Nr.	Nummer
NI	Wert der Nettoinformation
o.a.	oben angeführt(e)
o.Jg.	ohne Jahrgang
oHG	offene Handelsgesellschaft
o.O.	ohne Ort
o.V.	ohne Verfasser
S.	Seite
Sp.	Spalte
StuW	Steuer und Wirtschaft
StbJb	Steuerberater-Jahrbuch
u.a.	und andere
u.ä.	und ähnliche
usw.	und so weiter
u.U.	unter Umständen
vgl.	vergleiche
Wpg	Die Wirtschaftsprüfung
WiSt	Wirtschaftswissenschaftliches Studium
z.B.	zum Beispiel
ZfB	Zeitschrift für Betriebswirtschaft
ZfbF	Zeitschrift für betriebswirtschaftliche Forschung
ZfgK	Zeitschrift für das gesamte Kreditwesen
z.T.	zum Teil

Abbildungsverzeichnis

Literaturverzeichnis:

Arrow, Kenneth J.: Social **Choice** and Individual Values, 2. Auflage, New York, 1963.

Bader, Udo-Olaf: Die neue **Bilanzrichtlinie** der EG, in: Bankbilanzierung und Bankprüfung; hrsg.v. Erik Sonnemann für University of Michigan Alumni Club of West Germany e.V., Wiesbaden, 1988, S. 15 - 41.

Baetge, Jörg: Die neuen **Ansatz- und Bewertungsvorschriften**, in: ZfbF, 39. Jg. (1987), S. 206 - 218.

BAKred (Bundesaufsichtsamt für das Kreditwesen): **Anordnung vom 17.9.1974**, in: Birck, Heinrich/Meyer, Heinrich: Die **Bankbilanz**; Aufstellung, Struktur, Gliederung und Bewertung in den Jahresabschlüssen der Kreditinstitute nach Handels- und Steuerrecht einschließlich Bilanz- und Reservenpolitik; Handkommentar, 3. Auflage, Wiesbaden, 1979, S. VIII 320 f.

Ball, Ray/Brown, Philip: An Empirical **Evaluation** of Accounting Income Numbers, in: JoAR, 1968, S. 159 - 168.

Bamberg, Günter/Coenenberg, Adolf Gerhard: Betriebswirtschaftliche **Entscheidungslehre**, 4. Auflage, München, 1985.

Bankbilanzrichtlinie-Gesetz: Siehe bei: Gesetz zur Durchführung der Richtlinie des Rates der Europäischen Gemeinschaften über den Jahresabschluß und den konsolidierten Abschluß von Banken und anderen Finanzinstituten.

Bayerische Hypotheken- und Wechsel-Bank AG: **Wegweiser** durch deutsche Unternehmen, Jahrgänge 1967 - 1987, München.

Beaver, William H.: **Financial Reporting**: An Accounting Revolution, Englewood Cliffs (New Jersey), 1981.

Beaver, William H.: The **Information Content** of Annual Earnings Announcements, in: Empirical Research of Accounting: Selected Studies 1968, Supplement to JoAR 6/1968, S. 67 - 92.

Beaver, William H.: Zur **Effizienz** des Kapitalmarkts: Gegenwärtiger Stand der Forschung, in: BFuP, 35. Jg. (1983), S. 344 - 358.

Beaver, William/Kettler, Paul/Scholes, Myron: The **Association** Between Market Determined and Accounting Determined Risk Measures, in: AR Oct. 1970, S. 654 - 682.

Becker, Christiane: Dem **DVFA-Ergebnis** auf der Spur, in: Das Wertpapier, 35. Jg. (1987), S. 553 - 556.

Becker, Wolf-Dieter/Hasenkamp, Karl-Peter: **Bewertungs- und Gliederungsfragen** für Bankbilanzen nach dem Vorschlag einer EG-Richtlinie über den Jahresabschluß von Banken, in: Kredit und Kapital, 13. Jg. (1980), S. 506 - 531.

Becker, Wolf-Dieter: **Stille Reserven** im Vorentwurf zur EG-Bilanzrichtlinie, in: ZfgK, 33. Jg. (1980), S. 430 - 434.

Beermann, Klaus: **Prognosemöglichkeiten** von Kapitalverlusten mit Hilfe von Jahresabschlüssen, Düsseldorf, 1976.

Beisse, Heinrich: Zum **Verhältnis** von Bilanzrecht und Betriebswirtschaftslehre, in: StuW, 61. Jg. Nr. 1 (Feb. 1984), S. 1 - 14.

Berger, Karl-Heinz: **Standing-Risiko** und stille Rücklagen der Bank, in: Beiträge aus dem Bankseminar der Universität Hannover, Nr. 5, April 1986.

Berndsen, Hans-Peter: **Unternehmenspublizität** - Eine empirische Untersuchung zur Messung des Publizitätsverhaltens grosser börsennotierter Aktiengesellschaften und der Auswirkung auf die Anlageentscheidungen am Aktienmarkt, Diss., Augsburg, 1979.

BFA: **Stellungnahme Nr. 1/1969**, in: Birck, Heinrich/Meyer, Heinrich: Die **Bankbilanz**; Aufstellung, Struktur, Gliederung und Bewertung in den Jahresabschlüssen der Kreditinstitute nach Handels- und Steuerrecht einschließlich Bilanz- und Reservenpolitik; Handkommentar, 3. Auflage, Wiesbaden, 1979, S. VIII 232 - VIII 235.

BGH-Urteil vom 1.3.1982, II ZR 23/81, in: BGHZ 1983, S. 341 - 350.

Bieg, Hartmut: **Auswirkungen** der Bankbilanzrichtlinie der Europäischen Gemeinschaften auf die Einzelabschlüsse von Kreditinstituten - Grundlagen und Bilanzaufbau -, in: ZfbF, 40. Jg. (1988), S. 3 - 32.

Bieg, Hartmut: **Bankbilanzen** und Bankenaufsicht, München, 1983.

Bieg, Hartmut: Erfordert die **Vertrauensempfindlichkeit** des Kreditgewerbes bankenspezifische Bilanzierungsvorschriften?, in: Wpg, 39. Jg. (1986), S. 257 - 263 (Teil I), und S. 299 - 307 (Teil II).

Bieg, Hartmut: **Schwebende Geschäfte** in Handels- und Steuerbilanz. Die derzeitige und mögliche bilanzielle Behandlung beiderseits noch nicht erfüllter synallagmatischer Verträge unter besonderer Berücksichtigung der Interessen der Bilanzadressaten, Frankfurt, Bern, 1977.

Birck, Heinrich/Meyer, Heinrich: Die **Bankbilanz**; Aufstellung, Struktur, Gliederung und Bewertung in den Jahresabschlüssen der Kreditinstitute nach Handels- und Steuerrecht einschließlich Bilanz- und Reservenpolitik; Handkommentar, 3. Auflage, Wiesbaden, 1979.

Bitz, Michael: **Entscheidungstheorie**, München, 1981.

Bitz, Michael: **Modelle** zur Informationsbewertung, in: ZfB, 45. Jg. (1975), S. 521 - 546.

Böcker, Franz: Entscheider, Entscheidungssituation und **Risikoaversion**, in: ZfbF, 38. Jg. (1986), S. 979 - 995.

Böcking, Hans-Joachim: Der **Grundsatz** der Nettobilanzierung von Zero-Bonds, in: ZfbF, 38. Jg. (1986), S. 930 - 955.

Börsen-Zeitung: Erläuterungen zum **Kursblatt** der Börsen-Zeitung - Aktien - , Jahrgänge 9 (1960) bis 36 (1987).

Brandi, Ernst: **Informationswirkungen** der Jahresabschlussveröffentlichung auf Entscheidungen am Aktienmarkt, Diss., Augsburg, 1977.

Brown, S. J./Warner, J. B.: Measuring Security Price **Performance**, in: JoFE, Vol. 8 (1980), S. 205 - 258.

Brown, S. J./Warner, J. B.: Using **Daily Stock Returns**: The Case of Event Studies, in: JoFE, Vol. 14 (1985), S. 3 - 31.

Bruse, Helmut: Die **Prognosefähigkeit** von Kennzahlen bei verschiedenen Maßen für das Unternehmenswachstum, in: ZfB, 48. Jg. (1978), S. 138 - 152.

Buchanan, James M.: The **Demand** and Supply of Public Goods, Chicago, 1968.

Budde, Wolfgang Dieter/Clemm, Hermann/Pankow, Max/Sarx, Manfred: Beck'scher **Bilanz-Kommentar**. Der Jahresabschluß nach Handels- und Steuerrecht, München, 1986.

Busse von Colbe, Walther/Reinhard, Herbert (Hrsg.): **Zwischenberichterstattung** nach neuem Recht für börsennotierte Unternehmen. Empfehlungen des Arbeitskreises "Externe Unternehmensrechnung" der Schmalenbach-Gesellschaft, Deutsche Gesellschaft für Betriebswirtschaft, Stuttgart, 1989.

Busse von Colbe, Walther: **Prognosepublizität** von Aktiengesellschaften, in: Beiträge zur Lehre von der Unternehmung. Festschrift für Karl Käfer, hrsg. von Otto Angehrn und Hans Paul Künzi, Stuttgart, 1968, S. 91 - 118.

Chmielewicz, Klaus: Betriebliches **Rechnungswesen** 1. Finanzrechnung und Bilanz, 3. Auflage, Opladen, 1982.

Chmielewicz, Klaus/Caspari, B.: Zur **Problematik** von Finanzierungsrechnungen, in: DBW, 45. Jg. (1985), S. 156 - 159.

Coenenberg, Adolf Gerhard/Berndsen, Hans-Peter/Möller, Hans Peter/Schmidt, Franz/Schönbrodt, Bernd: Empirische **Bilanzforschung** in Deutschland. Eine Bestandsaufnahme, in: DBW, 38. Jg. (1978), S. 495 - 507.

Coenenberg, Adolf Gerhard/Berndsen, Hans-Peter: **Forschung**, empirische, und Rechnungswesen, in: Handwörterbuch des Rechnungswesens, hrsg. v. Erich Kosiol u.a., 2. Auflage, Stuttgart, 1981, Sp. 569 - 580.

Coenenberg, Adolf Gerhard/Möller, Hans Peter: **Entscheidungswirkungen** von Jahresabschlußinformationen vor und nach der Aktienrechtsreform von 1965, in: BFuP, 31. Jg. (1979), S. 438 - 454.

Coenenberg, Adolf Gerhard/Schmidt, Franz/Werhand, Michael: Bilanzpolitische **Entscheidungen** und Entscheidungswirkungen in manager- und eigentümerkontrollierten Unternehmen, in: BFuP, 35. Jg. (1983), S. 321 - 343.

Coenenberg, Adolf Gerhard: **Beurteilungskriterien** unternehmungsexterner Informationssysteme, in: Management-Informationssysteme. Eine Herausforderung an Forschung und Entwicklung, hrsg.v. Erwin Grochla und Norbert Szyperski, Wiesbaden, 1971, S. 736 - 759.

Coenenberg, Adolf Gerhard: Jahresabschluß und Jahresabschlußanalyse. Betriebswirtschaftliche, handels- und steuerrechtliche **Grundlagen**, 9. Auflage, Landsberg am Lech, 1987.

Coenenberg, Adolf Gerhard: **Jahresabschluß** und Jahresabschlußanalyse. Betriebswirtschaftliche, handels- und steuerrechtliche Grundlagen, 11. Auflage, Landsberg am Lech, 1990.

Coenenberg, Adolf Gerhard: Jahresabschlußinformation und **Aktienkursentwicklung**. Empirische Ergebnisse über die Entscheidungswirkungen von Jahresabschlußinformationen am Aktienmarkt, in: Aktuelle Probleme der Marktwirtschaft in gesamt- und einzelwirtschaftlicher Sicht. Festgabe zum 65. Geburtstag von Louis Perridon, hrsg. v. Reinhard Blum und Manfred Steiner, Berlin, 1984, S. 306 - 332.

Coenenberg, Adolf Gerhard: Jahresabschlußinformation und **Kapitalmarkt**. Zur Diskussion empirischer Forschungsansätze und -ergebnisse zum Informationsgehalt von Jahresabschlüssen für Aktionäre, in: Schmalenbachs Zeitschrift für betriebswirtschaftliche Forschung, 26. Jg. (1974), S. 647 - 657.

Coenenberg, Adolf Gerhard: Unternehmungsexterne **Jahresabschlußinformationen**. Eine Untersuchung zum Informationswert des Jahresabschlusses, Habilitationsschrift eingereicht der Wirtschafts- und Sozialwissenschaftlichen Fakultät der Universität zu Köln, Köln, 1969.

Coenenberg, Adolf/Möller, Peter/Schmidt, Franz: Empirical **Research** in Financial Accounting in Germany, Austria and Switzerland: A Review, in: Anthony G. Hopwood/Hein Schreuder (Hrsg.): European Contributions to Accounting Research. The Achievements of the last Decade, Amsterdam, 1984, S. 61 - 81.

Cyert, R.M./March, J.G.: A Behavioral **Theory** of the Firm, Englewood Cliffs (New Jersey), 1963.

Dellmann, Klaus: **Kapitalflußrechnungen** - Eine Bestandsaufnahme, in: DBW, 47. Jg. (1987), S. 471 - 489.

Deutsche Bundesbank (Hrsg.): Die **Ertragslage** der deutschen Kreditinstitute im Jahre 1983, in: Monatsberichte der Deutschen Bundesbank, 36. Jg. (1984), Nr. 8 (August), S. 13 - 29.

Deutsche Vereinigung für Finanzanalyse und Anlageberatung e.V. (DVFA). Kommission für Methodik der Finanzanalyse: **Arbeitsschema** und Erläuterungen zur Ermittlung des Ergebnisses nach DVFA, Beiträge zur Wertpapieranalyse, Heft 24/II, Darmstadt, Juli 1988.

Döllerer, Georg: Die **Grenzen** des Imparitätsprinzips - Bilanzrechtliche Möglichkeiten, künftige Verluste vorwegzunehmen -, in: StbJb 1977/78, Köln, 1978, S. 129 - 152.

Döllerer, Georg: **Handelsbilanz** ist gleich Steuerbilanz, in: Der Jahresabschluß im Widerstreit der Interessen. Vortragsreihe des Instituts für Revisionswesen an der Westfälischen Wilhelms-Universität Münster, hrsg. v. Jörg Baetge, Düsseldorf, 1983, S. 157 - 177.

Drukarczyk, Jochen: **Investitionstheorie** und Konsumpräferenz. Ein Beitrag zur expliziten Berücksichtigung der Entnahmen (Konsumausgaben) im optimalen mehrperiodigen Investitionsprogramm des Unternehmers, Diss., Frankfurt/Main, 1968.

Dub, Moritz: Die stillen **Reserven** der Banken. Eine österreichische Finanzfrage, in: Bank-Archiv, 11. Jg. (1912), S. 203 ff.

DVFA: Siehe bei: Deutsche Vereinigung für Finanzanalyse und Anlageberatung e.V. (DVFA). Kommission für Methodik der Finanzanalyse.

Egner, Henning: **Bilanzen**. Ein Lehrbuch zur Bilanztheorie, München, 1974.

Engels, Wolfram: Betriebswirtschaftliche **Bewertungslehre** im Licht der Entscheidungstheorie, Köln und Opladen, 1962.

Erdland, Alexander: **Eigenkapital** und Einlegerschutz bei Kreditinstituten. Eine funktions- und abbildungstheoretische Analyse, Berlin, 1981.

Euler, Roland: **Grundsätze** ordnungsmäßiger Gewinnrealisierung, Düsseldorf, 1989.

Faißt, Lothar: Zur stillen Risikovorsorge im **Bankenbereich** im Rahmen der EG-Rechtsangleichung, in: Betriebswirtschaftliche Blätter für die Praxis der Sparkassen und Landesbanken / Girozentralen, 29. Jg. (1980), S. 190 - 196.

Faißt, Lothar: Zur stillen **Risikovorsorge** im Rahmen der EG-Rechtsangleichung, in: ZfgK, 34. Jg. (1981), S. 668 - 672.

Fama, Eugene F./Fisher, Lawrence/Jensen, Michael C./Roll, Richard: The **Adjustment** of Stock Prices to New Information, in: IER, Vol. 10 (1969), S. 1 - 21.

Fama, Eugene F.: **Efficient Capital Markets**: A Review of Theory and Empirical Work. In: JoF, Vol. 25 (1970), S. 383 - 417.

Farny, Dieter: **Buchführung** und Periodenrechnung im Versicherungsunternehmen, 2. Auflage, Wiesbaden, 1985.

Ferschl, Franz: Entscheidungstheoretische **Grundlagen** der Informationsökonomik, in: Information in der Wirtschaft, Verhandlungen auf der Arbeitstagung des Vereins für Socialpolitik, Gesellschaft für Wirtschafts- und Sozialwissenschaften in Graz, hrsg.v. E. Streißler, Berlin, 1982, S. 3 - 78.

Fertig, Paul E.: Current **Values** and Index Numbers: The Problem of Objectivity, in: Research in Accounting Measurement, hrsg. v. Robert K. Jaedicke, Yuji Ijiri und Oswald Nielsen, Collected Papers of American Accounting Association, Menasha, Wisc., 1966, S. 137 - 149.

Foster, George: Financial Statement **Analysis**, Englewood Cliffs (New Jersey), 1978.

Foster, George: **Financial Statement Analysis**, Second Edition, Englewood Cliffs (New Jersey), 1986.

Franke, Günter/Hax, Herbert: **Finanzwirtschaft** des Unternehmens und Kapitalmarkt, Berlin, Heidelberg, New York, London, Paris, Tokyo, 1988.

Franke, Günter/Laux, Helmut: Der **Wert** betrieblicher Informationen für Aktionäre, in: Neue Betriebswirtschaft und betriebswirtschaftliche Datenverarbeitung, 23. Jg. (1970), S. 1 - 8.

Franke, Günter: **Kapitalmarkt** und Separation, in: ZfB, 53. Jg. (1983), S. 239 - 260.

Frankfurter Wertpapierbörse (Hrsg.): **Börsenzulassungs-Verordnung**, Frankfurt/M., Juli 1989.

Frankfurter Wertpapierbörse (Hrsg.): **Handbuch** der Frankfurter Wertpapierbörse, Frankfurt/M., 1982.

Frankfurter Wertpapierbörse (Hrsg.): **Insider-Regeln**, Frankfurt/M., Februar 1989.

Frankfurter Wertpapierbörse (Hrsg.): Richtlinien für den **Freiverkehr**, Frankfurt/M., Mai 1989.

Frankfurter Wertpapierbörse (Hrsg.): Vorschriften für den **Optionshandel**, Frankfurt/M., März 1989.

Franzmann, Hans-Jörg: Zur **Messung** des Marktrisikos deutscher Aktien, in: ZfbF, 42. Jg. (1990), S. 67 - 83.

Gebhardt, Günther: **Insolvenzprognosen** aus aktienrechtlichen Jahresabschlüssen. Eine Beurteilung der Reform der Rechnungslegung durch das Aktiengesetz 1965 aus der Sicht unternehmensexterner Adressaten, Wiesbaden, 1980.

Gesetz zur Durchführung der Richtlinie des Rates der Europäischen Gemeinschaften über den Jahresabschluß und den konsolidierten Abschluß von Banken und anderen Finanzinstituten (Bankbilanzrichtlinie-Gesetz), in: Bundesgesetzblatt, Jg. 1990, Teil I, S. 2570 - 2578.

Gessler, E.: Das neue **Aktienrecht**, in: BB, 20. Jg. (1965), S. 677 - 683.

Göppl, Hermann: **Finanzintermediation** und Bankaktienbewertung - Konzept und empirische Überprüfung -, in: ZfB, 53. Jg. (1983), S. 610 - 631.

Haegert, Lutz: Stichwort: **Einkommen**, in: Handwörterbuch der Betriebswirtschaftslehre, hrsg. v. Erwin Grochla und Waldemar Wittmann, 4. Auflage, Stuttgart, 1974.

Hammer, Klaus/Montag, Wolfgang: **Bilanzen** der Kreditinstitute, 2. Auflage, Frankfurt, 1979.

Hammer, Klaus: **Jahresbilanz** und Gewinn- und Verlustrechnung der Kreditinstitute nach neuem Recht, in: BB, 24. Jg. (1969), Nr. 32, S. 1382 - 1383.

Hauschildt, Jürgen/Gemünden, Hans Georg/Grotz-Martin, Silvia/Haidle, Ulf: **Entscheidungen** der Geschäftsführung. Typologie, Informationsverhalten, Effizienz, Tübingen, 1983.

Hawawini, Gabriel: **European Equity Markets**: Price Behavior and Efficiency. Monograph Series in Finance and Economics 1984-4/5, New York University Graduate School of Business Administration, New York, 1984.

Hax, Herbert: **Entscheidungsmodelle** in der Unternehmung. Einführung in Operations Research, Reinbek bei Hamburg, 1974.

Hax, Herbert: **Rechnungslegungsvorschriften** - Notwendige Rahmenbedingungen für den Kapitalmarkt?, in: Unternehmungserfolg: Planung - Ermittlung - Kontrolle; Walther Busse von Colbe zum 60. Geburtstag, hrsg. v. M. Domsch, Wiesbaden, 1988, S. 187 - 201.

Hax, Karl: **Wesen** und wirtschaftliche Bedeutung der stillen Reserven, in: Aktuelle Fragen der Unternehmung, Gedenkschrift für Alfred Walther, hrsg.v. H. Ulrich und F. Trechsel, Bern 1957, S. 91 - 107.

Heinen, Edmund: **Grundlagen** betriebswirtschaftlicher Entscheidungen. Das Zielsystem der Unternehmung, 3. Auflage, Wiesbaden, 1976.

Heinhold, Michael: Der **Jahresabschluß**, München, Wien, 1987.

Hesberg, Dieter: Zur **Mündigkeit** des Lesers von Bank- und Versicherungsbilanzen - Sind Rechnungslegungsprivilegien noch zeitgemäß?, in: Geld, Banken und Versicherungen. Beiträge zum 1. Symposium Geld, Banken und Versicherungen an der Universität Karlsruhe vom 11.-13. Dezember 1980, hrsg. v. Hermann Göppl und Rudolf Henn, Frankfurt/M., Königstein/Ts., 1981, S. 989 - 1003.

Hielscher, U./Heintzelmann, H.: **BETA-Faktoren**. Berücksichtigung psychologischer Einflußgrößen in der Wertpapieranalyse, in: Deutsche Vereinigung für Finanzanalyse und Anlageberatung (DVFA), Beiträge zur Aktienanalyse 14, S. 5 - 25, Darmstadt, 1975.

Hilke, Wolfgang: Kurzlehrbuch **Bilanzpolitik**. Mit Aufgaben und Lösungen, 2. Auflage, Wiesbaden, 1985.

Hockmann, H.: **Prognose** von Aktienkursen durch Point and Figure Analysen, Wiesbaden, 1979.

Hörnstein, Elke: Arbitrage- und Gleichgewichtsmodelle in der **Kapitalmarkttheorie**. Eine vergleichende Analyse der CAPM- und APT-Ansätze unter Berücksichtigung ihrer empirischen Überprüfbarkeit, Frankfurt/M., Bern, New York, Paris, 1988.

Hub, Hanns Friedrich: **Unternehmensberichterstattung** für Anlageentscheidungen. Theoretische und empirische Grundlagen einer anlageentscheidungsorientierten Weiterentwicklung der freiwilligen Publizität industrieller Publikumsgesellschaften in der BRD, Diss., Karlsruhe (TH), 1972.

Hülbert, Ulf: Die **Vergleichbarkeit** von Jahresabschlüssen unter besonderer Berücksichtigung der Aktienbanken, Diss., Hamburg, 1973.

Jäger, Werner: **Bankenpublizität** in Deutschland. Die Rechnungslegung der Banken im Spiegel der Geschäftsberichte, 1. Auflage, Berlin, 1976.

Kahnemann, Daniel/Tversky, Amos: **Risiko** nach Maß - Psychologie der Entscheidungspräferenzen, in: Spektrum der Wissenschaft, März 1982, S. 89 - 98 (Nachdruck aus Scientific American, Januar 1982).

Keane, Simon M.: **Stock Market Efficiency**. Theory, Evidence and Implications, Oxford, 1983.

Keine, Friedrich-Michael: Die **Risikoposition** eines Kreditinstituts - Konzeption einer umfassenden bankaufsichtsrechtlichen Verhaltensnorm, Wiesbaden, 1986.

Keynes, John Maynard: The **General Theory** of Employment, Interest and Money, Cambridge, 1936.

Kilgert, Theodor/Großmann, Philipp: Der **Zwischenbericht**, in: Wpg, 43. Jg. (1990), S. 189 - 197.

Klein, A./Rosenfeld, J.: The **Influence** of Market Conditions on Event-Study Residuals, in: JoFQA, Vol. 22 (1987), S. 345 - 351.

Kleine-Doepke, Rainer: Informationsökonomische **Analyse** der externen Rechnungslegung, Frankfurt/M., Bern, 1981.

Köbrich, Michael: Die **Erstellung** und Veröffentlichung von Zwischenberichten nach bisherigem und nach neuem Recht, in: DB, 42. Jg. (1989), S. 1477 - 1482.

Kolbeck, Rosemarie: Stichwort "**Bankbetriebe**, Rechnungswesen der", in: Handwörterbuch der Betriebswirtschaft, hrsg.v. Erwin Grochla und Waldemar Wittmann, 4. Auflage, Stuttgart, 1974.

Köllhofer, Dietrich: **Stille Reserven** nach § 26 a KWG in Bankbilanzen: Fragen und Versuch einer Beantwortung, in: Die Bank, o. Jg., Nr. 11/86, S. 552 - 559.

Kommission Bankbetriebslehre/Finanzierung und Rechnungswesen im Verband der Hochschullehrer für Betriebswirtschaft e.V.: **Stellungnahme** zum Entwurf einer Bankenrichtlinie, in: DBW, 42. Jg. (1982), S. 441 - 446.

Krag, Hans: **Grundsätze** ordnungsmäßiger Bankbilanzierung und Bankbilanzpolitik, Wiesbaden, 1971.

Kremkow, Klaus-Dieter: **Grundlagen** bankbetrieblicher Rechnungslegung. Bilanzaufgaben und -vorschriften einer zukunftsbezogenen an den Interessen der Adressaten orientierten Rechnungslegung von Bankbetrieben. Berlin, 1980.

Kremkow, Klaus-Dieter: **Verbesserung** der Informations- und Dispositionsgrundlage bankbetrieblicher Adressaten. Anmerkungen zur Diskussion einer EG-einheitlichen Rechnungslegung der Banken, in: Beiträge aus dem Bankseminar der Universität Hannover, Nr. 2, Hannover, Juli 1982.

Kromschröder, Bernhard: Schlägt **Dummheit** Mittelmäßigkeit? - und weitere Anmerkungen zum Beitrag Schredelsekers und zur Informationseffizienz des Aktienmarktes, in: ZfbF, 36. Jg. (1984), S. 732 - 747.

Krümmel, Hans Jacob: **Einige Probleme** der Konstruktion bankaufsichtlicher Risikobegrenzungsregeln, in: Beiträge zur Bankaufsicht, Bankbilanz und Bankprüfung, - unter Berücksichtigung der Dritten KWG-Novelle - hrsg.v. Karl-Heinz Forster, Düsseldorf, 1985, S. 91 - 117.

Krümmel, Hans Jacob: **Schutzzwecke** und Aufsichtseingriffe. Über den Run auf die Bankschalter und seine Verhinderung, in: KuK, 17. Jg. (1984), S. 474 - 489.

Kupsch, Peter U.: Das **Risiko** im Entscheidungsprozeß, Wiesbaden, 1973.

Lachnit, Laurenz: Systemorientierte **Jahresabschlußanalyse**. Weiterentwicklung der externen Jahresabschlußanalyse mit Kennzahlensystemen, EDV und mathematisch-statistischen Methoden, Wiesbaden, 1979.

Lange, Christoph: **Jahresabschlußinformationen** und Unternehmensbeurteilung, Stuttgart, 1989.

Laux, Helmut: Der **Wert** von Informationen für Kontrollentscheidungen, in: ZfbF, 26. Jg. (1974), S. 433 - 450.

Laux, Helmut: **Entscheidungstheorie**. Grundlagen, Berlin, Heidelberg, New York, 1982.

Laux, Helmut: **Entscheidungstheorie** II. Erweiterung und Vertiefung, Berlin, Heidelberg, New York, 1982.

Lee, Thomas A./Tweedie, David P.: The Institutional **Investor** and Financial Information, London, 1981.

Lerbinger, Paul: Die **Leistungsfähigkeit** deutscher Aktieninvestmentfonds, in: ZfbF, 36 Jg. (1984), S. 60 - 73.

Lev, Baruch/Ohlson, James A.: Market-Based Empirical **Research** in Accounting: A Review, Interpretation, and Extension, in: JoAR, Vol. 20 (Supplement), 1982, S. 249 - 321.

Lev, Baruch: Financial Statement **Analysis**. A New Approach, Englewood Cliffs (New Jersey), 1974.

Lev, Baruch: The **Aggregation Problem** in Financial Statements: An Informational Approach, in: JoAR, 1968, S. 247 - 261.

Lev, Baruch: Towards a **Theory** of Equitable and Efficient Accounting Policy, in: AR, 1988, Vol. 68, S. 1 - 22.

Löbler, Helge: Empirische **Jahresabschlußforschung**, in: Lexikon des Rechnungswesens. Handbuch der Bilanzierung und Prüfung, der Erlös-, Finanz-, Investitions- und Kostenrechnung, hrsg.v. Walther Busse von Colbe, München, Wien, 1990, S. 144 - 147.

Lohse, Günter: **Aufstellung** und Analyse von Weltabschlüssen in der Bundesrepublik Deutschland, Diss., Kiel, 1977.

Loitlsberger, Erich: Zum **Informationsbegriff** und zur Frage der Auswahlkriterien von Informationsprozessen, in: Empirische Betriebswirtschaftslehre, Festschrift zum 60. Geburtstag von Leopold L. Illetschko, hrsg. v. E. Loitlsberger, Wiesbaden, 1963, S. 115 - 135.

Macharzina, Klaus: **Verhaltenswissenschaft** und Rechnungswesen, in: Handwörterbuch des Rechnungswesens, hrsg. v. Erich Kosiol u.a., 2. Auflage, Stuttgart, 1981, Sp. 1635 - 1642.

Mag, Wolfgang: **Entscheidung** und Information, 1. Auflage, München, 1977.

Markowitz, Harry M.: **Portfolio Selection**, in: JoF, Vol. 7 (1952), S. 77 - 91. Wiederabdruck (u.a.) in: Investitionsplanung, hrsg. v. Klaus Lüder, 1. Auflage, München, 1977, S. 287 - 297.

März, Thomas: **Interdependenzen** in einem Kennzahlensystem. Eine empirische Untersuchung zur Aussagefähigkeit von Kennzahlen bei der Unternehmensanalyse, München, 1983.

Matschke, Manfred Jürgen: **Insolvenzprognose** aus vergangenheitsorientierten Jahresabschlüssen als Basis von Kreditentscheidungen, in: BFuP, 31 Jg. (1979), S. 485 - 504.

Maul, Karl-Heinz: Bemerkungen zum **Gläubigerschutz** im Rahmen der aktienrechtlichen Rechnungslegung und einer verschuldungsgrad-bedingten Ausschüttungsregelung, in: Wpg, 21. Jg. (1968), S. 537 - 542.

May, Axel/Schweder-Weber, Stefanie: **Informationsverarbeitung** am Aktienmarkt: Kritischer Überblick über den Stand der Forschung, in: Manuskripte aus dem Institut für Betriebswirtschaftslehre der Universität Kiel, Nr. 251, Juni 1990.

Mayer, Andreas: **Auswirkungen** des Bilanzrichtlinien-Gesetzes auf die externe Analyse der Einzelabschlüsse von Kapitalgesellschaften - eine theoretische Untersuchung, Frankfurt/M. u.a., 1989.

McDonald, Daniel L.: A Test **Application** of the Feasibility of Market Based Measures in Accounting, in: AR, 1968, Vol. 6, S. 38 - 49.

McDonald, Daniel L.: Feasibility **Criteria** for Accounting Measures, in: AR, 1967, Vol. 17, S. 662 - 683.

Mellwig, Winfried: **Bilanzrechtsprechung** und Betriebswirtschaftslehre, in: BB, 38. Jg. (1983), S. 1613 - 1620.

Mohnfeld, Jochen: Externe **Analyse** von Konzernbilanzen, Diss., Bonn, 1976.

Möller, Hans Peter: **Bilanzkennzahlen** und Ertragsrisiken des Kapitalmarktes. Eine empirische Untersuchung des Ertragsrisiko-Informationsgehaltes von Bilanzkennzahlen deutscher Aktiengesellschaften, Stuttgart, 1986.

Möller, Hans Peter: Das **Capital-Asset-Pricing-Modell** - Separationstheorien oder auch Erklärung der Preisbildung auf realen Kapitalmärkten, in: DBW, 46. Jg. (1986), S. 707 - 719.

Möller, Hans Peter: Das systematische **Ertragsrisiko** deutscher Aktien - eine Chance zur Anlageplanung?, in: Bankrecht und Bankrisiko, Festschrift für Fritz Philipp, hrsg. v. W. Gerke, Wiesbaden, 1988, S. 105 - 125.

Möller, Hans Peter: Die **Bewertung** risikobehafteter Anlagen an deutschen Wertpapierbörsen, in: ZfbF, 40. Jg. (1988), S. 779 - 797.

Möller, Hans Peter: Die **Informationseffizienz** des deutschen Aktienmarktes - eine Zusammenfassung und Analyse empirischer Untersuchungen, in: ZfbF, 37. Jg. (1985), S. 500 - 518.

Möller, Hans Peter: **Probleme** und Ergebnisse kapitalmarktorientierter empirischer Bilanzforschung in Deutschland, in: BFuP, 35. Jg. (1983), S. 285 - 302.

Moxter, Adolf: **Anlegerschutz** durch Rechnungslegung bei Kapitalgesellschaften, in: Öffentliche Finanzen und monetäre Ökonomie, Festschrift für Karl Häuser, hrsg. v. Wolfgang Gebauer, Frankfurt, 1985, S. 257 - 272.

Moxter, Adolf: **Betriebswirtschaftliche Gewinnermittlung**, Tübingen, 1982.

Moxter, Adolf: **Bilanzlehre**. Band I: Einführung in die Bilanztheorie, 3. Auflage, Wiesbaden, 1984.

Moxter, Adolf: **Bilanzlehre**. Band II: Einführung in das neue Bilanzrecht, 3. Auflage, Wiesbaden, 1986.

Moxter, Adolf: **Bilanzrechtsprechung**, 2. Auflage, Tübingen, 1985.

Moxter, Adolf: Das **System** der handelsrechtlichen Grundsätze ordnungsmäßiger Bilanzierung, in: Der Wirtschaftsprüfer im Schnittpunkt nationaler und internationaler Entwicklungen, Festschrift zum 60. Geburtstag von Klaus v. Wysocki, hrsg. v. Gerhard Gross, Düsseldorf, 1985.

Moxter, Adolf: Die Grundsätze ordnungsmäßiger Bilanzierung und der **Stand der Bilanztheorie**, ZfbF, 18. Jg. (1966), S. 28 - 59.

Moxter, Adolf: Grundsätze ordnungsmäßiger **Unternehmensbewertung**, 2. Auflage, Wiesbaden, 1983.

Moxter, Adolf: **Präferenzstruktur** und Aktivitätsfunktion des Unternehmers, in: ZfbF, 16. Jg. (1964), S. 6 - 35.

Mühlbradt, Frank W.: Chancen und Risiken der **Aktienanlage**. Untersuchungen zur "Efficient Market" Theorie in Deutschland, Köln, 1978.

Müller, Werner A.: **Bankenaufsicht** und Gläubigerschutz. Eine Analyse von Regulierungs- und Aufsichtsvorschriften für Kreditinstitute, 1. Auflage, Baden-Baden, 1981.

Müller, Wilfried: Die **Zwischenberichtspublizität** der deutschen Aktiengesellschaften, Düsseldorf, 1976.

Neumann, Manfred J.M./Klein, Martin: **Probleme** der Theorie effizienter Märkte und ihrer empirischen Überprüfung, in: KuK, 15. Jg. (1982), S. 165 - 187.

Niehaus, Hans-Jürgen: **Früherkennung** von Unternehmenskrisen. - Die statistische Jahresabschlußanalyse als Instrument der Abschlußprüfung -, Düsseldorf, 1987.

Niggemann, Walter: Optimale **Informationsprozesse** in betriebswirtschaftlichen Entscheidungssituationen, Wiesbaden, 1973.

Oechsle, Eberhard: Die aktienrechtliche **Forderung** nach Vermittlung eines den tatsächlichen Verhältnissen entsprechenden Bildes der Vermögens-, Finanz- und Ertragslage, untersucht anhand ausgewählter Rechnungslegungsfragen, Diss., Nürnberg - Erlangen, 1980.

Oppermann, Georg/Degner, Harald: **Börsen- und Wertpapiergeschäfte**, 4. Auflage, Frankfurt/M., 1981.

Otto, Konrad: **Stille Reserven** in der Bankbilanz - Ihre rechtliche Zulässigkeit und wirtschaftliche Bedeutung und Berechtigung, Diss., Nürnberg, 1960.

Passow, Richard: Die **Bilanzen** der privaten und öffentlichen Unternehmen, Bd. II, 2. Auflage, Leipzig/Berlin, 1919.

Pellens, Bernhard: Der **Informationswert** von Konzernabschlüssen. Eine empirische Untersuchung deutscher Börsengesellschaften, Wiesbaden, 1989.

Pellens, Bernhard: **Jahresabschluß** (Funktionen), in: Lexikon des Rechnungswesens, Handbuch der Bilanzierung und Prüfung, der Erlös-, Finanz-, Investitions- und Kostenrechnung, hrsg.v. Walther Busse von Colbe, München, Wien, 1990.

Perlitz, Manfred: Die **Prognose** des Unternehmenswachstums aus Jahresabschlüssen deutscher Aktiengesellschaften, Wiesbaden, 1973.

Perridon, Louis/Steiner, Manfred: **Finanzwirtschaft** der Unternehmung, 5. Auflage, München, 1988.

Pettit, R. Richardson: Dividend Announcements, Security Performance and Capital Market Efficiency, in: JoF, Vol. 27 (1972), S. 993 - 1007.

Pfaff, Dieter: Gewinnverwendungsregelungen als Instrument zur Lösung von Agency-Problemen, Frankfurt/M. u.a., 1989.

Pfohl, Hans-Christian/Braun, Günther E.: Entscheidungstheorie. Normative und deskriptive Grundlagen des Entscheidens, Landsberg am Lech, 1981.

Pohlmann, Peter: Die Wahl von Bewertungskonzeptionen im externen Jahresabschluss unter besonderer Berücksichtigung von Preisänderungen, Bochum, 1981.

Rehberg, Jürgen: Wert und Kosten von Informationen, Diss., Frankfurt, 1973.

Reischauer/Kleinhans: Kreditwesengesetz. Bearbeitet von Joachim Kleinhans, Heinz E. Meyer und Walter Neuhaus, begründet von Friedrich Reischauer und Joachim Kleinhans, Berlin, 1963.

Reiss, Winfried: Die Random Walk Hypothese bei Bank- und Industrieaktien, KuK, 9. Jg. (1976), S. 555 - 573.

Reuter, Hermann: Aktienmarkt und Aktieninformationsmarkt. Eine Analyse der Produktion und Verwertung von Aktieninformationen unter besonderer Berücksichtigung der Unternehmenspublizität sowie ausgewählter Aspekte der Insider- und Kleinanlegerproblematik, Göttingen, 1980.

Rischbieth, Nick: Zur Eignung von Finanz-Kennzahlen für die Prognose von wesentlichen Ausschüttungsänderungen. Eine empirische Untersuchung anhand der Jahresabschlüsse börsennotierter Aktiengesellschaften in der Bundesrepublik Deutschland, Frankfurt/M. u.a., 1987.

Rixen, Hans-Hermann: EG-Bankbilanzrichtlinie transformiert, in: Die Bank, o.Jg., Nr. 11/90, 638 - 642.

Rixen, Hans-Hermann: EG-Bilanzrecht für Banken, in: Die Bank, o.Jg., Nr. 2/87, S. 76 - 81.

Roll, Richard: A Critique of the Asset Pricing Theory's Tests. Part I: On Past and Potential Testability of the Theory, in: JoFE, Vol. 4 (1977), S. 129 - 176.

Ross, Stephan A.: The Arbitrage Theory of Capital Asset Pricing, in: JoET, Vol. 13 (1976), S. 351 - 360.

Ross, Stephan A.: The Current Status of the Capital Asset Pricing Model (CAPM), in: JoF, Vol. 33 (1978), S. 885 - 901.

Sahling, Claus: Die Reaktion des Aktienmarktes auf wesentliche Ausschüttungsänderungen. Empirische Untersuchungen zur Überprüfung der mittelstarken Form der "efficient market"- Theorie für die deutschen Börsen im Zeitraum 1971 - 1977, Schwarzenbek, 1981.

Schedlbauer, Hans: Erfolgsbereinigung um stille Reserven, in: Bilanzanalyse nach neuem Recht, hrsg. v. Adolf G. Coenenberg, Landsberg/Lech, 1989, S. 135 - 152.

Schellmoser, Friedric: Höhere DVFA-Ergebnisse dank niedrigerer Steuern, in: Das Wertpapier, 37. Jg. (1989), S. 494 - 495.

Schierenbeck, Henner: **Bilanzstrukturmanagement** in Kreditinstituten, in: Bilanzstrukturmanagement in Kreditinstituten, hrsg. v. Henner Schierenbeck und Hans Wielens, Frankfurt/M., 1984, S. 9 - 28.

Schierenbeck, Henner: **Grundzüge** der Betriebswirtschaftslehre, 8. Auflage, München, 1986.

Schildbach, Thomas: **Analyse** des betrieblichen Rechnungswesens aus der Sicht der Unternehmungsbeteiligten, dargestellt am Beispiel der Aktiengesellschaft, Wiesbaden, 1975.

Schildbach, Thomas: **Der handelsrechtliche Jahresabschluß**, Herne, Berlin, 1987.

Schildbach, Thomas: **Jahresabschluß** und Markt, Berlin, Heidelberg, New York, London, Paris, Tokyo, 1986.

Schmidt, Franz: **Bilanzpolitik** deutscher Aktiengesellschaften. Empirische Analysen des Gewinnglättungsverhaltens, Wiesbaden, 1979.

Schmidt, Franz: **Gestaltungsmöglichkeiten** und Aussagefähigkeit von Cash-flow und Kapitalflußrechnungen, in: Bilanzanalyse nach neuem Recht, hrsg. v. Adolf G. Coenenberg, Landsberg/Lech, 1989, S. 91 - 108.

Schmidt, Hartmut: Vorteile und Nachteile eines integrierten **Zirkulationsmarktes** für Wertpapiere gegenüber einem gespaltenen Effektenmarkt, Reihe "Studien Wettbewerb - Rechtsangleichung", Nr. 30, hrsg.v. der Kommission der Europäischen Gemeinschaften, Luxemburg, 1977.

Schmidt, Hartmut: **Wertpapierbörsen**. Strukturprinzip, Organisation, Kassa- und Terminmärkte, München, 1988.

Schmidt, Reinhard H.: **Rezension** zu Uhlir/Steiner, Wertpapieranalyse, Würzburg, 1986, in: ZfbF, 39. Jg., (1987), S. 710 - 712.

Schmidt, Reinhard H.: **Aktienkursprognose**. Aspekte positiver Theorien über Aktienkursänderungen, Wiesbaden, 1976.

Schmidt, Reinhard H.: Empirische **Kapitalmarktforschung** und Anlageentscheidungen, in: Zeitschrift für die gesamte Staatswissenschaft, 132. Band (1976), S. 649 - 678.

Schmidt, Reinhard H.: **Rechnungslegung** als Informationsproduktion auf nahezu effizienten Kapitalmärkten, in: ZfbF, 34 Jg. (1982), S. 728 - 748.

Schneider, Dieter: "Aktienrechtlicher Gewinn und ausschüttungsfähiger Betrag" in der **Diskussion**, in: Wpg, 25. Jg. (1972), S. 180 - 188.

Schneider, Dieter: **Aktienrechtlicher Gewinn** und ausschüttungsfähiger Betrag, in: Wpg, 24. Jg. (1971), S. 607 -625.

Schneider, Dieter: Allgemeine **Betriebswirtschaftslehre**, 3. Auflage, München, Wien, 1987.

Schneider, Dieter: Betriebswirtschaftliche **Gewinnermittlung** oder ökonomische Analyse des Bilanzrechts, in: ZfbF, 35. Jg. (1983), S. 1040 - 1065.

Schneider, Dieter: Der **Gewinnbegriff** vor der Betriebswirtschaftslehre und die Substanzerhaltungsdiskussion heute, in: ZfbF, 28. Jg. (1976), S. 724 - 743.

Schneider, Dieter: **Investition**, Finanzierung und Besteuerung, 6. Auflage (bis 5. Auflage: Investition und Finanzierung), Wiesbaden, 1990.

Schneider, Dieter: **Kapitalmarkteffizienz** durch Jahresabschlußreformen? Schriften des Verbandes öffentlicher Banken, Heft 8, hrsg.v. Wolf-Dieter Becker und Reinhold Falk, Göttingen, 1981.

Scheider, Dieter: **Mindestnormen** zur Eigenkapitalausstattung als Beispiele unbegründeter Kapitalmarktregulierung?, in: Kapitalmarkt und Finanzierung, Schriften des Vereins für Socialpolitik, Gesellschaft für Wirtschafts- und Sozialwissenschaften (Jahrestagung 1986), hrsg. v. Dieter Scheider, Berlin, 1987, S. 85 - 108.

Schneider, Jürgen: Zur **Problematik** der stillen Reserven bei Kreditinstituten. Ein Beitrag zur Diskussion über den EG-Richtlinienvorschlag für die Jahresabschlüsse von Banken, Würzburg, 1984.

Schneider, Manfred: Aktuelle Probleme der **Bankenaufsicht**, in: Zeitschrift für Wirtschaftsrecht und Insolvenzpraxis, 2. Jg. (1981), S. 1161 - 1167.

Scholz, Walter: Die **Harmonisierung** der Bilanzierungsvorschriften in der EG und ihre Auswirkungen auf die Kreditinstitute, in: Betriebswirtschaftliche Tagung 1979, Stuttgart, 1979, S. 90 - 104.

Scholz, Walter: **Zinsänderungsrisiken** im Jahresabschluß von Kreditinstituten, in: KuK, 12. Jg. (1979), S. 517 - 544.

Schönbrodt, Bernd: **Erfolgsprognosen** mit Bilanzkennzahlen, Frankfurt/M., Bern, 1981.

Schredelseker, Klaus: Der **Nutzen** von Bilanzinformationen für Kapitalanlageentscheidungen, in: Der Wirtschaftsprüfer im Schnittpunkt nationaler und internationaler Entwicklungen, Festschrift für Klaus v. Wysocki, hrsg. v. Gerhard Gross, Düsseldorf, 1985, S. 129 - 141.

Schülen, Werner: Die **Aufstellung** des Anhangs, in: ZfbF, 39. Jg. (1987), S. 246 - 259.

Schütz, Axel: EG- (Bank-) **Bilanzrichtlinie** und stille Reserven in Bankbilanzen, in: Rechnungswesen im Dienste der Bankpolitik, Hrsg.: Jürgen Krumnow und Matthias Metz, Stuttgart, 1987, S. 95 - 107.

Sharpe, William F.: Capital Asset Prices: A **Theory** of Market Equilibrium under Conditions of Risk, in: JoF, 19. Jg. (1964), S. 425 - 442.

Shwayder, Keith: **Relevance**, in: JoAR, Vol. 6, 1968, S. 86 - 97.

Slovic, Paul/Lichtenstein, Sarah: **Comparison** of Bayesian and Regression Approaches to the Study of Information Processing in Judgement, in: Organizational Behavior and Human Performance, Vol. 6, Nr. 6, November 1971, S. 649 - 745.

Standop, Dirk: Entscheidungstheoretische **Grundlagen** der Portefeuille- und Kapitalmarktanalyse, in: WiSt, Heft 9, September 1977, S. 407 - 412.

Stützel, Wolfgang: **Lob** der Stille von Reserven?, in: ZfgK, 12. Jg. (1959), S. 460 f.

Süchting, Joachim: **Finanzmanagement**. Theorie und Politik der Unternehmensfinanzierung, 5. Auflage, Wiesbaden, 1989.

Süchting, Joachim: **Scheinargumente** in der Diskussion um stille Reserven bei Kreditinstituten, in: DBW, 41. Jg. (1981), S. 207 - 220.

Süchting, Joachim: Zur **Diskussion** um die stillen Reserven bei Banken, in: Bankrisiken und Bankrecht, hrsg. v. Wolfgang Gerke, Wiesbaden, 1988, S. 81 - 85.

Thümmel, Manfred: **Stichwort "Haupversammlung"**, in: Lexikon der Betriebswirtschaftslehre, hrsg.v. Wolfgang Lück, 2. Auflage, Augsburg, 1983, S. 483 - 484.

Uhlir, Helmut/Steiner, Peter: **Wertpapieranalyse**, Heidelberg, Wien, 1986.

Unterharnscheidt, Dieter: **Bonitätsanalyse** mittelständischer Unternehmen. Eine empirische Studie über die Aggregation gewichteter Kreditwürdigkeitsaspekte im Rahmen eines hierarchisch geordneten Bewertungsmodells, Frankfurt/M., Bern, 1987.

Verlag Hoppenstedt & Co.: **Handbuch** der deutschen Aktiengesellschaften, Jahrgänge 1960/61 bis 1988/89, Darmstadt.

Wagner, Franz W.: Zur Informations- und **Ausschüttungsbemessungsfunktion** des Jahresabschlusses auf einem organisierten Kapitalmarkt, in: ZfbF, 34. Jg. (1982), S. 749 - 771.

Waschkowski, Hans: **Prognose** von Aktienkursen. Eine Untersuchung der verschiedenen Analysemethoden, Frankfurt/M., 1971.

Watts, Ross L./Zimmerman, Jerold L.: **Positive Accounting** Theory, Englewood Cliffs (New Jersey), 1986.

Weber, Helmut Kurt: Betriebswirtschaftliches **Rechnungswesen**, Band 1: Bilanz und Erfolgsrechnung, 3. Auflage, München, 1988.

Weber, Martin: **Risikoentscheidungskalküle** in der Finanzierungstheorie, Stuttgart, 1990.

Welcker, Johannes: **Neuordnung** der Bankenaufsicht, Frankfurt, 1978.

Wenger, Ekkehard: **Unternehmenserhaltung** und Gewinnbegriff. Die Problematik des Nominalwertprinzips in handels- und steuerrechtlicher Sicht, Wiesbaden, 1981.

Wild, Jürgen: Zur **Problematik** der Nutzenbewertung von Informationen, in: Zfb, 41. Jg. (1971), S. 315 - 334.

Wilson, G. Peter: The **Incremental Information Content** of the Accrual and Funds Components of Earnings After Controlling for Earnings, in: AR, Vol. 62 (April 1987), S. 293 - 322.

Winkelmann, Michael: **Aktienbewertung** in Deutschland, Königstein/Ts., 1984.

Physica-Schriften zur Betriebswirtschaft

Herausgegeben von

K. Bohr, Regensburg · W. Bühler, Dortmund · W. Dinkelbach, Saarbrücken · G. Franke, Konstanz · P. Hammann, Bochum · K.-P. Kistner, Bielefeld · H. Laux, Frankfurt · O. Rosenberg, Paderborn · B. Rudolph, Frankfurt

---

Band 1:
Wilhelm Hummeltenberg
Optimierungsmethoden zur betrieblichen Standortwahl

Band 2:
Hermann-Josef Scholl
Fixkostenorientierte Plankostenrechnung

Band 3:
Erwin Huberty
Optimale Finanzierung von Wohnungseigentum

Band 4:
Rainer Rhode
Kurzfristige Material- und Finanzplanung bei mehrfacher Zielsetzung

Band 5:
Felix Liermann
Koordinationsentscheidungen bei Unsicherheit

Band 6:
Horst Tempelmeier
Lieferzeit-orientierte Lagerungs- und Auslieferungsplanung

Band 7:
Lothar Streitferdt
Entscheidungsregeln zur Abweichnungsauswertung

Band 8:
Friedrich Wilhelm Selchert und Axel Otte
Das steuerlich optimale Haus- und Wohnungseigentum

Band 9:
Michael Spielberger
Betriebliche Investitionskontrolle

Band 10:
Jack Wahl
Informationsbewertung und -effizienz auf dem Kapitalmarkt

Band 11:
Siegmar Stöppler
Nachfrageprognose und Produktionsplanung bei saisonalen und konjunkturellen Schwankungen

Band 12:
Lothar Hans
Planung und Plankostenrechnung in Betrieben mit Selbstkostenpreis-Erzeugnissen

Band 13:
Walter Erfle
Die Optimierung der Kontrolle regelmäßig wiederkehrender Arbeitsprozesse

Band 14:
Hans Paul Kaus
Die Steuerung von Entscheidungsgremien über Verhaltensnormen – ein entscheidungstheoretischer Beitrag

Band 15:
Bernhard Wondrak
Management von Zinsänderungs-chancen und -risiken

Band 16:
Ulrich Lorscheider
Dialogorientierte Verfahren zur kurzfristigen Unternehmens-planung unter Unsicherheit

Band 17:
Harmut Rothacker
Zeitstetige Bewertungsmodelle für Tilgungsanleihen – Eine empirische Studie des deutschen Kapitalmarktes –

Band 18:
Eva Terberger
Der Kreditvertrag als Instrument zur Lösung von Anreizproblemen – Fremdfinanzierung als Principal/Agent-Beziehung –

Band 19:
Hubert Jäger
Die Bewertung von konzerninternen Lieferungen und Leistungen in der operativen Planung

Band 20:
Otmar Welzel
Möglichkeiten und Grenzen der Stochastischen Break even-Analyse als Grundlage von Entscheidungsverfahren

Band 21:
Alfred Bischoff
Die Strukturierung von Käufer-Produkt-Beziehungen mit Hilfe der allgemeinen Komponentenanalyse – Eine empirische Untersuchung am Beispiel des Automobilsektors –

Band 22:
Heinrich Exeler
Das homogene Packproblem in der betriebswirtschaftlichen Logistik

Band 23:
Hartmut Stadtler
Hierarchische Produktionsplanung bei losweiser Fertigung

Band 24:
Rolf-Dieter Eberwein
Organisation flexibel automatisierter Produktionssysteme

Band 25:
Marion Switalski
Hierarchische Produktionsplanung - Konzeption und Einsatzbereich -

Band 26:
Joannis N. Paraschis
Optimale Gestaltung von Mehrprodukt-Distributionssystemen - Modelle-Methoden-Anwendungen -

Band 27:
Engelbert Götz
Technische Aktienanalyse und die Effizienz des deutschen Kapitalmarktes

Band 28:
Stefan Kiener
Die Principal-Agent-Theorie aus informationsökonomischer Sicht

Band 29:
Frank Ruhl
Erfolgsabhängige Anreizsysteme in ein- und zweistufigen Hierarchien

Band 30:
Alfred Wagenhofer
Informationspolitik im Jahresabschluß

Band 31:
Heinrich Kuhn
Einlastungsplanung von flexiblen Fertigungssystemen

Band 32:
Markus Funk
Industrielle Energieversorgung als betriebswirtschaftliches Planungsproblem

Band 33:
Michael Wosnitza
Das Agency-theoretische Unterinvestitionsproblem in der Publikumsgesellschaft

Band 34:
Andreas Dieter Robrade
Dynamische Einprodukt-Lagerhaltungsmodelle bei periodischer Bestandsüberwachung

Band 35:
Rudolf Vetschera
Entscheidungsunterstützende Systeme für Gruppen

Band 36:
Heike Yasmin Schenk
Entscheidungshorizonte im deterministischen dynamischen Lagerhaltungsmodell

Band 37
Thomas Hartmann-Wendels
Rechnungslegung der Unternehmen und Kapitalmarkt aus informationsökonomischer Sicht

GPSR Compliance

The European Union's (EU) General Product Safety Regulation (GPSR) is a set of rules that requires consumer products to be safe and our obligations to ensure this.

If you have any concerns about our products, you can contact us on ProductSafety@springernature.com

In case Publisher is established outside the EU, the EU authorized representative is:

Springer Nature Customer Service Center GmbH
Europaplatz 3
69115 Heidelberg, Germany

Batch number: 10816188

Printed by Printforce, the Netherlands